古典文獻研究輯刊

六 編

潘美月・杜潔祥 主編

第 5 冊

敘事與解釋——《左傳》經解研究

張 素 卿 著

國家圖書館出版品預行編目資料

敘事與解釋——《左傳》經解研究／張素卿著 — 初版 — 台北
縣永和市：花木蘭文化出版社，2008〔民97〕

目 2+222 面；19×26 公分
（古典文獻研究輯刊 六編；第5冊）

ISBN：978-986-6657-03-0（精裝）
1. 左傳　2. 注釋　3. 研究與考訂

621.732　　　　　　　　　　　　　　　　97000876

ISBN 978-986-6657-03-0

9 789866 657030

古典文獻研究輯刊
六 編 第五冊　　　　　ISBN：978-986-6657-03-0

敘事與解釋——《左傳》經解研究

作　　者　張素卿
主　　編　潘美月　杜潔祥
企劃出版　北京大學文化資源研究中心
出　　版　花木蘭文化出版社
發 行 所　花木蘭文化出版社
發 行 人　高小娟
聯絡地址　台北縣永和市中正路五九五號七樓之三
　　　　　電話：02-2923-1455／傳真：02-2923-1452
電子信箱　sut81518@ms59.hinet.net
初　　版　2008 年 3 月
定　　價　六編 30 冊（精裝）新台幣 46,500 元　　　版權所有・請勿翻印

敘事與解釋——《左傳》經解研究

張素卿　著

作者簡介

張素卿，民國 52 年生，臺北市人。國立臺灣大學中國文學研究所博士，本書即其博士論文。現任國立臺灣大學中國文學系教授，曾開設「國學導讀」、「先秦敘事文選讀」及「史記」等課程。研究領域以經學為主，尤致力於《左傳》，著有《左傳稱詩研究》、《清代漢學與左傳學──從古義到新疏的脈絡》等專書，以及〈春秋「見之於行事」在中國思想傳統裡的意義〉、〈左傳戰爭敘事蠡探〉、〈從左傳敘事論中國史傳研究的一個發展方向〉、〈國語的「語」：形式與內容──從評析「祭公謀父諫征犬戎」出發〉與〈「評點」的解釋類型──從儒者標抹讀經到經書評點的側面考察〉等論文二十餘篇。

提　要

　　本書旨在論述《左傳》以敘事解釋《春秋》的經解意義，〈緒論〉先梳理篇題涵義，正論復就「解釋」、「敘事」、「經解」與「正名」四大主題，逐次深入論述。首先，分析《左傳》解經的層面與方式，說明《左傳》不僅以凡例、書法諸稱、「君子曰」、「仲尼曰」等「論說經義」，尤以「敘事解經」見長，兼用兩種解經方式，而涉及釋「文」、述「事」與詮「義」三個解釋層面。其次，「敘事」原始而要終，在依時間序列組構的一連串行事中呈現事理的本末，這是表現思想的一種方式，且《左傳》之敘事解經，正應合《春秋》「見之於行事」的特點。再則，《左傳》敘事實傳承「屬辭比事」之教，於是「依經以編年」、「詳述其本末」，而且「言與事相兼」，俾供讀者「本其事而原其志」，判斷其是非。然後，復以孔子「正名」與《春秋》褒貶之關聯為中心，說明《左傳》釋義的指向，及其如何闡發孔子之「正名」思想。〈結論〉綜結《左傳》敘事解經的意義。唯其《春秋》之「義」乃「見之於行事」，那麼，解釋這部經典，尋其「文」以通其「義」，應當以詮明其「事」為基本要務。所謂「敘事有主意」，《左傳》敘事以釋義之宗主，正是解釋《春秋》。

目

次

撰述凡例

△ 凡本書所稱「《春秋》」，專指孔子所作而後學傳習不輟者，未經刪修之古「春秋」，則不加書名號。由於中國傳統學術只有以《春秋》爲中心所開展之「《春秋》學」，除非特意強調，不妨省去書名號，故文中或逕作「春秋學」，以示義之無二。

△ 凡稱引《春秋》經文、左氏傳文，以及杜預《春秋經傳集解》、孔穎達等之《春秋正義》，稱《春秋》、《左傳》、杜《注》、孔《疏》。行文之際，偶或三傳並提，爲免繁贅，或逕稱「《左氏傳》」爲「左氏」，稱「《公羊傳》」爲「公羊」，稱「《穀梁傳》」爲「穀梁」，不論有無書名號，主要都是依典籍指稱。

△ 凡稱引十三經之經、傳、注、疏，以阮元刻本爲主，隨文夾注卷次與分卷頁數，俾便讀者覆案，詳細之出版資料另見「參考文獻」。稱引他書時倣此；唯無分卷頁數之古今文獻，則夾注總頁數，並以逗號區隔。

△ 凡稱引古今學者之說，除孔子、孟子等沿用習稱，以及指導教授稱「師」之外，謹依顧棟高《春秋大事表》、鍾文烝《穀梁補注》及梁啓超《清代學術概論》之撰述體例，一律直書姓名，不用字號、不加尊稱，「庶使人一見瞭然，非敢唐突前輩也」（《春秋大事表·凡例》）。首次稱引時，並於姓名之後夾注生、卒年，偶爾因行文需要而加注字、號等稱呼，俾與相關引文資料相參，不煩另作說明。

△ 凡學者之生、卒年與中國古代年號、年代之後夾注西元紀年者，省去「西元」二字，紀元前則加標「前」字。

△ 凡引文中作者原注，一律以「（ ）」標識，本書之說明、插注，則另作「〔 〕」，間或加標「案：」以爲區別。

緒　論

　　中國學術有一源遠流長的注疏傳統，它主要是在經學的領域中孕育、發展。從六藝、五經以迄於十三經〔註1〕；從先秦時代個別地稱說《詩》、《書》，以迄於清代集結成卷帙繁富的種種經解叢書〔註2〕。這些經、傳、注、疏文獻，蘊含豐厚的學

〔註1〕　漢以來之所謂「六藝」，或專指六經，或兼含經與傳記諸書。以「六藝」兼指經與傳記諸書者，如司馬談（？～前110）〈論六家要旨〉曰：「夫儒者以六藝爲法，六藝經傳以千萬數」（《史記會注考證》卷130頁10）；又如《漢書‧藝文志》有「六藝略」，著錄範圍也含括「經」與解說「經」的傳記諸書。六藝之學的「經」，戰國時已有「六經」之稱，如《莊子‧天運》曰：「《詩》、《書》、《禮》、《樂》、《易》、《春秋》六經」（《莊子集釋》，頁531）；至漢代，「樂」失其傳（或說「樂」本無經），「經」只有五，稱爲「五經」。《新語‧道基》云：「於是後聖乃定五經、明六藝」，王利器注曰：「後聖，指孔子」，並說：「孔子而後，稱說五經者，當以陸氏此文爲最先」（《新語校注》，頁18），意謂漢初陸賈時已有「五經」之稱。據《史記‧儒林列傳》與《漢書‧儒林傳》記載，武帝時立五經博士，也沒有「樂」博士。又，陸賈既云「定五經、明六藝」，意指「經」雖五，而學凡六術。賈誼（前200～前168）《新書‧六術》也說「是故內六法、外體六行，以與書、詩、易、春秋、禮、樂六者之術以爲大義，謂之六藝」（卷8，頁62），所謂「六藝」，泛指六術、六學，非專指六部典籍；而且，其所謂「樂」，雖備一術，漢初實無其經。《新書‧道德說》云：「樂者，書、詩、易、春秋、禮五者之道備則合於德矣，合則諤然大樂矣，故曰：樂者，此之謂樂者也。」（同上書卷，頁65）陸賈、賈誼的說可以相通。後來，幾部重要的「傳」，陸續列入經數，於是又有「七經」、「九經」、「十二經」及「十三經」之稱。儒家六藝之學，後世尊爲經學，其學發展綿延，由五經以至於十三經，經數逐漸增廣，而皆以「六藝之科、孔子之術」（董仲舒語，見下文引）爲中心。依此，書中使用「六藝」一詞泛稱以《詩》、《書》、《禮》、《樂》、《易》、《春秋》（次序依《莊子‧天運》，下文稱述時同）爲中心所形成的學術。「經學」就是由六藝之學推衍發展所形成的。

〔註2〕　大家比較熟知習用的，如以收錄宋、元經說爲主的通志堂經解，專收清人詁經之作的清經解正、續編，以及采輯唐以前舊注的古經解彙函等。當然，經解叢書未必直標「經解」之稱，如十三經注疏、經苑，以及四庫全書經部所收錄的自漢至清初種種傳注解說等等，這些也是經解叢書。

術資源。

　　本書研究《左傳》「敘事」，乃承續這注疏傳統而來，在「經學」的論述領域裡，就其為「經解」，以「《左傳》解釋《春秋》」為中心課題，展開系列論述。分章論述之前，〈緒論〉針對篇題「敘事與解釋──《左傳》經解研究」的涵義，以及論述的規劃構想等，略作陳述。

第一節　經、經解與解釋

一、經與經解

　　中國學術傳統中的「經學」，是指以《詩》、《書》、《禮》、《樂》、《易》、《春秋》六經為中心，隨儒家之傳承、發揚、流衍而形成的專門學術。就「經學」的領域而言，所謂「經」，特指六藝之學的經典〔註3〕；至於「經解」，則泛指訓釋「經」以及就經訓進行辨釋疏解的種種經學著作〔註4〕。

　　傳習六藝是儒學的特色〔註5〕，而儒者講述傳學，尊孔子（名丘，字仲尼；前551～前479）為宗師〔註6〕。先秦時代，儒家已經蔚為一個重要學派。據《呂氏春

〔註3〕　先秦諸子或亦稱其要籍為「經」，如《漢書‧藝文志》諸子略道家部分著錄有「《老子鄰氏經傳》四篇」（卷30頁34下）、「《黃帝四經》四篇」（卷30頁36下）等。章學誠（1738～1801）《文史通義‧經解上》曾說：「諸子著書，往往自分經、傳，如撰輯《管子》者之分別經言，《墨子》亦有〈經〉篇，《韓非》則有〈儲說〉經傳。……經固尊稱，其義亦取綜要，非如後世之嚴也。」（《章學誠遺書》，頁8）說並參湯志鈞等著《西漢經學與政治》（頁63～64），及葉國良等著《經學通論》（頁7～9）。本書專就「經學」領域討論「經」及其「經解」，不涉及諸子之學。

〔註4〕　《禮記》有〈經解〉篇，「經解」一詞首見於此。鄭玄（字康成，127～200）解說其名義曰：「經解者，以其記六藝政教得失。」（見《經典釋文》引，卷13頁23上）又，《舊唐書‧經籍志》於經部有「經解」類，著錄「七經雜解二十七家」（卷46，頁1983），這是經部下的一個類目，著錄總釋群經的著作。後世書志頗或因之。至《四庫全書總目》，覺其名義不相應，於是將這種兼釋諸經的類目改稱為「五經總義」（卷33頁1上～下）。「經解」一詞用作經學著述的泛稱，如阮元（1764～1849）、王先謙（1842～1917）廣輯清儒經說，刻成清經解正、續編這兩部叢書，顧名思義，亦以「經解」泛稱各種形式之經學著作。如上所述，「經解」不論用為篇名，或作經部的類目，或泛稱經學著作，涵義廣狹雖不盡相同，但都以六藝為中心。本書所謂「經解」，泛指經說以及就經訓進行辨釋疏解的種種著作，具體的憑藉則是各種經解叢書所收錄的文獻。

〔註5〕　司馬談〈論六家要旨〉，綜述諸子之學，首先提出儒、道、墨、法、名、陰陽六家的區分，並說儒家的特點是「以六藝為法」（見注1引），並參下注。

〔註6〕　《漢書‧藝文志》有「諸子略」，關於儒家，其說曰：「儒家者流，……游文於六經

秋・當染》所述，孔子後學「從屬彌眾，弟子彌豐，充滿天下，王公大人從而顯之，有愛子弟者隨而學焉，無時乏絕。」（《呂氏春秋校釋》，頁 96）《韓非子》更稱之為「顯學」〔註7〕。當時，儒者若想爭取諸侯賞識、重用，需要與其他諸子相互競爭、彼此辯難，尚無特殊的優勢或憑藉。秦與漢初，法家和黃老道家之學就曾先後獲得皇帝採行，用以治理天下，就此而言，當時法家、道家的聲勢可以說是凌駕儒家之上。至漢武帝（前 140～前 87 在位）時，朝廷官學才逐漸尊尚儒學。《漢書・董仲舒傳》曰：「自武帝初立，魏其、武安侯為相而隆儒矣。及仲舒對冊〔案：此字傳中或作「策」或作「冊」〕，推明孔氏，抑黜百家，立學校之官，州郡舉茂材孝廉，皆自仲舒發之。」（《漢書補注》卷 56 頁 20 下～21 上）武帝隆儒經過一段時間醞釀，各項措施並非「皆自仲舒發之」，經學盛行更非一人之力〔註8〕。雖然如此，董仲舒（前 179？～前 104）對策仍然是具有代表性的關鍵事件。董氏建議武帝：「諸不在六藝之科、孔子之術者，皆絕其道，勿使並進。」（同上書卷，頁 19 上）所謂「孔子之術」，具體而言，即指「六藝之科」，也就是儒家六藝之學。《漢書・儒林傳》曰：「自武帝立五經博士，開弟子員，設科射策，勸以官祿，訖於元始，百有餘年，傳業者寖盛，枝葉蕃滋。一經說至百餘萬言，大師眾至千餘人，蓋祿利之路然也。」（同上書，卷 88 頁 25 下）自武帝興六藝之教而遍立「五經博士」，經學隨著官學提倡，祿利獎勵，學者傳業日廣，至平帝元始（1～5）年間，乃「大師眾至千餘人」；學者既眾，經說也繁衍滋多，或「一經說至百餘萬言」。自此之後，傳自孔子的六藝之學長期尊為官學，各王朝相繼獎崇推廣，於是，不論就其學術本身的發展，或政

之中，留意於仁義之際，祖述堯、舜，憲章文、武，宗師仲尼，以重其言，於道為最高。」（卷30頁33上）這裡引述〈中庸〉「仲尼祖述堯、舜，憲章文、武」一語，正是以孔子之學的特點陳述儒學要旨。依此，傳習六藝與宗師孔子，是儒學的兩大表徵。這和董仲舒以「六藝之科、孔子之術」代表儒學，正相呼應。

〔註7〕《韓非子・顯學》曰：「世之顯學，儒、墨也。儒之所至，孔丘也；墨之所至，墨翟也。……孔、墨之後，儒分為八，墨離為三，取舍相反、不同，而皆自謂真孔、墨。」（《韓非子集釋》，頁 1080）這與《呂氏春秋・當染》都兼述孔、墨，文中引述其語，則專就儒學而言。《韓非子》說當時「儒分為八」，彼此取捨相異，但都自認為繼承孔子之真傳，是皆奉孔子為宗師也。因此，漢人推尊六藝儒學，特別強調是「孔子之術」或「推明孔氏」，都是表明學宗孔子之意。

〔註8〕說參戴君仁（1901～1978）〈漢武帝抑黜百家非發自董仲舒考〉（《梅園論學集》，頁 335～44）。該文詳細考論董仲舒三次對策的時間，以及漢武帝初年的新舊勢力之爭，認為「不但『推明孔氏，抑黜百家』不是發自仲舒，即『立學校之官，州郡舉茂材孝廉』發自仲舒，也都有問題。」（同上書，頁 342）又說：「大約董生對策，為儒生所共悉，身後名氣又大，東漢儒者遂把一切崇儒尊孔的美事，都歸功於他。」（同上書，頁 343）

治、社會、文化的影響力而言，都遠遠凌駕其他諸子學之上。由孔子後學不斷傳承、發揚、流衍而形成的經學，於是成爲中國傳統學術的大宗。

六藝經學，從先秦時代，歷漢迄清，以至於今日，學術發展的統緒綿延不輟，會聚了無數學者的智思經驗——包括理解、詮釋與實踐的經驗。由五經到十三經，乃至傳、注、箋、疏等解說體式屢變迭出，後來，部分傳、注、箋、疏更漸次附入經典而同刊共傳。以「十三經注疏」這部經典文獻而言，若仔細尋思其形成的歷程，庶幾可以藉此具體而微地觀照如是現象：經典在文化傳統中承續流衍，不斷資生、積澱著歷代學者「溫故而知新」的智思。這共同構成經學的統緒。

當前，經學研究可以視「十三經」爲一個整體系統，六藝之學是這個系統的中心，傳、注、箋、疏則是環繞此中心所衍生的經典解說。

經學的整體系統隨著歷時的流傳，而有注疏的傳統。此一傳統緣生於經典的解說，關於其體式，顧炎武（1613～1682）曾綜述說：

> 先儒釋經之書，或曰傳，或曰箋，或曰解，或曰學，今通謂之「注」。……
> 其後儒辨釋之書，名曰「正義」，今通謂之「疏」。　（《日知錄》卷18，
> 頁 799～800）

如顧氏所言，歷代經解，名稱不一，而「注」、「疏」則是習用的通稱，可以綜括釋經之作以及就經訓加以辨釋之書。注疏學者在此傳統之中，同尊孔子爲宗師、以六藝爲中心，而諸家的訓解之間，或者依前說加以補充、疏通，或者彼此駁難疑議、考辨異同，蔚爲脈絡分明的學術源流，經學的注疏傳統於焉形成。

《左傳》是「十三經」之一，屬於這個整體系統；就其爲解說《春秋》者而言，屬於「傳」體。經典解說的體式經過長期演變，考察如《左傳》這樣的先秦古「傳」（《左傳》是先秦的古文獻，說參拙著《左傳稱詩研究》，頁 11～13 與附注 1～10），不宜拘泥後來衍生訂定的格套，以免以今律古。討論《左傳》是否爲解經之「傳」，應當具備這個觀念。以下，針對討論《左傳》解經所涉及的相關課題，先就是否附經、是否依循章句注解經文兩項，對先秦及漢的經解體式略作考察。

首先，後世的注解往往依經就傳地加以訓釋，然而古之傳、注與疏，原先多別本單行，不依附於經。專就「傳」體而言，孔穎達（574～648）曰：

> 漢初爲傳訓者皆與經別行。三傳之文不與經連，故石經書《公羊傳》皆無
> 經文；《藝文志》云「《毛詩》經二十九卷」，「《毛詩詁訓傳》三十卷」，是
> 毛爲詁訓亦與經別也。及馬融爲《周禮》之註，乃云：「欲省學者兩讀，
> 故具載本文。」然則，後漢以來始就經爲註。　（《毛詩注疏》卷 1 之 1
> 頁 3 下）

又云：

> 丘明作傳……與經別行。何止丘明，公羊、穀梁，及毛公、韓嬰之爲《詩》
> 作傳，莫不皆爾。　（《左傳注疏》卷 1 頁 21 下）

孔氏據《漢書・藝文志》的著錄，指出《詩》之毛氏、韓氏二家，以及《春秋》之
左氏、公羊、穀梁三傳，這些「傳」原本都「與經別行」。古代傳訓別本單行，「就
經爲註」的體式是後起的〔註9〕。據孔穎達的觀察，馬融（79～166）注《周禮》而
「具載本文」，這才首開「就經爲註」的先例。後來，這種「具載本文」的解說體式
逐漸普遍，甚至原本單行之「傳」也由後世學者分別附之於經。《左傳》就是這樣先
單行然後才分傳附經〔註10〕。

　　其次，《左傳》不僅先別本單行，它跟部分《易傳》以及漢代諸經之「傳」類似，
未必逐字逐句順著經文加以訓釋。漢代的訓解體式，焦循（1763～1820）曾作考察，
他有如下的說法：

> 漢世說經諸家各有體例，如董仲舒之《春秋繁露》，韓嬰之《詩外傳》，京
> 房之《易傳》，自抒所見，不依章句。伏生《書傳》，雖分篇附著矣，而不
> 必順文理解；然其書殘缺，不睹其全。《毛詩傳》全在矣，訓釋簡嚴，言
> 不盡意；鄭氏箋之，則後世疏義之濫觴矣。鄭於三《禮》，詳說之矣，乃
> 《周禮》本杜子春、鄭司農而討論，則又後人集解之先聲也。何休《公羊》
> 學專以明例，故文辭廣博，不必爲本句而發。蓋經各有義，注各有體。趙
> 氏於《孟子》，既分其章，又依句數衍而發明之，所謂章句也。　（《孟子
> 正義》，頁 26～27）

綜觀《春秋繁露》、《韓詩外傳》、《京房易傳》、《書傳》，與何休（129～182）《公羊
傳解詁》，以及趙岐（109～201）《孟子章句》等書，焦氏指陳漢世諸經傳注實「各
有體例」，詮說文字也或詳明、或簡嚴，彼此不同。他說：「蓋經各有義，注各有體」，
故傳注體式依解經需要，各隨義而安，或「依句敷衍而發明之」，或也「自抒所見，
不依章句」。焦氏在此專就訓解體式來考察，將諸經之「傳」與趙岐《孟子章句》作

〔註 9〕　不僅《詩》與《春秋》如此，《易》之傳——十翼，原本也不附於經。《三國志・三
　　　　少帝紀》載高貴鄉公與博士淳于俊論《易》之事，云：「帝又問曰：『孔子作《彖》、
　　　　《象》，鄭玄作《注》，雖聖賢不同，其所釋經義一也。今《彖》、《象》不與經相連，
　　　　而《注》連之，何也？』俊對曰：『鄭玄合《彖》、《象》于經者，欲使學者尋省易了
　　　　也。』」（卷 4，頁 136）據此，《彖》、《象》原也是「不與經相連」，附傳於經然後注
　　　　之者，殆始自鄭玄。案：有些學者認爲十翼附經，起於西漢費直，此說值得商榷，
　　　　可參程元敏《春秋左氏經傳集解序疏證》考辨（頁 73～74）。

〔註 10〕　由於分傳附經出自後世學者之手，偶或失察，致文意懸隔，有一部分「無經之傳」
　　　　其實是這樣產生的，說參第三章注 72 及注 74。

一比較。漢代諸經的「章句」體經解已經亡佚,雖然《孟子》在漢代尚只是諸子書,但就「章句」的體式特點而言,仍可以藉由《孟子章句》略窺端倪。他說趙岐《孟子章句》是「依句敷衍而發明之」,這是「章句」體的特點。至於「傳」,如伏生《書傳》以「不必順文理解」為其特點,《春秋繁露》、《韓詩外傳》與《京房易傳》三者,焦氏總述曰:「自抒所見,不依章句」。

　　焦循的說法可以參考《四庫全書總目》對上舉諸傳的評述來理解。《春秋繁露》一書,《四庫全書總目》曰:「雖頗本《春秋》以立論,而無關經義者多」(卷 29 頁 44 下);而《韓詩外傳》,「其書雜引古事古語,證以詩詞,與經義不相比附,故曰外傳」(卷 16 頁 45 上~下);《京房易傳》則「雖以《易傳》為名,而絕不詮釋經文,亦絕不附合《易》義」(卷 109 頁 17 下)。由上述可知:《韓詩外傳》與《京房易傳》不僅非依經文加以訓解,甚至不比附經義;《春秋繁露》雖「頗本《春秋》以立論」,間或自發議論,而未必切合於經。焦循綜述諸傳的體式特點為「自抒所見,不依章句」,與此相合。至於伏生《書傳》,也就是習稱的《尚書大傳》,《四庫全書總目》曰:「《玉海》載《中興館閣書目》引鄭康成〈尚書大傳序〉曰:『……〔伏生終,〕數子各論所聞,以己意彌縫其缺,別作章句;又特撰大義,因經屬指,名之曰傳。劉向校書,得而上之,凡四十一篇。……』……其文或說《尚書》,或不說《尚書》,大抵如《詩外傳》、《春秋繁露》,與經義在離合之間。」(卷 12 頁 41 下~42 下)依鄭玄〈尚書大傳序〉所述,其書原只稱「傳」〔註11〕。伏生《書傳》,其文「或說《尚書》,或不說《尚書》」,故「與經義在離合之間」,這和焦循所謂「不必順文理解」,也大抵相同。《四庫全書總目》注意到上述諸傳不依經文章句訓釋的現象,於是將《書傳》、《韓詩外傳》與《春秋繁露》等早期經解,列為「附錄」,表示有別於一般的正規經解;《京房易傳》甚至移出經部,歸置於子部術數類。其實,漢人解經,何嘗能預知後世制定的矩矱而中規合轍,無所踰越?焦循說何休以「例」發明《春秋》義,不免「文辭廣博,不必為本句而發」,然則,若是依循《四庫全書總目》的標準,何氏《公羊傳解詁》恐怕也有不合經解體例之虞。古代訓解經書的體式各有不同,欲

〔註11〕《漢書・藝文志》著錄:「《尚書》:古文經四十六卷,經二十九卷,傳四十一篇。」(卷 30 頁 5 下~6 上)「四十一篇」者,即伏生之《書傳》,亦只稱「傳」。張舜徽曰:「此即《尚書大傳》也。……其書本但名『傳』,《漢志》仍其舊題。後乃稱為『大傳』,此『大』字蓋漢人所增。」(《漢書藝文志通釋》,頁 24)又云:「蓋其闕佚已久,葉夢得、晁公武皆言今本首尾不倫,是宋世已無善本,至明遂殘。清儒從事輯錄者多家,以陳壽祺《尚書大傳》定本為善。是書雖由綴拾而稍存概略,然闡明大義,訓辭深厚,除《詩傳》外,為漢世經說之近古者。惟其義例,頗與《韓詩外傳》為近,與《詩傳》之詳於訓詁名物者不同耳。」(同上)

以後世的訂定矩矱規範古傳注，便難以避免仁智異見了。

　　焦循對解經各有體例的現象曾總述說：「蓋經各有義，注各有體」。「經各有義」雖是解經體式彼此歧異的緣故，但是，專就《易》學而言，章炳麟（1869～1936）曾指出：「《易》之十翼，為傳尚矣，《文言》、《彖》、《象》、《繫辭》、《說卦》、《序卦》、《雜卦》之倫，體各有異。」（《國故論衡・明解故上》卷中頁 79 上）誠然，十翼之「傳」都為解《易》而作，或逐卦解說，或通論《易》義，諸傳體例何嘗一致？準此而觀，《春秋》三傳的體式不相同，又怎能率爾據此而疑彼〔註 12〕！瀏覽「四庫全書」經部著錄的文獻，以至於種種經解叢書，也就不難窺見：經解諸書，闡明經旨大義的宗旨相同，但解說的體式則紛起迭出，不必一律。

　　討論《左傳》是否為「傳」體，須避免以今律古，也須跳脫依據公、穀體式以議論左氏的成見。而且，由以上的考察可知，古來解說經典的體式並非一成不變。依經就注地加以疏解者固然是經典詮釋，未依章句而闡述所見、論說經之大義者，也未嘗不是詁經之作。這些，可概稱為「經解」。

　　「經解」體式在經學的注疏傳統中流衍、開展，唯其容眾存異，所以蘊含寬廣而且豐厚。論述《左傳》的「經解」性質之前，藉由上述的回顧、省思引出端緒，首要的目的厥在敞開「經解」研究的視域。經學的注疏傳統實際上一直都是眾說並起，容許異議與辯難，容眾而存異，這是本書展開相關論述前的一項基本理解。

二、經解與解釋

　　「《左傳》解釋《春秋》」這一課題，屬於「經解」的論述領域。如上所述，所謂「經解」的內涵是容眾存異的。然而，體式可以繁衍多變，訓釋「經」的基本宗旨實則一貫；唯其是訓釋「經」的，才名之為「經解」。

　　「經」是訓釋的對象，而且專指儒家的六藝經典。至於「解」，涉及訓釋方式，本書選取「解釋」一詞作為概稱。就《左傳》之為「經解」而言，其訓釋的對象是《春

〔註 12〕劉逢祿（1776～1829）《左氏春秋考證》曾質疑《左傳》「非傳之體」（清經解卷 1295頁 3 上），對此，章炳麟舉十翼之「傳」予以辯駁。章氏曰：「所謂『傳』體如何？惟《穀梁傳》、《禮喪服傳》、《夏小正傳》與《公羊》同體耳。毛公作《詩傳》，則訓故多而說義少，體稍殊矣；伏生作《尚書大傳》，則敘事八而說義二，體更殊矣；《左氏》之為傳，正與伏生同體。然諸家說義雖少，而宏遠精括，實經所由明，豈必專尚裁辯乃得稱傳乎？……十翼皆《易》之傳也，而《彖》《象》《文言》《繫辭》《說卦》《序卦》《雜卦》，其體亦各不同。」（《春秋左傳讀敘錄》，頁 821）章氏舉十翼為例，說明《周易》諸「傳」體式彼此不同，用以駁斥劉逢祿及其繼起者以《公羊傳》為「傳」體標準的成見，其說值得重視。至於《尚書大傳》是否與《左傳》「同體」，案察文獻，又未必然，因非關本書記旨，不旁涉。

秋》；其訓釋的方式包括「論說經義」與「敘事解經」兩大類型。關於《左傳》的訓釋方式，將於第一章專章論述，此處先就「解釋」一詞的詞義指涉，作初步疏解。

經學的注疏傳統中，訓釋「經」的方式十分繁富。除去條例、譜、圖、音等不論，單單就漢人解經所使用者而言，就有諸如故（詁）、訓、傳、說、記、微、章句……等不同的稱謂〔註13〕，魏晉以後陸續衍生的注解名稱，更是形形色色。單詞合為複語，這是漢語發展的一大趨勢，古人於行文之際，又有諸如訓詁、訓解、解釋、詮釋……等由若干注解名稱組合而成的複語。古人用語不一，異同離合之間，界定未必盡同。諸多經解體式之中，《左傳》屬於「傳」體，因此下文依題旨需要，以「傳」體為考察的中心，對應這一體式，特選取「解釋」一詞作為概括性的通稱；行文之際則間或使用訓詁、訓釋或詮解等等複語來措辭、表述。

「詁」或「訓詁」是習用的常詞。為避免繁瑣歧出，就由此常詞展開討論，逐次區別相關詞語，用以對照出「解釋」的涵義。

《四庫全書總目》之〈經部總序〉開宗明義說：

> 經稟聖裁，垂型萬世，刪定之旨，如日中天，無所容其贊述；所論次者，
> 詁經之說而已。　　（卷1頁1上）

「四庫全書」這套叢書，廣搜古今典籍，依據中國傳統學術的圖書分類，區分為經、史、子、集四部。其中，經部著錄經與經解諸書。由「四庫全書」所收錄的著作來看，漢以迄於清約二千年間，經解的撰述體式實紛繁多樣，而〈經部總序〉一言以蔽之，曰「詁經之說而已」。這是以「詁」作為解說的通稱。

「詁」作為通稱，意思與複語的「詁訓」或「訓詁」相通。當然，若細作區分，「詁」與「訓」則各有專指。「詁」，古通作「故」，用為注解名稱由來已久，如《漢書·藝文志》著錄有《魯故》、《毛詩故訓傳》等。先秦及漢的經解僅有少數完整地流傳至今，《毛詩故訓傳》就是其中一部重要的詁經之書。環繞這部文獻討論「傳」體的學者很多，相關的辨析對了解古代「傳」體的特點相當有幫助。

所謂「故〔詁〕訓傳」〔註14〕，孔穎達（574～648）的說法是：

〔註13〕漢人使用的這些注解稱謂，張師以仁曾歸納眾說，區分為五大類：一、訓詁之類——就字釋義；二、傳記之類——轉錄師說，或推其意，或廣其事；三、說義之類——借題發揮、馳騁己意；四、微——釋其微旨；五、章句——離章辨句（《中國語文學論集》，頁35～36）。詁、訓、傳、說、微、章句……等注解名稱，往往反映古注的訓釋方式。當然，各個注解名稱之間，究竟其訓釋方式有怎樣的差異，當根據文獻來考察。下文依題旨所需，根據孔穎達、馬瑞辰等諸家略作探討，而且是以「傳」這種體式為中心。

〔註14〕《漢書·藝文志》：「《魯故》二十五卷」，又「《毛詩故訓傳》三十卷」（卷30頁9上～下），依顏師古（581～645）注，「故」或題作「詁」，乃流俗所改（同上）。下文

「詁訓傳」者，注解之別名。毛以《爾雅》之作多爲釋《詩》，而篇有〈釋
詁〉、〈釋訓〉，故依《爾雅》訓而爲《詩》立傳。傳者，傳通其義也。　（《毛
詩注疏》卷1之1頁1下）

意謂毛氏爲《詩》立「傳」，而「傳者，傳通其義也」，其注解的特點在於參據《爾
雅》。「詁」、「訓」之稱即依用《爾雅》之〈釋詁〉、〈釋訓〉的名義而來。孔氏又云：

《爾雅》所釋，十有九篇，獨云「詁訓」者，詁者，古也，古今異言，通
之使人知也；訓者，道也，道物之貌以告人也。〈釋言〉則〈釋詁〉之別，
故《爾雅・序篇》云：「〈釋詁〉、〈釋言〉，通古今之字：古與今異言也。〈釋
訓〉，言形貌也。」然則，詁訓者，通古今之異辭，辨物之形貌，則解釋
之義盡歸於此。〈釋親〉已下，皆指體而釋其別，亦是詁訓之義。故唯言
「詁訓」，足總眾篇之目。　（同上）〔註15〕

以上，說明《爾雅》十九篇的同異，謂各篇所釋其實都不外是「詁訓之義」，因此「唯
言詁訓，足總眾篇之目」。然則，這樣的「詁訓」義，足以概括毛氏「傳」的注解特
點。孔穎達說：「詁者，古也，古今異言，通之使人知也；訓者，道也，道物之貌以
告人也」，繼而綜括說：「詁訓者，通古今之異辭，辨物之形貌，則解釋之義盡歸於
此」。在此，孔氏爲了詮說「詁訓」的語義，提出了另一個通稱——「解釋」。

　　孔氏運用此詞詮解「詁訓」，然則，「解釋」一詞應當足以概括其所謂的「詁訓
之義」，甚或是涵蓋性更廣的措辭。本書選取「解釋」一詞作爲概括性的通稱，參考
了孔氏上述的用法。

　　孔穎達認爲《毛詩故訓傳》乃「依《爾雅》訓詁而爲《詩》立傳」，這是說明毛

引孔穎達、馬瑞辰等諸家之說，或依所據文獻逕作「詁」。

〔註15〕孔穎達又曰：「故訓者，故昔典訓。依故昔典訓而爲傳，義或當然。」（《毛詩注疏》
卷1之1頁1下）這是對「詁訓傳」名義的另一種說法。近人馮浩菲之《毛詩詁訓
研究》區分孔《疏》二說，稱爲「正說」、「或說」，它們的差別是：「正說主明『詁
訓傳』之『詁訓』取于《爾雅》之〈釋詁〉與〈釋訓〉，其說有當。至於對『詁』與
『訓』的分別解釋，只照顧了《爾雅》，卻忽略了《毛傳》，顯示不出《毛傳》的特
點，似乎傳、雅全同，此其所失。對於『傳』的解釋亦不得要領。」（頁55）又云：
「〔或說〕視『故』爲形容詞，不當訓詁體式看，差之一義，失之千里。似乎《毛
傳》只有傳，沒有詁、訓⋯⋯。」（同上）馮氏指陳孔《疏》二說的區別，可以參考，
但評議其得失部分尚可以商榷。馮氏的說法其實本自馬瑞辰，馬氏曾說：「〔孔穎達〕
謂其『依《爾雅》訓詁爲《詩》立傳』；又引一說，謂其『依故昔典訓而爲傳』：其
說非也。」（《毛詩傳箋通釋》，頁3~4）馬氏對「詁訓傳」的名義曾深入考索，詳
見下文引述。由於孔氏疏解《毛傳》時多參引《爾雅》（參注17），這樣看來，「依
故昔典訓而爲傳」云云，孔《疏》只是聊備一說。而且，「或說」並沒有確切指陳「傳」
體訓釋方式的特點，因此，文中只討論「依《爾雅》訓詁爲《詩》立傳」這一說法。

氏「傳通其義」的解經方式，並以「詁訓」或「訓詁」概括之。「解釋」既是比「訓詁」涵蓋更廣的措辭，那麼，它比「訓詁」更能涵蓋各種解經方式，也就是更具概括能力。蓋「傳」以「傳通其義」為宗旨，為達到此一宗旨，不同的解經方式原可以兼行並用，這樣，「解釋」一詞應當比「訓詁」更適合與「傳」體對應，用以概括其訓釋方式。

針對「詁訓傳」的名義，馬瑞辰（1782～1853）與孔穎達有不同的見解。馬氏認為《毛詩故訓傳》結合了「詁」、「訓」、「傳」三體，三者的指涉各自不同。這一說法凸顯出「傳」仍有別於「詁」或「訓」，有其獨特性，不似孔氏只泛泛地說「傳者，傳通其義也」。就「傳」有其獨特的指涉而言，「解釋」一詞也比「訓詁」更適合作為此種解經體式的對應辭。

馬瑞辰的說法見於〈毛詩詁訓傳名義考〉一文，論述詳密有據，特迻錄如下：

> 《漢藝文志》載《詩》凡六家，有以「故」名者，《魯故》、《韓故》、《齊后氏故》、《孫氏故》是也；有以「傳」名者，《齊后氏傳》、《孫氏傳》、《韓內傳》《外傳》是也。惟《毛詩》兼名「詁訓傳」。……《史》《漢》〈儒林傳〉、《漢·藝文志》皆言魯申公為《詩》訓故，而《漢書·楚元王傳》及魯國先賢傳皆言申公始為《詩傳》：則知《漢志》所載《魯故》、《魯說》者，即《魯傳》也。何休《公羊傳注》亦言：「傳謂詁訓。」似故訓與傳初無甚異。而《漢志》既載《齊后氏故》、《孫氏故》、《韓故》，又載《齊后氏傳》、《孫氏傳》、《韓內外傳》，則訓故與傳又自不同。蓋散言則故訓、傳俱可通稱，對言則故訓與傳異；連言故訓與分言故、訓者又異。……蓋詁訓第就經文所言者而詮釋之，傳則並經文所未言者而引申之：此詁訓與傳之別也。……蓋詁訓本為故言，由今通古皆曰詁訓，亦曰訓詁，而單詞則為詁，重語則為訓。詁，第就其字之義旨而證明之；訓，則兼其言之比興而訓導之：此詁與訓之辨也。毛公傳《詩》多古文，其釋《詩》實兼詁、訓、傳三體，故名其書為「詁訓傳」。嘗即關雎一詩言之：如「窈窕，幽閒也」，「淑，善；逑，匹也」之類，詁之體也。「關關，和聲也」之類，訓之體也。若「夫婦有別則父子親，父子親則君臣敬，君臣敬則朝廷正，朝廷正則王化成」，則傳之體也。而餘可類推矣。訓故不可以該傳，而傳可以統訓故，故標其總目為「詁訓傳」，而分篇則但言「傳」而已。　（《毛詩傳箋通釋》，頁3～5）

馬瑞辰仔細考察《漢書·藝文志》，推敲經解體式的相關用語，他說：「散言則故訓、傳俱可通稱，對言則故訓與傳異；連言故訓與分言故、訓者又異」。他注意到古今用

語的離合現象，往往因「散言」或「對言」而語義有別。因此，上述用語的異同，需斟酌實際的語境脈絡來辨析。馬氏一一舉例梳分，詳細區別「詁」、「訓」、「傳」彼此的異同。總結而言，他認爲「毛公傳《詩》多古文，其釋《詩》實兼詁、訓、傳三體，故名其書爲『詁訓傳』」。「傳」與「詁」、「訓」別爲三體，這是「對言」之異；若由分篇之「但言『傳』而已」，則《毛詩故訓傳》一書就是「傳」體，此是「散言」，是「通稱」。

　　孔穎達與馬瑞辰的說法有相通之處，也有相異之處。孔氏說「詁」是「古今異言，通之使人知也」，馬氏云「第就其字之義旨而證明之」，都指「詁」的注解方式著重訓釋語言文字，這是狹義的「詁」。相對而言，《四庫全書總目》總括古今經解，曰：「詁經之說而已」，此所謂「詁」，便屬廣義，並不限於語言文字的訓釋。單詞之「訓」，其義與「詁」有所區別，孔氏參據《爾雅·釋訓》以立說，謂「訓者，道也，道物之貌以告人也」；馬氏則說「兼其言之比興而訓導之」，他並舉例說明，謂如「關關，和聲也」之類，即屬「訓」體〔註16〕。這麼說來，「訓」主要是訓釋如「關關」之類的詞語，說明其情貌，甚或兼及比興──也就是涉及譬喻之意、修辭之法〔註17〕。「詁

〔註16〕承張師以仁提示：孔穎達參據《爾雅·釋訓》來界說「訓」，而馬瑞辰雖也注意《毛傳》與《爾雅》的關係，卻未以此自限。例如馬氏說：「『關關，和聲也』之類，訓之體也」，而「關關，和聲也」並非出自〈釋訓〉，而是見諸〈釋詁〉，曰：「關關，……音聲和也。」（《爾雅注疏》卷2頁3上）案：就此例而言，孔氏與馬氏的說法顯然存有差異。當然，孔、馬二家對「訓」體的看法，也並非完全沒相通之處（參註17）。馬氏之後，頗有學者就他的說法再予補苴或修正，究竟「訓」體當如何界定，值得學者再深入探索。本書以探索「傳」體爲主，對此暫置而闕疑焉。

〔註17〕大體而言，「詁」是一般字詞的解釋；「訓」則多釋「關關」之類的語詞，述物之情貌，並涉及比興修辭。韓崢嶸、姜聿華在他們合著的《漢語傳統語言學綱要》裡，對「訓」體有這樣一段解說：「孔穎達特別強調『訓』是『道物之貌以告人』，這是因爲『訓』不只是用詞來解釋詞，往往還對古書語詞進行形象的描繪和說明。……《爾雅·釋訓》是以『訓』名篇的，所釋的多數是疊字，釋語側重描寫事物的情貌，如：『桓桓，烈烈，威也。』『委委，佗佗，美也。』〈釋訓〉所釋的除詞以外，還有詞組、句子，範圍很廣泛的。如『如切如磋，道學也。如琢如磨，自修也。瑟兮僴兮，恂慄也。赫兮咺兮，威儀也。有斐君子，終不可諼兮，道盛德至善，民之不能忘也。』對《詩經·淇澳》幾乎全篇進行解釋。」（頁218）韓、姜二氏依《爾雅·釋訓》來闡述孔穎達的說法，可以參考。依據馬瑞辰的說法細案《詩經·淇奧》，曰「如切如磋，如琢如磨」，《毛傳》云：「治骨曰切，象曰磋，玉曰琢，石曰磨」，這是解釋字義，屬「詁」體；《毛傳》又云：「道其學而成也；聽其規諫以自脩，如玉石之見琢磨也」，孔穎達疏解說：「『道其學而成也』，指解切磋之喻也；又言：而能聽其規諫以禮自脩飾，如玉石之見琢磨，則唯解琢磨，無切磋矣。此經文相似，傳必知分爲別喻者，以〈釋訓〉云『如切如磋，道學也』，……又云『如琢如磨，自脩也。』」（《毛詩注疏》卷3之2頁11上～12上）意謂《毛傳》以「道學」和「自脩」分別解說詩之指喻，此說與〈釋訓〉若合符節。那麼，依孔《疏》的界義，此當屬

訓」連言，可以視作是「詁」的複語，而泛指「第就經文所言者而詮釋之」的解說方式。詁、訓或詁訓，都是經解方式的常用術語，爲了說明這些術語，孔穎達以「解釋」概括詁訓的通義，馬瑞辰則採用了「詮釋」一詞。所謂「解釋」或「詮釋」，大抵是就「解」、「釋」、「詮」三個單詞加以組構而成的複語，這跟結合「詁」、「訓」構詞而成「詁訓」的情形類似。

孔穎達與馬瑞辰解說「詁訓傳」，二者較大的差異在於他們對「傳」的了解。孔氏所謂「傳通其義」，只是就一般的通稱來泛說「傳」。馬氏謂「訓故不可以該傳，而傳可以統訓故」，謂「傳」指涉較廣，這是以「傳」爲通稱，就此而言，孔、馬二說相近。但是，馬氏注意到，相對而言的「傳」，其體式有不同於「詁訓」的獨特性，這點與孔氏不同。根據《漢書‧藝文志》，諸家解《詩》往往有「故」又有「傳」，馬氏即據此強調：「傳」與「詁訓」應當還是有所區別，他歸結說：「詁訓第就經文所言者而詮釋之，傳則並經文所未言者而引申之」。依此，「傳」的體式特徵是：訓解經文並演申闡述，而及於經未嘗明文表述者。

馬瑞辰在〈毛詩詁訓傳名義考〉一文中，不僅辨析「傳」與「詁訓」，還連類述及「章句」。比較而言，馬氏以爲「詁訓與章句有辨」，曰：「章句者，離章辨句，委曲支派，而語多傅會，繁而不殺」；至「詁訓」釋經之體式，則「不煩章解句釋，而奧義自闢」（《毛詩傳箋通釋》，頁4）。這是「詁訓」與「章句」的不同。然則，「章句」與「傳」的異同又如何？馬氏沒有明白述及，但從「傳則並經文所未言者而引申之」一語推之，大抵認爲「傳」與「章句」有別，其差異就在於是否依循經文章句來解說。

參考章炳麟的說法，他說：

> 古之爲「傳」異於「章句」，「章句」不離經而空發，「傳」則有異。 （《國故論衡‧明解故》卷中頁79上）

章氏直陳「傳」之有別於「章句」，而「章句」的特色是依附經文來申說，「傳」則與此不同。

上一節曾引述焦循的說法，謂漢人注經各有體式，或者「依句敷衍而發明之」，如趙岐《孟子章句》；或者「自抒所見，不依章句」，如《韓詩外傳》、《春秋繁露》等，至於伏生《書傳》也屬「不必順文理解」一類。焦氏正是將諸「傳」與「章句」體式作一比較，他的說法可以和馬瑞辰、章炳麟的意見互補相參。

馬瑞辰說：「章句者，離章辨句」，章炳麟也指其「不離經而空發」；如焦循所言，

「訓」體。孔氏依〈釋訓〉注說其指喻之義，這跟馬瑞辰「兼其言之比興而訓導之」的說法類似。由此觀之，孔、馬二氏對「訓」體的解說，也有相通之處。

《孟子章句》的特點乃「依句敷衍而發明之」。依此而言，「章句」這種訓釋體式的特點是：順著經文分章析句地解說發明。「詁訓」則「不煩章解句釋」；而且，雖就經文所言加以注解，尤其著重於語言文字的訓釋，從而「由今通古」。焦循陳述古「傳」體式，指出它們「自抒所見，不依章句」，或解說「不必爲本句而發」、「不必順文理解」（見上文引）；馬瑞辰則形容說「並經文所未言者而引申之」：這意謂「傳」體解經，未必直接對應經文。然則，相對於「章句」或「詁訓」，「傳」的體式特點厥在於申發見解以通達經義，且往往「並經文所未言者而引申之」。

當然，「不依章句」而申說尋繹並及經所未明言者，是指相較之下「傳」有這樣的特點，「傳」未必完全「不依章句」。如上所述，「訓詁」是依經詮解，而「傳可以統訓故」，正當與此參照來理解。

論述《左傳》的經解性質，探討的課題涉及這部文獻是不是訓釋《春秋》之「傳」。參考孔穎達以及焦循、馬瑞辰、章炳麟等諸家說法，在此先建立對「傳」體的基本理解：「傳」是一種可以概括「訓故」，並就經文所未及者加以引申推衍，不必緊依經文章句來詮說的經解體式。

相應於「傳」的體式，本書乃援引孔穎達的用法，以涵蓋性較廣的「解釋」一詞，統括依經爲訓而間或引申推演的訓釋方式。

所謂「解釋」，孔穎達已經用爲通稱，他說：「詁訓者，通古今之異辭，辨物之形貌，則解釋之義盡歸於此。」這一用法凸顯出「解釋」的語義可以概括「訓詁」之義〔註18〕。而且，啖助（724～770）業已運用「解釋」一詞描述《春秋》之「傳」。啖氏說：

> 〔《左氏傳》〕其大略皆是左氏舊意，故比餘傳，其功最高，博采諸家，敘事尤備，能令百代之下，頗見本末，因以求意，經文可知。……公羊、穀梁初亦口授，後人據其大義，散配經文，故多乖謬，失其綱統。然其大指亦是子夏所傳，故二傳傳經，密於左氏。穀梁意深，公羊辭辨，隨文解釋，往往鉤深。　（《春秋集傳纂例》卷1頁4下～5上）

對於公羊、穀梁二家傳經之體，啖助以「隨文解釋，往往鉤深」來描述。二傳之「隨文解釋」，屬於馬瑞辰所說的「第就經文所言者而詮釋之」，可稱爲「訓詁之

〔註18〕顏之推（531～591）說：「《詩》云：『參差荇菜。』《爾雅》云：『荇，接余也。』字或爲莕。先儒解釋皆云：水草，圓葉細莖，隨水淺深。」（《顏氏家訓・書證》，頁409）此處所謂「解釋」，是就訓詁而言。又，《西京雜記》載揚雄（字子雲，前53～18）曰：「〔《爾雅》，〕孔子門徒游、夏之儔所記以解釋六藝者也。」（卷3頁2上～下）《爾雅》是訓詁之書，所謂「解釋六藝者也」，此所謂「解釋」主要也是就訓詁而言。

傳」〔註 19〕。暫且不論二傳是否完全「隨文解釋」，這裡特關注其行文措辭。啖氏以「解釋」一詞描述公羊、穀梁之「傳」。然則，就全書體式而言，公羊、穀梁屬於「傳」體；就其訓釋方式而言，則可以稱之為「解釋」。而且，啖氏既然說二傳說經「往往鉤深」，則「解釋」顯然指深探經旨、發明微義的層面，不必僅限於文詞語義〔註20〕。唐敦煌寫本《春秋穀梁經傳解釋》〔註21〕，以「解釋」名其書，書中除了文詞和經旨大義的訓釋外，還詳於述說經、傳所及之名物制度等事蹟〔註22〕。其實，訓釋名物制度與事蹟，從而闡發大義，這是《春秋》之「傳」所共通的〔註23〕。

綜合上述，「解釋」的涵義主要可以區分為三個層面：

〔註19〕 定元年《公羊傳》：「主人習其讀而問其傳。」何休注曰：「傳謂訓詁。」（卷25頁3上）依《公羊傳》看來，何休所謂「訓詁」應非指通古今之語義，而是廣義地泛指依經詮釋的解說體式。對此，清人張杓稱為「訓詁之傳」（〈春秋之傳解〉，見清經解卷1396頁7下）。公、穀二傳是不是完全「隨文解釋」暫且不論，這裡專就啖助所說的「解釋」詞義而言。

〔註20〕 《支遁傳》曰：「遁每標舉會宗，而不留心象喻，解釋章句，或有所漏，文字之徒，多以為疑。」（見《世說新語》劉孝標注引，頁843）支遁「解釋章句」的特色是「標舉會宗」，也就是著重解其旨趣、明其會歸，而魏晉人所重視的「會宗」，乃是「玄理」。又，《經典釋文·敘錄》曰：「〔《老子》〕羊祜解釋四卷。」（卷1頁27上）《隋書·經籍志》亦云：「梁有《老子道德經》二卷，晉太傅羊祜解釋。」（卷34，頁1000）晉羊祜注《老子》而稱之為「解釋」，大概也以闡明其奧義微理為主。

〔註21〕 《春秋穀梁經傳解釋》僅存「僖公上第五上」殘卷，起僖公八年，訖十五年，書題尚存，而史志書目均未見著錄。羅振玉（1866～1940）輯印之《鳴沙石室佚書》收入此殘卷，並撰有提要。羅氏根據殘卷，檢核楊士勛之《穀梁傳疏》，推論作者為魏樂平太守糜信（說見《鳴沙石室佚書·提要》頁2上）。但劉師培（1884～1919）反駁羅氏，持不同見解。由避諱、分卷等現象，劉氏推論此書殆即唐人所撰（說見《敦煌新出唐寫本提要》頁36上～38上）。

〔註22〕 如僖十五年九月「因是以見天子至士皆有廟」傳文之下，《春秋穀梁經傳解釋》引申傳意，詳細載述天子、諸侯、大夫與士之廟數（見《鳴沙石室佚書》，頁32上～下）。又如僖十四年《春秋》曰：「夏六月，季姬及鄫子遇于防，使鄫子來朝。」《春秋穀梁經傳解釋》即補述其本事以解經，曰：「季姬，魯女，本鄫夫人也。季姬來寧，公怒鄫子之不朝也，遂留季姬而不歸。於是季姬及鄫子遇于防，使鄫子來朝魯，而便請季姬。此婦人之節不貳。」（同上書，頁30下）

〔註23〕 黃以周（1828～1899）說：「漢儒注經，各守義例，故訓、傳說，體裁不同，讀〈藝文志〉，猶可考見。故訓者，疏通其文義也；傳說者，徵引其事實也。故訓之體，取法《爾雅》；傳說之體，取法《春秋傳》。」（〈讀漢書藝文志〉，《儆季雜著史說略》卷2）黃建中《訓詁學教程》也說：「在訓詁中，若需要補敘事實，考究史跡，就要敘事考史，只是『傳』更多用于敘事考史。現存《春秋》三傳，用大量的事實和史跡傳解《春秋》。」（頁51）誠然，不僅《左傳》，《公羊傳》與《穀梁傳》也頗載述事蹟，參本章第二節之二引陳澧說，及第三章第一、二兩節舉例說明。

一、訓詁詞文：注釋文字、語詞及引申之意、修辭之法等。

二、述說物事：詳述名物、制度與事蹟等。

三、詮明理義：闡述經旨、發明微言等。

本書探討「《左傳》解釋《春秋》」的課題，所謂「解釋」，兼指上述三個層面。第一章將依準此義，舉述傳文作進一步討論。

第二節　敘事與「傳」體

啖助比較左氏、公羊、穀梁的異同，以為三傳之中，《左傳》「其功最高」，又說：「〔左氏〕博采諸家，敘事尤備，能令百代之下，頗見本末，因以求意，經文可知」（見上文引）。然則，《左傳》解釋《春秋》之優於他傳的特長厥在「敘事尤備」。《左傳》固然也以凡例、書法等直陳經義，而「敘事」使本末具見，因以明經，這對習經尋義的助益尤不可忽視。直接依經文論說經義，其為經解，顯明可知；至於《左傳》以「敘事」解釋《春秋》的意義，則尚有闡述之必要。因此，對於前者，扼要簡述而已，本書致力推闡的中心課題則是後者——「敘事」的解釋功能與意義。關於論說經義與敘事解經這兩部分如何相輔相成、融貫一體以解釋《春秋》，以及「敘事」的特徵及其解經意義等，詳見各章論述。這一節先梳理「敘事」與「傳」體的相關問題。〔註24〕

〔註24〕《左傳》優於二傳的特點在「敘事」，但這並不是它解經的唯一方式。凡例、書法諸稱等固然是解經的，「仲尼曰」、「君子曰」這類評論文字，也間或用以解經（說詳第一章），唯其如此，劉逢祿等質疑左氏非「傳」，對此勢必要有所交代。劉氏質疑《左傳》諸解經語乃劉歆（前 53 ？～23）所附益，正是為此緣故。《左氏春秋考證》是劉氏討論此問題的一部專著。後來，康有為（1858～1927）撰《新學偽經考》又張皇其說，影響尤烈。但經過劉師培（1884～1920）、錢穆（1895～1990）、高本漢（1879～1978）以及張師以仁等學者之相繼研考辨說，足證劉歆附益偽竄說是不能成立的（說參拙著《左傳稱詩研究》第二章，頁 11～49）。後來，有些學者鑒於劉逢祿、康有為之類的說法難以令學者信服，卻又不能完全走出疑偽論的陰霾，故為調停之論，遂又轉生出一種《左傳》分兩階段成書的說法，法國學者馬伯樂和近人趙光賢可為代表。馬氏認為：《左傳》是由二書參合而成，其一為史，其一為傳；然而，依據高本漢的文法一致說，及《韓非子》等已徵引其書這兩點而言，合史與傳兩部分的今本《左傳》在先秦時代業已成書（馬氏原書未見，以上說法參據洪業〈春秋經傳引得序〉轉述，見《洪業論學集》，頁 266～68）。趙光賢〈左傳編撰考〉雖未引述馬氏，但說法類似，謂《左傳》分記事與解經兩部分，原只是記事之書，後來有人據以改編為解釋《春秋》之傳，他認為：「《左傳》一書，作為一部紀事體的史書，成書最遲在前 430 年後不久；改編為編年體的記事兼解經的書，當在前 352 年之前。……總之，戰國末葉之前，一部獨立的《左傳》已經成書，那是毫無問題的了。」

　　就解經這一基本性質而言，《左傳》屬「傳」體；就撰述的文體而言，則屬「敘事」。換言之，「傳」爲經解體式，「敘事」則是指文體。啖助既推崇《左傳》「敘事尤備」，同時稱之爲「《左氏傳》」（《春秋集傳纂例》卷1頁4上），又說：「三傳分流，其源則同」（同上書卷，頁6上），並認爲左氏解經，「故比餘傳，其功最高」（同上書卷，頁4下）。這顯示「敘事」與「傳」的性質並無衝突。稍後於啖助的趙匡，猶明確繼承《左傳》是解經之「傳」的見解，他說：「左氏廣集諸國之史，以釋《春秋》」（同上書卷，頁13上），至於三傳的異同，趙氏認爲：「……推類而言，皆孔門後之門人，但公、穀守經，左氏通史，故其體異耳。」（同上書卷，頁10下）《左傳》「廣集諸國之史」以解經，故通於「史」，其解釋《春秋》的體式雖然與公羊、穀梁不同，並不違背其「經解」的基本性質。上溯至漢，下迄於清，啖、趙二氏上述的見解是很多學者共通的認識。這一現象意謂歷來學者認爲《左傳》係解釋《春秋》之「傳」，不但沒有忽視它「敘事尤備」的特點，不因此置疑，而且，特別表彰左氏以「敘事」

（《古史考辨》，頁136～87）很有意思的是，趙氏自己承認：記事和解經「這兩部分常常緊密地結合在一起，不易分開。」（同上書，頁140）既然如此，那麼，假定《左傳》由兩部分結合而成的理由何在？這個說法的根基、前提本身就有檢核的必要。前提若不能成立，縱然羅舉十數例又能證明什麼？而且，依據傳統的說法，乃至就《左傳》本身來看，此書博采國史而成，本是很自然、甚至說是當然的。那麼，馬、趙這類說法必須回應下列的問題：一，如何證明《左傳》成書之前，存在過他們所謂的只有其記事部分的一部史書？二，爲什麼他們所謂的這一部史書，其記事與《春秋》如此密切關聯？三，先秦時代的學者，基於什麼理由取他們所謂的這一部史書來參合解經文字，合成今本顯然是解釋《春秋》的《左傳》？其實，這類說法有可能淵源於啖助。啖氏認爲：「古之解說，悉是口傳……是知三傳之義，本皆口傳，後之學者乃著竹帛」，在此前提之下，他推演而論云：「予觀《左氏傳》，自周、晉、齊、宋、楚、鄭等國之事最詳，……左氏得此數國之史，以授門人；義則口傳，未形竹帛。後代學者，乃演而通之，總而合之，編次年月，以爲傳記。又廣采當時文集，故兼與子産、晏子等諸國卿佐家傳，并卜書、夢書及雜占書、縱橫家、小說、諷諫等雜在其中。故敘事雖多，釋意殊少，是非交錯，混然難證。」然而，啖氏仍認爲「其大略皆是左氏舊意，故比餘傳，其功最高。」（《春秋集傳纂例》卷1頁4上～下）啖助立論並未越出《春秋》左氏學」的經傳脈絡，此說雖早出，但立論比趙光賢輩嚴謹，他至少參及了上述所提第二、第三兩個問題。唯其啖氏並未越出「《春秋》左氏學」的經傳脈絡，故能自圓其說，這便與馬氏、趙氏不同。而且，啖助認爲左氏解經，原已兼具事與義兩部分──「左氏得此數國之史，以授門人；義則口傳」云云，這也勉強可以回應上述第一個問題。啖氏基本上認爲《左氏傳》原已具備事與義兩部分，而且自始即是解經之「傳」；不同處只在《左傳》成書過程，及部分內容是否經後學增益等細節。細節差異，可以暫置不論──蓋啖氏的說法也只是「假說」而已。本書基於文獻研究的立場──依據「《左傳》」這部迄今流傳的文獻，對於上述尚有待檢證的假說，其實可以不予理會，姑且附論於注中，聊陳所見，以備學者參考。

解釋《春秋》者，也相沿不絕。當然，持不同見解的學者也不是全然沒有。除卻門戶之見毋庸費辭辯解外，產生疑議的關鍵在於拘執「經」、「史」之分，也沒有深入了解何爲「敘事」，故下文討論尤著力於此。

一、初步考察

基於文獻考徵的立場，這一節嘗試由下列幾方面，針對《左傳》「敘事」及其爲解經之「傳」二者的關聯，作初步之考察。

首先，本章第一節簡述儒家在先秦、漢初的發展時曾指出，當時儒學雖稱顯學，但若想遊說諸侯，影響時政，尚需與其他諸子學派辯論、競爭。秦以前，儒已分而爲八，漢武帝開始推尊六藝之後，儒家學派內部的爭議也很快浮現，在經學的傳統裡，由於學派、時代的差異，異同之論、門戶之爭，從沒有停歇。《四庫全書總目》曰：「說經家之有門戶，自《春秋》三傳始。」（卷26頁1上）自漢至清二千多年之間，雖然質疑左氏不傳《春秋》的議論屢屢而起，但基本上沒有改變《左傳》在經學裡的地位。這點表現在傳統文獻書目，諸如《漢書・藝文志》、《隋書・經籍志》，以至於《四庫全書總目》等的著錄，尤爲顯明。文獻目錄之學，向來注重「辨章學術，考鏡源流」（章學誠語，《章學誠遺書》，頁95），也就是考察一部著作的性質，並參照學術的發展源流，然後予以歸類、列目。那麼，文獻書目的著錄一向將《左傳》歸列於「六藝略春秋家」或「經部春秋家」，這個現象就意味著：傳統學者視《左傳》爲解經之「傳」的學術認知是相當穩定的。

其次，自從清末皮錫瑞（1850～1908）撰寫《經學歷史》之後，學者逐漸正視「經學史」這個研究領域。從「經學史」的觀點看，縱使如皮氏這般居於今文經學立場的論述者，終究也不能忽視「《春秋》左氏學」的源流，不能不在他的《經學歷史》裡述說此一學術脈絡的發展。經學傳統中，固然不乏力持「左氏不傳《春秋》」的異議者，卻始終沒有成爲眾所共認的定論。而且，這項議題甚至到清末民初還引發激烈辯論，足見秉持《左傳》是解釋《春秋》之「傳」的見解的經學家仍大有人在。主張《左傳》是解經之「傳」的學者是一直存在的，這現象不因有異議者而改變。只要學者不故意漠視上述長期存在的現象，而平情觀察經學歷史的實況，那麼，藉著羅列若干學者的意見以質疑《春秋》、《左傳》的經、傳關係，其論證效力是很成問題〔註25〕。

〔註25〕清人張杓〈春秋之傳解〉曾舉述盧植（159～192）、王接（267～305）、高祐、賀循（260～319）等，立論謂：「漢晉諸儒言左氏者，莫不以爲紀事之書，所謂載記之傳是也。」（清經解本卷1396頁7下～8下）這是主張《左傳》自爲一書，非解釋《春

再則，漢代今文經學家質疑左氏「不祖孔子」、「不祖聖人」，「祖」殆指「祖述」，所謂不「祖述」孔子，不僅是出自今文經學家的門戶之見，而且主要是囿於漢代師法、家法的觀念，是基於「師徒相傳，又無其人」的觀念所提出來的疑難〔註26〕。

秋》之「傳」。皮錫瑞引述其說，又補述劉安世（1048～1125）一家，謂「可爲劉逢祿先路之導」（《經學通論》之四頁 41～42）。其實，高祐、賀循未嘗疑左氏非傳，對此，陳銘煌已有考辨（說參〈春秋三傳性質之研究及其義例方法之商榷〉，頁 40～41 及頁 90～91 注 10）。而根據盧植本傳（《後漢書》卷 64），盧氏也非懷疑左氏不傳《春秋》者，章炳麟有說（見《春秋左傳讀敘錄》，頁 812）。近人趙光賢〈左傳編撰考〉大概已注意及此，故只引王接、劉安世二家說以爲立論之資（見《古史考辨》，頁 137）。然而，王接並未指陳具體信實的理由（上引陳銘煌文，頁 40）；而且，王氏是公羊學者，殆以公羊「傳」體爲標準，如章炳麟所說：「各于其黨，無足論也。」（見章氏上引書，頁 812）。這樣，張杓、皮錫瑞、趙光賢等可作立論之資者，僅餘劉安世一家。劉安世以爲：「《左氏傳》於《春秋》所有者或不解，《春秋》所無者或自爲傳。讀左氏者當經自爲經，傳自爲傳，不可合而爲一，然後通矣。」（見《經義考》卷 169 頁 4 上）關於「《春秋》所有者或不解，《春秋》所無者或自爲傳」，這與《左傳》采取國史而詳敘始末的解經方式有關，劉氏置疑於此，實緣於不了解敘事解經的意義。何況，如焦循所說，古傳注的體式固有「自抒所見，不依章句」或「不必順文理解」的特點，劉氏說不足據。關於《左傳》「依經以作傳」，說參第三章第二節之一。又，與劉安世意見類似者，如王皙說：「仲尼修經之後，不久而卒。時門弟子未及講授，是故不能具道聖人之意。厥後書遂散傳，別爲五家，於是異同之患起矣。……獨左氏善覽舊史，兼該眾說，得《春秋》之事亦甚備。其書雖附經而作，然於經外自成一書，故有貪惑異說，採掇過當，至於聖人微旨，顧亦疏略。」（見《經義考》引，卷 169 頁 3 下）謂「後書遂散傳，別爲五家」、又謂「〔左氏〕附經而作」，則異說、過當、疏略之責，大概是由於王皙不滿意諸傳。王氏謂弟子「不能具道聖人之意」，由此觀之，王氏批評左氏，又何嘗中意公、穀二傳？其實，劉安世與王皙同樣習染於中唐以降學風，銳意於「三家之外，自出新義」（詳參第二章第一節與第三章第一節之二），所謂「經自爲經，傳自爲傳」，殆只是當時學者的一種讀經態度，標榜專就經文索解，所謂「獨抱遺經究終始」。總之，張杓謂「漢晉諸儒言左氏者，莫不以爲紀事之書」，其實並未詳察「經」、「史」分類乃後起的觀念，漢晉人謂左氏紀事，未必意謂其非解經之「傳」。王接或劉安世之類的言論，或拘於門戶，或習於「獨抱遺經」、攻駁三傳的學風，援引此等爲立論之資，其實是難作憑據的。

〔註26〕西漢今文博士「謂左氏爲不傳《春秋》」（見劉歆〈移讓太常博士書〉所述，《漢書》卷 36 頁 34 上），所持論點爲何，其說不詳。東漢初，范升反對立左氏博士，其說曰：「左氏不祖孔子，而出於丘明，師徒相傳，又無其人。」（《後漢書》卷 36 頁 7 下）參考范升之說，當時蓋強調「不祖孔子」，而且特著眼於「師徒相傳」，授受不明。這是指拘守師法、家法的觀念，一旦跳脫時風成見之蔽，則此說能否用來質疑《左傳》的經解性質，即是一大問題。又，范升也曾舉述《左傳》之失，這則是就記事內容說的，所以陳元回應說：「升等所言，前後相違背，皆斷截小文，媟黷微辭，以年數小差，掇爲巨謬，遺脫纖微，指爲大尤。」（《後漢書》卷 36 頁 10 上）傳文記事的得失，容或見仁見智，當個別討論，就事論事。此處只用以提醒讀者：漢人其實並未涉及「傳」體性質的討論。又《華陽國志》載述：「《春秋穀梁傳》首敘曰：

其實，〈中庸〉曰：「仲尼祖述堯、舜」（《禮記注疏》卷 53 頁 12 下），孔子「祖述」堯、舜之道，又何嘗以師徒傳授爲前提？

何況，漢代的今文經學家雖基於學派立場，極力抨擊《左傳》，實則並未據《左傳》「敘事」之體非議其「傳」的經解性質。相反的，歷來學者視《左傳》爲解釋《春秋》之「傳」，不但沒有忽視其「敘事尤備」，甚且還著意表彰這是左氏解經方式的一大特點。舉其犖犖大者而言，司馬遷（前 145？～前 86？）說：

> 孔子明王道，干七十餘君，莫能用，故西觀周室，論史記舊聞，興於魯，而次《春秋》：上記隱，下至哀之獲麟；約其辭文，去其煩重，以制義法，王道備，人事浹。七十子之徒，口受其傳指，爲有所刺譏褒諱挹損之文辭不可以書見也。魯君子左丘明，懼弟子人人異端，各安其意，失其眞，故因孔子史記，具論其語，成左氏春秋。　（〈十二諸侯年表序〉，《史記會注考證》卷 14 頁 6～7）

文中先述說孔子作《春秋》的背景，謂孔門弟子「口受其傳指」，隨即提到左丘明「懼弟子人人異端，各安其意，失其眞」，於是「因孔子史記，具論其語，成左氏春秋」。依上下文意，這顯然是說明《春秋》與「左氏春秋」——今習稱《左傳》——兩書之間的著述關係。《史記》書中，習以「春秋」指稱《春秋》經、傳，諸侯國史則稱爲「史記」。司馬遷尚未使用「《左傳》」、「《公羊傳》」或「《穀梁傳》」的名稱，引述左氏或公羊傳，據經稱傳而逕作「春秋」；或者，如此處稱《左傳》爲「左氏春秋」。所謂「左氏春秋」，這跟「穀梁春秋」的稱謂類似，是爲了區分《春秋》學有左氏、公羊與穀梁三家之別〔註27〕。左氏懼弟子「失其眞」，因此撰述一書，用以闡明《春

成帝時，議立三傳，博士巴郡胥君安獨駁《左傳》不祖聖人。」（卷 10 下頁 19 上～下）首先，所謂「成帝時，議立三傳」，其事可疑。其次，縱使成帝時有其事，章炳麟根據「獨駁」二字推敲說：「是成帝時固以左傳同于二傳，駁者亦獨有胥安君。」（《春秋左傳讀敘錄》，頁 832）第三，此說既出自《《春秋穀梁傳》首敘》，所謂「《左傳》不祖聖人」，恐怕也不脫今古文相爭的門戶立場。然則，胥安君殆與范升持論類似，所謂「《左傳》不祖聖人」也是囿於師徒傳授之見，並未涉及「傳」體討論。

〔註27〕《史記・儒林列傳》曰：「漢興至于五世之閒，唯董仲舒名爲明於《春秋》，其傳公羊氏也。……瑕丘江生爲穀梁《春秋》。」（《史記會注考證》卷 121 頁 28）上文云董仲舒所傳《春秋》爲「公羊氏」，下文述瑕丘江生之學，即稱「穀梁《春秋》」，以爲區別。《史記》中尚未出現後來習稱的「《左傳》（或《左氏傳》）」、「《公羊傳》」或「《穀梁傳》」，書中引述《春秋》經、傳，往往逕稱爲「春秋」（說參童書業〈司馬遷所稱《春秋》係指《左傳》考〉及〈司馬遷所稱《春秋》亦指《公羊傳》考〉二文，《司馬遷所見書考》，頁 105～15），或稱爲「左氏《春秋》」、「穀梁《春秋》」。黃彰健認爲：《左傳》原稱爲「《春秋》」，他並批評說：「清代劉逢祿著《左氏春秋考證》，認爲《左氏春秋》爲《左傳》一書原來的名稱，其說恐仍未達一間。」（說見

秋》眞意。爲詮解《春秋》而作，這是《左傳》的基本性質。

關於《左傳》的撰述特點，司馬遷描述作：「具論其語」。所謂「具論其語」，是指《左傳》依《春秋》而備纂其相關事蹟〔註28〕。《漢書・藝文志》承之，曰：

〈讀杜預「春秋序」並論左傳原書的名稱〉，頁 3）章炳麟更曾針砭劉氏之謬，曰：「左氏自釋《春秋》，不在其名『傳』與否也。」（《春秋左傳讀敍錄》，頁 810）案：《史記》稱《左傳》爲「春秋」，這是據經稱傳；如須區別則別稱「左氏《春秋》」或「穀梁《春秋》」；依〈十二諸侯年表序〉上下文意，「左氏春秋」正爲解釋《春秋》而作，是否釋經，關鍵根本不在書名是否稱「傳」。「左氏《春秋》」的名稱，可以和劉歆「《春秋》左氏，丘明所修」（〈移讓太常博士書〉，《漢書》卷36頁33下）一語相參。《左傳》一書，古或稱「春秋」，或稱「左氏《春秋》」、「《春秋》左氏」，然則「左氏《春秋》」不宜逕標作「《左氏春秋》」，以免如劉逢祿般誤與「《呂氏春秋》」、「《虞氏春秋》」這樣的書名專稱混爲一談，如陳澧所言：「如《晏子春秋》、《呂氏春秋》，則雖以訛傳訛，能謂之『春秋晏氏傳』、『春秋呂氏傳』乎？」（《東塾讀書記》卷 10 頁 5 上）而且，本書概以「《春秋》」專稱孔子所作之經，爲避免混淆故正文中不標示爲「左氏《春秋》」，而逕作「左氏春秋」（「穀梁春秋」同），俾作區分。又，〈十二諸侯年表序〉於下文述及「各往往捃摭春秋之文以著書」者，以迄於「董仲舒推《春秋》，義頗著焉」（《史記會注考證》卷 14 頁 7～8），這一段文字乃上承孔子作《春秋》，推而言及其學之影響、發展（文長，不具引）。其中，如《虞氏春秋》、《呂氏春秋》者，以後世書目分類著錄的情形看來，似與《春秋》學毫無關係，故劉逢祿、康有爲等頗藉此大作文章。除附益疑僞之說不予深辯外，謹在此提出四點意見，聊備學者參酌。第一，就此全篇序文上下脈絡仔細尋思，司馬遷說「左氏春秋」乃是爲了詮明《春秋》眞意而撰作的，這一意旨十分明確，無容淆混。第二，全篇序文由論及孔子作《春秋》開始，下文兼連述及《春秋》學在先秦、漢初之發展，其所以提及《呂氏春秋》，乃是由於此書「刪拾春秋」而成，這跟提及《鐸氏微》、《虞氏春秋》，乃至下文的荀卿、孟子、公孫固、韓非等的原因相同，都是由於這些書「各往往捃摭春秋之文以著書」。錢穆（1895～1990）更說：「此春秋謂左氏也。」（《先秦諸子繫年》，頁 451）然則，就先秦至漢初《春秋》學之發展而言，《左傳》實居於承上啓下的地位。第三，《虞氏春秋》乃「上採《春秋》，下觀近世，……以刺譏國家得失。」（同上書，卷 76 頁 22）案事明義以「刺譏國家得失」，此其所以著書而稱「春秋」歟？《漢書・藝文志》將此書著錄於諸子略儒家，則是由於此書「下觀近世」，畢竟非依經詮解之書。第四，據鄭玄之言，《呂氏春秋》說月令而稱「春秋」，這與《春秋》始元、終麟而備天地物事，二書之立名取義「事類相近焉」（說見《禮記・禮運・注》卷 22 頁 11 上）。鄭玄是東漢經學大家，由他這段話看來，漢人或認爲呂氏著書稱「春秋」，正是類比於孔子作《春秋》。

〔註28〕所謂「具論其語」，「論」指編次纂輯，這是《史記》之常訓；「語」，係指事蹟記載；「其」，依上下文意，自是指孔子之《春秋》。「語」訓爲事蹟記載，說參據顧頡剛（1893～1980），顧氏曰：「『語』，當不僅止所說之話，並及其事也。《史記・秦本紀》『其事在商君語中』，『語』亦此義。〈孝文本紀〉：『事在呂后語中』，亦同。〈陸賈列傳〉：『事在南越語中』，是『語』皆『記載』義。」（《春秋三傳及國語之綜合研究》，頁 89）以上，舉述《史記》同書語例，指陳「語」有「記載」之義，而記載所及包括言與事。顧頡剛並未根據這一話訓解說何謂「具論其語」，今取資其說，將「具論其語」訓釋爲：備纂其相關的事蹟記載。

〔仲尼〕以魯周公之國、禮文備物、史官有法，故與左丘明觀其史記，據行事、仍人道，因興以立功，就敗以成罰，假日月以定歷數，藉朝聘以正禮樂。有所褒諱貶損，不可書見，口授弟子。弟子退而異言，丘明恐弟子各安其意，以失其眞，故論本事而作傳，明夫子不以空言說經也。　（《漢書補注》卷 30 頁 19 上）

謂左丘明「論本事而作傳」云云，這大概是劉歆（前 53？～23）本原《史記》的說法，經採擇而保存在《漢書・藝文志》裡。班固（32～92）在〈司馬遷傳贊〉也說：「論輯其本事，以爲之傳」（卷 62 頁 25 上）。層層轉述中，因承之跡可以窺見，而左氏纂輯本事以作傳釋經的意旨更顯明無疑。這個說法，既經陸德明（556～627）《經典釋文・序錄》（卷 1 頁 20 下），以及《隋書・經籍志》（卷 27，頁 932）等等經學著作或書目文獻相沿採錄，也有如黃澤〔註29〕（1260～1346）一類的經學家特予關注、表彰。黃氏說：

澤謂：此篇敘孔子作《春秋》與左丘明觀國史之說，大概得之。又謂「丘明論本事而作傳，明夫子不以空言說經」，此說尤當。　（說見趙汸纂錄

附案：關於「孔子史記」，章炳麟引述其文而簡注說：「『孔子史記』，謂孔子所錄周之史記。」（見《春秋左氏傳疑義答問》，頁 250）劉師培也說：「『……因孔子史記，具論其語，成左氏春秋』，是史公以《左傳》爲《春秋》嫡傳也。所謂『因孔子史記』者，即孔子所論史記舊文，蓋孔子據史記舊文而爲經，丘明即存史記舊文以爲傳。」（〈史記述左傳考自序〉，《左盦集》卷 2 頁 13 下）值得補充的是，爲什麼左氏得以憑藉孔子編纂的史記舊文來解釋《春秋》？這可參考《漢書・藝文志》的說法：「〔仲尼〕與左丘明觀其史記」云云（詳見下文引述），左氏與孔子同觀舊史，故得以運用「孔子史記」爲撰述《左傳》的資源。然而，誠如杜預所言：「〔左氏〕身爲國史，躬覽載籍，必廣記而備言之。」（見第二章第三節之一引）這樣，左氏的撰述憑據似乎不必侷限於特定範圍。章、劉兩家的說法，對加強《左傳》與《春秋》的連繫，雖大有助益，而杜預的說法，其實可以並行不悖。尤其哀十六年以下諸傳，更足以顯示《左傳》採錄的資料必定不限於「孔子史記」。因此，下文仍取資杜預之說，不刻意強調「因孔子史記」這一論點。

〔註29〕《四庫全書總目》曾推崇說：「有元一代，經術莫深於黃澤。」（卷 168 頁 48 上）黃澤說《春秋》之旨要，載見於《春秋師說》，這部書是經由門人趙汸（1319～1369）纂輯撰錄而成的。趙氏云：「先生中歲嘗爲《易》、《春秋》二經作傳，既又以去古益遠，典籍殘闕，傳注家率多傅會，故必積誠研精，有所契悟，而後可以窺見聖人本眞，若所得未完而亟爲成書，恐蹈前人故轍，遂閣筆不續，務爲覃思。久之，乃稍出諸經說以示學者，欲其各以所示疑義，反求諸經，因已成之功而益致其力。」（《春秋師說・題辭》卷首頁 1 上）黃澤傳經，如此慎重，其著述講說雖曾出示學者，但並未正式完稿成書，辛後，趙汸「乃即前諸書中，取凡爲《春秋》說者，參以平日耳聞，去其重複，類次爲十有一篇，分爲三卷，題曰：《春秋師說》。」（同上，頁 1 下）

之《春秋師說》卷上頁 1 下）

近人黃彰健對此又有進一步的闡述，他說：

> 《左氏傳》與公、穀不同之處，主要在《漢書・藝文志》所說的，左氏「論
> 本事而作傳」。正因左氏著重於事實，故「或先經以始事，或後經以終義，
> 或依經以辯理，或錯經以合異」，而於「舊史遺文」，有時又「略舉不盡」，
> 又有經無傳。他的體裁遂與公、穀不同。我們不能拘泥公、穀，而認爲只
> 有公、穀才是《春秋經》的傳。　　（《經今古文學問題新論》，頁 45）

誠然，《左傳》纂輯本事以作傳釋經，這是左氏的撰述特點，何必拘泥於二傳的體式，
以爲合乎公羊、穀梁才是釋經之「傳」？這道理原不難理解。

論者常執持「左氏不傳《春秋》」，「左氏自是一家書，不主爲經發」，或司馬遷
稱《左傳》爲「左氏春秋」等說法，質疑《左傳》的性質，對此，陳澧（1810～1882）
曾加以反駁，他說：

> 《漢書・翟方進傳》云：「方進雖受穀梁，然好《左氏傳》」，此西漢人明
> 謂之「《左氏傳》」矣。或出自班孟堅之筆，冒曰「《左氏傳》」歟？然翟方
> 進受穀梁而好左氏，穀梁是傳，則左氏非傳而何哉？《左傳》記事者多，
> 解經者多〔案：依陳氏語意疑當作「少」〕，漢博士以爲解經乃可謂之傳，
> 故云「左氏不傳《春秋》」。（公羊定元年《傳》云：「主人習其讀而問其傳」，
> 何注云：「讀謂經，傳謂訓詁。」此可見漢人所謂「傳」者，訓詁解經也。）
> 然伏生《尚書大傳》不盡解經也，《左傳》依經而述其事，何不可謂之傳！
> 　（傳猶注也，裴松之注《三國志》，但詳述其事，可謂其非注乎？）且左
> 氏作《國語》，自周穆王以來，分國而述其事；其作此書，則依《春秋》
> 編年，以魯爲主，以隱公爲始，明是《春秋》之傳！如《晏子春秋》、《呂
> 氏春秋》，則以訛傳訛，能謂之「春秋晏氏傳」、「春秋呂氏傳」乎？　（《東
> 塾讀書記》卷 10 頁 4 下～5 上）

陳澧的說法，持論中肯，平實有據。他的論點主要有下列三點。一則，西漢人已將
左氏、穀梁等並視爲「傳」，甚至已稱爲「左氏傳」，他強調：「左氏春秋」的名稱不
能與《呂氏春秋》或《晏子春秋》混爲一談。二則，針對有的學者拘泥「訓詁解經」
的成見而質疑左氏不合乎「傳」的體式，所謂「訓詁解經」，也就是偏重訓詁文詞的
注解方式，他舉伏生《書傳》（即《尚書大傳》）爲例，謂此傳也「不盡解經」，並說
述明事蹟其實具有解經的功能。三則，他強調《左傳》「依經而述其事」，是「依《春
秋》編年，以魯爲主，以隱公爲始」，因此斷言：這分明是《春秋》之「傳」。

拘泥於公羊、穀梁依經訓釋的體式，或者持所謂「訓詁解經」的觀念而質疑《左

傳》的經解性質，因而說《左傳》自爲一書、「不傳《春秋》」，這些說法都大有商榷之必要。前文既已考徵文獻，提出商榷，對於漢人所謂「左氏不傳《春秋》」，「左氏春秋」的名稱，《左傳》是否「自是一家書」，以及「傳」的體式如何等等〔註30〕，均一一梳理說明，適足以補充陳澧的說法。至於「依經而述其事」的意義以及據此積極闡釋《左傳》爲解經之「傳」，這一點尤關緊要，陳氏略發其意，引而未申，許多要義尙待展述，正論一至四章將逐次發明申說（《左傳》之「依經」敘事，尤應參看第三章第二節之一）。

　　以上，將蕪雜的舊說稍作董理辨析。如果有學者定要擬訂種種標準用以拘束《左傳》，要求其入軌合轍，以合己見，對此，俞正燮（1775～1840）已振振有辭地回應說：

　　　　《春秋左傳》，經學也，説經之事與義，不能豫阿後世！　　（《癸巳存稿・
　　　　補遺》，頁 470～71）
俞氏申明：《左傳》「說經之事與義」，以此解釋《春秋》，這就是解經，固不必遵循後人的標準，「不能豫阿後世」！〔註31〕

二、敘事與解經

　　如上所述，司馬遷謂左氏「具論其語」以闡述《春秋》眞意，劉歆、班固等言其「論輯其本事，以爲之傳」，啖助推崇《左傳》「敘事尤備」，趙匡指其「廣集諸國之史，以釋《春秋》」，凡此，都是指陳《左傳》的撰述方式。至於趙匡說：「公、穀守經，左氏通史，故其體異耳」，這其實是比較三傳釋經之互有長短，以及三傳體式之彼此差異（另參第二章第三節之二）。古代傳注，誠如焦循所說：「蓋經各有義，注各有體」，體式各自不同，隨義所安。相應於《春秋》乃「論史記舊聞」之書，《左傳》遂以「敘事」解經，這正是順應解釋《春秋》的需求（説詳第二章第二節之二）。對於三傳之學，胡安國（1074～1138）各取所長，於左氏則取其「敘事見本末」，謂「學經以傳爲按，則當閱左氏」（《春秋傳・綱領》頁 3 下）。桓譚（前 20～56）也

〔註30〕陳澧未細論何謂「訓詁解經」，不妨參考焦循、馬瑞辰、章炳麟等諸家之說。又，張杓〈春秋之傳解〉曾謂左氏體式非「訓詁之傳」，從而推論《左傳》非解經之作，表面上這似乎是根據漢晉人的說法而來，實則大可商榷。而且，漢代今文經學家並未從「傳」的體式說「左氏不傳春秋」。凡此，上文所論皆可補證陳澧之說（尤其是注12 與注25～28）

〔註31〕《左傳》如何解釋「經之事與義」，將於第一章再予申論。又，注意《左傳》以「敘事」解經者，尙不止文中所舉數家，另參第二章引述；而左氏「論本事以作傳」的內在積極緣由，亦見第二章論述。

曾就此比較三傳，他說穀梁「殘略多所遺失」，而公羊則「緣經作傳，彌離其本事矣」
（《新論·正經》，《全後漢文》卷 14 頁 9 下）。

　　應予強調的是，就述事詳略而言，《左傳》誠然與公羊、穀梁二傳有別；然而，
公羊、穀梁並非完全不敘述事蹟。陳澧曾指陳說：

> 公羊有記事之語，但太少耳。……公羊亦甚重記事，但所知之事少而又有
> 不確者耳（狐壤之戰在春秋前而公羊以爲輸平事）。孔巽軒《通義·序》
> 謂「《春秋》重義不重事」，以宋伯姬爲證。然公羊記伯姬事云：宋災，伯
> 姬存焉。有司復曰：火至矣，請出。伯姬曰：不可。吾聞之也，婦人夜出，
> 不見傅、母不下堂。傅至矣，母未至也。逮乎火而死。若公羊不詳記此事，
> 則伯姬死於火耳，何以見其賢乎？欲知其義必知其事，斷斷然也。　（《東
> 塾讀書記》卷 10 頁 12 下～13 上）

又云：

> 穀梁述事尤少。近時有鍾氏文烝《補注》，於隱公十一年下舉全傳述事者，
> 祇二十七條，謂穀梁子好從簡略。澧案：僖二年傳述晉獻公伐虢事，十年
> 傳述殺申生事，並詳述其語，則非盡好簡略者，實因所知之事少，故從簡
> 略，而專究經文經義耳。　（同上書，頁 21 下）

公羊、穀梁並非不記事，案檢傳文即可知曉，陳澧徵舉二傳事例加以說明，足可略
窺一斑（另參第三章第一節之三）。依陳氏之見，二傳之所以敘事簡略，可能是「所
知之事少」。二家是否原本就「所知之事少」，姑且不論，蓋《公羊傳》與《穀梁傳》
乃先經口耳相傳，較晚才著于竹帛，而事蹟部分容易在口耳傳承中流失散佚或產生
訛變，其敘事簡略，並間或與《左傳》不同，並非沒有原因。

　　左氏與公羊、穀梁所解釋之事與義，孰是、孰非，不是探討的焦點，更值得關
注的課題毋寧是：三傳其實都兼具論說義例與敘述事蹟兩種類型，既然如此，述事
部分是否解經？其解經的功能與意義又如何？蓋論說書法義例其爲解經，向來沒有
疑議，可以毋庸費辭。反之，陳澧所謂「欲知其義必知其事，斷斷然也」，道理爲何？
以及「論本事以作傳」的如何解經？敘事與《春秋》的撰述方式又有何關係？這些
都亟待論述闡明。

　　左氏「論本事以作傳」，而且是「依經而述其事」，這種撰述文體就是「敘事」。
所謂「敘事」是指：敘述事蹟之始終本末以表現其發展脈絡的一種文體。這種文體
可以自由發揮想像，造事傳奇；也可以依據實錄，撰述歷史人物之行事。至於三傳
——尤其是《左傳》，其「敘事」主要是因應解釋《春秋》的需求。關於「敘事」的
文體特徵等，詳見第二章討論，以下因應論述「《左傳》敘事」之需要，先行釐清一

此觀念。

　　首先，「敘事」是中國學術傳統中的固有術語，欲尋繹其涵義，首當回歸傳統。古人所謂「敘事」，如啖助（見上引），劉知幾（661～721）之《史通・敘事》，以及清代劉熙載（1813～1881）之《藝概・文概》等等，諸家述及「敘事」，往往標舉《左傳》作爲典型範式〔註32〕。由於古人言及「敘事」，對它的意義並未明確界定，那麼，根據他們實際指稱的作品來描述這種文體，具典範意義的《左傳》就是首當憑藉的一部專著。

　　其次，中國傳統之所謂「敘事」，是指文體，而非史體。眞德秀（1178～1235）《文章正宗》分「文章」爲四體，其一爲「敘事」，並謂「敘事起於古史官」（《文章正宗・綱目》頁3上）。劉知幾《史通》是一部論史專著，其中有〈敘事〉篇，這是最早以「敘事」爲題的專篇論述，篇首陳述說：「夫史之稱美者，以敘事爲先」（卷6，頁43）。諸如此類，古代學者論及「敘事」，通常與歷史撰述有比較密切的關係，反而不是指稱「虛構的敘事」或「小說」（fictional narrative/ fiction），這與部分當代學者援引西方文學理論而說的「敘事」應當有所區別（西方文學所謂的「敘事」，其實是「narrative」的中譯詞，古代學者如啖助、劉知幾、眞德秀、劉熙載等，固無緣預知此一詞義。另參第二章注33）。雖然劉氏、眞氏等論及「敘事」，往往與歷史撰述有關，然而，再仔細探究，「敘事」畢竟是指文體，而非史體。眞氏《文章正宗》所謂「敘事」，明顯是指「文章」之一體；劉熙載的《藝概・文概》，也視「敘事」爲「文」。而且，劉知幾《史通》對「史」作系統的論述，其所謂「敘事」，也顯然不是史體〔註33〕。若欲區別於文學界所盛稱的「虛構的敘事」，這種因述事詳備而

〔註32〕劉知幾《史通・敘事》專篇討論「敘事」，他的意見具有代表性，他說：「蓋左氏爲書，敘事之最。」（《史通》卷8，頁60）又說：「左氏之敘事也，述行師則簿領盈視，叱哣沸騰；論備火則區分在目，修飾峻整；言勝捷則收獲都盡，記奔敗則披靡橫前；申盟誓則慷慨有餘，稱譎詐則欺誣可見；談恩惠則煦如春日，紀嚴切則凜若秋霜；敘興邦則滋味無量，陳亡國則淒涼可憫。或腴辭潤簡牘，或美句入詠歌；跌宕而不群，縱橫而自得。若斯才者，殆將工侔造化，思涉鬼神，著述罕聞，古今之卓絕。」（同上書，卷16，頁113～14）劉氏對《左傳》敘事推崇備至，由此可見一斑。又，劉氏曰：「如二傳之敘事也，榛蕪溢句，疣贅滿行」（同上），姑且不論其優劣如何，由此可見劉知幾也注意到公羊、穀梁「二傳之敘事」，可與上引陳澧說並參。

〔註33〕《史通・敘事》係就「簡要」、「隱晦」與「妄飾」三者論述「敘事」的修辭原則（卷6，頁45～49）。此外，《史通》區分諸史爲「六家」，「六家」又總歸爲「二體」（說見〈六家〉〈二體〉兩篇）。所謂「二體」，是歷史編纂體式的兩種類型：一是以《左傳》爲代表的「編年」體，一是以《史記》始創的「紀傳」體。依劉知幾，「編年」、「紀傳」才是指稱「史體」，「敘事」並非史體，而是各種史體適用的文體。編年、紀傳二體之外，後來又有「紀事本末」體（說參拙著〈章沖《春秋左氏傳事類始末》

具有歷史價值的「敘事」，可以別稱爲「歷史的敘事」（historical narrative）。「歷史的敘事」，其歷史性是就載述內容之翔實有據而說的；專就「敘事」而言，指的是撰述文體。

第三、相對於「虛構的敘事」與「歷史的敘事」，《左傳》「敘事」可別稱爲「解釋的敘事」（interpretational narrative）。如上所述，「虛構的」或「歷史的」，主要是就敘事所載述的內容是否信實可徵而言。「歷史的敘事」具有歷史的屬性，這樣的「敘事」未必就是四部分類下的「史」。中國傳統書目分類有「經」、「史」、「子」、「集」四部之別，這樣分類反映出傳統學術源流的一些觀念。劉知幾〈敘事〉就曾經回顧學術的發展，他說：

> 昔聖人之述作也，上自〈堯典〉，下終獲麟，……然則意復深奧，詁訓成義；微顯闡幽，婉而成章。雖殊途異轍，亦各有美焉。諒以師範億載，規模萬古，爲述者之冠冕，實後來之龜鑑。既而馬遷《史記》，班固《漢書》，繼聖而作，抑其次也。故世之學者，皆先曰五經，次云三史，故經、史之目，於此分焉。　（《史通》卷6，頁43～44）

徵諸劉氏之言，他雖說「夫史之稱美者，以敘事爲先」，卻也強調：「經」、「史」分目其實是後起的概念區分。如四庫館臣所陳：「經稟聖裁」，學者以《尚書》、《春秋》等源出於孔子，特尊奉爲「經」。至於繼起之作，如《史記》、《漢書》等，縱然有志於宗經、翼經（說參第二章注31、32），支流既已旁分，遂劃歸爲「史」。「經」、「史」分目既是後起的，未分之前，固不必論；既分之後，《尚書》與《春秋》是「經」，而其內容或記言、或記事，由載述的人物及其行事而言，何嘗沒有歷史的屬性？何況其撰述體式仍然是「史」體的重要淵源。唯其如此，《史通》區別諸史爲「六家」，其中便有「尚書家」與「春秋家」。劉氏「六家」之中，所以有「左傳家」，這情形正與「尚書家」、「春秋家」類似。因此，《左傳》「敘事」雖信實有據，具有歷史的屬性，卻未可遽歸爲「史」，其性質究竟如何，必須回歸《左傳》來討論。

《左傳》解釋《春秋》，解經是它的基本性質，就此性質而言，屬「經」部著作；若由博取國史，編年敘事而言，則其內容、其體式，誠爲後世「史」籍的重要淵源（另參第三章第二節之一）。《左傳》中的「敘事」，就內容多依國史實錄而言，和「歷史的敘事」同樣信而有徵；若就其解經的基本性質而言，則是《春秋》之「傳」。這樣具有解釋屬性的「敘事」，不妨別稱爲「解釋的敘事」。《左傳》「敘事」以闡明《春

述略——《左傳》學的考察），頁145～49），三者都屬史體。誠如杜維運所說：「中國史學中之編年、紀傳、紀事本末諸體，皆爲適合於敘事之史學體例。」（《清代史學與史家》，頁15）史體與文體的區別，可以略見一斑。

秋》為其撰述宗旨，首出解釋的意向，具有解經釋義的功能，是「傳」，是經解。這一基本性質跟純粹的「史」或「小說」迥然不同。我們不宜逕依後起的「敘事」觀念，反用來約束《左傳》「敘事」的性質（參第二章注33）；也不能依後起經、史分類的概念來規範《左傳》，以為信而有徵者便屬於「史」，又認為屬於「史」者便非解釋「經」。《左傳》「敘事」是否具備解經釋義的功能，是否為解釋《春秋》的「傳」，這應當回歸《左傳》本身來討論。這是基本的工作，也是首要的工作。

　　因此，下文即以「《左傳》」這部文獻為基本的憑藉，由此尋繹中國傳統之所謂「敘事」，進而論述《左傳》的「傳」體性質，闡明其以「敘事」解經的特長，以及這一解經方式傳承《春秋》之教的意義。

第三節　論述的基礎、規劃與策略

　　書名題稱為「敘事與解釋──《左傳》經解研究」，表明相關論述乃是承續經學的注疏傳統，就《左傳》的「經解」性質，闡明「敘事」文體的特徵，及其「解釋」《春秋》的功能與意義。上兩節的思索考察，一方面說明題旨，一方面初步奠定了論述的基礎。

　　由上述基礎出發，本書將「《左傳》解釋《春秋》」這一中心課題衍申為下列幾個論題：

　　第一，就「解釋」而言，《左傳》闡述《春秋》涉及那些層面？其詮說的方式又如何？

　　第二，就「敘事」而言，中國傳統中所謂的「敘事」，具有什麼特徵？《左傳》以此方式解經，這在《春秋》學中具有怎樣的意義？

　　第三，就「經解」闡經釋義以津逮後學的功能而言，《左傳》以「敘事」解經如何闡發大義而傳承《春秋》之教？

　　第四，就孔子作《春秋》而言，《左傳》以「敘事」解經這對於解釋經旨具有什麼意義？

正論即針對這些論題區分為四章，逐次展開討論。

　　首先，第一章針對「解釋」，依準〈緒論〉綜理的涵義，論述《左傳》解經的層面與方式。如上文所陳，《左傳》是否解釋《春秋》，應當回歸這部文獻本身來討論，這一章將根據傳文內容，舉示事例詳加說明。其次，歷來雖有學者已能注意《左傳》以「敘事」解經的特長，可惜未周洽深論，因此，第二章針對「敘事」，稽考相關說法以尋繹這種文體的特徵，進而論述：「敘事」以解經，這是解釋《春秋》的基礎。

其次，針對《左傳》解釋《春秋》的「經解」性質，第三章會通眾說，討論《禮記‧經解》「屬辭比事」的涵義，論述「敘事」之淵源於「屬辭比事」的《春秋》教。最後，針對孔子作《春秋》，第四章參據《論語》與〈孔子世家〉，綜理孔子「正名」思想與《春秋》褒貶的關聯，依此尋察《左傳》敘事的釋義指向。

　　本書論述上述課題，首重文獻根據，依循文獻考徵的進路，參稽諸家，會通眾解。以此為策略，逐步梳理、推尋，期能闡明《左傳》以「敘事」解釋《春秋》的經解意義。這裡所說的文獻考徵，不是實證式的，而是基於文獻既有的陳述，循一定的線索進而鉤稽推尋，以求致考察範圍內的一致性理解，是解釋性的。藉由如是的考徵，冀能闡明「敘事」的解釋功能，開展經解的論域，俾能進一步豐厚經學的注疏傳統。

第一章　解釋：解經的層面與方式

　　《左傳》「敘事尤備」，解經以此見長。然而，「敘事」並非《左傳》解釋《春秋》的唯一方式。

　　〈緒論〉曾就「解釋」的語義稍加梳理，區分為三個主要層面：一、訓詁詞文，二、述說物事，三、詮明理義。《左傳》的撰述旨趣在解經，《春秋》有「文」、有「事」、有「義」，傳於是針對經之「文」、「事」與「義」加以闡述，或訓詁經之詞文，或就經文所記之事詳述其發展脈絡，或詮釋經文記事所寓寄的褒貶大義，因而涉及上述三個解釋層面。《左傳》或釋文、或述事、或詮義，往往參互相關，彼此融貫而成為整體傳文，共同發揮解經的功能。若依傳文標識作形式區分，諸如「凡例」、「書法諸稱」，以及「禮也」或「仲尼曰」、「君子曰」等評論，大抵直陳經之褒貶取義，可以統稱為「論說經義」，這與「敘事解經」同為《左傳》解經方式的兩大類型。

　　下文先略論《春秋》之「文」、「事」、「義」，然後舉述傳文逐次說明：《左傳》解釋《春秋》涉及上述三個層面，解經的方式則有「論說經義」與「敘事解經」兩大類型。這是本章的論題主旨。

第一節　《春秋》之「文」、「事」、「義」

　　《春秋》有「文」、「事」與「義」，這說法淵源於孟子（前 372～前 289）。《孟子・滕文公下》曰：

> 世衰道微，邪說暴行有作。臣弒其君者有之，子弒其父者有之。孔子懼，作《春秋》。《春秋》，天子之事也，是故孔子曰：「知我者其惟《春秋》乎？罪我者其惟《春秋》乎？」　（《孟子注疏》卷 6 下頁 4 下）

「世衰道微」的時代，違反倫常的異說邪行紛起迭出，甚而至於臣弒君、子弒父，

孔子感時憂世，於是作《春秋》。這是述說孔子作《春秋》及其撰作的時代背景。除左氏、公羊、穀梁三傳之外，孔子作《春秋》這一說法以孟子的傳述為最早，也最明確〔註1〕。《孟子·離婁下》又云：

> 王者之跡熄而《詩》亡，《詩》亡然後《春秋》作。晉之乘，楚之檮杌，
> 魯之春秋，一也。其事則齊桓、晉文，其文則史，孔子曰：「其義則丘竊
> 取之矣。」　　（同上書，卷8上頁12上）

這一章先述說孔子作《春秋》的背景，然後指陳其名稱來源，以及筆削修作的淵源。就背景而言，〈滕文公下〉只泛稱「世衰道微」，此章則說《春秋》作於「太平道衰，王跡止熄」（趙岐注語，同上）的亂世，具體而言，大約在「平王東遷，而政教號令不及於天下」（朱熹注語，《孟子集注》卷8頁7下）的時代。就名稱而言，諸侯各有國史，名稱不一，「春秋」原本是魯史的專稱，孔子即沿用以為書名，「《詩》亡然後《春秋》作」的「春秋」，就是指孔子之《春秋》（說參注10。「詩亡」的問題，非關題旨，不旁涉）。王充《論衡·正說》曰：「若孟子之言，春秋者，魯史記之名；乘、檮杌同。孔子因舊故之名以號《春秋》之經」（《論衡校釋》，頁1139），王氏指明「晉之乘，楚之檮杌，魯之春秋，一也」這句與上下文的關聯。下文的「其事」、「其文」、「其義」，「其」字都共同指稱整章的主題（topic）——即《春秋》。就筆削修作的淵源而言，依據史官舊文加以筆削，所以說「其文則史」，意謂《春秋》之「文」淵源於史官載記〔註2〕；經文所記載的事蹟，主要是「人君動作之事」〔註3〕，而齊

〔註1〕 說參張師以仁〈孔子與春秋的關係〉貳與參兩部分（《春秋史論集》，頁5～37），文中具載重要的文獻資料，並詳為解說，對近人否認孔子作《春秋》的疑議提出檢討和澄清，茲不贅述。

〔註2〕 趙岐（109～201）曰：「其文，史記之文也」，〔舊題〕孫奭進一步疏解為「魯史之文」（《孟子注疏》卷8上頁12上～下）。而胡安國說：「其文則史官稱述」（《春秋傳·進表》頁1上）朱熹承之，乃明確指「史」為「史官也」（《孟子集注》卷8頁8上）。案：「其文則史」的「史」當依胡氏、朱氏解作記事的史官，理由有二：一則，《說文解字》曰：「史，記事者也。」（3篇下頁20）謂「史」本指「記事者」，是指史官而非史書；二則，仔細推尋《孟子》上下文意，「其事則齊桓、晉文」與「其義則丘竊取之」，「齊桓、晉文」和「丘」都是指稱人，然則「其文則史」的「史」也是指稱人——也就是記事的史官。所以文中將「其文則史」轉述為：《春秋》之「文」淵源於史官載記。趙注、朱注訓解「史」字雖不同，指陳《春秋》淵源於舊史則並無差異。趙岐述此章章指，謂《春秋》「假史記之文，孔子正之以匡邪也」（據焦循《孟子正義》引，頁577）；朱熹亦云：「春秋，魯史記之名，孔子因而筆削之，始於魯隱公之元年」（《孟子集注》卷8頁7下）。這意謂孔子作《春秋》，前有所因，孟子強調《春秋》的開創性，故曰「作」。又，公羊與左氏二傳俱言孔子「脩（修）」《春秋》，如莊七年《公羊傳》謂「君子脩之」（見注6引），成十四年《左傳》「君子曰」：「非聖人孰能脩之」（詳見本章第三節引）。又僖十九《穀梁傳》引述孔子語，曰：「梁

桓公、晉文公，乃是春秋五霸、甚至當時諸侯的首要代表，所以說「其事則齊桓、晉文」〔註4〕；因舊史之「文」、說一代之「事」，從而寄託褒貶是非之「義」，所以孔子說「其義則丘竊取之矣」〔註5〕。

　　魯國史籍稱爲「春秋」，徵諸昭二年《左傳》與《禮記・坊記》，誠然有「魯春

亡，鄭棄其師，我無加損焉，正名而已矣。」（《穀梁注疏》卷9頁1下～2上）鍾文烝據此申述說：「左氏、公羊皆言『脩』，穀梁言『加損』，言『脩』，言『加損』，皆在文辭之閒，而一經之事跡皆史氏之本書，從可見焉。……故《春秋》，作也，猶述也。」（《穀梁補注》卷11頁4下～5上）蓋所謂「作」《春秋》，必不能毫無憑藉，憑藉舊史而加損焉，則「作」亦即是「脩」；雖是「脩」舊史而成，筆削裁正，寄託大義，則「脩」亦「作」也。隱元年《左傳》：「不書即位，攝也」，賈、服舊注曰：「實即位，孔子脩經，乃有不書。」針對所謂「脩」，李貽德注曰：「《楚辭・湘君・注》：『脩，飾也』，《禮・中庸・注》：『脩，治也』，《春秋》本魯史舊文，孔子因而飾治之，故傳亦曰『非聖人孰能脩之』。」（以上，見《春秋左傳賈服注輯述》卷1頁7下～8上）「脩」者「飾治」，指因舊史加以筆削也。總之，孟子說孔子「作」《春秋》，又說「其文則史」，則「作」亦「脩」也，與三傳之說相通。

〔註3〕 鄭玄〈六藝論〉曰：「《春秋》者，國史所記人君動作之事。」（據徐彥《疏》引，《公羊注疏》卷1頁2上）。

〔註4〕 趙岐曰：「桓、文，五霸之盛者，故舉之。」（卷8上頁12上）姜寶也說：「當時桓、文以有功王室稱霸主，故事屬二公，將以二公該他公，非謂二公之事即可盡春秋之事也。」（《春秋事義全考・序》頁1上～下）鄭玄亦謂《春秋》記「人君動作之事」。蓋五霸迭興是春秋世變的主流，五霸、諸侯之中，又推齊桓、晉文兩位君主爲首要，故孟子曰「其事則齊桓、晉文」，舉齊桓公與晉文公代表春秋五霸以及諸侯人君。舉齊桓、晉文爲代表，亦即用以概括當世時事之大要。

〔註5〕 趙岐曰：「孔子人臣，不受君命私作之，故言竊，亦聖人之謙詞爾。」（《孟子注疏》卷8上頁12上）朱熹更參合昭十二年之《公羊傳》加以詮解，曰：「《公羊傳》作『其詞則丘有罪焉爾』，意亦如此，蓋言斷之在己，所謂筆則筆、削則削，游、夏不能贊一辭者也。」（《孟子集注》卷8頁8上）「其詞則丘有罪焉爾」之義，張師以仁闡釋說：「孔子的意思是說他所改動的只是『詞』的部分，對事實是不敢輕易改動的，所謂『其詞則丘有罪焉』，也就是《孟子・離婁下》所說的『其義則丘竊取之矣』的意思，他改動的『詞』，大概就是含有褒貶意義的地方，人之『知我』『罪我』也正在這種地方，所以他謙虛地說『其詞則丘有罪焉』。」（《春秋史論集》，頁29）又說：孔子作《春秋》是因舊史之文加以刪修筆削。不僅文字有因有革，而且，依「教之春秋，而爲之聳善而抑惡焉」一語觀之，古之「春秋」並非全然沒有褒貶善惡的義法（同上書，頁108）。張師以仁認爲：「其義則丘竊取之矣」是說《春秋》之義無論因、革，既經孔子採擇刪裁，即是孔子寄託之「義」。謹錄師說，以備學者參酌。案：孔子作《春秋》，誠然有因、有革，試觀晉太史董狐書「趙盾弒其君夷皋」，「仲尼曰」以爲「書法無隱」，又說趙盾「爲法受惡」，這是《春秋》對其「文」、其「義」，因而不革的顯例（參第三章第二節之二引並說）。至於僖廿八年之「天王狩于河陽」，則是筆削舊史，裁正大義的顯例（參本章第三節引並說）。總之，《春秋》不僅於舊史之「文」有因、有革，於「義」亦然；既經筆削，後學習經研義，所宗者，孔子之「義」也。

秋」之稱〔註6〕。魯有「春秋」,若參考《墨子·明鬼下》,則又有「周之春秋」、「燕之春秋」、「宋之春秋」與「齊之春秋」(《墨子閒詁》,頁 204～11),由此看來,似乎周與燕、宋、齊等也都各有其「春秋」,甚至有所謂「百國春秋」〔註7〕。而且,案諸《國語》,〈楚語上〉謂楚莊王(前 613～前 591)時,申叔時論及傅太子之科,其一曰「春秋」,云「教之春秋,而為之聳善而抑惡焉,以戒勸其心」(《國語》卷17 頁 1 上～下),此所謂「春秋」,殆即楚史。又,〈晉語七〉載司馬侯稱「羊舌肸習於春秋」,晉悼公(前 572～前 558)「乃召叔向,使傅太子彪」(同上書,卷 13頁 6 上～下),羊舌肸(叔向)所研習並用以教授太子之「春秋」,大概是指晉史。然則,晉、楚的史籍也可以通稱為「春秋」。至於孟子所謂「晉之乘,楚之檮杌」,「乘」與「檮杌」則是晉、楚史籍的專稱。這樣看來,不僅魯國的史籍稱為「春秋」,周與燕、宋、齊、晉、楚等諸國的史官載記也都可以稱「春秋」,這些,本書統稱為:古「春秋」〔註8〕。

　　古之「春秋」久已亡佚〔註9〕,至於孟子所稱述,以及歷來學者所傳習不輟者,

〔註6〕「魯春秋」者,如昭二年《左傳》曰:「春,晉侯使韓宣子來聘,且告為政而來見,禮也。觀書於大史氏,見易象與魯春秋,曰:『周禮盡在魯矣,吾乃今知周公之德與周之所以王也。』」(《左傳注疏》卷 42 頁 1 上～2 上)韓宣子所見之「魯春秋」,是孔子以前的古「春秋」,細味「吾乃今知周公之德與周之所以王也」一語,「魯春秋」記事當遠起周公或伯禽始封之世(說參第三章第二節之一)。另外,《禮記·坊記》也曾稱引「魯春秋」,曰:「魯春秋記晉喪曰:『殺其君之子奚齊及其君卓。』」(《禮記注疏》卷 51 頁 20 下)又曰:「子云:取妻不取同姓,以厚別也。故買妾不知其姓則卜之。以此坊民,魯春秋猶去夫人之姓曰吳,其死曰『孟子卒』。」(同上書,頁25 上～下)案:《左傳》與《禮記》所謂「魯春秋」,當是未經孔子刪修之古「春秋」,故加「魯」字以為區別,《公羊傳》則稱「不脩春秋」。莊七年《公羊傳》曰:「不脩春秋曰『雨星不及地,尺而復。』君子脩之曰:『星霣如雨。』」何休注曰:「不脩春秋,謂史記也。古者謂史記為春秋。」(《公羊注疏》卷 6 頁 19 下)王充《論衡·藝增》曰:「不脩春秋者,未脩春秋時魯史記。……君子者,謂孔子也。」(《論衡校釋》,頁 391～92)謂孔子修之始書「星霣如雨」。依王充,「不脩春秋」即「魯史記」,然則「雨星不及地,尺而復」是「魯春秋」原文。《春秋》與「魯春秋」之異同說參注10。

〔註7〕李德林曾引述墨子語,曰:「墨子又云:吾見百國春秋」(載見《隋書·李德林傳》卷 42,頁 1197)。又見劉知幾《史通·六家》引。

〔註8〕如晉韓宣子所見之「魯春秋」,以及楚申叔時、晉羊舌肸所言、所習之「春秋」等,時代在孔子作《春秋》之前,權且稱之為古「春秋」。又,劉知幾《史通·六家》云:「春秋家者,其先出於三代,按汲冢璅語記太丁時事,目為夏殷春秋。」(卷 1,頁6)依此,古「春秋」似淵源頗遠。

〔註9〕古「春秋」原本由史官記錄和保存,其性質屬於官方檔案,它們是否曾經彙集成編(或成書)?縱或曾經編集,是否廣泛流傳?晉韓宣子見「魯春秋」,不禁讚歎:「吾乃今知周公之德與周之所以王也」(參注6),段玉裁認為:「適魯乃見易象與魯春秋,

乃是孔子之《春秋》〔註10〕。而且，由學者傳習而形成的「春秋學」，其實就是「《春秋》學」——除「《春秋》學」之外，中國學術史上尙無其它的所謂「春秋學」〔註11〕。

此二者非人所常習明矣。」（《説文解字注》卷15頁10下）「魯春秋」如此，其它諸侯國史，何獨不然？《史記・六國年表・序》云：「秦既得意，燒天下《詩》、《書》，諸侯史記尤甚……《詩》、《書》所以復見者，多藏人家；而史記獨藏周室，以故滅。」唯其諸侯國史多屬官方檔案，秦始皇焚書後，不復再現人間，與《詩》、《書》等文獻因傳抄副本多而得以重新恢復者大不相同。（另參第三章注12引應鏞説。）誠如劉知幾所言，孔子之《春秋》「彌歷千載而其書獨行」（見下文引），這部經典的流傳、影響，及其在中國傳統學術上的意義，都不宜與古「春秋」混爲一談。

〔註10〕　《四庫全書總目》曰：「《春秋》固本魯史，其閒亦有聖人特筆。如『天王狩于河陽』，《左傳》具述改修之義；〈坊記〉所引魯春秋，《公羊傳》所引不修春秋，及甯殖所稱載在諸侯之策者，揆之聖經，有同有異。」（卷30頁26上）誠然，《春秋》淵源於舊史，但與「魯春秋」或「不修春秋」亦有差異。第一，依昭二年《左傳》，「魯春秋」當起自周公或伯禽始封之世，《春秋》則始隱終哀。這樣，就記事斷限而言，所謂「王者之跡熄而《詩》亡，《詩》亡然後《春秋》作」之「春秋」，顯然非指「魯春秋」。黃澤曾説：「二百四十二年者，夫子之《春秋》；自伯禽至魯滅，史官所書者，魯春秋也。」（見趙汸《春秋師説》卷上頁4上）黃氏明確指陳其記事起訖斷限的差異，這是區別《春秋》與「魯春秋」的重要標準。（其實，這也是《春秋》與周史或諸侯國史的主要差異，説參第三章第二節之一。）第二，就莊七年《公羊傳》與《禮記・坊記》舉述之例而言（引文參見注6），《春秋》與「魯春秋」或「不修春秋」的文字也並非全同。《公羊傳》所述之「不脩春秋」，其文字與《春秋》的差別顯然可知。至於《禮記・坊記》引述的例子，如「殺其君之子奚齊及其君卓」，沈玉成以爲：「對比一下有關晉喪一條，今本《春秋》分記于僖九、十兩年，作『冬十月……晉里克殺其君之子奚齊』、『春王正月……晉里克弒其君卓』。從這裡，不僅可以看到魯國史即『魯之春秋』、『史記』確實經過編定加工的痕跡，還可以推想未加工以前魯國史用夏正，里克殺奚齊和公子卓前後相隔僅一月，所以魯國原來的史冊就合成一條記載，《左傳》也合爲一條記在九年冬十月和十一月，公、穀則按《春秋》的文字分別在兩年加以解釋。」（《春秋左傳學史稿》，頁34）沈氏一方面指出「魯春秋」與《春秋》文字的差別，一方面推論「魯國史用夏正」，後者已涉及第三項差異，這可與顧炎武、趙翼之説參看。顧氏曾據《漢書・律曆志》有六曆：黃帝、顓頊、夏、殷、周及魯曆，指魯曆與周正有別（説見《日知錄》卷4，頁152）。雖然顧氏認爲「經特據魯曆書之耳」（同上書卷，頁150），這説法與《左傳》「王周正月」之説不合（説參本章第二節），然指出周曆與魯曆不同，仍可注意。參諸趙翼，趙氏推敲曾點之言，曰：「魯號秉禮之國，然《論語》『暮春者，春服既成』，若周正，則暮春尚是夏正之正月，安得有換春衣，浴且風之事？是曾點所云『暮春』即夏正之三月，夏正之三月在周應作仲夏，而曰暮春，則魯亦久用夏正可知也。」（《陔餘叢考》卷2頁14下）諸家憑據不同，卻殊塗同歸，可以相輔相參。綜合上述，《春秋》與「魯春秋」有同亦有異，《四庫全書總目》舉例著重記事文字不完全相同這一項，其實，記事起訖斷限以及曆法這兩項差異，尤關係大體。孔子作《春秋》，因舊史而筆削裁正，寄託義法，不僅有因、有革，甚至因而不革者，也是寓述於作。

〔註11〕　本書以「《春秋》」專指孔子刪修之經，至於古「春秋」則不加書名號，以資區別。然而，中國學術史上既只有「《春秋》」學，除非特別強調，下文逕以「春秋學」表

誠如劉知幾所說：

> 逮仲尼之修《春秋》也，乃觀周禮之舊法，遵魯史之遺文，據行事、仍人
> 道，就敗以明罰，因興以立功，假日月而定歷數，藉朝聘而正禮樂，微婉
> 其說，隱晦其文，爲不刊之言，著將來之法，故能彌歷千載而其書獨行。
>
> （《史通·六家》卷1，頁6）〔註12〕

誠然，「彌歷千載而其書獨行」者，乃孔子修作之《春秋》。《春秋》傳自孔子，後學相沿傳習，奉之爲「經」，從而闡述其義，流衍爲一個學術傳統，於是形成六藝之一的「春秋學」。

依孟子，《春秋》這部經典兼含「文」、「事」與「義」：「文」是指記錄載述的文詞，這些文詞淵源於舊史載記；而「事」是指「文」所記述的內容，這涉及當世諸侯等人物的行爲事蹟；至於「義」，則是經文記事的指歸，是《春秋》的深層內涵。學者研習《春秋》這部經典，誦其「文」、明其「事」，並以通曉其「義」爲指歸。

《史記·十二諸侯年表序》亦云：「〔孔子〕西觀周室，論史記舊聞，興於魯，而次《春秋》。上記隱，下至哀之獲麟；約其辭文，去其煩重，以制義法，王道備，人事浹。」（見〈緒論〉引）所謂「論史記舊聞」，指《春秋》採取舊史，有所因循；至於「去其煩重，以制義法」，則是說《春秋》經孔子筆削而寓有褒貶之義。這可以和上述孟子的說法互參。

《春秋》有「文」，其文辭簡約；有「事」，其記事內容，「上記隱，下至哀之獲麟」；有「義」，所謂「以制義法」。兩說都指陳孔子因舊史而作《春秋》，意謂有述亦有作，甚或寓作於述──「述」者，即淵源於舊史而載記往事；「作」者，指其中寄寓褒貶之義，而「著將來之法」。

《春秋》文辭簡約，卻蘊含深刻的大義，其內容依隱、桓、莊、閔、僖、文、宣、成、襄、昭、定、哀等魯十二公之世次編年，記二百四十二年（前722～前481）的人物行事，而「王道備，人事浹」。「約其辭文」而「王道備，人事浹」，王道與人事──或者說《春秋》之「義」與「事」，悉陳於經之「文」。換言之，「事」與「義」是其「文」所載述的內容。

然則，「事」與「義」的關聯又如何？司馬遷曾轉述董仲舒之語，曰：

> 周道衰廢，孔子爲魯司寇，諸侯害之，大夫壅之。孔子知言之不用，道之
> 不行也，是非二百四十二年之中，以爲天下儀表；貶天子、退諸侯、討大

述「《春秋》學」。

〔註12〕「據行事仍人道」至「藉朝聘而正禮樂」五句，大略因襲自《漢書·藝文志》（見《漢書補注》卷30頁19上）。

夫，以達王事而已矣。子曰：「我欲載之空言，不如見之於行事之深切著
明也。」夫《春秋》，上明三王之道，下辨人事之紀，別嫌疑、明是非、
定猶豫、善善惡惡、賢賢賤不肖，存亡國、繼絕世、補敝起廢，王道之大
者也。　　（見〈太史公自序〉，《史記會注考證》卷 130 頁 21～22）

意謂《春秋》紀人事以明王道，就二百四十二年的人物行事予以「別嫌疑、明是非、
定猶豫、善善惡惡、賢賢賤不肖」，乃至於「貶天子、退諸侯、討大夫」，爲天下之
人倫是非樹立儀表，從而彰明王道。這樣，《春秋》經文記事的指歸之「義」不外乎：
彰明王道、樹立人倫儀表；而其表現方式則是「是非二百四十二年之中」，亦即就天
子、諸侯、大夫等人物之行事施以褒貶〔註 13〕。孔子說：「我欲載之空言，不如見
之於行事之深切著明也」。就人物行事予以褒貶，則「義」非空陳，實寓於行事褒貶
之中（另參第二章第一節論述）。這是《春秋》之「義」與其「事」的關聯。

　　《春秋》之「義」見於「事」，而「事」載於「文」。所以章學誠說：「其義寓於
其事、其文」（《章學誠遺書》，頁 9），指出《春秋》之「文」與「事」乃所以共同
表達其「義」。至於「事」，則是載述於「文」，誠如陳澧所言：「孟子之說《春秋》，
一曰其事，二曰其文；文者，所以說事也」（《東塾讀書記》卷 10 頁 3 上），鍾文烝
也說：「其文則但爲記事之文也」（《穀梁補注》卷首頁 2 上）。綜上所言，《春秋》之
「文」、「事」、「義」三者的關係是：「文」指載述的文詞，「事」指載述於「文」的
內容；至於「義」，則是經文記事的指歸，是《春秋》的深層內涵。

　　以上，綜合孟子與司馬遷之說，陳述《春秋》之「文」、「事」、「義」，以及三者
的關聯。三者的關聯既明，庶幾能瞭解：《春秋》固然以「義」爲旨歸，並非離「事」
而空言。

　　《春秋》有「文」、「事」與「義」，故《左傳》解經兼及訓詁詞文、述說物事，
與詮明理義三個層面；而且，順應其「義」乃「見之於行事」的特點，於是以「具
論其語」方式，「依經而述其事」（參見〈緒論〉），用以闡述《春秋》之「事」與「義」。
下文先論述《左傳》解經的三個層面及其方式，至於「具論其語」以解經的意義，
將於第二章申論。

〔註13〕舉凡「別嫌疑、明是非、定猶豫、善善惡惡、賢賢賤不肖」，以及「貶天子、退諸侯、
　　　　討大夫」等等，其實可以總括曰「褒貶」。如顧棟高（1679～1759）曰：「孟子明言
　　　　『其事則齊桓、晉文，其文則史，孔子曰：其義則丘竊取之矣。』如以爲無褒貶，
　　　　則是有文、事而無義也。」（《春秋大事表・讀春秋偶筆》頁 7 上）這即是以「褒貶」
　　　　指稱《春秋》之「義」。又，朱彝尊曰：「《春秋》之義，莫大乎正名。」（〈春秋論一〉，
　　　　《曝書亭集》卷 59 頁 5 下）孔子「正名」與《春秋》「褒貶」的關聯，說詳第四章
　　　　第一節。

第二節 《左傳》解經的三個層面

　　《春秋》有「文」、有「事」、有「義」，《左傳》即對應三者加以解釋，或訓詁經之詞文，或就經文所記之事詳述其始末，或詮說經文記事所寓寄的褒貶大義。

　　訓詁經文的例子，如隱九年《春秋》曰：「三月癸酉，大雨震電。」（《左傳注疏》卷 4 頁 13 下）《左傳》轉述說：「三月癸酉，大雨霖以震。」（同上書卷，頁 14 上）《左氏會箋》詮解傳意，曰：「言自癸酉日始，以後雨且震，連綿不止也。《爾雅》：久雨謂之淫，淫謂之霖。經所謂大雨……非暴雨也，故曰『大雨霖』；震必有電，故省。『大雨』增一字，『震電』減一字，與經錯綜成辭」（卷 1 頁 85）。經言「大雨震電」，傳則「『大雨』增一字，『震電』減一字」，增減錯綜，而訓釋即寓乎其中。段玉裁（1735～1815）曾說：「以『霖』釋『大雨』，以『震』賅『電』也。」（《春秋左氏古經》篇 1 頁 4 下）段氏並進一步歸結這種解經方式為「寓訓詁於述經」，他說：

> 凡傳之述經文與經略有不同者，寓訓詁於述經中也。如「元年春王周正
> 月」，非述經文乎？而云「王周」者，所以釋「王」字。　　（同上書，篇
> 12 頁 68 上）

如「大雨霖以震」這樣轉述經文而錯綜成辭，就是《左傳》「寓訓詁於述經中」的一個顯例。轉述經文而訓釋往往即寄寓其中，《左傳》中這類例子不在少數。段氏在上段引文中即舉述另一則例證來徵驗。案隱元年《春秋》之「元年春王正月」（《左傳注疏》卷 2 頁 5 上），《左傳》述經而解曰：「元年春王周正月」（同上書卷，頁 13 下）。段氏以為「云『王周』者，所以釋『王』字」，謂述經增一「周」字，即所以詁經，特別是訓釋「王」字之義。對此訓解，顧炎武（1613～1682）極表推崇，他說：「此古人解經之善。後人辨之，累數百千言而未明者，傳以一字盡之矣。」（《日知錄》卷 4，頁 153）《左傳》「寓訓詁於述經」，往往就在增減錯綜中釋文見義，故要言不煩。

　　傳云「元年春王周正月」，增一「周」字以詁經，段玉裁指出，此「所以釋『王』字」。其實，段氏只窺見一端，此傳之解釋，文簡而義要，關聯不小。四庫館臣以為：

> 《左傳》「元年春王周正月」之文，本以周禮正歲、正日，兼用夏正，夏
> 正亦屬王制，故變文稱「王周正月」以別夏正。　　（《春秋毛氏傳》書前
> 提要，頁 6 上）〔註14〕

謂傳變文稱「王周正月」，藉此一「周」字即所以表詮經之遵依周正，當然，這也就

〔註14〕 「以別夏正」，《四庫全書總目》改作「以為建子之明文」（卷 29 頁 14 上）。

同時具有「以別夏正」的作用。這是開宗明義，指陳《春秋》乃尊奉周之曆法正朔。此傳的重要性，朱彝尊（1629～1709）闡釋得更爲詳盡。朱氏云：

> 《傳》云：「元年春王周正月」，視經文止益一「周」字耳，而王爲周王，春爲周春，正爲周正，較然著明。後世黜周王魯之邪說，以夏冠周之單辭，改時改月之紛綸聚訟，得左氏片言，可以折之矣。　（《經義考》卷 169頁 7 下～8 上）

意謂傳不言「周王正月」，而云「王周正月」，如此增益一「周」字，則「正爲周正」，首先指明《春秋》編年依準周之正朔。不僅如此，既然「正爲周正」，則「春」亦當依周曆而言，非夏時，故曰「春爲周春」。而且，奉周之正朔，則「王」也自然是「周王」。然則，此傳「寓訓詁於述經」，既指明「正爲周正」，連類所及，便也兼釋「王」字、「春」字。這一訓解，既釋經文，同時也表陳《春秋》依周正而尊事天子之旨趣，實關係全經大義，所以特別在隱元年發傳以開宗明義。此義一明，則如朱彝尊所說：「後世黜周王魯之邪說，以夏冠周之單辭，改時改月之紛綸聚訟，得左氏片言，可以折之矣」。

　　所謂「黜周王魯」乃是公羊家的說法〔註15〕，孔穎達曾申解左氏義而批駁其說，曰：「魯用周正，則魯事周矣」，又云：「天子稱王，諸侯稱公，魯尚稱公，則號不改矣。《春秋》之文安在黜周王魯乎！……孔子之作《春秋》，本欲興周，非黜周也。」（《左傳注疏》卷 1 頁 26 上～下）根據《左傳》之「王周正月」，《春秋》依魯公紀年繫事，而遵行之曆法正朔爲「周正」，既指明遵奉周之正朔，「則魯事周矣」，如此推演其義，則事周、尊王之旨在其中矣。孔氏更依據《春秋》稱天子爲「王」、稱魯爲「公」，由其名號不改，進而推知「非黜周而王魯也」，這與「魯用周正，則魯事周矣」之義，可以兩相參驗〔註16〕。

〔註15〕隱元年《公羊傳》曰：「王者孰謂？謂文王也。」何休注曰：「文王，周始受命之王，……故假以爲王法。」（《公羊注疏》卷 1 頁 7 上）傳言「文王」，何休以爲非實指「文王」，而是「假以爲王法」。何休認爲：「《春秋》託新王受命於魯」（同上書卷，頁 5 下），又云：「《春秋》王魯，記隱公以爲始受命王」（同上書卷，頁 14 上）。依何氏說，《春秋》所謂「王」乃「託」之於魯，也就是以魯爲受命之新王，故曰「王魯」，而魯隱公也就假託成「始受命王」。對此，孔穎達駁斥說：「『黜周王魯』非公羊正文，說者推其意而致理耳。」（《左傳注疏》卷 1 頁 23 上）誠然，「黜周王魯」係何休等公羊學者推闡衍述之說，傳無明文，是否切合《公羊傳》之意，猶有待商榷。公羊學者王接，即曾就此加以批評，曰：「任城何休，訓釋甚詳，而黜周王魯，大體乖硋。」（見《晉書・王接傳》，頁 1435～36）然則，「黜周王魯」之說並非公羊家共通之義。

〔註16〕賈逵（30～101）曾批評「黜周正魯」不合乎孔子「正名」之義。賈氏曰：「『名不正則言不順，言不順則事不成』，今隱公人臣而虛稱以『王周』，天子見在上而黜公侯，是非正名而言順也。」（見徐彥《疏》引，《公羊注疏》卷 1 頁 3 上）

　　《春秋》編年以記事，曆法普遍地關聯於全經，是重要的體例綱領，因此，宋、元以後學者聚訟紛紛，或說《春秋》「以夏時冠周月」，或說「正月」乃「建寅之月」〔註17〕，諸如此類，後世爭議「累數百千言而未明者」，《左傳》乃言簡意賅，只增一具關鍵性的「周」字，遂片言解紛，毋怪乎顧炎武極推許其「解經之善」。那麼，《左傳》述經增益一「周」字，此關鍵字眼，豈僅訓詁經文而已，更且涉及《春秋》之大義〔註18〕。

　　孔穎達曰：「詁訓者，通古今之異辭，辨物之形貌，則解釋之義盡歸於此」，馬瑞辰云：「由今通古皆曰詁訓，亦曰訓詁」（見〈緒論〉引），都強調訓詁的特點厥在通古語為今言。陳澧曰：

> 蓋時有古今，猶地有東西、有南北，相隔遠則言語不通矣。地遠則有翻譯，時遠則有訓詁；有翻譯則能使別國如鄉鄰（方言即翻譯也），有訓詁則能使古今如旦暮，所謂通之也。訓詁之功大矣哉！　　《東塾讀書記》卷11

〔註17〕 胡安國《春秋傳》曰：「周人以建子為歲首，則冬十有一月是也。……乃以夏時冠周月，何哉？聖人語顏回以為邦，則曰『行夏之時』。」（卷1頁2上）然而，若以夏時繫周月，則時、月常有兩月之差，程端學依循胡《傳》又加變演，遂有改時、改月之說，曰：「愚故斷然以《春秋》正月為建寅之月也。」（《春秋或問》卷1頁48上）意謂《春秋》之「春」與「月」皆依夏正。這一說法的變遷，《四庫全書總目》曾評述說：「考三正疊更，時、月並改。經書正月繫之於王，則為周正，不待辨。……左氏發傳特曰『王周正月』，則正月建子，亦無疑；自漢以來亦無異議。至唐劉知幾《史通》始以《春秋》為夏正，世無信其說者。自程子泥於『行夏之時』一言，盛名之下，羽翼者眾，胡安國遂實以『夏時冠周月』之說。程端學作《春秋或問》，更堅持門戶，……愈辨而愈滋顛倒。」（卷28頁19下）

〔註18〕 《左傳》依經以編年（詳見第三章第二節之一論述），敘事紀時亦以周正為主。如晉用夏正，而傳載晉事則往往改依周正，如顧炎武所說：「左氏傳采列國之史而作者也，故所書晉事，自文公主夏盟，政交於中國，則以列國之史參之，而一從周正。」（《日知錄》卷4，頁147）附案：大體而言，固如顧氏所陳，《左傳》敘事以依經而遵周正為主。至若分別地檢視傳文，則不免有或用周正、或用夏正、或用殷正的情形，這是由於《左傳》博採國史，故遺留列國史籍曆法參差不一的原貌。依趙翼（1727～1814）之考察，「春秋時周正已不遍行列國，有用周正者，有用殷正者，有用夏正者，魯雖秉周禮，然觀其置閏失閏之參錯，則不遵周正可知」，趙氏並引據隱三年傳證「鄭用夏正」，據隱六年傳證「宋用殷正」，據僖五年傳等證「晉不用周正」，據文十年傳證「齊不用周正」，據《論語》「暮春者，春服既成」一語證「魯亦久用夏正」（參見注10）。諸如此類，趙氏認為：「蓋左氏雜取當時諸侯史策之文，其用三正參差不一，故與經多歧。可見是時列國各自用歷，不遵周正，固已久矣。」（以上趙氏說，見《陔餘叢考》卷2頁13上～15上）總之，《左傳》敘事大抵改依周正為主，這即是有意依經以編年作傳，至於偶爾不一致，固不足以泯沒大體，誠如顧炎武所說：「間有失于改定者，文多事繁，固著書之君子所能免也。」（《日知錄》卷4，頁149）

頁 1 上）

訓詁基本上就是解釋的行為。因應古今語義的變遷，訓詁的任務是消弭言語不通的隔閡，其預期功能是「使古今如旦暮」，使今人得以憑藉語言文字而通達古人之情意思理，所謂「通」之也。

古今異辭，語義變遷，有時純粹是語言文字形、音、義的演化，有時意義的演化實涉及名物制度和思想觀念的轉變。蓋語義愈經轉變則愈有注解闡釋之必要，俾使古今得以溝通無礙。針對語言文字的變遷，以及其所涉及的制度或觀念差異來加以解釋，用能幫助理解，作為後學傳習古典的津梁，而使「古今如旦暮」，這是廣義的「訓詁」。狹義的「訓詁」則特別是針對「言語不通」的問題，專注於語言文字本身，這可以稱為文詞的訓詁。自古及今，訓解的體式因應解釋需求而迭有改異，《左傳》與《公羊傳》、《穀梁傳》類似，傳中或也訓詁經文，然而，若跟後世的注疏相比，語言文字的訓釋比較簡略，也沒有「某者，某也」之類的獨立形式，只是「寓訓詁於述經」，或是融入事蹟敘述與書法義例的說明之中。相形之下，《左傳》解釋《春秋》，尤關注於其「事」與其「義」。

解釋其「事」之原委者，如隱二年《春秋》曰：「夏五月，莒人入向。」（《左傳注疏》卷 2 頁 27 上）關於「莒人入向」的詞義，《左傳》並未訓釋，僅依經轉述原文，此傳的解釋著重述說其「事」。傳曰：

> 莒子娶于向，向姜不安莒而歸。夏，莒人入向，以姜氏還。 （同上書卷，
> 頁 30 上）

傳文簡要敘述了「莒人入向」這一事件的始末：起初，莒子娶向姜，向姜卻不安於莒而歸返向國，這導致莒發兵滅了向國〔註 19〕，終於「以姜氏還」。此傳依原文述經，而著意解釋者在「莒人入向」的起因以及結果，也就是交代這一事件的始終本末〔註 20〕。

又，隱五年《春秋》曰：「九月，考仲子之宮，初獻六羽。」（同上書，卷 3 頁 18 上）《左傳》解釋說：

〔註 19〕 杜《注》曰：「向，小國也」，孔《疏》補充說：「向，姜姓。」（《左傳注疏》卷 2 頁 27 上～下）向為姜姓小國，所謂莒人「入」向，據顧棟高〈春秋入國滅國論〉所言，實即滅其國。顧氏曰：「莒人入向，而宣四年公伐莒取向，則向已為莒邑，而隱二年向為莒滅明矣。」（《春秋大事表》卷 42 頁 20 下）「入向」，實即滅向國也。

〔註 20〕 杜《注》曰：「凡得失小，故經無異文而傳備其事，案文則是非足以為戒。」（《左傳注疏》卷 2 頁 30 上）「莒人入向」之傳殆屬此類。不過，杜氏尋繹傳文述事之意，認為「傳言失昏姻之義」（同上），若如杜氏所說，則這則傳文不僅解其「事」，而且詮釋了經之「義」。

九月，考仲子之宮，將萬焉，公問羽數於眾仲，對曰：「天子用八，諸侯
用六，大夫四，士二。夫舞，所以節八音而行八風。故自八以下。」公從
之。於是初獻六羽，始用六佾也。　　　（同上書卷，頁 25 下～27 上）

此傳既以「始用六佾」訓釋「初獻六羽」，又藉著敘述事蹟來深入闡述，兼釋經之文
詞與事蹟兩個層面。述事部分說明：由於「考仲子之宮」，行祭禮將舉萬舞〔註21〕，
因此，魯隱公「問羽數」，眾仲詳加回答，仔細說明制度的差等及其立意，於是隱公
聽從眾仲的意見，遵守禮制而舞用六佾。這是解說「考仲子之宮，初獻六羽」此一
事件的緣由。傳文直接轉陳經文「九月，考仲子之宮」，接著述說隱公與眾仲的問答，
解釋的重點貫注在「初獻六羽」。述事總結於「初獻六羽」，隨後直接以「始用六佾
也」訓解文詞，這跟述事部分同樣，都凸顯羽數與「初」之義。姜炳璋以為此傳「敘
眾仲言，正釋經『初』字之義。」（《讀左補義》卷 2 頁 5 上）意謂傳文詳載眾仲的
言語，即用以解說經文之「初」字。如此說來，此傳不僅以「初用六羽」解說經之
「文」，述事也與此呼應，寓含訓解文詞的作用。

再仔細尋繹此則傳文，述事之中載錄眾仲之言，謂「天子用八，諸侯用六，大
夫四，士二」云云，具陳羽數差等以及其所涉及的禮制規範。隱公的名分既屬諸侯，
於是聽從眾仲的建議而「初獻六羽」，也就是「始用六佾」──既言「初」、言「始」，
則先前非用「六」，不言可喻。因此，孔《疏》申述說：「初，始也；往前用八，今
乃用六也。」（同上書卷，頁 18 上）孔氏並依敘事闡述傳意，曰：「立宮必書於策，
羽則非當所書，善其復正，故書之。傳載眾仲之對，而言公從之，是其善之意也。」
（同上）意謂經書「初獻六羽」，義取「善其復正」，褒獎隱公能聽從嘉言，遵行禮
制〔註22〕。針對人物行事，稱揚遵名分、守禮制的嘉言善行，深一層闡釋經之旨要。

〔註21〕杜《注》曰：「成仲子宮，安其主而祭之」（《左傳注疏》卷 3 頁 18 上），又曰：「萬，
舞也。」（同上書卷，頁 25 下）

〔註22〕《公羊傳》曰：「『初獻六羽』何以書？譏。何譏爾？譏始僭諸公也。六羽之為僭奈
何？天子八佾，諸公六，諸侯四。」（《公羊注疏》卷 3 頁 3 上～下）不僅褒貶與《左
傳》異，所述禮制也彼此不同。《穀梁傳》曰：「『初獻六羽』，初，始也。穀梁子曰：
『舞夏，天子八佾，諸公六佾，諸侯四佾。初獻六羽，始僭樂矣。』尸子曰：『舞夏，
自天子至諸侯皆用八佾。初獻六羽，始厲樂矣。』」（《穀梁注疏》卷 2 頁 3 下～4 下）
穀梁子所述禮制與褒貶之義，大略與公羊家相近，但同為穀梁先師的尸子，則說法
又有不同。范甯疏解傳意，曰：「穀梁子言其始僭，尸子言其始降。」（同上）然則，
魯隱公始用六佾，穀梁學者或以為始僭，或以為始降，傳聞已歧異不同。依禮，究
竟諸侯當用八佾（尸子說）？六佾（左氏說）？還是四佾（穀梁子與公羊說）？所
謂「初獻六羽」，是魯原用八佾，至隱公始降而用六（尸子與左氏說）？抑或是原用
四佾，至隱公而僭用六羽（穀梁子與公羊說）？凡此，禮制傳聞不同，而說義亦異。
《左傳》解經與《公羊傳》、《穀梁傳》不同，如此之類甚多。然而，解說儘管不同，

那麼，這則傳文不僅釋「文」、述「事」，並也詮解了《春秋》之「義」。而且，此傳詮義，即寓之於敘述事蹟之中。

除了寓寄於事蹟敘述，《左傳》或也明示《春秋》之「義」。宣七年《春秋》曰：「冬，公會晉侯、宋公、衛侯、鄭伯、曹伯于黑壤。」（同上書，卷22頁4下）《左傳》曰：

> 鄭及晉平，公子宋之謀也，故相鄭伯以會。冬，盟于黑壤。王叔桓公臨之，以謀不睦。晉侯之立也，公不朝焉，又不使大夫聘，晉人止公於會。盟于黃父，公不與盟，以賂免。故黑壤之盟不書，諱之也。 （同上書卷，頁5下）

晉與鄭謀和修好，故諸侯相會於黑壤；由於晉成公初立時，魯宣公「不朝焉，又不使大夫聘」，此時宣公與會而晉侯執止之，因此宣公未參與會後的黃父（即黑壤）之盟〔註23〕，最後藉著賄賂始獲放歸。自「鄭及晉平」至「以賂免」，這是述說宣公參與黑壤之會的始末。杜《注》曰：「慢盟主以取執止之辱，故諱之。」（同上）謂「止」為「執止」，大概是遭拘執、限制行動，故無法參與黃父之盟。這則傳文只簡略敘說黑壤之會，反而著力補充：會後有盟，宣公則因得罪晉人而被執遭禁，不得與盟。《左傳》敘述整個事件，進而闡述「黑壤之盟不書」的緣故，曰：「諱之也」。述事與書法說明，呼應密合，共同發明《春秋》諱君惡的義法。

既說為魯君諱其惡，然則，宣公有何過失？楊伯峻（1909～1992）云：

> 襄元年《傳》云：此則魯于晉之「凡諸侯即位，小國朝之，大國聘焉，以繼好結信，謀事補闕，禮之大者也。」不朝、不聘為失禮。 （《春秋左傳注》，頁692）

楊氏援引襄元年傳，曰「凡諸侯即位，小國朝之，大國聘焉，以繼好結信，謀事補闕，禮之大者也」，依《左傳》「凡例」來詮解，以傳解傳，其說可從。由此「凡例」看來，宣七年傳特別追述說「晉侯之立也，公不朝焉，又不使大夫聘」，正指陳其不朝、不聘的失禮行為，由此點明魯宣公招辱之由。怠忽朝聘之禮而導致執止之辱，甚至不得參與黑壤之盟，《春秋》之所以「不書」，乃為宣公諱其惡。此傳既詳述經

其詮解經義的取徑則有相通之處，那就是引述禮制規範來判斷經義之褒獎或貶抑。禮制的傳聞不同，則經義解釋亦隨之而異。本書論述《左傳》的「經解」性質，若公羊、穀梁二傳有足資參證者，依論題需要，間或微引；至於二傳與《左傳》傳聞不同、解釋相歧者，只能多聞而闕其疑了。因此，如無需要，二傳解經與《左傳》不同者，下文將不旁涉，俾免繁贅。

〔註23〕杜《注》曰：「黃父即黑壤。」（《左傳注疏》卷22頁5下）黑壤與黃父，二名其實同指一地。

之「事」，又以「不書」的義例詮解褒貶之「義」。不書黑壤之盟以隱諱君惡，而魯宣公之失，就在述事的同時陳說出來。兩相對照，可見述事與書法義例相輔相成，綜其會歸，總在詮解《春秋》之「事」與「義」。

總之，《左傳》或訓詁經文詞義，或詳敘事蹟以闡述經文所記之事的始末，而釋「文」或述「事」的深層義涵，又往往以發明經「義」為旨歸。而且，傳之闡明經義，不拘一格，直接辨析書法以明示褒貶——如曰「黑壤之盟不書，諱之也」，固然是詮解其義，而寓於轉述經文——如「元年春王周正月」，或者寓於述事之中——如「初獻六羽」傳等，也都是解釋經義。或釋文、或述事、或詮義，往往彼此關聯，互相呼應融貫，共通的旨趣就是解釋《春秋》。

第三節　傳文形式與解經方式

《左傳》之「寓訓詁於述經中」，經文訓釋的內容比較簡略，也沒有獨立的形式。除此之外，略依傳文形式加以區分，《左傳》的解經方式可以大別為兩類：一則直接論說經義；二則敘事以解經〔註24〕。第一類解經方式，可以再細別為書法義例——包括「凡例」與「書法諸稱」，以及評論——包括「禮也」、「非禮也」等簡要判斷，與「君子曰」、「仲尼曰」〔註25〕。第二類解經方式的形式特徵是傳文依時間流程載述人物的行事脈絡，也就是「原始要終」（說詳第二章第三節之一），由上一節的說明可以看出，這種解經方式，往往兼具述事與詮義的雙重解釋功能。書法義例與評

〔註24〕趙光賢〈左傳編撰考〉曾將《左傳》分為「記事」與「解經」兩部分，這樣的分別十分含混。例如《左傳》書首自「惠公元妃孟子」至「是以隱公立而奉之」這一段記事，趙氏說：「單看這段話，無疑是記事之文。但是記這段話的用意何在呢？與下文『元年，春王〔案：趙氏遺落「周」字〕正月，不書即位，攝也』聯繫起來看，便知道這段話的目的在說明『攝也』二字。解經者用『攝也』二字解釋經文為什麼不書公即位，但又恐讀者不明白為什麼隱公是攝位，所以加上了這段話。顯然這些話是用記事解經的。」（《古史考辨》，頁144）趙氏以為《左傳》原只是記事之書，格於成見，所以迂曲解說，不免自相牴牾而不自知。藉由上述，可以略見趙氏「記事」、「解經」二分的說法，含有記事與解經無關的成見，當明辨之。本書的論述立場則與此迥異，讀者幸勿混淆！而且，讀者可以注意：縱使是心存成見如趙氏者，也不能忽略「記事」與「解經」的關聯。《左傳》敘事實切應解釋《春秋》的內在需求，其解經的意義詳見第二章論述。

〔註25〕趙光賢〈左傳編撰考〉指出「禮也」、「非禮也」，以及「君子曰」、「仲尼曰」這三種形式的評論文字，也是《左傳》解經的方式（《古史考辨》，頁145），這裡參考了他的意見。但趙氏自有其偏執，推論與本書歧異，前文已有說明，不再贅述。又，「仲尼曰」與「君子曰」，或直接闡述經義，或只是配合敘事而間接解經（說參注35與注45）。

論，是直接陳述經義，可統稱爲「論說經義」，這與第二類解經方式——「敘事解經」，相輔而相成，共同的旨趣就是解釋《春秋》。這一節試舉述傳文逐一加以說明。

一、論說經義

《左傳》雖以「敘事尤備」見長，或也直陳褒貶義例，論說《春秋》之旨歸。這一小節先依據傳文形式，逐次舉述說明。

1. 書法義例

就形式而言，《左傳》說明經之書法義例，或「發凡以言例」，或分別以「書」、「不書」、「稱」、「不稱」等作爲標識，前者稱爲「凡例」，後者可泛稱爲「書法諸稱」。就功能而言，「凡例」與「書法諸稱」都是直陳《春秋》褒貶的書法原則，用以解釋經義。因此，這兩類可合稱爲「書法義例」。

（1）凡　例

《左傳》中以「凡」字起首而論說書法義例者，就是所謂「凡例」。

桓九年《春秋》曰：「春，紀季姜歸于京師」（《左傳注疏》卷 7 頁 4 下），對此經文，《左傳》解釋說：

> 春，紀季姜歸于京師。凡諸侯之女行，唯王后書。　（同上書卷，頁 4 下
> ～5 上）

傳於述經之後，逕以「凡諸侯之女行，唯王后書」詮釋之。這是《左傳》的解經方式之一，由於具有「發凡以言例」（杜預語，同上書，卷 1 頁 12 下）的形式特徵，學者習稱爲「凡例」〔註26〕。

〔註26〕《左傳》計有五十凡例，參段玉裁輯《春秋左氏傳五十凡》（附錄于《春秋左氏古經》篇 12 頁 68 上～74 上）。杜預以爲「其發凡以言例，皆經國之常制，周公之垂法，史書之舊章，仲尼從而脩之，以成一經之通體。」（《左傳注疏》卷 1 頁 12 下）孔《疏》申杜，謂凡例或「因經所有，連釋經之所無，如『王曰小童，公侯曰子』是也」，其所以如此，即緣於引述舊典（同上書卷，頁 13 下）。然而，依孔《疏》轉述，「先儒之說《春秋》者多矣，皆云：丘明以意作傳，說仲尼之經，凡與不凡，無新、舊之例。」（同上）劉師培曾舉述傳文微驗先儒舊說，曰：「漢儒說凡與不凡無新舊之別，不以五十凡爲周公禮經。……杜預以下悉以五十凡爲周公舊典，魏晉以前，未聞斯說。今以本傳證之：莊十一年『得雋曰克』，成十二年『自周無出』，傳均言『凡』；又隱元年云『如二君故曰克』，僖二十四年云『天子無出』，傳文均弗言『凡』。兩文互較，厥例實符，周、孔之分，新舊之別果安在耶？」（《春秋左氏傳例略》頁 2 上）然則，《左傳》凡例是否根據舊典？趙汸的說法值得參考，他說：「春秋之後，周典散失，左氏采合殘缺，傳以己見，略示凡例，凡五十條。」（《春秋左氏傳補注》卷 1 頁 6 下）意謂五十凡例雖根據周典，然經左氏採輯，而又「傳以己見」。這或許可以調停上述兩種說法。「凡例」主要是左氏「以意作傳，說仲尼之經」，乃《左傳》

（2）書法諸稱

凡例之外，《左傳》並以書法諸稱明示經之褒貶。這類傳文具有下列標識：諸如「書」、「不書」、「先書」、「故書」、「書曰」、「追書」、「稱」、「不稱」、「言」、「不言」等，以此形式提引的論說，都是用以說明《春秋》書法的取義〔註27〕。

宣十二年《春秋》曰：「晉人、宋人、衛人、曹人同盟于清丘」（同上書，卷23頁1下），《左傳》云：

> 晉原縠、宋華椒、衛孔達、曹人同盟于清丘，曰：「恤病討貳。」於是卿
> 不書，不實其言也。　　（同上書卷，頁24下～25上）

依傳所述，參與清丘之盟者，實爲晉之原縠、宋之華椒、衛之孔達，原縠、華椒與孔達三人都是「卿」，《春秋》不書其名，而只稱「晉人」、「宋人」、「衛人」，是所謂「卿不書」。傳以「不書」的形式詮解經之褒貶，謂「卿」當書名而經不書者，乃是貶責其「不實其言也」。所謂「不實其言」這是指諸卿同盟，盟約云「恤病討貳」，卻未能切實踐履，杜《注》即舉後事加以訓解，曰：「宋伐陳，衛救之，不討貳也；楚伐宋，晉不救，不恤病也。」（同上）傳以「不書」的形式指陳經義，謂諸卿「不實其言」，故《春秋》不書其名，表示貶責。這是《左傳》對經義的詮釋。

凡例與書法諸稱同爲說明義例，故往往參用並出。如文七年《春秋》曰：「秋八月，公會諸侯、晉大夫，盟于扈。」（同上書，卷19上頁12上）《左傳》解釋說：

> 秋八月，齊侯、宋公、衛侯、鄭伯、許男、曹伯會晉趙盾，盟于扈，晉侯
> 立故也。公後至，故不書所會。凡會諸侯，不書所會，後也。後至，不書
> 其國，辟不敏也。　　（同上書卷，頁15下）

《春秋》書「公會諸侯、晉大夫，盟于扈」，只稱「諸侯」、「晉大夫」，《左傳》則詳述參與會盟的諸侯，包括齊侯、宋公、衛侯、鄭伯、許男與曹伯〔註28〕，晉大夫則

之解經文字，可能採自舊典，卻不必定指五十凡例皆爲「周公之垂法」。

〔註27〕相對於發「凡」者稱爲「正例」，杜預稱這類書法諸稱爲「變例」，杜氏〈春秋經傳集解序〉曰：「諸稱書、不書、先書、故書、不言、不稱、書曰之類，皆所以起新舊、發大義，謂之變例。」（《左傳注疏》卷1頁14下）孔穎達引杜氏《春秋釋例》申述說：「《釋例·終篇》云：『諸雜稱二百八十有五』，止有其數，不言其目，就文而數，又復參差。竊謂『追書』也，『言』也，『稱』也，亦是新意，序不言者，蓋諸類之中足以包之故也。」（同上書卷，頁15上）杜氏區分凡例與書法諸稱，謂有舊典、新意之別，然而，若依漢師舊儒之說，「凡與不凡，無新、舊之例」（詳參上注），則學者參考杜、孔二氏的說法，擇要取善可也，似亦不宜泥守其說。

〔註28〕阮元校勘十三經注疏本無「陳侯」，而金澤文庫本、岳本等，衛侯下有「陳侯」（參見《春秋左氏傳舊注疏證》、《左氏會箋》與《春秋左傳注》等），但《史記·晉世家》云：「齊、宋、衛、鄭、曹、許君，皆會趙盾，盟於扈。」（《史記會注考證》卷39頁67～68）此處也未述及「陳」，不知是否如劉文淇、楊伯峻所言，乃〈晉世家〉

為趙盾。傳闡明經何以不具列與會者，曰：「公後至，故不書所會」，並舉述凡例云：「凡會諸侯，不書所會，後也」〔註29〕。意謂凡是魯國國君參與諸侯之會而「後至」，則經例稱「諸侯」而不詳書國名。這是詮解《春秋》為魯君避諱之義，所謂「辟不敏也」。依孔《疏》，「不敏，猶不達也。諸國皆在，公獨後至，是公不達於事。」（同上書卷，頁16上）《春秋》貶責魯君不達於事，卻未明白直陳其失，而以「不書所會」寓義，對此，竹添光鴻闡述說：「此『志而晦』者，不明著其後至，而寓義於『諸侯』字也。」（《左氏會箋》卷8頁52）這段傳文，既有「不書」，又有「凡例」，兩相呼應，互相發明，俱詮解《春秋》之義例。

　　以上兩例，《左傳》以解說書法為主，述事相當簡略。其實，《左傳》往往兼以述事和書法義例兩種方式解釋《春秋》，各隨解經之需要，或詳於此，或詳於彼，有時則兩種解經類型並陳、相融，而互補以足意。如文十五年《春秋》曰：「〔秋〔註30〕，〕齊人侵我西鄙。季孫行父如晉。冬十有一月，諸侯盟于扈。」（《左傳注疏》卷19下頁19上）《左傳》解釋說：

> 秋，齊人侵我西鄙，故季文子告于晉。冬十一月，晉侯、宋公、衛侯、蔡侯、〔陳侯、〕鄭伯、許男、曹伯盟于扈，尋新城之盟，且謀伐齊也。齊人賂晉侯，故不克而還。於是有齊難，是以公不會。書曰：「諸侯盟于扈」，無能為故也。凡諸侯會，公不與不書，諱君惡也；與而不書，後也。　（同上書卷，頁24下～25上）〔註31〕

《春秋》書「齊人侵我西鄙」，又書「季孫行父如晉」，《左傳》轉述經文，加注一「故」字，簡要說明兩件事之間的因果關聯。又，扈之盟，經只書「諸侯」，傳則一一舉述，指陳與盟的諸侯包括晉侯、宋公、衛侯、蔡侯、〔陳侯、〕鄭伯、許男與曹伯。至於諸侯盟于扈的緣故，傳曰：「尋新城之盟，且謀伐齊也」，即重溫文十四年之舊盟〔註32〕，並共謀伐齊。結果，「齊人賂晉侯，故不克而還。」參考宣元年傳，左氏追述此事時云：「〔晉〕會諸侯于扈，將為魯討齊」（同上書，卷

訛脫？

〔註29〕　杜《注》曰：「不書所會，謂不具列公侯及卿大夫。」（卷19上頁15下）又，杜氏以為「後至，不書其國，辟不敏也」諸句，是傳「自釋凡例之意」（同上）。

〔註30〕　十三經注疏本無「秋」字，楊伯峻依據敦煌寫本、石經、金澤文庫本、宋本、淳熙本、岳本及足利本等增之（《春秋左傳注》，頁608），引文參考楊氏說。

〔註31〕　「蔡侯」與「鄭伯」之間，十三經注疏本無「陳侯」，參考諸本，當增「陳侯」。楊伯峻曰：「新城之盟有陳侯，陳侯亦當與會尋盟，今從石經、金澤文庫本、宋本、淳熙本等本增。」（《春秋左傳注》，頁613）

〔註32〕　文十四年《春秋》曰：「六月，公會宋公、陳侯、衛侯、鄭伯、許男、曹伯、晉趙盾。癸酉，同盟于新城。」（《左傳注疏》卷19下頁13上～下）此即所謂「新城之盟」。

21 頁 4 下），然則，諸侯同盟而「謀伐齊」，乃是上承「齊人侵我西鄙，故季文子告于晉」這事件而來〔註 33〕。晉大會諸侯，「將爲魯討齊」，卻又受齊之賂，伐齊之舉遂無功而返。當時，魯國正苦於備齊之患，所以文公並沒有參與扈之盟。以上，大抵訓釋經之「文」與「事」。其「文」與其「事」既已詮明，《左傳》又進而解說書法，闡述褒貶。依傳所釋，《春秋》書「諸侯盟于扈」，總稱「諸侯」而未序列其國，乃是貶抑諸侯之「無能爲」也，這呼應上文之「齊人賂晉侯，故不克而還」：述事與詮義互應相合也。「書曰」之後，傳又以凡例加以說明，曰：「凡諸侯會，公不與不書，諱君惡也；與而不書，後也。」此所謂「不書」，杜《注》曰：「謂不國別序諸侯也」（同上書，卷 19 下 25 上）。這則凡例是說：魯君未參與的會同，經以不書國別見其「義」——如文十五年之總稱「諸侯」；若是魯君參與其會，卻不一一序列，就是爲其後至避諱。這段傳文與文七年「盟于扈」之事例類似，有「書曰」或「不書」之例，又有「凡例」，二者並出，前者通常是針對特定經文闡述其書法，屬個別的解釋；後者則可以適用於同類事例，屬一般性的概括解釋。文十五年曰：「凡諸侯會，公不與不書」，呼應「於是有齊難，是以公不會」，正用以說明此年經書「諸侯」之義；至於「與而不書，後也」，則不專爲此年「諸侯盟于扈」之經發例，而與文七年「凡會諸侯，不書所會，後也」之凡例相通。兩相參照，可知「不與不書」是「諱君惡也」，「與而不書」是「辟不敏也」，都是關於《春秋》爲魯君隱諱其惡的義法。

2. 評　論

（1）「禮也」、「非禮也」

　　《左傳》或以簡要的評論解釋《春秋》。如文十一年《春秋》書：「秋，曹伯來朝」（《左傳注疏》卷 19 下頁 1 上），十五年又書：「夏，曹伯來朝」（同上書卷，頁18 下），《左傳》解說前者，曰：

　　　　秋，曹文公來朝，即位而來見也。　　（同上書卷，頁 1 下）

又釋後者，曰：

　　　　夏，曹伯來朝，禮也。諸侯五年再相朝，以脩王命，古之制也。　　（同上書卷，頁 20 下）

文十一、十五年經俱書曰「曹伯來朝」，其「文」無異，其「事」亦彷彿，參據《左傳》的陳述，則其「義」之各有所專而前後相關，於是瞭然明晰。解釋前一則經文，傳明指「曹伯」其人爲「曹文公」，然後說明「來朝」的緣由，曰「即位而來見也」：

這是就人與事加以說明。對於後一則經文，傳於述經之後，直接評論說：「禮也」，謂此次「曹伯來朝」合乎禮制規範。所謂「禮」，傳曰：「諸侯五年再相朝，以脩王命，古之制也。」曹文公即位之初來朝于魯，至五年又來朝，就是遵行這「諸侯五年再相朝」的禮制。文十五年之「曹伯來朝，禮也」，此爲《左傳》以「禮也」之評論形式解釋《春秋》的一則事例。

　　這類評論，大抵要言不煩，而多涉及禮制。如桓十五年《春秋》書曰：「天王使家父來求車」（同上書，卷7頁18上），《左傳》論曰：「天王使家父來求車，非禮也。諸侯不貢車服，天子不求私財。」（同上書卷，頁20上）然則，此經褒貶之「義」著重在「求車」事，傳詮解經義，指明其所以遭受貶責，關鍵在不合乎「禮」。除了「禮也」、「非禮也」，《左傳》或也以他語來評論示義。如隱元年經書：「祭伯來。」（同上書，卷2頁12上）傳解云：「祭伯來，非王命也。」（同上書卷，頁26下）何以見得經書「祭伯來」是「非王命」？案諸「天王使家父來求車」之經，奉王命者當書「使」，祭伯是周王卿士，既非「使」而來，傳乃明指其「非王命」〔註34〕，如此，即扼要表顯出書法寓寄的褒貶之義。又，莊廿七年經書：「公會伯姬于洮」（同上書，卷10頁9下），傳云：「公會伯姬于洮，非事也。天子非展義不巡守，諸侯非民事不舉，卿非君命不越竟。」（同上書卷，頁10上）所謂「非事」，杜預注曰：「非諸侯之事」（同上），胡安國也參依《左傳》而申述其義，曰：「伯姬，莊公之女。非事而特會于洮，愛其女之過，而不能節之以禮，此《春秋》之所禁也。」（《春秋傳》卷9頁6下）依此而言，傳評論「公會伯姬于洮」爲「非事也」，即表陳其事非諸侯所宜行，乃「《春秋》之所禁也」。又，莊五年經書：「郳犁來來朝」（《左傳注疏》卷8頁10下），傳解釋說：「郳犁來來朝，名，未王命也」（同上），杜《注》曰：「傳發附庸稱名例也」（同上）。傳云「名，未王命也」，杜預指陳此評論與書法義例同樣是詮解經義的。由此推之，傳云「非禮也」、「非事也」、「非王命也」，或「未王命也」，諸如此類的簡要評論，亦屬《左傳》的解經方式之一。

（2）「仲尼曰」

　　《左傳》或稱引孔子言語來評人論事，以「仲尼曰」或「孔子曰」作爲標識〔註35〕。「仲尼曰」多就人物行事加以評論，部分顯然涉及書法經義的詮解。如

〔註34〕杜《注》曰：「祭伯，諸侯爲王卿士者。祭國，伯爵也。傳曰『非王命也』，釋其不稱『使』。」（《左傳注疏》卷2頁12上）

〔註35〕《左傳》中載述孔子言語，依其性質，應區分爲兩大類：第一類是在敘事中載述孔子的言語及其與時人的對談，屬於事件發展的一個環結，因此，傳依敘事所需，或直呼其名氏——如稱「孔丘」。或疑傳以解經，何以直稱「孔丘」？其實，如同《禮記‧檀弓》曰「魯哀公誄孔丘」云云（《禮記注疏》卷8頁24上），這只是依據情實

宣九年《春秋》書「陳殺其大夫洩冶。」（同上書，卷22頁9下）《左傳》釋曰：

> 陳靈公與孔寧、儀行父通於夏姬，皆衷其衵服以戲于朝。洩冶諫曰：「公
> 卿宣淫，民無效焉。且聞不令，君其納之。」公曰：「吾能改矣。」公告
> 二子，二子請殺之，公弗禁。遂殺洩冶。孔子曰：「《詩》云：『民之多辟，
> 無自立辟』，其洩冶之謂乎！」 （同上書卷，頁10下）

《左傳》先敘本事，然後以「孔子曰」的評論作結。述事部分詳載「公卿宣淫」的原委，謂陳靈公及其大夫孔寧、儀行父，淫亂於朝〔註36〕，洩冶因而進言諫阻，靈公非僅不聽諫言，反倒告知孔寧與儀行父，二大夫請殺之，靈公未予禁止，而「遂殺洩冶」。「孔子曰」引《詩·大雅·板》：「民之多辟，無自立辟」二句來評論洩冶，依杜《注》的訓釋，上「辟」字取邪僻意，下「辟」字訓爲「法」〔註37〕，意謂「邪僻之世，不可立法；國無道，危行言孫。」（同上）杜預認爲：陳國「公卿宣淫」，邪僻無道，當此之時，洩冶進言直諫反而危言取禍。所謂「危行言孫」，乃參照孔子之義，〈憲問〉篇載「子曰：邦有道，危言危行；邦無道，危行言孫。」（《論語注疏》卷14頁1下）據此而言，洩冶以直諫構禍，未必值得褒獎。又，葉夢得（1077～1148）

直書其事，與是否宗師孔子根本沒有關聯。第二類則不然，傳以「仲尼曰」或「孔子曰」作爲標識，這些，並非事件當時的言談，不是時事的一部分，而是與「君子曰」類似，屬事後的評論，由襄公以前的數則「仲尼曰」看來，事後評論的性質尤其清楚明白──因爲評論的事件發生在孔子生前。本書採用「仲尼曰」概稱第二類的孔子言語（以上，詳參拙著《左傳稱詩研究》，頁 138～40）。《左傳》「仲尼曰」總計二十五則，依十二公世次計數，僖、文二篇各一則，宣、成二篇各兩則，襄篇四則，昭篇十則，定篇兩則，哀篇三則（同上書，頁 289～92）。

〔註36〕 案《國語·周語》曰：「定王使單襄公聘於宋，遂假道於陳以聘於楚。……及陳，陳靈公與孔寧、儀行父南冠以如夏氏，留賓不見。」韋昭注云：「孔寧、儀行父，陳之二卿。」（卷2頁8上～下）杜《注》與韋昭說同，亦謂「二子，陳卿。」（《左傳注疏》卷22頁10下）然而，《史記·陳杞世家》謂「靈公與其大夫孔寧、儀行父皆通於夏姬」（《史記會注考證》卷36頁10），明言二人爲「大夫」，故劉文淇曰：「二子是大夫，非卿。洩冶諫辭『公卿宣淫』者，公卿猶言君臣。」（《春秋左氏傳舊注疏證》，頁662）

〔註37〕 顧炎武曰：「以上『辟』爲『僻』，下『辟』爲『法』，當時有此解。昭二十八年晉司馬叔游引此詩亦同。漢張衡〈思玄賦〉：『覽蒸民之多僻兮，畏立辟以危身』，正用此也。」（《左傳杜解補正》，清經解卷2頁7下）案昭廿八年《左傳》曰：「晉祁勝與鄔臧通室。祁盈將執之，訪於司馬叔游。叔游曰：『鄭書有之：惡直醜正，實蕃有徒，無道立矣，子懼不免。《詩》曰：「民之多辟，無自立辟」，姑已若何？』」（《左傳注疏》卷52頁23上～下）司馬叔游引「民之多辟，無自立辟」，勸諫祁盈「無道之世，法不可爲」（孔《疏》語，同上），意謂身當無道之世，邪僻之人既多，將不免「立辟以危身」。《左傳》中不論時人、「君子曰」或「仲尼曰」，引詩往往「斷章取義」（說參拙著《左傳稱詩研究》，頁 152～59），昭廿八年司馬叔游引詩取義之旨，可與宣九年「孔子曰」引詩之意相參。

嘗闡述說曰：

> 靈公之惡，洩冶見其微則當諫；諫而不從，則當去。逮其宣淫於朝而後言
> 焉，洩冶之死，罪累上也，故以國殺。……靈公之惡，固有自來矣，而孔
> 寧、儀行父者，洩冶之所得治者也。既不能誅二人以正一君，又見不可而
> 不能止，雖未〔案：「未」四庫全書本作「能」〕言之，徒以殺其身，則
> 異乎從君於昏者無幾。……洩冶，異姓之卿，三諫不從則去而已，何必至
> 於死？故曰：「所謂大臣者，以道事君，不可則止。」故以洩冶一見法焉。
> （《春秋傳》卷 13 頁 7 上～8 上）

孔子曾言：「所謂大臣者，以道事君，不可則止。」（〈先進〉，《論語注疏》卷 11 頁 9
上）葉氏以此義衡之，從而裁斷其是非，其說可從。蓋洩冶乃「異姓之卿」，既知「公
卿宣淫」，當事勢發展已無可如何之時，冒然進言直諫因而危亡己身，這未必符合異
姓大臣「以道事君」的儒家義理〔註 38〕。《春秋》書「陳殺其大夫洩冶」，《左傳》先
敘明當時「公卿宣淫」的亂象，載述洩冶進諫的事蹟，然後以「孔子曰」評論作結，
述事與評論兩部分前後照應，互相發明。依「孔子曰」引詩來尋思經義，劉文淇以為：
「蓋惜其事非其主，非深貶之詞。」（《春秋左氏傳舊注疏證》，頁 663）依此釋義，
則洩冶仕於亂朝而不知「危行言孫」以免禍，雖未足以褒獎，也非可深貶，蓋有惋惜
之意焉〔註 39〕。那麼，《左傳》稱述「仲尼曰」正是用以闡明其褒貶之義。

〔註 38〕葉夢得的論述不僅析衷於孔子，且援引孟子。葉氏曰：「洩冶其猶可以為罪歟？曰：
昔者晉假道於虞以伐虢，宮之奇諫，百里奚不諫，孟子不多宮之奇之諫，而以百里
奚為智，曰：知虞公之不可諫而不諫，可謂不智乎？……然則，比干非歟？曰是不
可以一道比也。比干貴戚之卿，微子既已去矣。使比干而復去，誰與扶其宗者？故
雖死不失其為仁。此君子所以立教也。洩冶，異姓之卿，三諫不從則去而已，何必
至於死？」（《春秋傳》卷 13 頁 7 下～8 上）葉氏舉比干和宮之奇為例比較說明：如
比干者，屬貴戚之卿，則有「諫而死」之義，故孔子以為仁；至於如百里奚者，屬
異姓之卿，不諫，而孟子不以非。至於洩冶，屬異姓大臣，「又見不可而不能止，雖
能言之，徒以殺其身」，未必合乎「以道事君」之義。故葉氏以為「以洩冶一見法焉」，
乃《春秋》之寓義。此等「危疑之理」，後儒不解，頗或由此攻駁《左傳》，黃式三
（1789～1862）《春秋釋》嘗作辨釋，曰：「經之偶國以殺者，書公子、書大夫，殺
者與殺之者交譏之，宣公九年、襄公五年洩冶、壬夫之殺，左氏交譏之，是也。」
（〈釋殺〉，清經解續編卷 1019 頁 11 下）針對宣九年洩冶之例，黃氏辨曰：「或謂左
氏譏洩冶，是教天下之為華歆、褚淵者。式三謂：以華、褚衡之，則洩冶忠；以孔
子之道論之，則洩冶狷。」（同上）所謂洩冶「狷」，並參下注。
〔註 39〕杜預認為經書洩冶之名，有罪責之意，對此，劉文淇曾作辨析，以為不然。劉氏曰：
「杜注援《論語》『國無道，危行言孫』以明仕無道之國，不能明哲保身，意未甚誤」，
但是，「其於經文注云：『洩冶直諫於淫亂之朝以取死，故不為《春秋》所貴而書名。』
《疏》又引《釋例》云：『……故經同罪賤之文。』則非孔子義矣。」這是因為《左
傳》不以書名見例，劉氏說：「《春秋》五十凡，無鄰國殺卿大夫書名示罪賤之例，

杜預曰:「河陽之狩、趙盾之弒、泄冶之罪,皆違凡變例以起大義,危疑之理,故特稱仲尼以明之。」(《左傳注疏》卷 16 頁 31 上)依杜氏之意,《左傳》詮解「陳殺其大夫泄冶」,特稱「仲尼曰」以釋義,這是由於其義屬於「危疑之理」。杜氏並列舉「河陽之狩」、「趙盾之弒」數例,諸傳以「仲尼曰」闡明經義,同樣是解釋危疑之理的顯例。關於「趙盾之弒」,詳參第三章第二節之二討論,以下先就「河陽之狩」一事加以申述。

「河陽之狩」者,見僖廿八年《春秋》,經書:「冬,公會晉侯、齊侯、宋公、蔡侯、鄭伯、陳子、莒子、邾子、秦人于溫。天王狩于河陽。」(同上書卷,頁 16 上~下)依《左傳》,晉文公大會諸侯于溫,本欲率諸侯以朝天子而尊王室,後來卻屈從現實,乃「召王以諸侯見,且使王狩」(同上書卷,頁 30 上)。然則,書曰「天王狩于河陽」,其取義如何?《左傳》云:

> 仲尼曰:「以臣召君,不可以訓。」故書曰:「天王狩于河陽」,言非其地也,且明德也。　　(同上書卷,頁 30 下)〔註40〕

「仲尼曰」與「書曰」共同闡明經義:既褒獎晉文公之朝王尊周而諱言其失;同時也由王狩之「非其地也」,暗寓「以臣召君,不可以訓」之微義。晉文公既欲尊王,卻又「以臣召君」,經書其事,褒、貶參見,是所謂「危疑之理」。

「河陽之狩」事關《春秋》之大義,《史記》曾依據《左傳》加以載述,並一書再書。〈周本紀〉曰:

> 〔周襄王〕二十年,晉文公召襄王,襄王會之河陽踐土。諸侯畢朝,書諱曰「天王狩于河陽」。　　(《史記會注考證》卷 4 頁 73~74)

此類書法,皆從告辭,不關褒貶。……蓋傳以不書名見例,非以書名見例也。此經公羊無傳。穀梁則云:『稱國以殺其大夫,殺無罪也。』杜說於三傳皆不合。自杜謂經罪賤泄冶,宋儒乃謂此非聖人之言,杜氏之罪也。」(《春秋左氏傳舊注疏證》,頁663)又,《孔子家語·子路初見》載:「子貢曰:『陳靈公宣婬於朝,泄冶正諫而殺之,是與比干諫而死同,可謂仁乎?』孔子曰:『比干於紂,親則諸父,官則少師,忠報之心在於存宗廟而已,固必以死爭之,冀身死之後,紂將悔悟,其本志情在於仁者也。泄冶之於靈公,位在大夫,無骨肉之親,懷寵不去,仕於亂朝,以區區之一身,欲正一國之婬昏,死而無益,可謂狷矣。《詩》云:「民之多僻,無自立辟」其泄冶之謂乎!』」(卷 5 頁 8 上~下)劉文淇引述這段資料,認為「《家語》雖為王肅撰集之書,惟肅傳左氏學,又多見古籍,其紀孔子論泄冶事,即據此傳,不無附益,然不謂書名為罪賤,於古義未遠……。」(《春秋左氏傳舊注疏證》,頁 664)《孔子家語》也引詩「民之多僻,無自立辟」來評論泄冶,推尋其意,雖然不以泄冶為「仁」,不足與比干相提並論,但謂之為「狷」,也不全然是貶意。劉文淇博徵詳考,以為「孔子曰」之意「蓋惜其事非其主,非深貶之詞」,此說較杜《注》可取。

〔註40〕引文之標點與詮解,參張師以仁〈孔子與春秋的關係〉(《春秋史論集》,頁 10~12)。

〈晉世家〉又云：

> 冬，晉侯會諸侯於溫。欲率之朝周，力未能，恐其有畔者，乃使人言周襄
> 王狩于河陽。壬申，遂率諸侯朝王於踐土。孔子讀史記，至文公，曰：「諸
> 侯無召王」。「王狩河陽」者，《春秋》諱之也。　　　（同上書，卷39頁61）

此處既依《左傳》載其事，並轉述「仲尼曰」，表陳《春秋》之義。〈孔子世家〉述
及孔子作《春秋》時，曾舉列數條要義，曰：

> 〔孔子〕乃因史記作《春秋》，上至隱公，下訖哀公十四年，十二公；據
> 魯、親周、故殷，運之三代；約其文辭而指博，故吳、楚之君自稱王，而
> 《春秋》貶之曰「子」；踐土之會，實召周天子，而《春秋》諱之曰：「天
> 王狩於河陽」。推此類以繩當世。貶損之義，後有王者舉而開之，《春秋》
> 之義行，則天下亂臣賊子懼焉。　　　（同上書，卷47頁82～84）

司馬氏述「狩于河陽」之《春秋》義，乃根據《左傳》。不過，「狩于河陽」不當牽
合於「踐土之會」〔註41〕。案：晉文公於僖廿八年五月大會諸侯，盟于踐土（《左
傳注疏》，卷16頁14下），賈逵曰：「踐土，鄭地名，在河內」；是年冬，又會諸侯
於溫，而「天王狩于河陽」，賈氏云：「河陽，晉之溫也。」（賈逵說，據裴駰《集解》
轉引，見《史記》卷4頁73）然則，溫與河陽，其實是同一地點，爲晉地；河陽（溫）
與踐土，則分屬兩地，一在晉，一在鄭〔註42〕。《史記》謂「襄王會之河陽踐土」，
又云：「乃使人言周襄王狩于河陽……朝王於踐土」，以及「踐土之會……而《春秋》
諱之曰『天王狩于河陽』」等等，屢屢牽合兩地，恐係司馬氏之誤解。雖然如此，由
以上諸引文觀之，《史記》載述「天王狩于河陽」之事與義，主要係根據《左傳》，
此則無疑〔註43〕。〈孔子世家〉中扼要舉述《春秋》之義，謂「推此類以繩當世」，
又言「貶損之義」若能彰明，「則天下亂臣賊子懼焉」。諸《春秋》義中，特舉述「天

〔註41〕司馬貞《索隱》曰：「按《左氏傳》：五月盟于踐土；冬，會諸侯于溫；天王狩于河
　　　　陽；壬申，公朝于王所。此文亦說冬朝于王，當合於河陽溫地，不合取五月踐土之
　　　　文。」（見《史記會注考證》卷39頁61）
〔註42〕《穀梁傳》曰：「水北爲陽，山南爲陽；溫，河陽也。」（《穀梁注疏》卷9頁12上）
　　　　亦謂溫與河陽爲同一點。又，《公羊傳》引魯子曰：「溫近而踐土遠也。」（《公羊注
　　　　疏》卷12頁14上）此說亦謂溫與踐土分屬兩地。
〔註43〕《史記》載述「天王狩于河陽」，這誠如張師以仁所說「無疑與《左傳》有密切的關
　　　　係，《公羊》、《穀梁》的說法是不大一樣的。」（《春秋史論集》，頁14）案：關於「天
　　　　王狩于河陽」，《公羊傳》曰：「狩不書，此何以書？不與再致天子也。」（《公羊注疏》
　　　　卷12頁13下～14上）又，《穀梁傳》曰：「全天王之行也。爲若將守而遇諸侯之朝
　　　　也；爲天王諱也。」（《穀梁注疏》卷9頁12上）公羊言「不與再致天子」，強調「再」
　　　　致之非；穀梁謂「爲天王諱」，著眼於「天王」。而《史記》強調「晉文公」之以諸
　　　　侯「召」天子，這主要是根據《左傳》「仲尼曰」以斷其「義」。

王狩于河陽」者，乃援據「仲尼曰」以爲《春秋》左氏義的代表〔註44〕。《左傳》特稱「仲尼曰」以詮明經義，不僅屬解經文字無疑，而且顯然係《春秋》之要義。

（3）「君子曰」

《左傳》有「君子曰」的評論，以「君子」的身分發言抒論爲其形式上的共同特徵〔註45〕。

宣十三年《春秋》曰：「冬，晉殺其大夫先縠」（《左傳注疏》卷24頁1上），《左傳》云：

> 秋，赤狄伐晉，及清，先縠召之也。冬，晉人討邲之敗與清之師，歸罪於先縠而殺之，盡滅其族。君子曰：「惡之來也，己則取之，其先縠之謂乎！」
>
> （同上書卷，頁1下）

依「君子曰」而言，「晉殺其大夫先縠」者，意謂先縠所以遭受刑戮之惡〔註46〕乃咎由自取。竹添光鴻申解傳意，曰：「夫邲之戰，剛愎不用命，以致喪師辱國，罪已重矣。國討未及，尚不悛懲而復召赤狄以速之斃，豈非自作之孽乎！」（《左氏會箋》卷11頁31）又云：「先縠有罪矣，而言『歸罪』者，邲之役，趙同、趙括、魏錡、趙旃亦皆有罪，今不罪四人而獨殺先縠，故傳云『歸罪』。只下一『歸』字，晉刑之頗自見。」（同上）這樣看來，敘事述說晉人追究邲之戰與清之役的責任，謂先縠雖罪無可逭，但獨獨「歸罪」先縠，亦有失公允；然則，貶責中未嘗沒有愍惜之意。經書「晉殺其大夫先縠」，這跟宣九年「陳殺其大夫洩冶」（見上引）的書法相似，而兩則傳文分別以「君子曰」、「仲尼曰」作結，詮說方式也彼此相類。案：「仲尼曰」

〔註44〕 案：〈孔子世家〉舉述《春秋》大義，不專主一家，「天王狩于河陽」等採取左氏說，至所謂「據魯、親周、故殷」者，則屬公羊義。董仲舒《春秋繁露・三代改制質文》曰：「《春秋》應天作新王之事，……絀夏、親周、故宋。」蘇輿注曰：「史公學於董生，故其說頗與之合。……《春秋》紀魯元以繫事，故史公云『據魯』，于周則『親』，于宋則『故』，詞義顯然。」（《春秋繁露義證》，頁187～90）陳仁錫曰：「據魯者，以魯爲據也；親周者，以周爲親也；故殷者，以殷爲故。」（據《史記會注考證》引，卷47頁83）瀧川龜太郎參考諸說，曰：「據魯，據魯史也；親，當作新，新周，從今周也；故殷，不法前殷也。」（同上）案：「親周」或「新周」，公羊學者解義也頗或參差紛歧（參蘇輿《春秋繁露義證》），因與論題無關，不贅。

〔註45〕 《左傳》「君子曰」，猶如《史記》之「太史公曰」（參《史通・論贊》卷4，頁22），是指事後評論。傳以「君子曰」，或「君子謂」、「君子以爲」、「君子是以知」、「君子是以」等形式發首作爲標識。這類評論文字共同以「君子」的身分表達見解，其形式與性質明顯與敘事所載的時人言語有別，而屬事後的評論，學者往往以「君子曰」概稱之（說參拙著《左傳稱詩研究》，頁118）。

〔註46〕 「君子曰」所謂「惡之來也」，《左氏會箋》曰：「惡，言其見族也。荀子富國『或美或惡』，注『惡謂刑戮』」，謂「惡」指「刑戮」（卷11頁31）。

稱《詩》而言曰「其洩冶之謂乎」，貶責中寓惋惜之意，而此傳「君子曰」的語式與之彷彿，云：「惡之來也，己則取之，其先穀之謂乎」，兩傳相參，其取義殆亦責之而不深貶。敘述事蹟與「君子曰」的評論，兩部分的意旨聯貫，相輔而相成，都用以闡明《春秋》之褒貶。

「君子曰」往往針對個別的人物行事來抒發評論，配合敘事以解經，但或也通說全經之旨要。如成十四年《春秋》書「秋，叔孫僑如如齊逆女」，又書「九月，僑如以夫人婦姜氏至自齊」（《左傳注疏》卷 27 頁 17 下、18 上），前經稱「叔孫僑如」，《左傳》釋曰：「稱族，尊君命也」（同上書卷，頁 19 上）；後經只稱「僑如」，《左傳》解云：「舍族，尊夫人也。」（同上書卷，頁 19 下）。參合前後經文，或稱族或不稱，而各有取義，左氏於是由此引申綜述全經之旨要，傳云：

> 君子曰：「《春秋》之稱，微而顯，志而晦，婉而成章，盡而不汙，懲惡而
> 勸善，非聖人，孰能脩之？」　　（同上）

左氏假「君子」以發義，所謂「微而顯，志而晦，婉而成章，盡而不汙，懲惡而勸善」云云，是綜述《春秋》之書法諸稱如此，非僅限於解說「僑如以夫人婦姜氏至自齊」這則經文。杜預曾說：「〔左氏〕為例之情有五……推此五體以尋經、傳，觸類而長之，附于二百四十二年行事，王道之正、人倫之紀備矣」（同上書，卷 1 頁 16 上～18 上），所謂「為例之情有五」即本成十四年「君子曰」，孔穎達疏解杜說，云：「為例，言傳為經發例，其體有此五事。下文五句，成十四年傳也。案：彼傳上文云：『《春秋》之稱』，下云『非聖人，誰能脩之』，『聖人』，指謂孔子，美孔子所脩，成此五事」云云（同上書卷，頁 16 上）。意謂「微而顯，志而晦，婉而成章，盡而不汙，懲惡而勸善」五者，乃「傳為經發例」之體，旨在闡述孔子作《春秋》之要義，是《左傳》對書法諸稱的通釋，故曰：「觸類而長之，附于二百四十二年行事，王道之正、人倫之紀備矣」。如此看來，「君子曰」所述，誠為理解經義之關鍵〔註47〕。

〔註47〕杜預區分「微而顯」、「志而晦」、「婉而成章」、「盡而不汙」與「懲惡而勸善」為五體，並分別指述傳例說明，對此，學者頗有批評。或認為「懲惡而勸善」總述前四項，並非與四者並列，如竹添光鴻（《左氏會箋》卷 13 頁 23）、汪榮祖（《史傳通說》，頁 48～49）等有此說；或認為五者當分為三層，如單周堯曰：「『微而顯、志而晦』，主要謂字面之效果；『婉而成章，盡而不汙』，主要謂書寫之態度；『懲惡而勸善』，主要謂其對社會之影響」（〈讀杜預「春秋經傳集解序」五情說小識〉，頁 98）；或認為一傳可兼數義，區別某傳為「微而顯」、某傳為「志而晦」等等，未必副合傳意，如葉夢得（《春秋考》卷 13 頁 1 下～2 上）、黃澤（見趙汸《春秋師說》卷上頁 23 上～下）等有此說。劉文淇認為：「此關大義，當別疏之，杜注不可靠。」（《春秋左氏傳舊注疏證》，頁 902）謂「此關大義」，誠然；至於杜氏詮解傳意是否周洽，也

參考昭卅一年《左傳》之「君子曰」：

> 《春秋》之稱，微而顯，婉而辨，上之人能使昭明，善人勸焉，淫人懼焉，
> 是以君子貴之。　　（同上書，卷53頁20上～下）

這與成十四年之「君子曰」都是概述「《春秋》之稱」。兩傳詳略不同，卻都是闡發《春秋》書法如何謹嚴其稱，褒善貶惡（昭卅一「君子曰」與「正名」的關聯，另參第四章第三節，此處不贅）。昭卅一年重發此義，姜炳璋認為：「欲上之人昭明《春秋》也。上之人，指當時之君、相。蓋春秋為國史，非學者所得見；經，聖人之筆，則群奉為經。……〔左氏〕因而作傳，又欲其宣布國中，使人人見聞，為萬世法。左氏之志在表章《春秋》也，深切矣哉！」（《讀左補義》卷43頁35下～36上）姜氏指陳「左氏之志在表章《春秋》」，可謂切中肯綮。不過，若定指「上之人」為「當時之君、相」，則不免失之拘泥，況且與「為萬世法」之旨相違。對此，劉師培解釋說：「所云『上之人』，即後王也」，又說：「《史記‧孔子世家》述《春秋》誼，曰：『吳楚之君自稱王，而《春秋》貶之曰子；……後有王者舉而開之，《春秋》之義行，則天下亂臣賊子懼焉』，此節誼本左氏，即昭傳釋詞。」（《春秋左氏傳古例詮微》頁5下）指陳〈孔子世家〉諸語，其實就是轉述昭卅一年之《左傳》「君子曰」。「君子曰」論《春秋》的教化成效，謂「善人勸焉，淫人懼焉」，此義可與孟子說「孔子成《春秋》而亂臣賊子懼」（《孟子注疏》卷6下頁5上）相參，〈孔子世家〉正是如此。所謂「後有王者舉而開之」〔註48〕，此係轉述左氏義，下句隨即稱引《孟子》，曰：「《春秋》之義行，則天下亂臣賊子懼焉」，用以互相發明。

　　《史記‧孔子世家》述「天王狩于河陽」之義，乃依據《左傳》「仲尼曰」，不僅如此，又轉述「君子曰」，表陳「上之人能使昭明，善人勸焉，淫人懼焉」的教化成效，寄望後王推行《春秋》之義，冀能警懼亂臣賊子而撥亂反正。〈孔子世家〉綜述《春秋》旨要，關於左氏義，係採擇「仲尼曰」與「君子曰」，這正是由於二者都具有詮解經義的功能。

二、敘事解經

　　凡例、書法諸稱，以及「禮也」或「仲尼曰」、「君子曰」等評論，直接陳述《春

　　　　可以斟酌、商榷，可惜未見劉氏有何新解。
〔註48〕　「舉而開之」，「開」字有些版本作「關」（參瀧川龜太郎引，見《史記會注考證》卷
　　　　47頁84），王叔岷以為「作關，蓋此文之舊」，作「開」乃其形訛；又曰：「佞幸列
　　　　傳『公卿皆因關說。』索隱：『按關，訓通也。』『舉而關之』，猶言『舉而通之』。」
　　　　（《史記斠證》，頁1786）

秋》經義，這是《左傳》解經的一大類型〔註49〕。此外，《左傳》又以敘事解經，這是順應《春秋》的本質，特意藉著敘述本事來推尋其眞意義諦（說詳第二章第二節）。由上文舉例可知，「論說經義」的類型和「敘事解經」的類型，往往並陳於傳文中，脈絡相貫，意旨互應，可以彼此補足，共同詮解《春秋》。正因爲這兩大類型的解經文字互補相參，以上依次舉述凡例、書法諸稱、以及「禮也」、「仲尼曰」、「君子曰」解經之例，而「敘事解經」之例其實也一併引述提及了。

根據張大亨轉述，蘇軾〔註50〕（東坡，1036～1101）曾說：「〔《左傳》〕蓋依經以比事，即事以顯義，不專爲例，是以或言或不言。」（見《春秋通訓・後敘》卷6頁37上）此所謂「例」，當包括凡例與書法諸稱等，左氏並非專以「例」解經，因此「或言或不言」。雖然如此，畢竟不能忽略左氏也以「例」說經，只是「依經以比事，即事以顯義」這方面，《左傳》尤具特長。

概略而言，「敘事」指以「事」爲主而依時序始末載述其發展脈絡，「原始要終」是其形式特徵（說詳第二章第三節之一）。《左傳》書中，敘事這種解經方式或者與評論、書法義例等互補相參，如文十五年「諸侯盟于扈」傳，敘事之後，又兼以「書曰」、「凡例」解說經義（說見上文）。或者「即事以顯義」，逕以敘事解釋《春秋》，隱五年「初獻六羽」之傳，就是以此方式解經——釋其「文」、述其「事」，並且詮明其「義」。

又如桓十一年，經曰：「夏五月癸未，鄭伯寤生卒。秋七月，葬鄭莊公。九月，宋人執鄭祭仲，突歸于鄭。鄭忽出奔衛。」（《左傳注疏》卷7頁8上～9上）左氏

〔註49〕徐復觀將《左傳》解釋《春秋》的形式分爲兩大類，一是「以義傳經」，一是「以史傳經」，前者又細分爲四種形式。徐氏曰：「左氏之傳《春秋》，可分爲四種形式。第一種是以補《春秋》者傳《春秋》。如隱元年傳『夏四月，費伯帥師城郎。不書，非公命也。』……第二種是以書法的解釋傳《春秋》。如隱元年十二月『衆父卒，公不與小斂，故不書日。』……第三種，是以簡捷的判斷傳《春秋》。隱元年經『秋七月，天王使宰咺來歸惠公仲子之賵』，傳『豫凶事，非禮也。』……第四，是以『君子曰』的形式，發表自己的意見，這也是傳《春秋》的一種方式。此在《左氏傳》中佔重要的地位。有時也特引孔子的話。……左氏所用的四種傳經的形式，與公、穀所用的形式，皆可概稱之爲『以義傳經』。而左氏在四種以義傳經之外，更重要的則是『以史傳經』……。」（說見〈原史——由宗教通向人文的史學的成立〉，《兩漢思想史》卷三，頁270～71）對於《左傳》解經類型的區分，我雖參考過徐復觀與趙光賢（趙氏說參見注24、25）的說法，但立論也頗與兩家參差不同，讀者當詳察之。

〔註50〕據張大亨自述，下段引文乃聞於「趙郡和仲先生」（《春秋通訓・後敘》卷6頁36下）。陳振孫曰：「東坡一字和仲，所謂趙郡和仲，其東坡乎！」（《直齋書錄解題》卷3頁13下）朱彝尊更引據蘇籀《雙溪集》證成其說（見《經義考》卷183頁3下）。依陳、朱二氏說，故逕引作「蘇軾」。

敘事以解經，曰：

> 夏，鄭莊公卒。初，祭封人仲足有寵於莊公，莊公使爲卿。爲公娶鄧曼，
> 生昭公。故祭仲立之。宋雍氏女於鄭莊公，曰雍姞，生屬公。雍氏宗，有
> 寵於宋莊公，故誘祭仲而執之，曰：「不立突，將死。」亦執屬公而求賂
> 焉。祭仲與宋人盟，以屬公歸而立之。秋九月丁亥，昭公奔衛。己亥，屬
> 公立。　（同上書卷，頁 10 下～11 上）

昭公忽爲世子〔註51〕，屬公即公子突，二人皆鄭莊公之子。莊公卒，而忽與突兄弟
相爭。傳言「初」者，是追敘往事，用以說明祭仲爲卿，及其擁立忽的緣故。公子
突是雍姞所生，由於雍氏有寵於宋莊公，宋人執祭仲而盟之，於是與一同被執之公
子突歸返鄭國後便立之爲君。秋九月丁亥，昭公忽出奔於衛，己亥，改立突，是爲
屬公。依此敘事，毛奇齡闡述說：「詳其事，是昭公本長庶當立，而雍姞之子乘宋、
鄭讎搆之後，借釁爭國，祭仲不能死而立突、逐忽，則忽本無過，而突與祭仲情罪
顯然。」（《春秋毛氏傳》卷 7 頁 4 下～5 上）唯其事蹟本末業已詳悉，故毛氏謂公
子突與祭仲「情罪顯然」。不假義例，詳敘事蹟之本末，俾使情罪昭明，這是《左傳》
逕以敘事詮解褒貶之義的事例。〔註52〕

三、綜結：《左傳》的解經方式

　　《左傳》解釋《春秋》書法義例的形式，或「發凡以言例」，如「凡諸侯會，公
不與不書，諱君惡也；與而不書，後也」之類，起首標識「凡」字，這是對經文書
法作概括性的解釋。「凡例」之外，又有書法諸稱，標識「書」、「不書」、「先書」、「故
書」、「書曰」、「追書」、「稱」、「不稱」、「言」、「不言」等形式，用以說明書法，如
「卿不書，不實其言也」、「書曰『諸侯盟于扈』，無能爲故也」等例，大抵針對個別
的《春秋》經文說明其書法義例，闡發褒貶之微旨。

　　此外，《左傳》或也以「禮也」、「非禮也」，或「君子曰」、「仲尼曰」等評論解
說經義。正是由於這些評論具有解經功能，《史記·孔子世家》綜述《春秋》之旨要，
即採取「仲尼曰」與「君子曰」代表左氏義。而且，有些學者執持《左傳》原只是
記事之書的成見，因而質疑這類評論，文字不是原書所固有，這適可反映出「禮也」、

〔註51〕桓十五年《春秋》曰：「世子忽復歸于鄭。」（《左傳注疏》卷 7 頁 18 下）經謂忽爲
　　　「世子」，故桓六年《左傳》：「北戎伐齊，齊使乞師于鄭，鄭大子忽帥師救齊。」（同
　　　上書，卷 6 頁 21 上）此亦稱忽爲「太子」。

〔註52〕《左傳》論本事而褒貶之義寓乎其中，相形之下，毛奇齡於「突與祭仲情罪顯然」
　　　下，又針對《公羊傳》、胡安國《春秋傳》等說，一一辯疑，層層申說。毛氏費辭申
　　　說，主要是針對後世之歧議紛陳而釋疑解難。

「非禮也」，或「君子曰」、「仲尼曰」等評論，誠然具有解經功能，否則論者又何至於興疑論難，爭議不休呢？凡例、書法諸稱以及「君子曰」等，已經過學者多方辨釋，可以不必費辭多論，因此，下文特就「禮也」、「非禮也」之類的評論稍作說明。

以趙光賢而言，他認爲「禮也」、「非禮也」之類的文字，並非原書所固有，他說：「《左傳》中『禮也』、『非禮也』這類的評論，多半在隱、桓、莊、僖諸公時，後來就很少見。」（〈左傳編撰考〉，《古史考辨》，頁 145）其實，趙氏乃蔽於成見，不能如實觀察全書，致考察有誤，所言並不確實。「禮也」、「非禮也」這類解經文字，全書計有一百二十七則，散布於自隱至哀十二公各篇，而隱、桓、莊、僖諸篇合計不過四十則，不及總數的三分之一〔註53〕。這樣，如何能說是「多半在隱、桓、莊、僖諸公時」？「後來就很少見」云云更與實際情形不合。蔽於所見而率爾疑傳，這種說法自然不足取。

「君子曰」計有八十八則〔註 54〕，「仲尼曰」計有二十五則〔註 55〕，也都是分見十二公各篇，其內容主要是就敘事所涉及的人物或行事加以評論，或也直接解釋經義。如上文引宣九年之「孔子曰」，就是解釋經書「陳殺其大夫洩冶」的褒貶寓義。宣十三年「君子曰」：「惡之來也，己則取之，其先縠之謂乎！」這與前述「仲尼曰」的例子類似，乃解釋「晉殺其大夫先縠」的褒貶取義。

書法義例與評論，直接陳述書法之褒貶取義，可統稱爲「論說經義」。「論說經義」與「敘事解經」這是《左傳》解經方式的兩大類型。兩大類型分別採取論說與敘事的方式，取徑雖殊，解釋《春秋》的旨趣並無二致，彼此相輔相成。依形式區分、歸類，《左傳》的解經方式可以表陳如下：

《左傳》的解經方式

〔註53〕 此處依陳銘煌〈春秋三傳性質之研究及其義例方法之商榷〉之統計（頁 75～76）。
〔註54〕 此處依龔慧治〈左傳「君子曰」問題研究〉之統計（頁 129 及 131～32）。
〔註55〕 參拙著《左傳稱詩研究》附錄「左傳仲尼曰輯錄」（頁 289～92）。

結　語

　　依孟子的傳述,《春秋》「其事則齊桓、晉文,其文則史,孔子曰:『其義則丘竊取之矣。』」依此而言,這部經典有「文」、有「事」、有「義」。《左傳》既爲解釋《春秋》而作,於是訓釋其「文」,敘述其「事」,並也詮解其褒貶之「義」,兼及釋文、述事與詮義三個層面。其中,尤其注重闡明《春秋》之「事」與「義」。至於解經方式,除了以敘事解經,《左傳》往往兼用凡例、書法諸稱,以及「仲尼曰」、「君子曰」或「禮也」、「非禮也」等評論,藉以論說經義。這些解經方式相輔相成,共同解釋《春秋》。

　　書法義例與評論固然是解說《春秋》之「義」的重要方式,《左傳》詮釋其「義」則不限於此,往往寓於述事之中,「即事以顯義」;敘事解經實兼具闡述其「事」與詮解其「義」的雙重功能。孔子作《春秋》而「見之於行事」,《左傳》於是也「即事以顯義」,闡述《春秋》之「事」從而詮解其「義」。因此,敘事解經可說是順應《春秋》撰述特點的解釋方式。

　　總之,《左傳》之爲「經解」,其解釋的經典是《春秋》,其解釋的層面包括訓詁詞文、述說物事與詮明理義,其解釋方式則可以區分爲論說經義與敘事解經兩大類型。如上所述,《左傳》解經的層面與方式,都是切合《春秋》這部經典的解釋需求。

　　《左傳》解釋《春秋》的層面與方式既已明瞭,那麼,如葉夢得所謂「左氏傳事不傳義」(《春秋傳・序》頁 2 上)之類的意見,其偏失便可不攻自破了。不僅「左氏傳事不傳義」的說法偏頗失實,葉氏說「公、穀傳義不傳事」(同上),也同樣有誤。葉氏明知傳經之「事」與「義」應當相輔相成(同上),行文之際卻又勉強將傳「事」與傳「義」截然二分,採取二分對比的標準描述三傳,實則有誤導後學之嫌。誠能跳脫成見,平實考察三傳,則可明瞭《左傳》既述事也詮義,而且,《公羊傳》、《穀梁傳》也同樣兼用這兩種方式解釋《春秋》(說參〈緒論〉第二節之二,以及第三章第一節之三)。

　　關於「敘事」的文體特徵,以及這種解經方式如何切應《春秋》「見之於行事」的特點,乃至傳承「屬辭比事」之《春秋》教,凡此,隨即在第二、第三兩章進一步論述。

第二章　敘事：解釋《春秋》的基礎

第一章論述《左傳》解經的層面與方式，說明這都是切合解釋《春秋》的需求。其中，《左傳》尤以「敘事解經」見長，如啖助所說：「〔左氏〕博采諸家，敘事尤備，能令百代之下，頗見本末，因以求意，經文可知」，並說「故比餘傳，其功最高」。就〈緒論〉引述所及，這樣的見解可以廣徵於啖氏之前的司馬遷、劉歆、班固、桓譚、陸德明與劉知幾諸家，也可以參驗於後來如趙匡、胡安國、黃澤、俞正燮、陳澧、劉熙載以及黃彰健等等學者。傳統文獻目錄的分類著錄，始終將《左傳》列在「經部春秋類」，可以說正是此項見解的具體反映；這一見解在傳統學術史上具有相當的穩定性。本章將繼此申述，闡明《左傳》以「敘事」的方式解經，乃是契合《春秋》的撰述特點，而「敘事」對於解釋《春秋》而言，是基礎性的。

第一節　《春秋》寓「義」於「文」與「事」

依孟子所述，孔子因舊史而作《春秋》，有「文」、有「事」、有「義」。這部經典導源於孔子，而後學尊奉傳習，遂流衍形成六藝之一的「春秋學」。在「春秋學」的傳統裡，學者研習這部經典，既誦其「文」、明其「事」，並以通曉其「義」為指歸。雖然如此，如章學誠所言，「其義寓於其事、其文」，探尋經「義」終究不能離乎「文」與「事」；而且，「事」載於「文」，所以鍾文烝說：「其文則但為記事之文也」。這一節將進一步闡述孔子的撰作原委，依此探尋研習《春秋》的進路，用以申論：通曉其「事」之本末其實是理解《春秋》的關鍵，「敘事」因而是解釋《春秋》的基礎。

一、回顧《春秋》學的發展：返求其述作原委

回顧《春秋》學的發展，學者解經的歸趣雖同，但取徑多方。或守專門，或尚調停，或者標榜自出新意，以下先就此簡略作說明。

《漢書・藝文志》說：「昔仲尼沒而微言絕，七十子喪而大義乖，故《春秋》分爲五。」（《漢書補注》卷 30 頁 1 上）五家，包括左氏、公羊與穀梁三傳之學，以及鄒氏、夾氏二學〔註 1〕。漢代時，「鄒氏無師，夾氏未有書」（同上書卷，頁 19 上～下），學者傳習《春秋》主要的憑藉是三傳，大抵「三家競爲專門，各守師說」〔註 2〕；其中，公羊、穀梁先後立爲官學，左氏學則主要流傳於民間。當此之時，公羊、穀梁二家盛於左氏。

三傳盛衰和學者各守專門的情形，至馬融（79～166）、鄭玄（字康成，127～200）而漸有轉變。馬融著《三傳異同說》〔註 3〕，其書已兼論三傳。孔穎達更指陳說：

> 至鄭康成箴〔鍼〕左氏膏肓、發公羊墨守、起穀梁廢〔癈〕疾，自此以後，
> 二傳遂微，左氏學顯矣。 （《左傳注疏》卷頁 12 上）

這樣看來，鄭玄評議三傳之作，尤其是盛衰消長的重要標界〔註 4〕。馬融、鄭玄論

〔註 1〕 「《春秋》分爲五」，韋昭曰：「謂左氏、公羊、穀梁、鄒氏、夾氏也。」（顏師古注引，見《漢書補注》卷 30 頁 1 上）

〔註 2〕 宋濂（1310～1381）語，宋氏〈春秋屬辭序〉曰：「說《春秋》者多至數十百家，求其大概，凡五變焉，其始變也，三家競爲專門，各守師說」云云（引文詳見注 10）。《四庫全書總目》以爲：「宋濂序所論《春秋》五變，均切中柧腹游談之病。」（卷 28 頁 18 上）又，《四庫全書總目・經部總序》曰：「自漢京以後，垂二千年，儒者沿波，學凡六變。其初，專門授受，遞稟師承，非惟訓詁相傳，莫敢同異，即篇章字句亦恪守所聞；其學篤實謹嚴，及其弊也拘。」（卷 1 頁 1 上）宋濂專論元末明初以前之《春秋》學，謂有「五變」；《四庫全書總目》綜述清初以上之經學，謂凡「六變」。一說漢儒「三家競爲專門，各守師說」，一說「專門授受，遞稟師承」，兩說可以並觀，兩說前後承襲之跡，亦值得注意。

〔註 3〕 《後漢書・馬融傳》曰：「〔融〕嘗欲訓左氏春秋，及見賈逵、鄭眾注，乃曰：『賈君精而不博，鄭君博而不精。既精既博，吾何加焉？』但著《三傳異同說》。」（《後漢書集解》卷 60 上頁 4 上）

〔註 4〕 范曄（398～445）、陸德明（556～610）已有類似說法。《經典釋文・序錄》曰：「何休作《左氏膏肓》、《公羊墨守》、《穀梁廢〔癈〕疾》，鄭康成鍼《膏肓》、發《墨守》、起《廢〔癈〕疾》，自是左氏大興。」又說：「二傳近代無講者，恐其學遂絕，故爲音以示將來。」（《經典釋文・序錄》卷 1 頁 23 上）然則，鄭玄著書鍼砭何休，乃是三傳消長的一大關鍵。左氏學愈行而愈盛，至隋、唐時，陸德明乃有「恐其學遂絕」之憂！范曄撰《後漢書》，已言及鄭玄在《春秋》學史上承先啓後的關鍵地位，〈鄭玄傳〉曰：「初，中興之後，范升、陳元、李育、賈逵之徒爭論古今學，後馬融答北地太守劉瓌，及〔鄭〕玄答何休，義據通深，由是古學遂明。」（《後漢書集解》卷

議三傳之異同短長，從此之後，兼習三傳、進而思欲調和或綜取其長的學風逐漸開展〔註5〕。東漢至中唐之際，雖「尙有斥《左傳》、駁杜《註》者」〔註6〕，大體說來則如《四庫全書總目》所說：「中唐以前則左氏勝」（卷26頁1上），唐「五經正義」的《春秋正義》，於三傳之中專取左氏，正是左氏學凌駕公羊、穀梁的一大表徵。

中唐以後，一直到宋、元時代，《春秋》學的風尙有相當大的轉變。自啖助、趙匡綜考三傳、商榷得失，已頗攻駁三傳，自標新義〔註7〕。盧仝（795？～835）撰

35頁11上）錢大昕曰：「古學，謂左氏春秋；今學則公、穀二家也。范升、李育主公羊說，陳元、賈逵主左氏說。」（據《後漢書集解》轉引，同上）陳澧曾指出：「鄭君注《左傳》未成，以與服子愼（見《世說·文學》），而不聞注公羊、穀梁，是鄭君之治《春秋》，以《左傳》爲主也。」（《東塾讀書記》卷10頁26下～27上）然則，鄭玄著書兼及三傳，其中，尤以左氏學爲主；與何休辯難，由於「義據通深」，促使「左氏大興」，於是此長而彼消。因此，范曄、陸德明與孔穎達等，俱以此爲《春秋》學風尙轉變之關鍵事件。公羊學此後長期式微不振，盧文弨（1717～1795）認爲：「〔何休〕當日專欲伸公羊，然公羊理本短，囿於鄉曲之見，而朝廷典故不能周知，所以一經輸攻，而壁壘已摧，後人亦不能復爲樹立，以與兩家相抗拒，此其亡之所以獨先也。」（〈題鍼膏肓起廢疾發墨守〉，《抱經堂文集》，頁88）

〔註5〕 皮錫瑞〈春秋通論〉曰：「〔范甯〕兼采三傳，不主一家，開唐啖、趙、陸之先聲，異漢儒專門之學派，蓋經學至此一變。」又云：「而其變非自范氏始。鄭君從第五元先習公羊，其解禮多主公羊說，而鍼膏、起廢〔癈〕兼主左氏、穀梁，嘗云『左氏善於禮，公羊善於讖，穀梁善於經』，已爲兼采三傳之嚆矢。蓋解禮兼采三禮，始於鄭君；解《春秋》兼采三傳，亦始於鄭君矣。」又舉荀崧（262～328），謂：「〔荀氏〕在東晉初，請立公羊、穀梁博士，觀其持論，三傳並重，亦在范氏之前。」（以上，見《經學通論》之四頁20））皮錫瑞謂鄭玄、荀崧兼采三傳，都早於范甯（339～401），然而，就兼治三傳這點而言，馬融著《三傳異同說》（參注3），更在鄭玄之先，皮氏猶一閒未達。

〔註6〕 趙翼〈左氏傳源委〉曰：「秦火之後，漢初惟《左氏傳》最先出，然亦惟左氏始終不得立學官。而其傳世也，乃愈抑而愈彰」，又云：「六朝及唐，尙有斥《左傳》、駁杜《註》者，然好之者愈甚。蓋匪特敘事之書易傳，而其文之工實自有千古也。」（《陔餘叢考》卷2頁21上～22上）

〔註7〕 陳振孫曰：「漢儒以來，言《春秋》者惟宗三傳，三傳之外，能卓然有見於千載之後者，自啖氏始，不可沒也。」（《直齋書錄解題》卷3頁8上）《四庫全書總目》亦云：「〔啖〕助之說《春秋》，務在考三家得失，彌縫漏闕，故其論多異先儒。……蓋舍傳求經，實導宋人之先路。生臆斷之弊，其過不可掩；破附會之失，其功亦不可沒也。」（卷26頁15上～下）又云：「啖助、趙匡攻駁三傳，已開異說之萌。」（卷27頁8上）案：啖助撰《春秋集傳集注》，又撮其綱目爲《春秋統例》三卷，據〈春秋統例自序〉，啖氏認爲：「三傳分流，其源則同，擇善而從，且過半矣」，故其書「考覈三傳，舍短取長，又集前賢注釋，亦以愚意裨補闕漏，商榷得失」（見《全唐文》卷353頁17下。又，陸淳將此序收錄於《春秋集傳纂例》卷一，題「啖氏集傳集注義」，文字較詳）。啖氏原書已佚，其說經趙匡損益後，由陸淳（？～約806）撰錄

《春秋摘微》，甚至「解經不用傳」，韓愈（768～824）〈寄盧全〉形容說：「《春秋》三傳束高閣，獨抱遺經究終始。」（據《韓昌黎詩繫年集釋》引，頁 782）。依此而言，《春秋摘微》又別立一種「獨抱遺經」的解經類型〔註8〕。〔題〕納蘭成德（1655～1685）曾根據史志著錄，比較啖、趙前、後的學風流變，曰：

> 《春秋》之傳五，鄒氏無師，夾氏未有書，列於學官者三焉。《漢志》二十三家，《隋志》九十七部，《唐志》六十六家，未有舍三傳而別自爲傳者。自啖助、趙匡稍有去取折衷，至宋諸儒各自爲傳，或不取傳注，專以經解經；或以傳爲案，以經爲斷；或以傳有乖謬，則棄而信經：往往用意太過，不能得是非之公。　　（《春秋經筌·序》頁 1 上）

大體說來，啖助、趙匡之前，「未有舍三傳而別自爲傳者」，此後，標榜不依三傳者愈益盛行。啖、趙時，對於三傳猶能折衷取捨，宋儒則「各自爲傳」，往往於三傳之外另出新義以解經〔註9〕。其中，孫復（992～1057）與劉敞（1019～1068）尤其是承上啓下的代表性人物。《四庫全書總目》曰：

> 蓋北宋以來，出新意解《春秋》者，自孫復與〔劉〕敞始。復沿啖、趙之餘波，幾於盡廢三傳；敞則不盡從傳，亦不盡廢傳。　　（卷 26 頁 27 上）

又云：

> 蓋不信三傳之說創於啖助、趙匡（按：韓愈〈贈盧全〉詩有「《春秋》三傳束高閣，獨抱遺經究終始」之句，全與啖、趙同時，蓋亦宗二家之說者。以所作《春秋摘微》已佚，故今據現存之書，惟稱啖、趙），其後析爲三派：孫復《尊王發微》以下，棄傳而不駁傳者也；劉敞《春秋權衡》以下，駁三傳之義例者也；葉夢得《春秋讞》以下，駁三傳之典故者也。至於〔程〕端學乃兼三派而用之，且併以《左傳》爲僞撰，變本加厲，罔顧其安；至

成書，題曰《春秋集傳纂例》。陸氏〈修傳始終記〉詳述成書之經過，曰：「淳痛師學之不彰，乃與先生之子異躬自繕寫，共載以詣趙子〔匡〕，趙子因損益焉，淳隨而纂會之，至大曆乙卯歲而書成。」（《春秋集傳纂例》卷 1 頁 19 下）啖助綜考三傳短長，復又商榷得失而自出己見，實首開風氣者。由於啖、趙之說同書並傳，故後世又往往二人並稱。

〔註 8〕　《郡齋讀書志》著錄有盧全《春秋摘微》四卷，晁公武云：「其經解不用傳，然旨意甚疏。韓愈謂：『《春秋》三傳束高閣，獨抱遺經究終始』，蓋實錄也。」（卷 1 下頁 4 上）案：啖助解說《春秋》雖頗攻駁三傳，但是他說「三傳分流，其源則同，擇善而從，且過半矣」，故「考覈三傳，舍短取長」（見上註引），這樣看來，似乎又與後來盧全之「解經不用傳」、「獨抱遺經究終始」者稍有不同。可惜《春秋摘微》書已不存，無法詳細考索。

〔註 9〕　當時學者頗或以離析經文、類聚事辭之法解經，說參第三章第一節之二。

是而橫流極矣。　　（卷 28 頁 8 上）

孫復、劉敞之後，學者往往於三傳之外自標新解，沿波逐流，變本加厲，由棄傳、駁傳（包括義例與典故），甚而至於疑傳——如程端學（1280～1336）疑《左傳》爲僞撰，學術流變至此地步，四庫館臣不禁慨歎說：「至是而橫流極矣」。

面對唐、宋以來的學術流變，後世學者對於如何理解《春秋》、如何看待三傳，當有一番省思。輕疑固不足取，遽信蓋亦不足以服眾也。

元末明初的學者趙汸〔註10〕（字子常，1319～1369），對上述學風有過省察和思索，他的省思值得重視。趙氏說：

> 自唐啖、趙以來，說者莫不曰兼取三傳，而於左氏取舍尤詳，則宜有所發
> 明矣，而《春秋》之義愈晦，何也？……蓋未有能因孟子之言而反求之者。
> （《春秋左氏傳補注・序》頁 1 下）　〔註11〕

趙汸不只觀察學風流變，更能積極思索研經習義的進路。由三傳各守專門，調和三傳，乃至駁傳、棄傳，以及於疑傳，趙汸處於上述學術變演之後，遂重新省思《春秋》學的方向。他一反啖、趙以後沿波逐流的趨向，倡導返本溯源的理解進路。孟子是這一理解途徑的重要啓導者。

唐、宋學者或標榜棄傳，或駁傳，或疑傳，其實並未能盡去三傳，不過是或取

〔註10〕宋濂爲趙汸之《春秋屬辭》撰〈序〉，文中總述趙氏以前之《春秋》學，謂凡有五變。宋氏曰：「濂頗觀簡策所載，說《春秋》者多至數十百家，求其大概凡五變焉：其始變也，三家競爲專門，各守師說，故有墨守、膏肓、慶〔癈〕疾之論；至其後也，或覺其膠固已深而不能行遠，乃做《周官》調人之義而和解之，是再變也；又其後也，有惡其是非淆亂而不本諸經，擇其可者存之、其不可者舍之，是三變也；又其後也，解者眾多，實有溢於三家之外，有志之士會萃成編，而集傳、集義之書盛焉，是四變也；又其後也，患恆說不足聳人視聽，爭以立異相雄，破碎書法，牽合條類，譁然自以爲高，甚者分配易象，逐事而實之，是五變也。五變之紛擾不定者，蓋無他焉，由不知經文、史法之殊，此其說愈滋而其旨愈晦也歟？子常生於五變之後，獨能別白二者，直探聖人之心於千載之上，自非出類之才、絕倫之識，不足以與於斯。嗚呼！世之說《春秋》者至是亦可以定矣。」（《春秋屬辭・序》頁 2 上～3 上）宋濂所謂五變，是將漢以後至唐析分爲「再變」與「三變」兩階段，「四變」所謂集傳、集義殆指啖、趙之學，那麼，五變大概泛指宋、元之學。宋氏以爲趙汸當此五變之後，獨能「直探聖人之心於千載之上」、「世之說《春秋》者至是亦可以定矣」，可謂推崇備至。宋濂之議未必是定評，然亦可備參酌。而且，趙汸「因孟子之言而反求之」的《春秋》學進路，的確值得重視。

〔註11〕趙汸所謂「於左氏取舍尤詳」云云，當參〈序〉下文，意思更明悉，趙氏云：「第左氏傳經，唐、宋諸儒詆毀之餘，幾無一言可信，欲人潛心於此而無惑，難矣。」（《春秋左氏傳補注・序》頁 2 下）蓋讀《左傳》者雖多，卻多不能「潛心於此而無惑」，徒知其文辭之美、載事之富（參注 37），不識其解經釋義之旨歸，這是學者畫地自限，可爲浩歎！

左氏、或取公羊、或取穀梁，左採右取而時或自出新意而已。對此，趙汸謂之爲「兼取三傳」。依趙氏之見，啖助以降之學術流變不僅未能彰明經義，反倒愈變而「《春秋》之義愈晦」。參照上引納蘭成德與四庫館臣之說，大抵跟趙氏的看法類似。當然，左氏、公羊、穀梁雖不可盡廢，但三傳解經確實差參歧異，兼綜或調和，往往勞而少功；然而，重蹈漢儒各守專門的舊轍，也未必可行。經過一番考察省思，趙汸認爲經義不彰的緣由，乃是「未有能因孟子之言而反求之者」，而返求於孟子的重要意義在於：返本求源，審視孔子作《春秋》的原委。

趙汸曰：

> 春秋，魯史記事之書也，聖人就加筆削以寓其撥亂之權。惟孟子爲能識其意，故曰：「其事則齊桓、晉文，其文則史」，其義則孔子曰竊取之矣。此三者述作之源委也。自三傳失其旨，而《春秋》之義不明。左氏於二百四十二年事變，略具始終，而赴告之情，策書之體，亦一二有見焉。則其事與文，庶乎有考矣；其失在不知以筆削見義。公羊、穀梁以書、不書發義，不可謂無所受者，然不知其文之則史也。夫得其事、究其文而義有不通者有之，未有不得其事、不究其文而能通其義者也。故三傳得失雖殊，而學《春秋》者，必自左氏始。　　（同上書，頁1上）

趙氏跳脫中唐以降的學風窠臼，甚至不侷囿於三傳的軌轍，依孟子以尋察《春秋》之述作原委，重新省思《春秋》學的進展途徑。孟子說：「其事則齊桓、晉文，其文則史，孔子曰：『其義則丘竊取之矣。』」依此而言，孔子作《春秋》，淵源於舊史之「文」，論說二百四十二年之「事」，因革筆削，從而寄託褒貶之「義」。孟子這段話，既點明《春秋》有「文」、「事」與「義」，同時凸顯出「義」的首要地位。趙汸返求於孟子，謂「此三者述作之源委也」，他據此評議三傳，認爲「三傳失其旨，而《春秋》之義不明」。雖然如此，相對於盧仝以來「獨抱遺經」的風尚，趙汸提倡的學術進路，是將三傳取自高閣、重置書案。參考三傳，趙氏卻也不拘門戶，不以三傳自限，故能重新省察孟子之論。他於是注意到《左傳》詳述事變之始末「則其事與文，庶乎有考矣」，因此，「三傳得失雖殊，而學《春秋》者，必自左氏始」！

爲什麼學者研習《春秋》「必自左氏始」呢？

從撰述原委看來，《春秋》兼有「文」、「事」與「義」，學者傳習這部經典雖以通曉其「義」爲旨歸，卻不能不先「得其事、究其文」，趙汸認爲：「得其事、究其文而義有不通者有之，未有不得其事、不究其文而能通其義者也！」唯其如此，所以趙氏主張學《春秋》的進路「必自左氏始」，這正是由於《左傳》詳敘二百四十二年之事變始終，學者藉以知其「事」、明其「文」，庶可作爲推尋其「義」的始基。

　　趙汸超脫「三家競爲專門」的門戶立場，不拘於「獨抱遺經」而自出新義的格局，重新注意孟子之論，據以探求《春秋》的述作原委。這樣的理解進路，其重要的意義在於能正本清源，依《春秋》的特點以理解《春秋》。而且，趙氏返求《春秋》的述作原委，既能正視經典本身的撰述特點，也未嘗忽略孟子傳述啓導之功；雖認爲三傳解經，互有得失，猶能正視《左傳》敘述事變本末的解釋意義。《春秋》固然重「義」，而「義」實即寄寓於「文」與「事」，趙汸說：「得其事、究其文而義有不通者有之，未有不得其事、不究其文而能通其義者也」，這說法值得研習《春秋》的學者深思。

　　詮釋《春秋》的取徑儘管紛繁多方，與其沿波逐流，迷失於歧途，不如探本尋源，依準孟子以爲指南。這樣，抉擇去取便有定向，可以導引出一個進路。下文即依循這個指向，深入闡述「學《春秋》者，必自左氏始」的道理，從而論說「敘事」解釋《春秋》的意義。

二、《春秋》「見之於行事」的撰述特點

　　自從孔子作《春秋》，儒家後學傳習這部典籍，總以推尋其褒貶大義爲旨歸。然而，誠如陳澧所說：

> 夫《春秋》所重者固在其義，然聖人所謂「竊取之」者，後儒豈易窺測之？
> 與其以意窺測而未必得，孰若即其文、其事考據詳博之有功於經乎？
> （《東塾讀書記》卷 10 頁 11 上）

首先，孔子作《春秋》，書中並沒有直接陳述其大義微旨，而是寓寄在經文書法之中，那麼，後人解釋《春秋》之「義」，又豈能不憑藉其「文」而鑿空窺測？其次，《春秋》經文所記載的內容，以齊桓、晉文等「人君動作之事」、春秋世變之跡爲主，那麼，解釋《春秋》之「文」，往往需要述明其記事所涉及的人物與活動。推尋經「義」固不能鑿空臆想，應當有所憑藉，其「文」與「事」就是不可忽略的憑藉。所以陳澧說：「孰若即其文、其事考據詳博之有功於經乎？」

　　譬如行遠自邇、登高有階，學者推尋《春秋》之隱微奧義，誠如姜寶（1514～1593）所說，實際上乃不能不「因文以求事，因文與事以求義」（《春秋事義全考·序》頁 2 上）。傳習《春秋》，欲通曉經「義」，不能不憑藉其「文」與其「事」；讀經固須「因文以求事」，而「事」是「文」所載述的內容，明瞭「事」之始終本末，尤爲理解《春秋》的關鍵。

　　爲什麼明瞭「事」之始終本末是理解《春秋》的關鍵呢？這涉及《春秋》的撰述方式。

　　關於《春秋》的撰述方式，依據董仲舒與司馬遷的傳聞，孔子曾自述說：「我欲載之空言，不如見之於行事之深切著明也。」這意謂《春秋》表現「義」的方式，是「見之於行事」，而非「載之空言」。形諸「空言」與載之「行事」，這是兩種表現思想的方式〔註12〕。孔子作《春秋》，採取「見之於行事」的撰述方式，乃是由於這種方式能表現「義」而「深切著明」。類似的說法又見於董仲舒《春秋繁露·俞序》，曰：

　　　　〔仲尼之作《春秋》也〕引史記，理往事，正是非，見王公。史記十二公
　　　　之間，皆衰世之事，故門人惑。孔子曰：「吾因其行事而加乎王心焉。」
　　　　以為「見之空言，不如行事博深切明」。　　（《春秋繁露義證》，頁 159）

這裡引述孔子語，同樣表明《春秋》之「引史記，理往事」，如此「因其行事」，乃所以正定是非、寄託褒貶。趙岐也曾經傳述說：

　　　　仲尼有云：「我欲託之空言，不如載之行事之深切著明也。」　　（〈孟子題
　　　　辭〉，據焦循《孟子正義》引，頁 11）

董仲舒、司馬遷與趙岐傳述孔子的言語，語辭稍有出入，但意旨明確，都一致地傳達《春秋》「見之於行事」的撰述特點。

　　上述「見之於行事」的傳聞，可以和孟子「其事則齊桓、晉文」的說法結合。

　　「其事則齊桓、晉文」，則《春秋》之「事」就是「行事」或「往事」。蘇興（？～1914）說：「行事，猶往事」，「聖人因衰世往事，加以明王致治之深心」，這也就是「因事而著其是非得失」（《春秋繁露義證》，頁 159）。孔子本著王道思想，編次自隱至哀二百四十二年的往事，是所謂「理往事，正是非」。所謂「見之於行事」者，意謂《春秋》有「義」，而筆削褒貶之「義」不是直接陳述，乃寄寓於行事記載之中。

　　為什麼《春秋》之「義」以「見之於行事」的方式表達呢？

　　葉酉詮解說：「蓋謂是非只據理而言則虛而無實，不若就當時諸侯所行之事而斷其是非以垂教于天下後世為更犁然易曉也。」（《春秋究遺·總說》頁 4 下～5 上）

〔註12〕徐復觀已經注意到「載之空言」與「見之於行事」是表現思想的兩種方式。他說：「由先秦以及兩漢，思想家表達自己的思想，概略言之，有兩種方式。一種方式，或者可以說是屬於《論語》、《老子》的系統。把自己的思想，主要用自己的語言表達出來，賦予概念性的說明。這是最常見的諸子百家所用的方式。另一種方式，或者可以說是屬於《春秋》的系統。把自己的思想，主要用古人的言行表達出來；通過古人的言行，作自己思想得以成立的根據。這是諸子百家用作表達的一種特殊方式。」（〈韓詩外傳的研究〉之一「中國思想表達的另一種方式」，《兩漢思想史》卷3，頁1）「載之行事」作為一種表現思想的方式，屬於《春秋》學的系統。並參拙著《春秋》「見之於行事」在中國思想傳統中的意義〉之相關論述。

王先謙（1842～1917）也發揮其旨意說：「謂空言義理以教人，不如附見諸侯、大夫僭逆之行事，垂誡尤切。」（《漢書補注》卷 62 頁 10 上）這都是闡述：根據王道義法，而藉由人物實際所行之事來評斷是非，其垂教的成效比空言義理，更爲深切明白。依徐復觀（1902～1982）的詮釋，「託之空言」意謂：

> 把自己的思想，訴之於概念性抽象性的語言。 （《兩漢思想史》卷 3，
> 頁 2）

所謂「見之於行事」則是：

> 把自己的思想，通過具體的前言往行的重現，使讀者由此種重現以反省其
> 意義與是非得失。 （同上）

孔子作《春秋》，董理往事而衡斷其是非，「義」不是以概念性的語言直接陳述，而是憑藉著過往人物具體的行爲事蹟，予以評判，由此啓發學者尋思褒貶的義法。對於《春秋》「因其行事」以表現義法的垂訓意義，徐復觀進一步闡發說：「孔子把他對人類的要求，不訴之於『概念性』的『空言』，而訴之於歷史實踐的事實，在人類歷史實踐事實中去啓發人類的理性及人類所應遵循的最根源的『義法』。」（《兩漢思想史》卷 3，頁 258）

　　綜合上述三家的解說，《春秋》「見之於行事」，藉由二百四十二年中過往人物具體的行爲事蹟，也就是人類「歷史實踐的事實」，用以啓發學者「最根源的『義法』」，所以說是「深」；形諸具體實踐的前言往行，所以說是「切」；附隨事實呈現，鑿然易曉，所以說是「著明」。然則，「見之於行事」的表達方式，不僅是一種寄託「義」的方式，更有如上所述的「深切著明」的功能。

　　而且，由「見之於行事」而言，《春秋》「約其辭文」、「以制義法」，學者傳習這部經典，以「文」爲憑藉，以「義」爲指歸，而「事」實居於樞紐的地位：詳悉其「事」是通曉其「文」與「義」的關鍵。黃澤曾經說：

> 孟子曰：「其事則齊桓、晉文，其文則史」，只就「史」字上看，便見《春
> 秋》是紀事之書。學者須以考事爲先，考事不精而欲說《春秋》，則失之
> 疏矣。夫考事已精而經旨未得尚多有之，未有考事不精而能得經旨者也。
> （見《春秋師說》卷下頁 4 下）

孟子與董仲舒所傳述的《春秋》學旨，殊途同歸，旨趣相通。黃澤從「其文則史」這句話，推尋《春秋》淵源舊史，以記「事」爲內容，是「紀事之書」。既然經「文」以記「事」爲內容，黃氏認爲：「學者須以考事爲先」，「未有考事不精而能得經旨者也」，蓋「事」未精究，難以奢言貫通經「義」。《春秋》之「事」是由「文」通「義」的樞紐，因此，研習《春秋》須先推考其「事」。

這一節，概略地回顧《春秋》學的發展，然後參依趙汸的省思，返求於《春秋》的述作原委。依孟子，《春秋》這部經典具備「文」、「事」與「義」，學者習經固然以通曉褒貶大義為旨歸，然而，不能不以經文記事為憑藉。由於《春秋》並非空言義理，而是採取「見之於行事」的撰述方式，所以學者研經尋義「須以考事為先」。推尋其「事」是理解《春秋》之「義」的根柢。

第二節　本其事以明褒貶

學者傳習《春秋》「須以考事為先」，那麼，解釋這部經典以津逮後學，也以詮明其「事」為基本要務。

一、行事與褒貶

《春秋》「別嫌疑、明是非、定猶豫、善善惡惡、賢賢賤不肖」，其對象是既已發生之往事，且多屬前世行事，雖然如此，其評斷是非褒貶的大原則與聽訟斷獄仍有相通之處〔註13〕。藉由這一線索，可以深入尋繹：何以通曉褒貶之「義」須以推考其「事」為根柢。

董仲舒《春秋繁露・精華》曰：

> 《春秋》之聽獄也，必本其事而原其志。志邪者不待成，首惡者罪特重，本直者其論輕。……聽訟折獄，可無審耶！故折獄而是也，理益明，教益行。折獄而非也，闇理迷眾，與教相妨。教，政之本也；獄，政之末也。其事異域，其用一也，不可不以相順，故君子重之也。　（《春秋繁露義證》，頁92～94）

又說：

> 古之人有言曰：不知來，視諸往。今《春秋》之為學也，道往而明來者也。（同上書，頁96）

〔註13〕　《史記・孔子世家》曰：「孔子在位，聽訟文辭，有可與人共者，弗獨有也；至於為《春秋》，筆則筆、削則削，子夏之徒不能贊一辭。」（《史記會注考證》卷47頁84）這是有意將孔子為魯司寇聽訟斷獄，以及作《春秋》這兩件事相提並論，此一觀念淵源有自，如董仲舒《春秋繁露・精華》說「《春秋》之聽獄也」云云，即是此一觀念的表露。漢代推尊經學，更曾實際踐行其學，多引《春秋》大義以斷疑治獄。當然，《春秋》褒貶與聽訟斷獄只是大原則相通，《史記・孔子世家》並論二者，還有比較異同的意義，孔子斷獄「弗獨有也」，至於筆削《春秋》，「貶天子、退諸侯、討大夫」，則連子夏等高徒也「不能贊一辭」，這是由於慎重，也是由於義之精微。

聽訟斷獄，是政治上的刑法實務，《春秋》垂教則是「爲天下立儀表」；如果說興學立教，化民於訟獄未萌之前，屬爲政之本，相對而言，聽訟斷獄屬爲政之末務。兩者雖然有本、末之分，而「其用一也」。聽訟斷獄與《春秋》褒貶的異同，可以就其評判對象和基本性質分別言之。就對象而言，前者評判當世的人與事，用以維持政治秩序；後者則「道往而明來」，褒貶的對象雖屬古之人與事，卻冀望能垂教於將來。然而，不論古今，都是針對既已發生的行事。就性質而言，前者屬政治實務，後者則是教化之綱常。然而，聽訟斷獄與《春秋》褒貶，都是關於人物行事的是非判斷。因此，董仲舒說：「《春秋》之聽獄也」云云，將《春秋》褒貶形容如聽訟斷獄。

　　依董仲舒，既然褒貶與聽獄都是人物行事的是非判斷，其共通的原則便是：「必本其事而原其志」。

　　爲什麼是非判斷必須「本其事而原其志」？

　　蓋人都有思想意念，起心動念而發諸行爲，既已形之於外的行爲就成爲事件。事件由人的行爲而來，導致事蹟發生的是人，而且，主要是由於人的心思意念。所謂「志邪者不待成」、「本直者其論輕」，「志」和「本」都是指稱人的心思而言，人由心志意念而發諸行爲事蹟，故心志可以說是行事之「本」。這樣，行事之是非善惡，究其根柢，其實是人之是非善惡；而對行事予以褒貶，其意義終歸是對人的褒貶。褒貶人之行事，不能單單視其形之於外的事跡，更要審度情實，也就是究其「志」之邪正、探其「本」之曲直，所以說「《春秋》之聽獄也，必本其事而原其志」，《春秋繁露・玉杯》也說「《春秋》之論事，莫重於志」（《春秋繁露義證》，頁 25）。根據人物的心志來衡量罪責輕重，所謂「志邪者不待成，首惡者罪特重，本直者其論輕」。這樣，審酌行爲者的心志，志不同，則《春秋》對其行事的善惡褒貶也有不同的裁量。

　　「《春秋》之論事，莫重於志」，意謂褒貶是非重視推原其「志」，考量其初心本志以裁量罪責之輕重。然而，心志無形，難以憑空捉摸，如何才能「原其志」呢？蘇輿認爲：

> 事之委曲未悉，則志不可得而見，故《春秋》貴志，必先本事。　　（同上
> 書，頁 92）

心志無形，內在於人，發諸行爲，則有跡可尋。推考「事之委曲」，無非就是尋繹人物的行爲之跡，詳悉其原委。貫通行事的委曲脈絡，就是「本其事」，這樣心志庶幾乎也就可得而明。《春秋》褒貶乃「論心定罪」，而推原心志又須詳悉行事之原委脈絡，因此說：「《春秋》貴志，必先本事」。

二、左氏「論本事而作傳」

　　既然《春秋》貴「志」，而推原其「志」須得「本其事」，洞悉其委曲，《左傳》於是「論本事」以解釋《春秋》。

　　如上所述，《春秋》褒貶「必本其事而原其志」，那麼，誠如《四庫全書總目》所說：「魯史所錄，具載一事之始末，聖人觀其始末，得其是非，而後能定以一字之褒貶。」（卷45頁1上）這說法實淵源自孟子、董仲舒以來的傳述，旨意相通而推闡得更為明白。《四庫全書總目》又說：「苟無事蹟，雖聖人不能作《春秋》；苟不知其事蹟，雖以聖人讀《春秋》，不知所以褒貶」，因此，《左傳》詳敘本事，正是使「後人觀其始末，得其是非，而後能知一字之所以褒貶」（同上）。左氏以敘事傳經的意義，於此可見。這一小節論述的主旨在於闡明：左氏「論本事而作傳」的意義，以及《左傳》如此解經，適好切應理解《春秋》的需求。

　　《春秋》「其事則齊桓、晉文，其文則史」，《左傳》詳述經文所載之行事，首先就是順應這兩個層面而有的解釋。而且，由於經文所記以人物行事為主，詮解其「文」，往往需要述明其「事」。那麼，誠如朱彝尊所說：

　　　孔子作《春秋》，若無左氏為之傳，則讀者何由究其事之本末？左氏之功
　　　不淺矣。　（《經義考》卷169頁7下）

《左傳》解經之功，首在使讀者得以「究其事之本末」。

　　陳澧曾強調說：「《左傳》依經而述其事，何不可謂之傳？」《左傳》敘述的事蹟，乃是依準《春秋》之「事」而來，這是從解說事蹟的相關性論說其為解經之「傳」。陳氏並舉裴松之（372～451）《三國志注》為例，說明「詳述其事」誠然是一種訓釋方式，陳氏曰：「傳猶注也。裴松之注《三國志》，但詳述其事，可謂其非注乎？」（同上）「傳」也是注釋之書，可以通稱為「注」，猶如顧炎武所說：「先儒釋經之書，或曰傳，或曰箋……，今通謂之注。」蓋中國古代的注疏，主要是在經學的領域裡孕育、發展，經學注疏的方法、體式既備，遂也廣施於史書、子書與文集等之訓解〔註14〕。經、史、子、集之傳統圖書分類，學者用以「辨章學術，考鏡源流」，這

〔註14〕張大可主編之《中國歷史文獻學》考索史書注解的淵源，認為當追溯至經學注疏，其說可參。張氏說：「具有系統方法的注疏學的產生和發展，起於經部之書，故歷代經注最發達。十三經注疏和清正續皇清經解就是集歷代兩千年來經注之大成。史、子、集三部類之注，是在經學注疏的影響下先後產生的。」（頁449）又，先秦諸子雖然也其有解說性的著述──如《韓非子》有〈解老〉、〈喻老〉等，但依現有文獻而言，諸子的解說性著述，畢竟沒有如儒家六藝之學般持續發展，形成一個傳、箋、注、疏脈絡分明的注疏傳統；而且，後來史部、子部與集部諸書的注解，也看不出跟先秦諸子的解說方式有什麼直接關聯。

是就典籍的性質來區分的，至於解釋方式本可以普遍適用於各類圖書。因此，雖然
《春秋》與《三國志》在圖書分類有經、史之別，但就訓釋方式而言，仍足以佐證
《左傳》詳述事之本末，具有解釋的功能。章炳麟也說：

> 〔裴松之注《三國志》〕撰集事實，以見異同，間有論事情之得失，訂舊
> 史之疐非，無過百分之一，而解詁文義，千無二三。今因左氏多舉事實，
> 謂之非傳，然則裴松之於《三國志》，亦不得稱注邪？且左氏釋經之文，
> 科條數百，固非專務事實者。　　（《春秋左傳讀敘錄》，頁 822）

裴氏《三國志注》的注釋方式，訓詁詞文、考證得失的部分少，大部分內容是「撰
集事實」。就「詳述其事」本身是一種訓釋方式而言，《左傳》依經纂述其事蹟本末，
這就已經是解釋《春秋》了。

　　當然，「文」與「事」之外，學者傳習《春秋》，尤關注於其「義」。就此而言，
章炳麟也申述說：「左氏釋經之文，科條數百，固非專務事實者」，所謂「釋經之文」
指凡例、書法等直接闡述書法義例的文字，這類文字自然是用以解釋《春秋》之「義」，
毋庸置疑。而敘述事蹟、闡明本末的者，同樣具有解釋《春秋》的功能。

　　第一節曾概略地解說《春秋》之「義」主要指褒貶而言〔註15〕，舉凡「別嫌疑、
明是非、定猶豫、善善惡惡、賢賢賤不肖」等等，都是褒貶。這是一般地泛說，當
儒者傳習這部經典，具體地解說經「義」時，往往異見歧出。儒者講經說義時或見
解不一，甚至彼此論難攻伐，但畢竟還是儒家內部的差異。如〈緒論〉所述，《韓非
子》說戰國時代「儒分為八」，而各以為得其「真」。至於傳經學者明顯地互別門戶，
《四庫全書總目》說：「自《春秋》三傳始」。自三傳始，只是就其成書而且流傳後
世而言，根據《史記·十二諸侯年表序》，解說《春秋》而意見分歧乃始自「七十子
之徒」。而《左傳》之作，正是由於「懼弟子人人異端，各安其意，失其真」而撰述
的。所謂「失其真」，就是指沒有掌握《春秋》諦義。《史記》謂左氏由憂心人人異
端不得真義撰作《左傳》，《漢書·藝文志》也會申述：左氏「論本事而作傳」，乃「明
夫子不以空言說經也」。

　　綜合《史記》與《漢書》的說法：「論本事而作傳」是左氏撰述的特點，其所以
採用這樣的體式以作「傳」，乃緣於「弟子人人異端，各安其意」。不過，這尚只是

〔註15〕顧棟高曰：「孟子明言：『其事則齊桓、晉文，其文則史，孔子曰：其義則丘竊取
　　　　之矣』。如以為無褒貶，則是有文、事而無義也。如此，則但有魯之春秋足矣，孔
　　　　子更何用作《春秋》乎！」（《春秋大事表·讀春秋偶筆》頁 7 上）這段話既是說
　　　　孔子《春秋》有別於魯史舊文的特點在「義」，而且意指《春秋》之「義」在於「褒
　　　　貶」。

消極的原由，如果深一層察考，更不能不注意其內在的積極原由──那就是《漢書·藝文志》所說的：「明夫子不以空言說經也」。

為什麼說「明夫子不以空言說經」是左氏「論本事而作傳」的內在積極原由？

這是因為孔子作《春秋》本就特意將其褒貶義法「見之於行事」，並非徒託「空言」。而且，《春秋》載諸行事而寄寓褒貶，其是非判斷「必先本其事而原其志」，那麼，《左傳》詳述事蹟，以此方式解經，正是契合《春秋》「見之於行事」的撰述特點。經、傳相契，皆「不以空言說經」。姜炳璋〔註16〕有見於此，特申述：

> 《春秋》因魯史以示義，而發明《春秋》之義者則自《左氏傳》始。左氏，聖人之徒也，身為國史〔註17〕，親見策書，因博採列國之記載，薈萃為傳以發明《春秋》之大義，使聖人之引而不發者昭然於簡策間，班氏所謂「論本事而作傳，明夫子不以空言說經也」。然則，即事為經者，聖人之義也；論本事而為傳者，左氏發明聖經之義也：皆不欲空言說經也。 （《讀左補義·自序》頁1上）

又云：

> 作之者即事而為經，述之者論本事而為傳，事舉而義存焉。 （同上書，頁2下）

姜氏沒有深入探究《春秋》褒貶必須「本其事」的意義，卻已敏銳地注意到《春秋》「即事為經」，左氏亦「論本事」以發明經義，經與傳相契互應，都是採取「見之於行事」的撰述方式，「皆不欲空言說經也」。

誠然，經與傳表裡應合，左氏「論本事而作傳」的解釋方式順應了《春秋》學的內在本質。不僅如此，依司馬遷所說，《左傳》之撰作是由於「懼弟子人人異端，各安其意，失其眞」，然則，左氏以「論本事」的方式解經，還具有針砭學者「各安

〔註16〕姜炳璋之生卒年不詳，《讀左補義》書前有乾隆二十九年（1764）彭啓豐〈序〉。彭氏稱許其書能「深得左氏之義，而闡聖經之微」，〈序〉曰：「春秋以經為綱，以傳為目，而讀左一書則由目泝綱，而無不相合」云云（頁1下）。又，《四庫全書總目》指出：「是書欲破說《春秋》者屈經從例之弊，謂《春秋》無例；《左傳》所言之例，皆史氏之舊文。」（卷31頁43下）根據傳文以闡釋經義，姜氏之《讀左補義》頗有創獲（另參第三章〈經解〉注21、22），但認為《春秋》無例、《左傳》之書法凡例非解釋經義，這又不免矯枉過正。

〔註17〕《讀左補義·綱領下》臚列《左傳》十有二善，以「躬承聖教」為其首，姜氏云：「左氏魯史而得與於聖人之《春秋》，猶師摯為樂官而得與於正樂乎？師摯未經執贄于門牆，左氏安必入室而稱弟子？故史公以為魯君子而不入弟子之列傳也。……共事斯經，篤信之久，即以為受經于仲尼可也。」（頁3上）姜氏認為左氏雖未必「入室而稱弟子」，但既作傳闡經，宗師孔子，「即以為受經于仲尼可也」，其說通達可參。

其意，失其眞」的積極意向。

　　如上文所述，形諸「空言」與載之「行事」，這是兩種呈現義理的方式，既然「載之行事」是表現思想義理的一種方式，而且較「託之空言」更具有「深切著明」的成效，那麼，《左傳》「論本事」的傳經方式不僅合乎《春秋》學的內在本質，自然地也具備「深切著明」的積極功能。因此，「明夫子不以空言說經」，可以說是《左傳》「論本事」以解釋《春秋》的內在積極原由。

　　《春秋》記事，文辭簡要，孔子當時所據以「觀其始末，得其是非」的實錄，需求之於傳，尤其是《左傳》。劉知幾〈申左〉曰：

> 〔《春秋》〕於內則爲國隱惡，於外則承赴而書……。蓋是周禮之故事、魯國之遺文，夫子因而修之，亦存舊制而已。至於實錄，付之丘明，用使善惡必彰，眞僞盡露。向使孔經獨用，《左傳》不作，則當代行事安得而詳者哉？……此猶傳之與經，其猶一體，廢一不可，相須而成。如謂不然，則何者稱爲勸戒者哉？（杜預《釋例》曰：「凡諸侯無加民之惡，而無〔稱〔註18〕〕人以執，皆時之赴告，欲重其罪，以加民爲辭。國史承以書於策，而簡牘之記具有失得，因示虛實〔而簡牘之記具存，夫子因示虛實〔註19〕〕。故《左傳》隨實而著本狀，以明其得失也。」案杜氏此釋，實得經、傳之情者也。）儒者苟譏左氏作傳多敘經外別事，如楚、鄭與齊三國之賊，隱、桓、昭、襄〔哀〔註20〕〕四君之篡逐；其外則承告如彼，其內則隱諱如此。若無左氏立傳，其事無由獲知。然設使世人習《春秋》而唯取兩傳也，則當其時二百四十年行事茫然闕如，俾後來學者代成聾瞽者矣。　　（《史通》卷14，頁105）

劉知幾舉述《春秋》有「於內則爲國隱惡，於外則承赴而書」的原則，所謂「承赴而書」者，如「楚、鄭與齊三國之賊」，這是指昭元年楚公子圍弒其君，經書「楚子麇卒」（《左傳注疏》卷41頁2下）〔註21〕；襄七年鄭子駟使賊弒其君，經書「鄭

〔註18〕「無」，依傳十九年孔《疏》所引，當作「稱」（《左傳注疏》卷14頁20上）。

〔註19〕孔《疏》引作「而簡牘之記具存，夫子因示虛實」（《左傳注疏》卷14頁20上）。

〔註20〕「襄」，《史通釋評》改作「哀」（頁509）；《史通箋注》也參考〈惑經〉之「如魯之隱、桓戕弒，昭、哀放逐」，改作「哀」（頁533）。

〔註21〕昭元年《左傳》曰：「冬，楚公子圍將聘于鄭，伍舉爲介。未出竟，聞王有疾而還，伍舉遂聘。十一月己酉，公子圍至，入問王疾，縊而弒之，遂殺其二子幕及平夏。……使赴于鄭。伍舉問應爲後之辭焉，對曰『寡大夫圍』，伍舉更之曰『共王之子圍爲長』。」（《左傳注疏》卷41頁29上～下）伍舉更其辭曰「共王之子圍」云云，由此可以略窺，楚國當時不以公子圍爲弒君之賊而赴告諸侯。故劉知幾認爲經書「楚子麇卒」，乃是「承赴而書」。

伯髡頑……卒于鄩」（同上書，卷 30 頁 8 上）〔註22〕；以及哀十年齊人弒其君，經書「齊侯陽生卒」（同上書，卷 58 頁 18 下）〔註23〕諸事。所謂「於內則爲國隱惡」，這是指爲魯君隱諱其惡，如隱十一年公子翬（羽父）爲桓弒隱，經書曰「公薨」（同上書，卷 4 頁 18 下）〔註24〕；桓十八年齊公子彭生戕殺魯桓公，經書曰「公薨于齊」（同上書，卷 7 頁 25 上）〔註25〕；以及昭廿五年，季氏逐昭公，而經書「公孫于齊」〔註26〕。凡此之類，若不是《左傳》詳述當時行事，則「其事無由獲知」，由此而言，《左傳》與經的關係比公、穀兩傳尤爲密切，故曰「其猶一體」、「相須而成」〔註27〕。杜預（222～284）《春秋釋例》曰：「《左傳》隨實而著本狀，以明其得失也」，劉知幾也推闡左氏詳述事蹟的意義在於「使善惡必彰、眞僞盡露」，這就如《四庫全書總目》所說：左氏將孔子據以褒貶的行事原委實錄於傳中，而使「後人觀其始末，得其是非，而後能知一字之所以褒貶」。左氏「隨實而著本狀，以明其得失」，藉由詳敍本事使人得以觀其始末，從而明得失、知善惡，通曉經之所以褒貶，這就是「著本狀」以解釋《春秋》之「義」。

　　葉適（1150～1223）也深曉詳悉「事」之本末，進而掌握《春秋》之「義」的

〔註22〕襄七年《左傳》曰：「〔鄭僖公〕及鄩，子駟使賊夜弒僖公，而以瘧疾赴于諸侯。」（《左傳注疏》卷 30 頁 12 上）

〔註23〕哀十年《左傳》曰：「齊人弒悼公，赴于師。」（《左傳注疏》卷 58 頁 19 下）杜《注》曰：「以疾赴，故不書弒。」（同上書卷，頁 18 下）孔《疏》曰：「傳稱『齊人弒悼公，赴于師』，則陽生被弒矣，而經書『卒』，是以疾死赴也。襄七年『鄭伯髡頑卒于鄩』，傳稱『子駟使賊夜弒僖公而以瘧疾赴于諸侯』，知此亦以疾死赴，故不書弒也。」（同上）

〔註24〕隱十一年《左傳》曰：「羽父請殺桓公，將以求大宰。公曰：『爲其少故也，吾將授之矣，使營菟裘，吾將老焉。』羽父懼，反譖公于桓公，而請弒之。……壬辰，羽父使賊弒公于寪氏，立桓公，而討寪氏，有死者。不書葬，不成喪也。」（《左傳注疏》卷 4 頁 26 下～27 上）杜預曰：「桓弒隱篡位，故喪禮不成。」（同上）

〔註25〕桓十八年《左傳》曰：「公會齊侯于濼，遂及文姜如齊。齊侯通焉，公謫之，以告。夏四月丙子享公，使公子彭生乘公，公薨于車。」（《左傳注疏》卷 7 頁 25 下）杜《注》曰：「彭生多力，拉公幹而殺之。」（同上）宣十八年《左傳》曰：「凡自虐其君曰弒，自外曰戕。」（同上書，卷 24 頁 20 上）故桓十八年經書「公薨于齊」，杜預依凡例而注曰：「不言戕，諱之也。」（同上書，卷 7 頁 25 上）

〔註26〕哀廿七年《左傳》曰：「公欲以越伐魯而去三桓。秋八月甲戌，公如公孫有陘氏。因孫於邾，乃遂如越。」（《左傳注疏》卷 60 頁 28 上）此例本不見於《春秋》，劉知幾引述「內則爲國隱惡」的事例比較左氏與公、穀之長短優劣，似乎不應引此事爲例。

〔註27〕劉知幾說《左傳》與《春秋》的關係「其猶一體」、「相須而成」，此義蓋本之桓譚《新論》，〈申左〉曾引述其語，曰：「左氏傳於經，猶衣之表裏」。嚴可均輯錄之《新論·正經》，文字較詳，作：「《左氏傳》于經，猶衣之表裏，相待而成。經而無傳，使聖人閉門思之十年不能知也。」（據《太平御覽》輯，見《全後漢文》卷 14 頁 9 下）

學術進路。他闡述說：

> 既有左氏，始有本末，而簡書具存，寔〔實〕事不沒，雖學者或未之從，
> 而大義有歸矣。故讀《春秋》者，不可以無左氏。二百五十五年明若畫一，
> 無訛缺者，捨而他求，焦心苦思，多見其好異也。若然，則《春秋》非左
> 氏不成書歟？曰：非也。孔子謂：「夏、殷禮吾能言之，杞、宋不足徵。」
> 夫《春秋》非《詩》、《書》比也，某日某月某事某人，皆從其寔，不可亂
> 也，今將以寔事詔後世，而學者無徵焉。顧使公、穀浮妄之說宛轉於其間
> 乎？故徵于左氏，所以言《春秋》也。始卒無舛，先後有據，而義在其中，
> 如影響之不違也。　（《習學記言》卷9頁2下）

謂徵之《左傳》，則有具體事蹟可資憑據，實錄具存，「而義在其中」矣。楊維楨
（1296～1370）也說：

> 三傳有功於聖經者，首推左氏，以其所載先經而始事，後經以終義。聖人
> 之經，斷也；左氏之傳，案也。欲觀經之所斷，必求傳之所紀，事之本末，
> 而後是非見、褒貶白也。　（〈春秋左氏傳類編序〉，《東維子集》卷6，
> 頁44）

左氏解釋《春秋》，最爲有功，經與傳猶如「斷」與「案」。由於《左傳》敘事，本
末詳備，楊氏以爲「欲觀經之所斷，必求傳之所紀，事之本末」，並推崇說：「三傳
有功於聖經者，首推左氏」。

　　漢儒如董仲舒已將《春秋》褒貶比擬爲聽訟斷獄，宋儒程頤（1033～1107）也
說：「五經之有《春秋》，猶法之有斷例也」（《二程集》，頁19），又說：「春秋，傳
爲案，經爲斷」（同上書，頁164）。將經與傳比擬爲「斷」與「案」，是以法律爲喻，
前者是審判的裁決，後者則是審訊事件原委的記錄。左氏詳載事蹟本末，其功能猶
如「案」一般，使當時人物之善惡情僞，委曲分明，如此，《春秋》褒貶裁判——所
謂「斷」——的原由庶幾得以通曉，於是乎「是非見、褒貶白」。

　　葉適說：「徵於左氏，所以言《春秋》也。始卒無舛，先後有據，而義在其中，
如影響之不違」，誠哉斯言！左氏「論本事而作傳」，乃所以發明孔子之「不以空言
說經」的深意；而且，如此解釋《春秋》，不僅行事可徵，脈絡分明，從而「是非見、
褒貶白」，明其所以褒貶，則「義在其中」矣。這樣解釋《春秋》的積極意義，正是
「見之於行事」而「深切著明」。所謂「三傳有功於聖經者，首推左氏」，應由此理
解，始能切中肯綮。

第三節　敘事的解經意義

一、敘事與「論本事」

　　《漢書・藝文志》說：「〔左氏〕論本事而作傳，明夫子不以空言說經也。」一語道出《左傳》解經的特點。

　　所謂「本事」，如蘇輿說「《春秋》貴志，必先本事」，這裡的「本事」即「本其事」，以「本」爲動詞，指推考其事之原由。「本其事」，是推原事情爲什麼發生、乃至有怎樣的發展因而有這樣的一件「事」。然則，「本其事」著重推原的過程，這也就是了解一件事何以發生、如何發展的過程，是理解的過程。

　　至於說「論本事而作傳」，則是以「論」爲動詞，即編纂；這裡的「本事」轉爲名詞，指「本其事」的成果。《左傳》「論本事而作傳」，這種纂輯本事加以撰述的文體，如啖助、劉知幾、眞德秀等，往往稱之爲「敘事」。

　　「本事」或「本其事」，著重在推原事情實際情形的過程，也就是探索「事」的理解過程。基於「本其事」的既有理解，進而纂次、編構而撰述成具體文獻，這是「論本事」。所謂「敘事」，就是藉由語言文字將「本其事」的理解加以編構而具體呈現的撰述文體。換言之，表達「本其事」之理解的撰述文體就是「敘事」。

　　「敘事」的撰述文體具有什麼特徵？爲什麼具有解釋的功能？這是進一步論述的要點。下文即以《左傳》爲中心，據杜預、劉勰（465？～521？）、孔穎達與劉知幾等諸家之說，略加演述，用以描述中國傳統「敘事」的文體特徵。

　　《文心雕龍・史傳》曰：

> 睿旨幽隱，經文婉約，丘明同時，實得微言，乃原始要終，創爲傳體。傳者，轉也；轉受經旨，以授於後。實聖文之羽翮，記籍之冠冕也。　（《文心雕龍注》卷4頁1下）〔註28〕

劉勰的《文心雕龍》是一部文學批評專著，全書凡五十篇，或探討文學的本原，或論說文學之創作、批評，以及各類文體特徵與發展。〈史傳〉篇屬文體論中的一篇〔註29〕。《文心雕龍》雖沒有使用「敘事」一詞，然而，從〈史傳〉篇的內容看，劉勰所謂「史傳」，實相當於劉知幾所稱之「敘事」〔註30〕。

〔註28〕「睿旨」下本有「存亡」二字，范文瀾注曰：「二字衍」，故逕引作「睿旨幽隱」。
〔註29〕依王更生分析，《文心雕龍》五十篇共可分爲五大類，除「緒論」外，包括「文學本原論」、「文學體裁論」、「文學創作論」與「文學批評論」（《文心雕龍研究》，頁43）。自〈明詩〉以下二十篇，係分類討論文體，〈史傳〉即其中之一篇（同上書，頁311～12）。
〔註30〕劉知幾的《史通》深受〈史傳〉篇影響。如《史通・六家》曰：「孔子既著春秋，而

　　劉勰論「文」，往往溯源於「經」，基由這種「宗經」的觀念〔註31〕，所以〈史傳〉篇首論《尚書》、《春秋》，以及《左傳》，謂後者始「創爲傳體」。始創於左氏，所以劉勰首先從羽翼《春秋》而轉受經旨這點來界說「傳」體，並以《左傳》爲「記籍之冠冕」，亦即「史傳」的典範之作。或許基於源經、翼經的觀念，後來《史記》、《漢書》等史籍追述繼作，雖然不是直接闡釋經旨，劉勰仍統稱這類文體爲「史傳」〔註32〕。依此而言，「史傳」或「敘事」這種文體，後來流衍爲史籍撰述的方式，又有長足之發展，但推始溯源，實本於《春秋》經、傳的傳統，其中，《左傳》的影響尤爲顯著。

　　《文心雕龍》是古代系統討論文體的專著，劉勰推許《左傳》爲這種文體的始創之作，又奉之爲冠冕、範式，然則，中國傳統之所謂「敘事」，其文體特徵首當依準《左傳》來界說。

　　丘明授經作傳。蓋傳者，轉也；轉授經旨，以授後人。……信聖人之羽翮，而述者之冠冕也。」（卷1，頁6）因襲〈史傳〉篇文字之跡，十分明顯。許冠三曰：「要言之，《左傳》、《論衡》與《文心·史傳篇》，乃是知幾建構其實錄史學之三大支點，……大致是：矻辨之精神與方術本於《論衡》，治史之綱目與程序依於《史傳》，敘事工美之準則原於《左傳》。」（《劉知幾的實錄史學》，頁27）劉勰以《左傳》爲「史傳」文體的典範，劉知幾則稱這種文體爲「敘事」。

〔註31〕《文心雕龍》有〈宗經〉篇，以爲五經「根柢槃深，枝葉峻茂，辭約而旨豐，事近而喻遠」，「可謂太山遍雨，河潤千里者也。故論說辭序，則《易》統其首；詔策章奏，則《書》發其源；賦頌歌讚，則《詩》立其本；銘誄箴祝，則《禮》總其端；經傳銘檄，則《春秋》爲根：並窮高以樹表，極遠以啓疆，所以百家騰躍，終入環內者也。」（《文心雕龍注》卷1頁13下～14上）謂文章各體，莫不以經爲淵源根本，故爲文亦當「稟經以製式，酌雅以富言」（同上）。〈宗經〉篇論「經」說「文」，王更生以爲「好像百川匯海，萬脈發源，他賦予羣經以無比崇高的地位，既爲眾流之所出，亦爲眾流之所歸。中國文學創作的基礎，可以說是隨著羣經的建立，而發皇滋長，有了生生不息的活力。」（《文心雕龍研究》，頁285～86）

〔註32〕劉勰倡「宗經」的文學觀，推源「史傳」文體出自《春秋》經傳。他又有「文」以輔「經」的見解。《文心雕龍·序志》不僅自述「嘗夜夢執丹漆之禮器，隨仲尼而南行」，更云「唯文章之用，實經典枝條」（《文心雕龍注》卷10頁21上）。然則，劉勰實有以「文」輔翼經典的意識。就劉勰而言，「史傳」既是文體，自可以翼經。這種觀念絕非劉勰孤明獨發。司馬遷撰述《史記》，自明其志曰：「紹明世，正《易》傳，繼《春秋》，本《詩》、《書》、禮、樂之際，意在斯乎，意在斯乎，小子何敢讓焉。」（〈太史公自序〉，《史記會注考證》卷130頁20）又如班彪說：「夫百家之書猶可法也，若《左氏》、《國語》、《世本》、《戰國策》、《楚漢春秋》、《太史公書》，今之所以知古，後之所由觀前，聖人之耳目也。」（《後漢書集解》卷40上頁3下）班固《漢書·敘傳》也說：「〔《漢書》〕窮人理，該萬方，緯六經，綴道綱。」（《漢書補注》卷100頁22上）謂諸書爲「聖人之耳目」，並欲以《漢書》「緯六經」，是以史翼經也。經、史分流乃後起的觀念，依上述司馬遷、班氏父子，以及劉勰等的說法來尋思「史傳」一詞，其立名之義，或者正是反映這種以史輔經的觀念。

〈史傳〉篇說：「〔左氏〕原始要終，創爲傳體」，所謂「原始要終」，這其實涉及「敘事」文體的特徵。劉勰依準《左傳》，以「原始要終」來描述「史傳」或「敘事」這種文體，此一說法可以和杜預、孔穎達的陳述互相參照。以下，我嘗試結合杜預、孔穎達與劉勰三家說法，進一步推演「原始要終」的義涵，尋稽「敘事」的文體特徵〔註33〕。

杜預〈春秋經傳集解序〉曰：

〔註33〕《四庫全書總目》曰：「《春秋左傳》，本以釋經，自眞德秀選入《文章正宗》，亦遂相沿而論文。」（卷31頁46上）古人論《左傳》之文，雖間或使用「敘」、「述」及「敘事」等詞，但依王靖宇所說：「綜觀前人談《左傳》文藝欣賞，有一特色，就是他們絕大多數是把《左傳》當作『文章』而不是敘事文來看待的。他們談《左傳》中的煉字造句和總體結構，而對於書中的敘事過程或輕描淡寫地帶過，或未曾論及。」又說：「固然可以說是文章，是散文，但更重要的，它還是敘事文。敘事是一種程序，我們必須能同時捕捉事件演變的過程，才能眞正欣賞敘事文的藝術魅力。」（〈怎樣閱讀中國敘事文〉，頁 1～3）誠如王氏的觀察，中國古代學者討論《左傳》文章，著重行文技巧，鮮少正視「敘事」呈現事件整體演變的意義。不過，王氏雖能關注於《左傳》之「敘事」，有所創獲，卻也有其侷限。蓋王氏習於歐美文學的敘事（narrative）傳統，基於「比較文學」的立場而回觀中國之「敘事」傳統（案：王氏〈中國敘事文的特性〉一文即 1975 年參加第二屆國際比較文學會議之宣讀論文，見該文注1），這樣，不免囿於「文學（literature）」的視域，反而忽略了：中國古代之所謂「敘事」主要不是就「文學」領域而言的。相形之下，如高辛勇所言：「專治小說文類的『文學術』可稱爲『敘事學』」（《形名學與敘事理論》，頁2），大體而言，歐美文學傳統之所謂「敘事（narrative）」，向以研究「小說（fiction）」爲大宗。那麼，如果眞要明瞭「是什麼使中國敘事文形成別具一格的傳統呢？」（王氏語，見〈中國敘事文的特性〉，頁2）勢必不能以「文學」自限，必須有超越「小說」研究的自我意識。反之，王氏撰文討論《左傳》「敘事」往往是就所謂的「敘事作品」或「敘事文學」立說的。〔美〕浦安迪研治「中國敘事文學理論」，即清楚地意識到近年文學界所謂「敘事」其實是對譯「narrative」一詞，他在《中國敘事學‧導言》裡坦陳：「『敘事』又稱『敘述』，是中國文論裡早就有的術語，近年用來翻譯英文『narrative』一詞。我們在這裡所研究的『敘事』，與其說是指它在《康熙字典》裡的古義，毋寧說是探索西方的『narrative』觀念在中國古典文學中的運用。」（頁4）本書探討《左傳》「敘事」，一則並非執持西方文學理論中的「narrative」觀念直接「運用」於中國古典文獻，而是由中國「敘事」傳統本身出發的；二則，雖然以「narrative」作爲英文對譯，卻是基於如下的認識：視「敘事」爲探索人類行爲的一種基本解釋模式或普遍的理解方式。實則，當代探討「敘事」者早已不限於文學領域，歷史學、哲學、社會學、人類學、精神分析學、科學哲學……等等學術領域，「敘事」都已是矚目的課題（Wallace Martin, *Recent Theories of Narrative*, pp.188～190.）。「敘事」這種文體呈現的是一種理解方式，就它是「理解方式」而言，「敘事」對於人的行事具有解釋的功能；就它是「普遍而基本的」理解方式而言，中、西「敘事」或也可以殊途而同歸。下文探論《左傳》「敘事」，其界義是依如下的進路來演述：由中國「敘事」傳統本身出發，循著「原始要終」一詞提供的線索，逐步推闡演繹。

〔左氏〕身爲國史，躬覽載籍，必廣記而備言之。其文緩，其旨遠，將令
學者原始要終，尋其枝葉，究其所窮。優而柔之、使自求之，饜而飫之、
使自趨之，若江海之浸、膏澤之潤，渙然冰釋，怡然理順，然後爲得也。
（《左傳注疏》卷1頁11下～12上）

杜氏只說「將令學者原始要終，尋其枝葉，究其所窮」，然而，《左傳》何以具有這
樣的功能呢？蓋其文原本就具備了「原始要終」的撰述特徵，故學者乃得以憑藉《左
傳》來尋根究柢，窮盡經旨也。所謂「其文緩，其旨遠」，孔《疏》申解說：

非直解經，故其文緩；遙明聖意，故其旨遠。 （同上）

《左傳》解釋《春秋》的方式，包括兩大類型，其一是「論說經義」，這一類型解經，
直接述說褒貶之旨；其二是「敘事解經」，所謂「其文緩」者——也就是終「非直解
經」者，則是另一類型的解經文字。「敘事」部分，「廣記而備言之」，故「其文緩」；
終以闡明聖人經義爲歸趨，故「其旨遠」（《左傳》解經的兩種類型，說參第一章第
三節）。孔《疏》又說：

將令學者本原其事之始，要截其事之終；尋其枝葉，盡其根本。則聖人之
趣雖遠，其躔可得而見。 （同上）〔註34〕

意謂憑藉《左傳》而學者終能理解《春秋》之微言奧義。《左傳》「敘事」，不是單
純地實錄其事而已，文意旨歸，實以經義爲宗，可以由此窮究經之微言奧義，而
「其旨遠」。由於是以「敘事」解經，詳載行事脈絡，原委悉陳，而「其文緩」〔註
35〕。唯其如此，學者讀傳習經，需要「原始要終，尋其枝葉」，依循傳文敘事，
實際參與理解的過程，所謂「自求之」、「自趨之」，乃能達到「渙然冰釋，怡然理
順」的境地。而學者之所以能依循傳文「原始要終，尋其枝葉」，這又是基於傳文

〔註34〕孔《疏》謂「身爲國史」至「然後爲得也」一段，旨在說明「無經有傳之意」（《左
傳注疏》卷1頁12上）。故「其躔可得而見」下，孔《疏》又云：「是故經無其事，
而傳亦言之，爲此也。」案：孔《疏》申解杜意，若說此段專爲說明「無經有傳之
意」，取義不免失之褊狹。實則《左傳》以義例解經部分，直接說明書法；相形之下，
以「敘事」解經部分，可謂「非直經解」，但其所以詳敘本末，仍是闡釋經義，故曰
「其文緩，其旨遠」。杜〈序〉此段涉及《左傳》以「敘事」解經之旨，從而申說學
者讀傳之法，固然可以說明傳詳經略、經無傳有的緣故，但並非侷限此意而已。關
於經、傳述事詳略等問題，詳參第三章第二節、三節之討論，這一小節專就「原始
要終」演繹「敘事」的特點。

〔註35〕劉熙載：「杜元凱序《左傳》曰『其文緩』，呂東萊謂『文章從容委曲而意獨至，惟
左氏所載當時君臣之言爲然。蓋由聖人餘澤未遠，涵養自別，故其辭氣不迫如此。』
此可爲元凱下一注腳。蓋『緩』乃無矜無躁，不是弛而不嚴也。」（《藝概·文概》
卷1頁2上）劉氏引呂祖謙（東萊）語闡釋「緩」字，意謂其文辭「從容委曲」、「無
矜無躁」也。

敘事既已具備「原始要終」的要素。那麼,「原始要終」就是「敘事」這種撰述文體所具備的形式特徵。

依孔《疏》,「原始要終」者,意謂「本原其事之始,要截其事之終」〔註36〕,杜、孔二氏原是就學者閱讀《左傳》這個層面來說的。而如此的閱讀要求,乃是傳文本身所蘊含的要求——所謂「將令學者原始要終,尋其枝葉」。蓋唯有《左傳》述事既已呈現事件的原委脈絡,否則,學者何由藉此明瞭事之始終本末?那麼,杜、孔二家之說當以此為前提:《左傳》「敘事」具備了「原始要終」的要素。

再則,左氏「敘事」以作傳,先須經過「本其事」的理解過程,然後才綴輯相關資料撰述而成。換言之,《左傳》之所以具備了「原始要終」的特徵,又是基於先前對事件發展脈絡的既有理解。左氏理解《春秋》,推原其何以發生、乃至有怎樣的發展因而有終了的狀況,這是作傳者理解層面的「原始要終」。基於前述理解,作傳者具體撰述成文,於是在「敘事」中呈顯出「原始要終」的特徵:這是文體層面的「原始要終」。劉勰說「〔左氏〕原始要終,創為傳體」,可能兼指左氏之「理解」與「撰述文體」這兩個層面的「原始要終」。結合杜、孔二氏的說法來看,學者憑藉《左傳》「敘事」,從而「本原其事之始,要截其事之終」,這是學者閱讀時之「原始要終」,這屬第三層面。

如上所述,就劉勰與杜預、孔穎達論及者而言,「原始要終」可釐析為三個層面:它們彼此關聯。左氏(作者)之「本其事」,以及學者閱讀這兩個層面的「原始要終」,屬於理解過程;「敘事」具備「原始要終」之特徵,此則經由撰述、形諸語言文字,是前述兩種理解過程的具體憑藉。那麼,就「敘事」是撰述的形式而言,它是一種文體;若就是作傳者表現其理解的方式而言,它是一種理解方式。

左氏藉由「敘事」,將其「本其事」的理解具體呈現,於是「原始要終,創為傳體」;由於「敘事」是作傳者之理解的表述,具有闡述的功能,可以引導學者理解《春秋》,於是能「轉受經旨,以授於後」。那麼,《左傳》「敘事」實具備傳經釋義的功能。

討論至此,可以再深一層尋思:所謂「原始要終」,既有「始」、有「終」,其間當涵蘊著變化的過程。蓋一件事若沒有任何變化,便無所謂「始」、「終」了,也沒有「本原其事之始,要截其事之終」的必要;既說事之始、事之終,意謂初始的情形經過一番變化,然後,乃有終了不同的狀況。這樣,說始、說終,其中即涵蘊著一個演變的過程。「原始要終」是明瞭或闡示事件之原委,而明示一件事的原委,基

〔註36〕 「原始要終」語出《周易·繫辭傳下》,孔解釋〈繫辭傳〉之文,與此略同,謂「原窮其事之初始,……又要會其事之終末。」(《周易注疏》卷8頁20上)

本上就是述說其如何由初始的情形演變至終了的狀況。如此，「原始要終」是依時間序列賦予人物行事一個整體的形式——亦即由始而終地將事蹟發展之整體脈絡加以呈現。這種首出時間的形式特徵，當與《春秋》的編年體式具有淵源。

綜言之，具有「原始要終」的形式特徵的撰述文體就是：敘事。

上文討論「《春秋》貴志，必先本事」，已經陳明「本事」意謂推考其事之原由；而且，《春秋》褒貶「本其事而原其志」，如蘇輿所詮釋的：「事之委曲未悉，則志不可得而見」，由事蹟原委推見其志，無非就是融貫整個行事脈絡，從中尋繹人物發諸行為的內在心志，據以評斷其是非。

人由萌發思想心志，進而發諸行為，而既已發生的行為就是行事。《左傳》敘事，明示人物行事的原委脈絡，就是用以解釋《春秋》。那麼，敘事「原始要終」，不僅要呈顯事情由始至終的演變，還在揭示導致事情如此演變的原由。蓋「物有本末，事有終始」（《禮記·大學》卷60頁1上），所謂始終，著重的不僅是事蹟發生的先後序列，也如「物有本末」般的脈絡關聯，這脈絡關聯，是事理的因果關聯。所謂事理的因果關聯，指敘事中先後序列的事蹟之間，具有前事導致後事發生的連繫，如同枝葉由根生發而出一般；枝葉與根共同構成「樹」這有機的整體，而敘事的序列事蹟也脈絡融貫，共構而成一個事件整體。杜預說「原始要終」，又說「尋其枝葉」，孔《疏》申解其義為「尋其枝葉，盡其根本」，大抵亦以「事有始終」類比於「物有本末」。《左傳》敘事依事蹟發生的始終、本末，述明其發展脈絡，使人物行事的條理井然有序，這樣呈現「事之委曲」，從而解釋了《春秋》。

因此，學者乃得以憑藉其敘事之文，從而「原始要終，尋其枝葉，究其所窮」。那麼，如孔《疏》所說：「則聖人之趣雖遠，其蹟可得而見」，這是學者習傳明經，深造有得之言。由此觀之，《左傳》敘事之具備解經釋義的功能，豈虛言哉！

這一小節，參稽劉勰、杜預與孔穎達三家之說，尋繹「敘事」文體的特徵，說明這種文體乃由始至終地載述事蹟之發展脈絡；而呈現其發展脈絡，不僅是陳列其發生的先後序列而已，也揭示導致事情如此演變的原由，闡示其間的因果關聯。因為敘事有揭示本末因果的功能，《左傳》藉此「本其事而原其志」，既以應合孔子之「不以空言說經」，又能引導學者循序理解經之「文」、「事」與「義」，故能「轉受經旨，以授於後」，發揮解釋《春秋》的功能。

二、解說《春秋》的根柢

《左傳》藉著敘事具體呈現出「原始要終」的「本其事」的成果。黃澤曾說：「夫考事已精而經旨未得尚多有之，未有考事不精而能得經旨者也」，趙汸繼承師說，亦

云：「得其事、究其文而義有不通者有之，未有不得其事、不究其文而能通其義者也」，基於這樣的認識，趙氏因而有「學《春秋》者，必自左氏始」的主張。學者之所以推崇《左傳》是理解《春秋》的根柢，並認為「三傳有功於聖經者，首推左氏」，大抵就是著眼於此傳之詳實有據、敘事尤備，提供學者深探經義的具體憑藉。

劉文淇（1789～1854）曾依循此一觀點評比三傳之短長，他說：

> 《春秋》有事、有文、有義，義雖孔子所竊取，然必依文與事言之。左氏親見策書所記，事、文多可依據。若公、穀之作當戰國時，其所述事、文，未能盡確，則其義雖優，亦恐有郢書燕說之患。　（《春秋左氏傳舊注疏證・注例》）

劉氏強調：孔子所寄託的《春秋》「義」，必須憑藉其「文」與其「事」來探求，否則，陳義雖優，「亦恐有郢書燕說之患」。由「依文與事言之」的訓釋準則來評判，則「事、文多可依據」，正是《左傳》解經的優勢。

何況《春秋》的褒貶義法，本就採取「見之於行事」的方式來表現。敘事作為一種訓解方式，首先就適用於解釋《春秋》之「事」。其次，如趙汸說「左氏於二百四十二年事變，略具始終，……則其事與文，庶乎有考矣」，明瞭《春秋》之「事」，也就明瞭其「文」所記之內容，這樣說來，敘事又具有解釋其「文」的功能。第三，依劉文淇所說：「義雖孔子所竊取，然必依文與事言之」，陳澧也說：「夫《春秋》所重者固在其義，……與其以意窺測而未必得，孰若即其文、其事考據詳博之有功於經乎？」這樣，述明其「事」與其「文」，正是解釋《春秋》之「義」的基礎。如此說來，《左傳》編纂本事，藉著敘事的方式來作傳解經，此一解釋方式，正切合了理解《春秋》的內在需求。

孟子說《春秋》有「文」有「事」有「義」，學者傳習經典，以「義」為指歸，而須以經文記事為憑藉，其中，「事」尤居於樞紐的地位。《左傳》掌握這一關鍵而敘事以解經，歷來學者從而稱譽傳之與經表裏一體、「相須而成」，甚至推許為傳釋《春秋》的首功，洵非虛譽。然而，有的學者卻執持不同的論點，獨重經義而輕忽本其事以明褒貶的意義。以清代公羊學者孔廣森（巽軒，1752～1786）為例，他說：

> 左氏之事詳，公羊之義長；《春秋》重義不重事，斯《公羊傳》尤不可廢。

（《春秋公羊通義・序》，清經解卷 691 頁 9 上）

標榜「《春秋》重義不重事」，藉此區分左氏、公羊之短長。孔廣森意欲振興公羊學，他有這樣的說法，用以排擊左氏之長，原不難理解。假使《春秋》果真「重義不重事」，則《左傳》之敘事詳備，不僅算不得長處，更且難逃支離之譏。大概抑左氏而揚公、穀，甚或質疑左氏非解經之傳的議論，其主要的論點就是將「義」與「事」

分離看待，而又重「義」輕忽「事」。這種將《春秋》之「事」與「義」分離看待的
議論，實有商榷的必要。孰不知漢代的公羊學大家董仲舒，尚且不忘傳述孔子「我
欲載之空言，不如見之於行事之深切著明也」的說法，深曉《春秋》固然重「義」，
但微言大義乃憑藉經文所記之行事來傳達。孔廣森之類的公羊後學，爲了崇尚「義」
而說《春秋》「不重事」，將「事」與「義」對立、二分，不免矯枉而過其正。至於
拘守門戶，對《左傳》一意生疑排詆的說法，就更無足論了。錢穆（1895～1990）
說：「清代公羊家深斥左氏，謂孔子《春秋》主義不主事。《春秋》經世之志，豈反
不主於事哉？」（《先秦諸子繫年》，頁 455）而陳澧也針對孔廣森的說法提出辯解，
既舉例說明《公羊傳》並非完全不述事蹟，更極力申說：「欲知其義必知其事，斷斷
然也！」（引文詳見〈緒論〉）

　　「事」與「義」二分，或與後世書目「經」、「史」的分類觀念有關。對此，崔
述（1740～1816）提出「事實者，義理之根柢」的觀念，然則，《春秋》義理實應根
據行事來推求，不當拘執漢以後的分類概念來區分左氏與公、穀，以爲三傳有經學
或史學的差異。崔氏說：

> 朱子以左氏爲史學，公、穀爲經學，左氏紀事詳贍而是非多謬，公、穀紀
> 事雖疏而多得聖人之意。余按：左氏之不盡合於經意，誠有然矣，謂公、
> 穀之能得經意則未見也。公、穀之說大抵多取月日名字穿鑿附會，以爲聖
> 人書法所在。且事實者，義理之根柢，苟事實多疏，安望義理之反當乎！
> 《左傳》雖多不合於經，然二百餘年之事備載簡冊，細心求之，聖人之意
> 自可窺測，《左傳》之遠勝於二家者正不在義理而在事實也。夫經、史者，
> 自漢以後分別言之耳；三代以上，所謂經者即當日之史也，《尚書》、史也，
> 《春秋》、史也：經與史恐未可分也。　　（《洙泗考信餘錄》卷 3 頁 4）

朱熹（1130～1200）曾經這樣議論說：「以三傳言之，左氏是史學，公、穀是經學」
（《朱子語類》卷 83，頁 2152）。蹈襲這說法的學者不乏其人，所以崔述特別予以辯
駁。崔氏提出「事實者，義理之根柢」的觀念，基於這一觀念，他質疑朱熹所謂的
「公、穀紀事雖疏而多得聖人之意」，恐或欠缺理據。依崔氏之意，「苟事實多疏，
安望義理之反當乎！左氏之不盡合於經意，誠有然矣，謂公、穀之能得經意則未見
也」。粗略地將「事」與「義」二分對立起來，由此區分左氏與公、穀的是非得失，
又進而分派三傳孰爲經學、孰爲史學，這樣的說法誠然不可取。尋思學者之所以率
爾將之二分對立，可能是偏執敘事是史的撰述形式這一成見，又由於經、史、子、
集四部分類的觀念逐漸深植人心，所以習焉而不察。崔氏指陳經、史之分是後起的
觀念，謂「經與史恐未可分也」，自是有所爲而發的。

　　值得補充申述的是，崔氏或許沒有注意：朱熹的議論仍是在「三傳」範圍內比較長短，所謂「左氏是史學」，是相對於二傳來指陳《左傳》的特長，未必含有左氏非解經之傳的意味。朱氏曾這樣明確地說：「左氏於《春秋》，既依經以作傳」云云（說見〈跋通鑑紀事本末〉，《朱文公文集》卷81頁7下）。這情形與趙匡類似，趙氏既說「公、穀守經，左氏通史」，同時又明確言「左氏廣集諸國之史，以釋《春秋》」（引文詳見〈緒論〉）。後世學者若不細察，很容易誤執趙氏、朱氏的說法，想當然耳地援引為《左傳》非經解著作的依據，孰不知趙、朱二家並非執持這樣的見解〔註37〕。趙匡說「左氏通史」，其實是指陳左氏博通國史、本其事以解經，這有別於公羊、穀梁之專守經文、述事簡略；趙氏同樣是在「三傳」範圍內指陳《左傳》詮解《春秋》的特長。

　　《左傳》以敘事見長，但誠如陳澧所指陳：「公羊亦甚重記事」，「穀梁述事尤少，……實因所知之事少，故從簡略，而專究經文經義耳」（引文詳見〈緒論〉）。《公羊傳》、《穀梁傳》敘事比較簡略，可能是緣於「所知之事少」，並非完全不載述本事，這一現象，若從《春秋》「見之於行事」的特點來看，便不難明白其所以然之故。三傳雖然說義歧互，述事也未必相同，但成書較早，總還是學者參較推考的主要憑藉，自有其不可掩沒的傳經價值，所以黃澤說：

　　　　學《春秋》，只當以三傳為主。　　（見《春秋師說》卷下頁2上）
蓋三傳早出，縱使述事、解義彼此出入，相較之下，畢竟比唐宋以後自標新意者具

〔註37〕「公、穀守經，左氏通史」之說，宋代學者持論頗受其影響。朱熹以前，如王應麟《玉海》曰：「慶曆四年三月問輔臣三傳異同之說，賈昌朝曰：『左氏多記事，公、穀專解經；皆以尊王室、明賞罰。然考之有得失。』」（據《經義考》卷179頁2下轉引）朱長文〈春秋通志序〉曰：「左氏盡得諸國之史，故長於敘事；公、穀各守師傳之說，故長於解經。要之，互有得失。」（同上書，卷181頁1下）以上，如賈昌朝、朱長文二家，仍只是比較三傳之異同，故曰「皆以尊王室、明賞罰」，「要之，互有得失」。根據晁說之（1059～1129）〈趙瞻春秋經解義例序〉所說：「自啖、趙謂『公、穀守經，左氏通史』之後，學者待左氏如古史記，美文章紛華而玩之，不復語經於斯矣。」（同上書，卷180頁5上～下）當時或也有學者逐流忘返，遂「待左氏如古史記」，玩其文章辭藻之美，而「不復語經於斯矣」。這一習氣或許是受啖、趙影響，實則又與啖、趙之意不合。王應麟《困學紀聞》曾綜述諸家對三傳短長的議論，然後說：「學者取其長，舍其短，庶乎得聖人之心矣。啖、趙以後，憑私臆決，甚而閣束三傳，是猶入室而不由戶也。」（卷6，頁367～68）啖、趙之後，《春秋》學之風尚轉變，甚而至於《春秋》三傳束高閣，專取《左傳》之史事與文章而「不復語經於斯矣」，這應與當時的學風有關。蓋宋代學者不依左氏解經者，往往也不據公、穀，而別出新意。三傳有異有同，互有長短，如何「取其長，舍其短」、斟酌折衷以明經義，應當視經傳等文獻資料，個別地商略討論。本書論述《左傳》以敘事解釋《春秋》之相關課題，並非計較三傳之是非得失。

有淵源。學者可以比較三傳異同，商略得失，實在不必取此廢彼，重蹈漢儒各守專門的窠臼。而且，從《春秋》之「事」與「義」的關聯而論，《左傳》本其事以明褒貶，非但不是無關經義，更是學者理解「夫子不以空言說經」、由事明義的重要憑藉。因此，黃氏又說：

> 於三傳之中，又當據左氏事實，以求聖人旨意之所歸，蓋於其中自脈絡可
> 尋，但人自不肯細心推求爾。　　（同上）

《左傳》博采國史以作傳，事實多可據憑；敘事脈絡聯貫，人物行事之條理因而分明有序。那麼，只要學者細心推求，憑據《左傳》的敘事而「原始要終，尋其枝葉」，明瞭其事理之始終、本末，自可循階尋繹，由推明其「事」再進而探索其「義」。因此啖助說：「〔左氏〕博采諸家，敘事尤備，能令百代之下，頗見本末，因以求意，經文可知。」這段話言簡意賅，頗能切中《左傳》敘事以解經的深層義涵。

　　崔述說「事實者，義理之根柢」，對於朱熹說：「公、穀紀事雖疏而多得聖人之意」，頗不以為然。不僅崔述不以為然，依四庫館臣的見解，也認為公、穀未必「多得聖人之意」。《四庫全書總目》說：

> 《春秋》三傳，互有短長，……三家皆源出聖門，何其所見之異哉？左氏
> 親見國史，古人之始末具存，故據事而言，即其識有不逮者，亦不至大有
> 出入。公羊、穀梁則前後經師遞相附益，推尋於字句之間，故憑心而斷，
> 各徇其意見之所偏也。然則，徵實跡者其失小，騁虛論者其失大矣。後來
> 諸家之是非，均持此斷之可也。　　（卷 29 頁 44 下～45 上）

謂《左傳》根據國史，敘事始末具存，反之，公、穀專門「推尋於字句之間」，不免「各徇其意見之所偏」。究竟公、穀二傳是否「多得聖人之意」？抑或是「各徇其意見之所偏」呢？其實，左氏與公、穀三傳，都是解經之傳，既是經解，則三傳是否切中經旨，基本上屬於「解釋」的課題。那麼，評議三傳得失，應該先歸返「解釋」的論域。

　　四庫館臣和崔述從徵實的觀點看，認為《左傳》解經釋義雖未必一一盡合《春秋》之旨，詳述事蹟故其失較小，畢竟「二百餘年之事備載簡冊，細心求之，聖人之意自可窺測」。反之，若事無實據，如劉文淇所說：「其義雖優，亦恐有郢書燕說之患」。各家學者強調徵實的觀念，固然有道理，在此基礎之上，更應強調：超越三傳優劣的視界，轉而關注「解釋」的課題。這樣，一則，對於三傳可以異中見同——同樣都具有述本事以明褒貶的努力；二則，可以正視敘事的解經意義，那麼，《左傳》是否解經的疑慮將可進一步澄清；三則，對於《春秋》學「見之於行事」而不徒託空言的思想進路也可以有深一層的認識。可惜多數學者都疏於探察敘事這一解

經方式與《春秋》學的內在關聯，也沒有覺識到敘事解經的功能正如《春秋》「見之於行事」一般，具有「深切著明」的積極成效。關注於敘事的解釋功能，才能眞正闡明《左傳》解經的意義。

左氏「論本事而作傳」，其傳體形式雖然和《公羊傳》、《穀梁傳》不盡相同，卻無礙其經解的性質，這其實是歷代很多學者共同的認識。趙汸省思唐、宋以後之學風，轉而推尋孟子所述之《春秋》原委，儘管取徑與唐以前不同，但他認爲敘事詳贍是《左傳》之長，可作爲學《春秋》之始基，這一見解和啖助《左傳》敘事「其功最高」的說法遙相呼應。不僅如此，如上述劉知幾、葉適、黃澤、楊維楨、朱彝尊、崔述、陳澧等等，持見也相近似。陳澧生當清代常州公羊學既興之後，主張即其文與其事來考求經義，對於孔廣森「《春秋》重義不重事」的意見，力矯其偏，謂「欲知其義必知其事，斷斷然也」！猶如楊維楨所說：「欲觀經之所斷，必求傳之所紀、事之本末，而後是非見、褒貶白也。」四庫館臣也認爲：

> 左氏褒貶或不確，而所述事跡則皆徵國史。不明事跡之始末而臆斷是非，雖聖人不能也。故說《春秋》者，必以是書爲根柢。　（《四庫全書簡明目錄》卷3頁1上）

「不明事跡之始末而臆斷是非，雖聖人不能也」，《春秋》褒貶是這樣，而學者理解《春秋》的情況也相類似，所以敘述事跡，使學者得以了解其行事之始終、本末，這是解釋《春秋》的要務。《左傳》解釋《春秋》的書法義例，其得失如何，學者見仁見智，容或有不夠精要、確當的地方，孰得孰失、孰是孰非，當個別探究，這裡不必細論。然而，個別事例詮解的得失，畢竟不影響敘本事以明褒貶之解經功能，不能動搖《左傳》解釋《春秋》的傳經地位。毋怪乎四庫館臣雖認爲「左氏褒貶或不確」，但著眼於左氏詳述事蹟始末的解經方式，仍推許說：「說《春秋》者，必以是書爲根柢。」敘述經文記事之始終本末，這是詮解《春秋》大義的基礎，《左傳》具備這一解經的根本需求，因而「說《春秋》者，必以是書爲根柢」。

仔細尋思，《左傳》之爲解說《春秋》的根柢，主要是就其敘事而言的，因爲敘事順應了理解《春秋》的內在需求：切實推考其「文」與其「事」，是深研其「義」的必要憑藉，而「文」與「事」之中，尤以「事」爲樞紐；明瞭「事」之本末，乃是探究《春秋》褒貶之「義」的基礎。順應這理解《春秋》的需求，那麼，闡述事跡始末，便是解釋這部經典的基本要務。準此而觀，歷來學者推許《左傳》傳經之功，甚至說理解《春秋》必由此始、必以此爲根柢，諸如此類的說法，其背後有著這樣的深層意義：敘事誠爲解釋《春秋》的基礎！

結　語

　　本章先回顧「春秋學」的發展大略，而返求於孟子以推尋《春秋》的撰作原委。依孟子所言，這部經典有「文」、有「事」、有「義」。而且，根據董仲舒、司馬遷與趙岐等學者傳述，孔子曾自陳：「我欲載之空言，不如見之於行事之深切著明也」。然則，《春秋》固然重「義」，而「義」乃「見之於行事」，這與直接表述義理者不同，厥為《春秋》表現「義」的特殊方式。

　　唯其《春秋》之「義」乃「見之於行事」，誠如黃澤所言，學者習經尋義「須以考事為先」。陳澧更說：「欲知其義必知其事，斷斷然也！」然則，理解《春秋》褒貶大義，當以明瞭事蹟本末為始基。那麼，解釋這部經典，尋其「文」以通其「義」，也應當以詮明其「事」為基本要務。

　　《漢書・藝文志》已指陳：「〔左氏〕論本事而作傳，明夫子不以空言說經也」，姜炳璋也申述說：「即事為經者，聖人之義也；論本事而為傳者，左氏發明聖經之義也：皆不欲空言說經也」，經與傳誠可謂表裡相依。《春秋》「見之於行事」，而這種表現方式，使「義」之精微得以「深切著明」。就此而言，《左傳》「論本事」以解經，不僅切應《春秋》的內在本質，也同樣具備「深切著明」的積極功能。於是趙汸有「學《春秋》者，必自左氏始」的省思，而四庫館臣也斷言：「說《春秋》者，必以是書為根柢」。

　　「論本事」而「原始要終」，詳載人物之行事脈絡，這樣的撰述文體，就是「敘事」。根據上文的尋繹，「敘事」是一種順著時序始終表現人物行事脈絡的文體，「原始要終」是其形式特徵。而且，「敘事」必基於「本其事」的先行理解，也就是撰述前對事件發展脈絡的既有理解：推原其「事」為何發生，如何發展，因而有最終的狀況；這是敘述者理解層面的「原始要終」。基於前述理解，具體撰述成為「敘事」，並依時序來整理、呈現，從而反映其本末事理；這是文體層面的「原始要終」。學者閱讀「敘事」，從而「本原其事之始，要截其事之終」，這是學者讀傳明經之「原始要終」。「本其事」與學者閱讀這兩個層面的「原始要終」屬於理解過程；經由撰述、形諸語言文字，「論本事」而撰述成「敘事」，這是具體文獻的「原始要終」，是文體特徵。《左傳》「原始要終」以解經，是基於時間性的解釋，顯示出敘事原初的解釋性，所以說《左傳》敘事是解釋的敘事。

　　而且，既然詮說《春秋》以闡明其「事」為基本要務，則敘事誠為解經釋義的基礎。學者傳習《春秋》，其所以「必自左氏始」、「必以是書為根柢」，正緣於《左傳》之「論本事而作傳」。「論本事」而「原始要終」，呈現行事之本末原委，這即是《左傳》以敘事解釋《春秋》的方式；學者憑藉其敘事，遂也得以詳悉其「事」，進

而尋稽其「義」之旨歸。因此，啖助說：「〔左氏〕博采諸家，敘事尤備，能令百代之下，頗見本末，因以求意，經文可知。」敘事以解經，這不僅比公羊、穀梁二傳更信實有據，更切應《春秋》「見之於行事」的特質，並具有「深切著明」的積極意義。啖助稱左氏「敘事尤備」，並推崇「故比餘傳，其功最高」，洵非虛譽。

第三章　經解：「屬辭比事」以釋義

　　《左傳》以敘事解釋《春秋》的意義既如前述，本章將進一步申論「敘事」與「屬辭比事」之《春秋》教的關聯。

　　所謂「屬辭比事」，語出《禮記‧經解》，這主要是指《春秋》學教育學者之成效，其效在使人善於設辭綴事、明斷得失。《左傳》敘事就是依準《春秋》之教以解經釋義。

　　《左傳》基於「本其事」的理解撰述成書，而探尋事件本末然後由始而終地依事蹟發展的脈絡予以撰述，這種「原始要終」的文體就是敘事。依劉勰等學者之見，這種文體淵源於《春秋》經、傳的傳統。

　　六藝之學是中國傳統學術的大宗，爲浸潤文學發展的重要資源。劉勰有見於此，故《文心雕龍》有〈宗經〉篇，其說曰：「百家騰躍，終入環內」云云，意謂「文」之體式雖多而皆本源於「經」（引文詳見第二章注36）。顏之推（531～591）有類似的見解，《顏氏家訓‧文章》曰：「夫文章者，原出五經。」（《顏氏家訓集解》，頁237）劉熙載（1813～1881）承繼劉勰之論，《藝概‧文概》開宗明義云：「六經，文之範圍也。聖人之旨，於經觀其大備，其深博無涯涘，乃《文心雕龍》所謂『百家騰躍，終入環內』者也。」（《藝概‧文概》卷1頁1上）此外，章學誠（1738～1801）的《文史通義》通論文史著述，更對上述觀念有發揮，他認爲：「至戰國而後世之文體備」，而戰國之文「其源皆出於六藝」（《章學誠遺書》，頁5）。總括而言，他說文體皆源於六藝〔註1〕；若分別析論，則敘事文體，係源於《春秋》之教。章氏云：

　〔註1〕　章學誠認爲史、文皆根柢於經：論「史」，則謂淵源於「《春秋》家」，曰「《春秋》
　　　　　流爲史學」（《章學誠遺書》，頁612），「二十三史，皆《春秋》家學也」（同上書，
　　　　　頁96）；論「文」，則不僅說「戰國之文，其源皆出於六藝」，尤進一步推源說「多
　　　　　出於《詩》教」。他說：「知文體備於戰國，而始可與論後世之文；知諸家本於六藝，

論事之文，疏通致遠，《書》教也。傳贊之文（即論人之文），抑揚詠歎，辭命之文，長於諷諭，皆《詩》教也。敘例之文與考訂之文，明體達用，辨名正物，皆《禮》教也。敘事之文，比事屬辭，《春秋》教也。五經之教，於是得其四矣。若夫《易》之爲教，繫辭盡言，類情體撰，其要歸於潔淨精微，說理之文所從出也。（《章學誠遺書》，頁606）

文體是否盡皆源於六藝，論事、傳贊、敘例、說理等各體是否如章氏所說一一出自《書》教、《詩》教、《禮》教或《易》教，因與論文題旨無關，不擬細究。在劉勰、顏之推、章學誠與劉熙載等諸家的啓導下，本章將以「文」源於「經」的觀念爲線索，尋繹敘事之文與《春秋》教的源流關係。

劉勰已經有敘事導源於《春秋》經、傳的說法，章學誠說：「敘事之文，比事屬辭，《春秋》教也」，由「比事屬辭」，更將敘事文體與《春秋》之教聯繫起來。「比事屬辭」之爲《春秋》教，典據出自《禮記·經解》，因此，本章先依〈經解〉考索「屬辭比事」的涵義，然後再據以討論《左傳》之「屬辭比事」，及其如何藉此解經釋義。

第一節　「屬辭比事」的涵義

章學誠分論各類文體的淵源，是從《禮記·經解》六藝之教的說法演述而來。〈經解〉云：

孔子曰：「入其國，其教可知也：其爲人也，溫柔敦厚，《詩》教也；疏通知遠，《書》教也；廣博易良，《樂》教也；絜靜精微，《易》教也；恭儉莊敬，《禮》教也；屬辭比事，《春秋》教也。故《詩》之失愚，《書》之失誣，《樂》之失奢，《易》之失賊，《禮》之失煩，《春秋》之失亂。其爲人也，溫柔敦厚而不愚，則深於《詩》者也；疏通知遠而不誣，則深於《樂》者也；絜靜精微而不賊，則深於《易》者也；恭儉莊敬而不煩，則深於《禮》者也；屬辭比事而不亂，則深於《春秋》者也。」（《禮記注疏》卷50頁1上～下）

仔細按察〈經解〉與章學誠的說法，其間存有一些差別，這是顯然易見的。其中，

而後可與論戰國之文；知戰國多出於《詩》教，而後可與論六藝之文；可與論六藝之文，而後可與離文而見道」（同上書，頁5）。這是試圖總包各類文體的總括之言，下文所引則是就論事、傳贊、敘例、說理、敘事等各類文體一一探源，是分別之陳述。又上引諸家或言「五經」，或言「六經」，或言「六藝」，其實一也。

最主要而具關鍵性的差異在於：〈經解〉從「人」論六藝之教，章氏則是就「文」論其淵源。究竟〈經解〉所謂「屬辭比事，《春秋》教也」應該如何詮解？章學誠說「敘事之文，比事屬辭，《春秋》教也」，其中反映學者對「屬辭比事」之教的一種理解，這樣的理解在《春秋》經、傳的源流裡有無徵驗憑據？這一節針對「屬辭比事」的涵義，試作探索。

一、鄭玄、孔穎達之舊解

〈經解〉所謂「屬辭比事」，鄭玄注曰：

> 屬，猶合也。《春秋》多記諸侯朝聘會同，有相接之辭、罪辯之事。　（《禮記注疏》卷50頁1上）

孔穎達依鄭注進而疏解說：

> 屬，合也；比，近也。《春秋》聚合會同之辭，是屬辭；比次褒貶之事，是比事也。　（同上書卷，頁2上）

依鄭、孔之注、疏，所謂「《春秋》多記」、「《春秋》聚合」云云，意謂二家解釋「屬辭比事」，是就《春秋》的內容而言：「辭」，特別是指「會同之辭」，也就是諸侯國之間往來會盟的外交辭令；至於「事」，則是指「褒貶之事」，意謂《春秋》記事，其間寓有褒貶。那麼，「屬辭比事」乃是指《春秋》聚合外交之辭令、比次寓有褒貶之事蹟。

鄭、孔二氏的詮解，以為「屬辭比事」是就《春秋》的內容而言。然而，檢閱《春秋》經文，實未嘗有屬合外交辭令的情形。以隱元年之經文為例，《春秋》曰：

> 元年春王正月。三月，公及邾儀父盟于蔑。夏五月，鄭伯克段于鄢。秋七月，天王使宰咺來歸惠公、仲子之賵。九月，及宋人盟于宿。冬十有二月，祭伯來。公子益師卒。　（《左傳注疏》卷2頁5上～12下）

《春秋》「比次褒貶之事」，往往如此，乃屬大事記的性質。如「祭伯來」、「天王使宰咺來歸惠公、仲子之賵」等，以一語記一事，少則不過數字，多亦不過十數字而已。記事最簡約的，有僅用一字者，如隱八年及莊六年秋，《春秋》記曰：「螟。」（同上書，卷4頁8下，又卷8頁11下）以及僖三年六月，《春秋》記曰：「雨。」（同上書，卷12頁8上）凡此，都一字單獨成句。記事文字多者，或達四十餘字，如定四年三月，《春秋》曰：「公會劉子、晉侯、宋公、蔡侯、衛侯、陳子、鄭伯、許男、曹伯、莒子、邾子、頓子、胡子、滕子、薛伯、杞伯、小邾子、齊國夏于召陵，侵楚。」（同上書，卷54頁10下）此則經文詳載召陵之會的參與者，總計凡四十五字，雖如此，仍只是簡要記事，未嘗載錄「會同之辭」。

　　「會同之辭」指的是諸侯國之間往來應對的外交辭令。如定四年三月諸侯召陵之會，會後有盟，《春秋》曰：「五月，公及諸侯盟于皋鼬。」（同上書卷，頁 11 上）經文記載會與盟之「事」，如此而已，《左傳》則詳敘其事之本末，其中載錄有衛祝佗（即子魚）之辭令。《左傳》曰：「將會，衛子行敬子言於靈公，曰：『會同難，嘖有煩言，莫之治也，其使祝佗從。』」（同上書卷，頁 13 下～14 下）於是衛靈公特使祝佗隨從，以備會同應對之需。將盟，風聞「將長蔡於衛」，衛侯於是派遣祝佗言於萇弘，以爭取先蔡。《左傳》曰：

> 衛侯使祝佗私於萇弘，曰：「聞諸道路，不知信否，若聞蔡將先衛，信乎？」萇弘曰：「信。蔡叔，康叔之兄也。先衛，不亦可乎。」子魚曰：「以先王觀之，則尚德也。昔武王克商，成王定之，選建明德，以藩屏周。故周公相王室，以尹天下，於周爲睦。分魯公以大路、大旂，夏后氏之璜，封父之繁弱，殷民六族，條氏、徐氏、蕭氏、索氏、長勺氏、尾勺氏，使帥其宗氏，輯其分族，將其類醜，以法則周公。用即命于周，是使之職事于魯，以昭周公之明德。分之土田陪敦，祝、宗、卜、史，備物、典策，官司、彝器；因商奄之民，命以伯禽而封於少皞之虛。分康叔以大路、少帛、綪茷、旃旌、大呂，殷民七族：陶氏、施氏、繁氏、錡氏、樊氏、饑氏、終葵氏，封畛土略，自武父以南及圃田之北竟，取於有閻之土以共王職，取於相土之東都以會王之東蒐。聃季授土，陶叔授民，命以康誥而封於殷虛。皆啓以商政，疆以周索。分唐叔以大路、密須之鼓、闕鞏、沽洗，懷姓九宗，職官五正。命以唐誥而封於夏虛，啓以夏政，疆以戎索。三者皆叔也，而有令德，故昭之以分物。不然，文、武、成、康之伯猶多，而不獲是分也；唯不尚年也。管、蔡啓商，惎間王室，王於是乎殺管叔而蔡蔡叔，以車七乘、徒七十人。其子蔡仲改行帥德，周公舉之，以爲己卿士，見諸王，而命之以蔡。其命書云：『王曰：胡！無若爾考之違王命也！』若之何其使蔡先衛也？武王之母弟八人，周公爲太宰，康叔爲司寇，聃季爲司空，五叔無官，豈尚年哉？曹，文之昭也；晉，武之穆也。曹爲伯甸，非尚年也。今將尚之，是反先王也。晉文公爲踐土之盟，衛成公不在，夷叔，其母弟也，猶先蔡。其載書云：『王若曰：晉重、魯申、衛武、蔡甲午、鄭捷、齊潘、宋王臣、莒期。』藏在周府，可覆視也。吾子欲復文、武之略，而不正其德，將如之何？」萇弘說，告劉子，與范獻子謀之，乃長衛侯於盟。　（同上書卷，頁 14 下～21 下）

祝佗侃侃陳辭，與萇弘一番對話，終於「長衛侯於盟」。祝佗之「辭」即是一篇會同

辭令。這篇辭令，自「以先王觀之，則尚德也」，至「吾子欲復文、武之略，而不正其德，將如之何」，遠據武王、成王分封魯公、康叔、唐叔之故典，近援晉文公踐土之盟先衛後蔡的載書，廣徵博引，力陳尚德不尚年之義，洋洋灑灑五百餘言。參較《左傳》載錄的「會同辭令」看來，外交應對之「辭」顯然與《春秋》所記之「事」有所區別。鄭玄、孔穎達以屬合外交辭令來詮解「屬辭」，這與《左傳》敘事頗載述辭令的情形比較相稱，反而並不副合《春秋》經文的記事特點。

　　鄭、孔二氏對「屬辭比事」的解說，想必是參照《左傳》而言。孔氏《禮記正義》謂「《春秋》習戰爭之事者，以《春秋》記諸侯相侵伐，又有鬥爭之辭」云云，並舉「子產爭承」作為其所謂「鬥爭之辭」的實例（《禮記注疏》卷50頁2下）。「子產爭承」之事在昭十三年，《春秋》曰：

　　　　秋，公會劉子、晉侯、齊侯、宋公、衛侯、鄭伯、曹伯、莒子、邾子、滕
　　　　子、薛伯、杞伯、小邾子于平丘。

又曰：

　　　　八月甲戌，同盟于平丘，公不與盟。　（《左傳注疏》卷46頁2上）

兩則經文接連記載平丘之會與盟，都只記其「事」。至於子產爭承之「辭」，其實是載於《左傳》（《公羊傳》、《穀梁傳》專解釋「公不與盟」，並無子產之「辭」），傳云：

　　　　……及盟，子產爭承，曰：「昔天子班貢，輕重以列。列尊貢重，周之制
　　　　也。卑而貢重者，甸服也。鄭伯，男也，而使從公侯之貢，懼弗給也，敢
　　　　以為請。諸侯靖兵，好以為事。行理之命，無月不至，貢之無藝，小國有
　　　　闕，所以得罪也。諸侯修盟，存小國也。貢獻無極，亡可待也。存亡之制，
　　　　將在今矣。」自日中以爭，至于昏，晉人許之。　（同上書卷，頁18上
　　　　～20下）

《春秋》記載平丘之會與盟，《左傳》敘事乃詳述其本末。當時，子產相鄭伯與會，由於不堪晉國主盟而「貢獻無極」，故有如上一段「爭承之辭」。子產的辭令，援引周制而據禮力爭，左氏特引述「仲尼曰」贊譽子產：「於是行也，足以為國基矣」，又曰：「合諸侯，藝貢事，禮也」（同上）。蓋子產爭承，促使晉依禮制定貢賦之次〔註2〕，孔穎達認為：「嫌爭競無禮，故以禮明之」（同上書卷，頁21上）。子產相小國，據周制而力「爭」於大國盟主，孔穎達殆取意於此，所以稱這種外交辭令為「鬥爭之辭」。

　　首先，孔氏舉「子產爭承」為例，用以說明《春秋》教之所謂「屬辭」，準此而觀，他實以《左傳》為立說根據。其次，孔疏旨在申解鄭注，由此推想，鄭玄訓釋

〔註2〕杜預曰：「承，貢賦之次。」（《左傳注疏》卷46頁18上）

〈經解〉的「屬辭比事,《春秋》教也」,或亦以《左傳》爲主要的參照。否則,鄭氏所謂「有相接之辭、罪辯之事」便無所徵驗了。

綜上所述,《左傳》長於敘事,敘事中往往詳載時人的言語、辭令。鄭玄、孔穎達以聚合外交辭令、比次褒貶事蹟來解解「屬辭比事」,其實是憑藉《左傳》來理解「屬辭比事」之《春秋》教。

二、諸家之解說

對於鄭玄、孔穎達的舊解,學者頗覺不能愜心洽意,於是提出補充、修正,辨析轉細而思慮更廣泛、多元。下文舉述幾種說法,略作評析,冀能深入理解「屬辭比事」的涵義,尋索〈經解〉所指稱之《春秋》教。

1. 宋以後學者「屬辭比事」之解經法

唐啖助、趙匡、陸淳攻駁三傳,自陳新義,而盧仝亦「《春秋》三傳束高閣,獨抱遺經究終始」,《春秋》學風逐漸轉變,學者殫思於左氏、公羊或穀梁三傳之外,自標新義。在此學風習染之下,宋以後學者對何謂「屬辭比事」,衍生出迥異於鄭、孔二氏的理解。

如陸佃〔註3〕(1042～1102)訓釋「屬辭比事」,不僅不參照《左傳》或公、穀二傳,甚至援據董仲舒以強調《春秋》「無傳而著」〔註4〕。陸氏曰:

〔註3〕 陸佃有《禮記解》四十卷、《述禮新說》四卷,參《經義考》著錄,其書已佚(卷141頁5上),下引其說據衛湜之《禮記集說》引述。《直齋書錄解題》曰:「衛湜正叔,集諸家說……各著其姓氏。寶慶二年表上之。」(卷2頁26下)《四庫全書總目》據衛湜自作之前序、後序與跋,考其書撰作「首尾閱三十餘載」,並推許說:「採摭群言最爲賅博,去取亦最爲精審,自鄭注而下,所取凡一百四十四家,其他書之涉於禮記者,所採錄不在此數焉。今自鄭注、孔疏而外,原書無一存者。……亦可云禮家之淵海矣。」(卷21頁5上)

〔註4〕 《春秋繁露・竹林》曰:「《春秋》記天下之得失,而見所以然之故,甚幽而明,無傳而著,不可不察也。」(《春秋繁露義證》,頁56)「無傳而著」之說,陳澧深不以爲然,他說:「不信三傳,始於唐人。……蓋經學風氣,自唐而變,而遠溯其源,則《春秋繁露》已有『無傳而著』之語矣(見〈竹林〉篇)。然其所謂『無傳而著』者,齊頃公伐魯、伐衛,大國往聘,慢其使者,晉、魯、衛、曹四國大困之於鞍,自是頃公恐懼,卒終〔案:蘇輿引作「修」〕其身,國家安寧也。然慢聘使之事,不見於經,無傳何由著乎?董生之說已不可通,況後儒乎!試問之:使有經而無傳,何由知隱公爲惠公之子,桓公之兄乎?何由知弑隱公者爲誰乎?」(《東塾讀書記》卷10頁28下～29上)蘇輿認爲陳澧以「傳」爲三傳之「傳」是誤解,他說:「傳,猶說也。」(《春秋繁露義證》,頁56)這恐怕是蘇輿曲護之詞,難以令人信服。很有意思的是,蘇氏就《春秋繁露》本身來觀察,以爲「董傳公羊,安得云不用傳乎?且本篇語意,正在因事而察其所以然之故也。」(同上)意謂〈竹林〉篇的語意正是「因事而察其所以然之故也」,指陳《春秋繁露》因事以明義的解經進路,值得注意。

《春秋》，夫子之文章也。事有不可勝言，上下比義從可知……，先儒曰：
「《春秋》無傳而著，甚幽而明」，雖游、夏之徒不能措一詞，是之謂「屬
詞比事」。　　（見《禮記集說》引，卷 107 頁 4 上）

意謂《春秋》之義，雖游、夏之徒「不能措一詞」，不待三傳或後學之解說。然則，
學者又如何尋解經義？陸佃以爲「上下比義」之法足以知經窮義。陸氏既認爲「《春
秋》無傳而著」，則所謂「上下比義」，是專就經文來推究其義吧。

專研經文，令人聯想到盧仝「獨抱遺經究終始」的遺風。顧棟高曾玩味說：「『究
終始』三字最妙，此即比事屬辭之法，治《春秋》自宜以經作主」云云（《春秋大事
表・讀春秋偶筆》頁 19 下～20 上）。盧仝作《春秋摘微》，書已不存，其解經方式
究竟如何，不得其詳，所謂「獨抱遺經究終始」不知是否即「比事屬辭」之法？當
然，盧氏是否曾以「屬辭比事」形容自己的解經法，也未嘗沒有疑問。那麼，顧氏
何以說「究終始」者「此即比事屬辭之法」？他或許是依循程端學（1280～1336）
的理解〔註5〕。

程端學主張讀《春秋》「但取經文，平易其心，研窮其歸，則二百四十二年之事、
之義，小大相維，首尾相應」云云（《春秋本義・序》頁 2 下）。這樣研經窮義之法，
程氏認爲即是「屬辭比事」。他說：

夫《春秋》有大屬辭比事，有小屬辭比事。其大者合二百四十二年之事而
比觀之：《春秋》之始也，諸侯無王，未若是之甚也，終則天王不若一列
國之君；始也諸侯之大夫未若是之張也，終則專國而無諸侯；始也吳、楚
未若是之橫也，終則伯中國、滅諸侯；始也諸侯之伐國未甚也，終則至於
滅同列之國。其小者，合數十年之事而比觀之，始也大夫執一國之權，終
則至於弑其君；始也子弟預一國之政，終則至於簒其位；始也諸侯專恣而
妄動，終則至於滅其身；始也夫人昏姻之不正，終則至於淫亂而奔亡。……
（《春秋本義・通論》頁 5 下～6 上）

又說：

一事必有首尾，必合數十年之通而後見，或自《春秋》之始至中、中至終
而總論之，正所謂屬辭比事者也。大凡《春秋》一事爲一事者常少，一事
而前後相聯者常多，其事自微而至著，自輕而至重，始之不愼至卒之不可
救者，往往皆是。而先儒或略之，乃於一字之間而究其義，此其穿鑿附會、
想像測度之說所由生也。　　（同上書，頁 4 下～5 上）

〔註 5〕顧棟高《春秋大事表・綱領》曾引程氏（端學，號積齋）語：「《春秋》有大屬辭比
事，有小屬辭比事」云云（頁 5 上）。

合數十年之事，甚或比合《春秋》二百四十二年之事，綜觀其「始至中、中至終」而總論其事義，這是程端學所理解的「屬辭比事」。大抵就《春秋》所記，通曉其始終，而見其首尾相應，尋其旨歸。程氏依此法解釋《春秋》，自闢一條門徑，頗可以照應所謂「比事」；但是，何謂「屬辭」呢？這點卻沒有顧及！那麼，程氏的詮解縱然有獨到之巧思，卻難以副合〈經解〉「屬辭比事，《春秋》教也」的意義。

中唐以後的《春秋》學者，企圖在三傳之外自標新義，蔚為一時風尚。於是，有些學者不依三傳軌轍而致力於專研《春秋》經文——所謂「獨抱遺經」，於是以「離經辯類」或「依經比類」的方式詮經說例，逐漸發展出異於三傳的解經法。他們往往以「比事」或「屬辭」等自名其書，表示其方法靈感源自〈經解〉之《春秋》教。參考《四庫全書總目》，如劉朔（1127～1170）之《春秋比事》〔註6〕、趙汸之《春秋屬辭》、毛奇齡（1623～1716）之《春秋屬辭比事記》，以及方苞（1668～1749）之《春秋比事目錄》〔註7〕等等，都屬這一類型的經解著作。

這一種「依經比類」的《春秋》經解，它們的特色是：以類聚經文為主——往往依「辭」類或「事」類將經文重新編排，然後予以疏釋詮解，尋稽經義。依陸心

〔註6〕《春秋比事》二十卷，舊題宋沈棐撰，《四庫全書總目》從之，但是，據陸心源之考證，作者當為劉朔。關於《春秋比事》的作者，陳亮（字同甫，號龍川；1143～1194）作〈春秋比事序〉，其說與陳振孫《直齋書錄解題》不同，已啓疑端（陳亮〈序〉見注8引）。《四庫全書總目》以為「疑以傳疑，無從是正，以陳亮去棐世近，姑從所序，仍著棐名。」（卷27頁20上～下）然而，陸心源嘗考證此書作者，認為當係劉朔，而非沈棐。陸氏曰：「都穆《聽雨記談》據譚卿月〈序〉以為劉朔撰。四庫所據本無譚〈序〉，故提要著錄仍題沈棐名。此本譚序祇存末三行，但以『頃得劉氏家本，特表而出之』二語証之，必以為劉朔作。玄劉朔為後村之祖，《後村集》有二大父遺文，跋云：『麟臺公歿于信安傳舍中，故遺稿尤少，有《春秋比事》二十卷，別為書』，與譚卿月之言合。則此書信為劉朔作矣。朔，字復之，莆田人，與兄鳳皆受業于林光朝，少喜易，斬以名家。以《春秋》久為王介甫茅塞，更治《春秋》。紹興庚辰，以《春秋》登第，調溫州司戶，累知福清縣，入為祕書省正字。疾作，求為福建參議官，行至信安，辛于傳舍。見《中興館閣錄》及葉《水心集》二劉墓誌。朔既以《春秋》名家，又有《後村集》、譚卿月〈序〉可証，其為朔著無疑。」又曰：「同甫所見之本並無撰人姓名，〈序〉稱或曰沈文伯之所為，亦未定為文伯作也。直齋乃始誤會。當改題劉朔名為是。」（〈春秋比事跋二〉，《儀顧堂續跋》卷3頁2下～4上）案：劉克莊〈二大父遺文〉見《後村生大全集》（卷107，頁935）。上引諸家，陸心源考證最為詳博有據，故從其說。（陳亮〈春秋比事序〉參見注8）下文及注引述《四庫全書總目》所稱沈棐書者，實指此書。

〔註7〕方苞《春秋比事目錄》，未見。《四庫全書總目》著錄於存目，曰：「〔方苞〕既作《春秋通論》，恐學者三傳未熟，不能驟尋其端緒，乃取其事同而書法互異者，分類彙錄，凡八十五類。然宋沈棐、元趙汸皆已先有此著。」（卷31頁25下）依此，方氏《春秋比事目錄》，也屬這一類型的經解著作。

源（1834～1894）的觀察，此類著作當以劉朔的《春秋比事》成書最早。陸氏說：

> 其書卷一周天王，卷二二霸齊桓晉文，卷三卷四魯十二公，卷五卷六晉，
> 卷七齊，卷八宋，卷九鄭，卷十蒐狩築城獻捷田邑，卷十一郊祀宮室正朔
> 即位，卷十二書盟，卷十三書會，卷十四書朝書聘，卷十五書侵，卷十六
> 書伐，卷十七書戰，卷十八書救書平，卷十九書遂書次，卷二十夷狄。《春
> 秋》之教比事屬辭，雖著于禮經，而漢唐以來説《春秋》者，無有依經比
> 類合爲一書而加以論斷者，有之，自此書始。故水心推爲三家之外，自出
> 新義，爾雅獨至也。　　（〈春秋比事跋二〉，《儀顧堂續跋》卷 3 頁 3 下）

以現存的著作而言，不依三傳，而「依經比類，合爲一書而加以論斷」的專著，是
宋代以後新出的一種經解類型。《春秋比事》凡二十卷，《四庫全書總目》指出：「其
書前以諸國類次，後以朝聘征伐會盟事跡相近者各比例而爲之説。」（卷 27 頁 20
下）此書前九卷「以諸國類次」，大抵以列國之「事」爲類；後十一卷，分別聚合「盟」、
「會」、「侵」、「伐」等經文爲卷，大抵是依書法之「辭」爲類。

這樣「依經比類」以成書，頗在「三家之外，自出新義」者，元、明、清的學
者陸續繼作，而往往標榜其解釋《春秋》的方法是「屬辭比事」。如趙汸作《春秋屬
辭》，其〈序〉曰：

> 昔者聖人既作六經以成教於天下，而《春秋》教有其法，獨與五經不同，
> 所謂「屬辭比事」是也。……《春秋》斷截魯史，有筆有削，以寓其撥亂
> 之權，與述而不作者事異。自弟子高弟者如游、夏尚不能贊一辭，苟非聖
> 人爲法以教人，使考其異同之故以求之，則筆削之意何由可見乎？此「屬
> 辭比事」所以爲《春秋》之教，不得與五經同也。……有志是經者，其可
> 舍此而他求乎？　　（《春秋屬辭·序》頁 1 上～下）

又說：

> 故曰：《春秋》之義不明，學者知不足以知聖人，而又不由《春秋》之教
> 也。豈不然哉？聞嘗竊用其法以求之，而得筆削之大凡有八，……使非是
> 經有孔門遺教，則亦何以得聖人之意於千載之上哉！乃離經辯類，析類爲
> 凡，發其隱蔽，辯而釋之。　　（同上書，頁 2 上～3 上）

趙汸由孔子筆削《春秋》，門人高弟如游、夏者尚且「不能贊一辭」，從而申説：孔
子以「屬辭比事」之法教人，「使考其異同之故以求之，則筆削之意何由可見乎」。
這一見解可以和上引陸佃説互參。趙氏的「屬辭比事」之法，就是「離經辯類」而
考其異同。《春秋屬辭》一書即依類例聚合經文，然後加以辯析疏釋，循此推尋《春
秋》筆削之義。

劉朔、趙汸等書明白題稱「比事」或「屬辭」〔註8〕，有些著作雖沒有以此題書，卻也標榜依此法解經。以吳澄（1249～1333）為例，其《春秋纂言總例‧序》曰：

> 屬辭比事，《春秋》教也。昔唐啖助、趙匡集《春秋》傳，門人陸淳又類聚事、辭，成《纂例》十卷。今澄既采撫諸家之言，各麗于經，乃分所異、合所同，做《纂例》為《總例》七篇：初一天道，次二人紀，次三嘉禮，次四賓禮，次五軍禮，次六凶禮，次七吉禮。例之綱七，例之目八十有八。
> （頁1上）

啖助、趙匡之書，經陸淳修撰，為《春秋集傳纂例》十卷（詳參第二章注7）。吳澄說陸氏「纂例」以「類聚事、辭」之法成書，自言所作《總例》七篇即仿此而作。依〈序〉上下文意看來，吳氏著書採用「類聚事、辭」之法，而這亦即是他所理解的「屬辭比事」。

所謂「類聚事、辭」之法，其實與《春秋比事》之「依經比類」或《春秋屬辭》之「離經辯類」，大同而小異。由上述引文可以略窺，劉、吳、趙三家之類例釐析不盡相同；然而，依「事」類或「辭」類聚合經文，重新編次，然後予以詮釋，其解經方式實無二致。

這類標榜以「屬辭比事」詮釋《春秋》的經解著作，相沿繼作，蔚為一個著作類型〔註9〕。由此而言，聚合、比類《春秋》之「事」或「辭」，這可以說是宋以後

〔註8〕 案《春秋比事》原題《春秋總論》，陳亮始為改今題。陳氏〈春秋比事序〉曰：「余嘗欲即經以類次其事之始末，攷其事以論其時，庶幾抱遺經以見聖人之志。客有遺余以《春秋總論》者……，雖其論未能一一中的，而即經類事，以見其始末，使聖人之志，可以捨傳而獨攷，此其為志亦大矣！惜其為此書之勤，而卒不見其名也。或曰是沈文伯之所為也。文伯名棐，湖州人，嘗為婺之校官，以文字稱而不聞以經稱也。使其非文伯也，此書可不傳乎？使其果文伯也，人固不可以淺料也。因為易其名，曰：《春秋比事》，鋟諸木以與同志者共之。」（《龍川文集》卷14頁3下～4上）。

〔註9〕 這類依經「類聚事、辭」的《春秋》經解，可以細別為三小類。第一，如劉朔、吳澄、趙汸等，或題書名，或作序申說，都顯明標榜：這是「屬辭比事」法。第二，依吳澄〈序〉所言，這種解經方式其實已見於陸淳的《春秋集傳纂例》。第一、二小類的差別是陸氏書「集傳」以釋例——陸氏謂「凡經文下所引五家之傳」云云（《春秋集傳纂例》卷2頁3下），五家者，即三傳與啖、趙二家，猶撫取三傳；而劉朔等人著書，則頗銳意改三傳舊輞以立新義。第三，按諸杜預之《春秋釋例》，亦已具備「離經辯類」的方式，更早於陸氏書。不同的是，杜預專依《左傳》以釋《春秋》義例。張大亨曰：「昔杜元凱作《釋例》以明《春秋》異同之義，事類相發，各為條綱，使覽者用力少而見功多，可謂善矣；然其間雜以傳例，與經踳駁，而又摘數端，不能該盡，學者病之。唐陸淳乃因啖、趙之餘，別為《纂例》，其所條列，一出於經，

的《春秋》學者對「屬辭比事」的一種理解。這種理解既迥異於鄭、孔舊解，也和程端學不同。然則，此一理解方式是否合乎〈經解〉之意呢？——第一，這樣的解經靈感雖然源自〈經解〉，但是否副合其上下文義？第二，「依經比類」的方式，是否可以就《春秋》本身得到徵驗？

首先，仔細按察〈經解〉：

> 其爲人也，溫柔敦厚，《詩》教也；疏通知遠，《書》教也；廣博易良，《樂》教也；絜靜精微，《易》教也；恭儉莊敬，《禮》教也；屬辭比事，《春秋》教也。

依此，「其爲人也」一句，總攝「屬辭比事，《春秋》教也」與其它五教，這是詮釋〈經解〉六藝之教的一項前提。上述諸家將「屬辭比事」理解爲解經法，沒有兼顧「其爲人也」的關聯，如此，便難以副合〈經解〉的文義。

其次，《春秋》記事是依時間編次，既不依「事」類、也非依「辭」例纂輯，唯其如此，《春秋比事》、《春秋屬辭》等書才需類聚經文，重新編次、辯釋。這樣，此一理解於《春秋》本身也難以獲得徵驗的憑據。

由以上兩點看來，宋以後學者雖開出一條「類聚事、辭」的解經途徑，卻不副合〈經解〉所述之《春秋》教，所謂「屬辭比事」，尚待進一步推尋索解。

2. 毛奇齡之說

毛奇齡的《春秋屬辭比事記》，也屬「離經辯類」、聚合事辭這一類型的經解著作〔註10〕，則毛氏對「屬辭比事」的理解，基本上也有如上所述的疑難。然而，毛

比於杜公，詳顯完密。」(《春秋五禮例宗·序》頁 1 上) 張氏比較杜預、陸淳二氏釋例之學的異同，繼作《春秋五禮例宗》一書。四庫館臣以爲吳澄《春秋纂言總例》所分吉、凶、軍、賓、嘉五例，「與宋張大亨《春秋五禮例宗》互相出入」(《四庫全書總目》卷 28 頁 2 上)，又曰：「自昔說《春秋》者，但分義例，至宋張大亨始分五禮，元吳澄因之。」(同上書，卷 29 頁 13 下) 張大亨分別「禮」例，上承杜、陸二氏之例學，依四庫館臣之見，張氏又下啓吳澄。蓋單單就詮解方式而言，上述三小類「依經比事」之方式大同而小異：若由此類著作之發展源流看，並比較它們與三傳的關係，則可以細別爲專守一家 (如杜預)，兼取三傳 (如陸淳)，或「三家之外，自出新義」(如吳澄) 等三小類。其中，第一小類著作爲自別於三傳，特意標榜「屬辭比事」法，而另兩小類——如杜預、陸淳之書，則未見其如此自命，這種差異，不可輕忽。蓋宋以後發展出「類聚事、辭」的解經法，其靈感或源自〈經解〉，但這種方式是否即〈經解〉所謂「屬辭比事」，則是另一回事，當仔細釐辨。此處引述吳澄、趙汸等諸家，旨在探討〈經解〉「屬辭比事」的涵義，故附述這類經解著作的源流梗概於此，正文中則不論述杜預、陸淳等人。杜、陸等固未嘗指這種詮釋義例的方式爲「屬辭比事」。

〔註10〕毛奇齡撰《春秋毛氏傳》，已區分禮例、事例、文例、義例，四例凡二十二門 (《春秋毛氏傳》卷 1 頁 13～17 上)，毛氏曰：「予傳《春秋》成，已創發四例，而人或不

氏在〈序〉文中的若干思索，值得注意參察。毛奇齡說：

〈經解〉曰：「屬辭比事，《春秋》教也。」夫辭何以屬？謂夫史文之散渙
者宜合屬也。事何以比？謂夫史官所載之事畔亂參錯而當爲之比以類也。
此本夫子以前之春秋，而夫子解之如此；是以夫子之《春秋》亦仍以四字
爲之解。漢儒謂屬合辭令、比次戰伐，則于作者之意全無統繫。　（《春
秋屬辭比事記》卷1頁1上）

所引漢儒「屬合辭令、比次戰伐」之說，殆即轉述鄭玄注，毛氏批評此說「于作者
之意全無統繫」，對舊解不以爲然。然則，「作者之意」又如何？仔細推敲〈經解〉
之上下文義，開篇乃由「孔子曰：入其國，其教可知也」起首，依此，毛氏認爲「屬
辭比事」原是孔子詮解古「春秋」的方式，其所以如此解之，則是由於史官載記文
字散渙、事蹟參錯，故宜合屬比類；既然如此，孔子之《春秋》也仍以「屬辭比事」
來詮解。他又別出心裁，結合〈經解〉與《孟子》以立說。毛氏曰：

昔者孟子解《春秋》，曰「其事」，則事當比也；曰「其文」，則其辭當屬
合也。　（同上）

《孟子》述說孔子作《春秋》的原委，曰：「其事則齊桓、晉文，其文則史」（見第
一章第一節引）。毛氏將〈經解〉之「屬辭比事」與《孟子》之「其事」與「其文」
會通起來，以爲：由於《春秋》有「事」，因而「事當比」；有「文」，因而「其辭當
屬合」。他由此進一步推尋「屬辭」與「比事」的緣故，曰：「夫辭何以屬？謂夫史
文之散渙者宜合屬也；事何以比？謂夫史官所載之事畔亂參錯而當爲之比以類也」。
這樣，毛氏解「比事」爲比類事蹟；而「屬辭」則是合屬史文，所謂「辭」，是一般
文詞，並非專指朝聘會同的辭令。

　　毛奇齡的思慮較諸家細膩周轉，既審察上下文義，又會通於《孟子》所述之《春

信，因復重闡之，而分禮門部，比屬其辭事之繫禮者而著之于篇。」（《春秋屬辭比
事記》卷1頁2上～下）四庫全書收錄《春秋屬辭比事記》四卷，四例二十二門的
規模大抵相同，其書前提要云：「奇齡作《春秋傳》，分義例爲二十二門，而其書則
仍從經文十二公之序，此乃分門隸事，如沈棐、趙汸之體，……是書爲奇齡門人所
編，云本十卷；朱彝尊《經義考》惟載六卷，且云未見。此本於二十二門之中，僅
得七門，而侵伐一門尚未及半，雖非完書，核其體要，轉勝所作《春秋傳》也。」
（頁1上～下）《春秋屬辭比事記》鏧析經文，「分門隸事，如沈棐、趙汸之體」。這
類經解著作，其門例類別，彼此不同，毛氏將二十二門總括爲禮、文、事、義四例，
不僅將〈經解〉之「屬辭比事」，與《孟子》之「文」「事」「義」連結起來，所謂「分
禮門部，比屬其辭、事之繫禮者而著之于篇」，其「禮」例則又參合《左傳》（參注
11），融貫會通的解經進路，思有獨至。我雖然沒有採取毛氏的說法，但在詮解思路
上，頗受啓發。

秋》的撰作原委，很能啓人深思。

　　《春秋》傳自孔子，而孔子作《春秋》淵源舊史——孟子所謂「其文則史」，《史記·十二諸侯年表序》亦云：「〔孔子〕西觀周室，論史記舊聞，興於魯，而次春秋」。魯有「春秋」，周與燕、宋、齊、晉、楚等也都各有其「春秋」，這些是古之「春秋」。古「春秋」久已亡佚，而學者奉之爲經、傳習不輟者，乃孔子之《春秋》，這部經典藉由後學之講習、傳述、發展而形成「春秋學」的傳統，誠如劉知幾所說：「彌歷千載而其書獨行」也（此上，說參第一章第一節）。既有學術統緒，理解「屬辭比事」之《春秋》教，就不至於全無線索。換言之，學者可以優先在這個學術統緒當中尋索進路。第一章依孟子所述，指陳《春秋》有「文」、有「事」、有「義」；而且，「義」不空言，乃是形之於「文」、載之於「事」。既然〈經解〉所謂「屬辭比事」主要是傳述《春秋》之教，則毛奇齡會通〈經解〉與《孟子》，這樣通觀互參，可謂思有獨至〔註11〕。

　　然而，若是仔細考慮，也尚有商榷餘地。

　　《禮記》成書乃編定於漢儒之手，上距孔子之時已有一段距離；而且，〈經解〉篇明確將「詩」「書」「樂」「易」「禮」與「春秋」六藝並舉。由這兩點看來，「孔子曰」云云，似又不宜拘泥，不必定指爲孔子之語。莊有可（1744～1822）注釋〈經解〉，以爲：

> 經教得失之論，雖非無所受，要皆爲西漢人雜集成記無疑。　（《禮記集說》卷26頁4下）

程端學也說：

> 傳稱「屬辭比事」者，《春秋》之大法，此必孔門傳授之格言，而漢儒記之耳。而說《春秋》者終莫之省，甚可惜也。　（《春秋本義·通論》頁5下～6下）

莊氏著重〈經解〉出自漢人之「雜集成記」，程氏則強調「此必孔門傳授之格言」，重點取向不同。漢儒依傳授所聞加以記錄，諸經之旨要得失是不是格言典律固不可確知，但至少足以代表當時、乃至先秦以來儒者對六藝之教的一種見解。所謂「孔

〔註11〕毛奇齡曰：「在夫子以前，晉韓起聘魯見魯史春秋，即嘆曰：『周禮盡在魯矣』，則魯史記事全以周禮爲表志，而策書相傳，謂之禮經。凡其事、其文，一準乎禮而從而比之屬之……。以禮爲志，而其事、其文以次比屬，而其義即行乎禮與事與文之中，謂之四例，亦謂之二十二志，而總名之曰：《春秋屬辭比事記》。」（《春秋屬辭比事記》卷1頁1下～2上）毛氏此書，以「禮」「事」「文」「義」四例詮解《春秋》，不僅結合〈經解〉與《孟子》，還參據了昭二年《左傳》。他的思路值得注意，但這樣詮解「屬辭比事」是否諦當，則猶有商榷餘地。

子曰」云云，未可定指爲孔子語，卻也意謂〈經解〉所述特指孔子後學傳習之六藝。從〈經解〉是宗師孔子的儒者所記述，以及文中六藝並陳的情形看來，所謂「屬辭比事，《春秋》教也」，雖或可以向上追溯至古「春秋」之教，但中心意向主要仍落在儒家六藝之學的領域內，主要是傳述孔子《春秋》之教。這是理解「屬辭比事，《春秋》教也」首需注意的前提之一〔註12〕。

吳澄、趙汸等視「屬辭比事」爲「類聚事、辭」的解經法，毛奇齡亦然〔註13〕，他們同樣忽略了：〈經解〉以「其爲人也」總攝六藝之教。這是詮釋「屬辭比事，《春秋》教也」之涵義的前提之二。

回顧上述各家解說，如鄭玄、孔穎達的舊解，以及程端學之說，他們著重《春秋》經、傳的內容；至於吳澄、趙汸與毛奇齡等，則視之爲類聚事辭的解經方法。他們詮解「屬辭比事」之義，都合乎第一項前提，可惜都沒有積極回應「其爲人也」這項前提〔註14〕。

3. 王夫之與孫希旦之說

相較於上述諸家，王夫之（1619～1692）的解釋則積極回應了「其爲人也」這項前提。王氏曰：

> 爲人，謂學者言行趣尚之別也。……記者引孔子之言而釋之，言自聖人刪定以後，立教之道盡於六經。爲君師者以此爲教，俾學者馴習而涵泳之，則變化氣質以成其材之效有如此矣。　（《禮記章句》，頁1172）

〔註12〕應鏞《禮記纂義》曰：「樂正崇四術以訓士，則先王之詩、書、禮、樂，其設教固已久。……《春秋》雖本其紀載，而策書非民庶所得盡窺。故易象與魯春秋，韓宣子適魯始得見之，則諸國之教未必盡備六者。蓋自夫子刪定讚繫筆削之餘，而後傳習滋廣，經術流行。」（見衛湜《禮記集說》引，卷107頁6下）韓宣子適魯始見易象與魯春秋，事在昭二年《左傳》（參第一章注6引）。由韓宣子尚且聘魯而後得見「魯春秋」，應氏認爲「策書非民庶所得盡窺」，其設教亦未必廣及民間。「傳習滋廣，經術流行」者，實乃出自孔子筆削之《春秋》。

〔註13〕毛奇齡說「夫子之《春秋》亦仍以四字爲之解」，這是視「屬辭比事」爲解經方法。

〔註14〕孔穎達疏曰：「溫，謂顏色溫潤；柔謂情性和柔。《詩》依違諷諫，不指切事情，故云溫柔敦厚是《詩》教也」，言人之容色情性；又「樂以和通爲體，無所不用，是廣博；簡易良善使人從化，是易良」，言「使人從化」；又「《易》之於人，正則獲吉，邪則獲凶，不爲淫濫，是絜靜；窮理盡性，言入秋毫，是精微」，言使人「不爲淫濫」、「言入秋毫」；又「禮以恭遜節儉、齊莊敬愼爲本，若人能恭敬節儉，是《禮》之教也」，言人之能「恭敬節儉」（《禮記注疏》卷50頁1下～2上）。凡此，都扣緊「其爲人也」一語來串講梳理。孔氏又曰：「書錄帝王言誥，舉其大綱，事非繁密，是疏通；上知帝皇之世，是知遠也」（同上），雖未明言「人」，而意指人之「上知」古事，亦明白可喻。相形之下，孔氏沒有積極回應「屬辭比事」之教與「爲人」的關係究竟如何。

王夫之在儒家六藝之教的領域內詮解其義，而且，針對所謂「爲人」，他說：「謂學者言行趣尙之別也」，意謂六教旨在教育學者之言、行〔註15〕，「溫柔敦厚」、「屬辭比事」等，係指學者涵泳六藝，「變化氣質以成其材之效」。這樣，〈經解〉分述六教，是陳述六藝的教育（或教化）成效。

那麼，何謂「屬辭比事」？王夫之解釋說：

> 屬辭，連屬字句以成文，謂善爲辭命也；比事，比合事之初終彼此以謀其得失也。　　（同上）

依王氏的訓釋，「屬」是「連屬」，「比」是比合。訓「比」爲「比合」，取其排比編次以連綴成文之意。這樣，所謂「屬辭比事」是指善於措辭行文、比合事之始終彼此以判斷其褒貶得失。這意謂「屬辭比事」之教側重在「言」：所謂「其爲人也……屬辭比事，《春秋》教也」，意指學者馴習《春秋》之教，從而擅長「連屬字句以成文」、「比合事之初終彼此」，以「謀其得失」而中肯無失。這即是其教化成效。

所謂「屬」，《說文解字》曰：「連也」（8篇下頁2下）；《楚辭・哀時命》「抒中情而屬詩」，王逸（90？～165？）注曰：「屬，續也」（卷14頁1下）；《漢書・賈誼傳》謂「〔誼〕以能誦《詩》《書》屬文」云云，顏師古（581～645）注曰：「屬，謂綴輯之也」（《漢書補注》卷48頁1上）。「屬辭」之「屬」，即「屬詩」、「屬文」之「屬」，指綴續相連；而「屬辭」就是：斟酌用語以命字設辭，並綴輯相續以成文。所以王夫之注解「屬辭」，曰：「連屬字句以成文」。王氏又引申說：「謂善爲辭命也」，或許是有意牽合孔穎達「會同之辭」的說法。然而，「連屬字句以成文」，所謂「文」何必定指爲「辭命」？如此牽合，其實並無必要。

所謂「比」，《說文解字》曰：「密也」，段玉裁（1735～1815）注曰：「今韻平上去入四聲皆錄此字，要密義足以括之。其本義謂相親密也，餘義……皆其所引伸」（8篇上頁43下）。孔穎達曰：「比，近也」，蓋「比」本義爲「密」，孔氏轉說爲「近」。由於「比事」的「比」爲動詞，又由「近」引申爲「比次」，所以王夫之訓爲「比合」。這樣，「比事」是指將事件排比編次使整合爲一。

基於上述訓詁，「屬辭比事」意謂：連屬文句而比次其事蹟；「事」即「屬辭」的實際內容。

而且，既是比次、比合，則排比編次想必有一定之條理順序。

整輯「事」之條理順序，或者著重呈現事序之始終，或著重事理之本末：著重事序始終，則以「時」爲本，表現於撰述即爲編年記事；著重事理之本末，則以「事」

〔註15〕孔穎達疏解六藝之教，也認爲六藝教化學者（人），或尚言、或尚行，說參上註。

為本而呈現行事發展的脈絡，表現為文體即是敘事。

　　文，需連屬字句始成篇章；敘事之文，更需依行事脈絡「原始要終」地整理比次，正所謂「比合事之初終彼此」也。依王夫之的詮解來尋思，則「屬辭比事」之《春秋》教，對於學者「言行趣尚」的教化作用，主要表現在「言」──也就是善於依時間序列整輯事蹟或敘述始末，形諸文字，即是編年記事或敘事。當然，《春秋》有「文」、有「事」、有「義」，且「義」寓於「文」與「事」，因此，編年記事或敘事更是為了「謀其得失」，也就是藉以判斷是非，彰明褒貶之義。那麼，「屬辭比事」的教化成效，當不止是使學者如何嫻熟編年記事或敘事，更將啟導學者「本其事而明褒貶」，從而究明《春秋》之「義」。這正是「屬辭比事」之《春秋》教的特點所在。王氏雖沒有如毛奇齡般主動會通〈經解〉與《孟子》，但如此合觀申解，意義更明悉暢達。

　　對於「辭」如何「屬」、「事」如何「比」，孫希旦（1736～1784）的注解有進一步的發揮，可以並參。孫氏說：

> 屬辭者，連屬其辭，以月繫年、以日繫月、以事繫日也；比事者，比次列
> 國之事而書之也。　　（《禮記集解》，頁 1255）

謂「屬」為「連屬」，「比」為「比次」，這一訓釋與孔穎達、王夫之大抵相同〔註16〕。孫氏進一步申述「連屬其辭」之法，謂「以月繫年、以日繫月、以事繫日」；而「比事」則是「比次列國之事而書之」。

　　徵諸《春秋》，如桓十一年經曰：

> 十有一年春正月，齊人、衛人、鄭人盟于惡曹。
>
> 夏五月癸未，鄭伯寤生卒。
>
> 秋七月，葬鄭莊公。
>
> 九月，宋人執鄭祭仲。突歸于鄭。鄭忽出奔衛。柔會宋公、陳侯、蔡叔盟
> 于折。公會宋公于夫鍾。
>
> 冬十有二月，公會宋公于闞。　　（《左傳注疏》卷7頁8上～9上）

凡此，各個事件都依發生的時間先後繫屬於該年、時、月、日之下，如「十有一年……夏五月癸未，鄭伯寤生卒」，依孫氏的訓解，這即是《春秋》之「屬辭」。又，《春秋》依魯十二公編年記事，而所記的事件，或與魯國有關──如「冬十有二月，公會宋公于闞」即是記魯桓公與宋莊公兩君相會之事，或為其他諸侯國之事──如「春正

〔註16〕相形之下，毛奇齡訓「比」為「比類」，增入了「類」的概念。其實，所謂「依經比類」、「離經辯類」或「類聚事、辭」，這種理解都凸顯了「類」的概念，隱然都將「比」理解為「比類」（甚至連「屬」也增入「類」的概念來理解──如趙汸之所謂「屬辭」）。

月，齊人、衛人、鄭人盟于惡曹」，魯實未嘗與盟，是所謂「列國之事」。依時序先後，一一排比編次諸侯列國的事件，依孫氏說，這即是《春秋》之「比事」。那麼，徵驗於經，「屬辭比事」所形成的是如同《春秋》一般的編年記事。

孫希旦沒有明言詮解「屬辭比事」，是否只專就《春秋》本身來立說。需要追問的是，〈經解〉所述主要是就「春秋教」而言，孫氏說固然符合《春秋》編年記事之體式，但是，這對於學者「爲人」之教育功效又如何？此一前提猶須回應。可惜孫氏無說。

其實，孫希旦與王夫之的詮解可以結合起來，俾形成更爲周洽的解釋。

依王夫之，「屬辭」大抵即「屬文」，是連綴字句以成文的意思，這跟孫希旦云「連屬其辭」原可以相通。所謂「以月繫年、以日繫月、以事繫日」，可以說是指陳「連屬其辭」以成文的原則——將「事」繫屬於該年、月、日之下，這就是反映「事」之時間序列的撰述原則。王夫之正也強調「比事」是編次事蹟之「初終彼此」！「屬辭」與「比事」具有的內在連繫，這連繫即「事」。所謂「屬辭比事，《春秋》教也」，而《春秋》「見之於行事」，因此，「事」是「屬辭」的內容，或者說是其「文」的內容。由於這種內在連繫，王氏與孫氏遂殊途而同歸，分別就「比事」與「屬辭」反映出依時間序列呈現「事」之條理順序的《春秋》教義。這樣，孫氏說「比次列國之事而書之」，指述事蹟內容涉及列國；王氏說比次其事之始終以「謀其得失」，點出本其事以明褒貶的經義旨歸：兩說各陳一端，實則可以合觀而不悖。

那麼，「屬辭比事」意謂：博探列國之「事」，依循時間序列將這些事蹟綴輯成文，順著這些事件的順序條理比合編次，藉以判斷是非得失、究明褒貶大義。結合孫氏與王氏的詮解，不僅可以就字面訓釋何謂「屬辭比事」，還可以回應《春秋》教的功能——使學者博觀能文而深明褒貶之義。

這樣詮解，可以徵驗於《春秋》經本身，也可以適用於傳，關於這點，下文將進一步論述。

4. 章學誠與章炳麟之說

藉由王夫之的詮解加以梳理並結合孫希旦之說以後，在此我們可以回觀上引章學誠的說法，作進一步的會通。

章學誠說：「敘事之文，比事屬辭，《春秋》教也。」意謂敘事的特色即「比事屬辭」，由「比事屬辭」，章氏於是將敘事與《春秋》之教關聯起來。

初看之下，〈經解〉篇與章學誠之間存有這樣的差異：即〈經解〉從「人」論六藝之教，章氏卻轉爲論說「文」。上文曾指出，章氏的用語顯然是由〈經解〉而來。專就《春秋》教而言，〈經解〉說：「屬辭比事，《春秋》教也」，章氏則說：「敘事之

文，比事屬辭，《春》秋教也」。依上文的詮解，《春秋》「屬辭比事」的教化功能，主要表現在：使學者善於依循時間序列來比次事蹟、綴輯文辭，從而謀得失、明大義。蓋如王夫之所謂「比合事之初終彼此」、「連屬字句以成文」，這樣「比事屬辭」，若強調時序始終，則成為如《春秋》之編年記事體；若著重事理本末，則表現為如《左傳》之敘事文體。

章學誠認為敘事之文導源於《春秋》教，由經之編年記事發展為《左傳》之敘事，此係自然而然的發展趨向，所謂「其勢有然也」。章氏《文史通義·書教上》說：

> 《春秋》比事以屬辭，而左氏不能不取百司之掌故與夫百國之寶書，以備其事之始末，其勢有然也。　（《章學誠遺書》，頁3）

《春秋》編年記事，這固然是「屬辭比事」；《左傳》以經所記之「事」為中心，博採諸侯國之史官載記「以備其事之始末」，如此敘事以解經，正是由「屬辭比事」之教發展而來，所以說：「其勢有然也」。

《左傳》以經所記之「事」為中心，備敘其本末，諸篇敘事又依據《春秋》編年的順序加以排比編次，集結成書；相較於《春秋》之編年記事，《左傳》可稱為編年敘事。由《春秋》之編年記事，發展為《左傳》依經之編年以敘事，由經而傳，一如長川大河由源衍而為流，這是自然而然的趨勢。因此，章學誠認為：《左傳》敘事「以備其事之始末」正是淵源於「屬辭比事」之《春秋》教。

經由以上的尋索演述，章學誠申說〈經解〉，謂敘事文體源出於「屬辭比事」之《春秋》教，其思致理路也就得以尋稽，他的說法與〈經解〉之間表面上的差異、距離，遂也得以契接轉通。

章學誠說「左氏不能不取百司之掌故與夫百國之寶書，以備其事之始末」，這說法可以和上引王夫之、孫希旦的詮解相參來看，可謂綜合了博取列國之史與比次事之始終兩義。只是章氏尤其關注於傳，尤其是《左傳》之「屬辭比事」。

無獨有偶的，章炳麟在《檢論·春秋故言》裡有一段文字，發揮了類似的見解，可以佐助此說。章氏曰：

> 孔子作《春秋》，本以和布當世事狀，寄文于魯，其實主道齊桓、晉文五伯之事。五伯之事散在本國乘載，非魯史所能具，為是博徵諸書，貫穿其文，以形于傳，謂之「屬辭比事」。　（《檢論》，頁411）

他自注說：

> 「屬詞比事」，謂一事而涉數國者，各國皆記其一嵩，至《春秋傳》乃排比整齊，猶司馬《通鑑》比輯諸史紀傳表志之事，同為一篇，此為「屬辭比事」。自非良史則嵩緒紛然，首尾橫決，故《春秋》之失亂矣。　（同上）

《春秋》雖然依魯十二公編年記事，但如《孟子》所說「其事則齊桓、晉文」，經所記之事非僅魯史，而是泛及齊桓、晉文等「五霸迭興」的諸侯事蹟。上文曾引述桓十一年經文，考察這一年《春秋》所記之事，就包括魯與宋、齊、鄭、衛、陳、蔡等國。事涉列國，那麼，解釋《春秋》「文」、「事」、「義」，怎能專守一國之史官載記而不博採諸國之書？章炳麟云：「博徵諸書，貫穿其文，以形于傳」，意謂這即是傳之「屬辭比事」。

　　《春秋》「屬辭比事」，而傳解釋經，綴輯比次列國之史書載記，使其「事」端緒井然，始終貫串，融會成篇，這亦即是傳之「屬辭比事」。依章學誠，這樣「屬辭比事」融合成篇的文字就是：敘事。

三、傳之敘事與「屬辭比事」

　　《左傳》敘事以解經，合乎「屬辭比事」之《春秋》教，《公羊傳》與《穀梁傳》又何嘗不然？

　　誠然，三傳都運用敘事以解經的方式，只是敘事之詳略不同，間或對事蹟傳聞也互有差異。陳澧曾綜觀三傳，曰「公羊亦甚重記事，但所知之事少而又有不確者耳」，又說「穀梁述事尤少」（引文詳見緒論第二節之二）。鍾文烝（1818～1877），對三傳述事詳略有過觀察、比較，他在《穀梁補注・卷首》舉例陳述：

> 桓公與公子翬弒隱公，〔穀梁〕傳不如左氏、公羊明言其事，但於前後略
> 見之。傳似此者多矣。以內之大事言之，如文姜、齊襄之殺桓公，哀姜、
> 慶父之賊般，閔、季子之討慶父，宣公、仲遂之殺惡、視，意如之出昭公，
> 陽虎之竊國寶，左氏載其事甚詳，公羊亦明述其事，獨此傳於經各當文下
> 既不一言，其發傳於他處者，亦皆隱約其辭，而無紀錄事跡之語。……季
> 子之鴆叔牙，叔彭生之死，歸父之遣，與夫宋宣、繆之讓國，殤、閔之被
> 弒，孔父、仇牧之死難，華元之平楚，陳哀、濤塗之誤齊桓，晉荀息之死
> 難，齊豎刁、易牙之爭權，逢丑父之救君，陳乞之迎陽生，衛叔武之被殺，
> 甯殖之命子，鄭弦高之犒秦師，楚莊王之赦鄭，靈王之經死，左氏、公羊
> 皆有明文，傳絕無之。　　（《穀梁補注》卷2頁19下）

文中列舉魯與列國的諸多事例，《左傳》、《公羊傳》雖彼此有詳略異同，但皆明文敘述其事，唯獨《穀梁傳》「無紀錄事跡之語」。藉由鍾氏的考察，可以略窺《公羊傳》其實也有「明述其事」的文字。

　　那麼，《穀梁傳》又如何？鍾氏曰：

> 然則，內事如獲莒挐，敗鹹，叔肸卒，至自頰谷；外事如滅夏陽，盟召陵，

盟葵丘，殺里克，滅黃，戰泓，敗殽，殺陽處父，弑夷皋，殺泄冶，戰鞌，
盟爰婁，梁山崩，宋災伯姬卒，殺慶封，宋、衛、陳、鄭災，弑買，唁乾
侯，戰伯舉入楚歸脤，會黃池，此二十七傳者，何以述事獨詳？蓋作書時，
意有所到，偶然詳之；或以當時習知其事、習聞其義，因備述於傳。　（同
上書，頁 19 下～20 上）

這裡又舉二十七例，指陳《穀梁傳》不僅敍述事蹟，有時也相當詳備，並非專論書
法義例而已。

誠然，《公羊傳》與《穀梁傳》未嘗不備述其事，其所以敍事不及《左傳》詳贍，
誠如陳澧所說，實因「所知之事少」耳。鍾文烝以「意有所到」，或「當時習知其事、
習聞其義，因備述於傳」，期能說明《穀梁傳》何以僅有少數例子述事獨詳，其實相
當勉強。若是當時習知習聞則詳加敍述，則述事簡略甚或完全不載者，豈不正是由
於未能詳悉其事嗎？

三傳皆以敍事解釋《春秋》，由於《左傳》往往比較詳贍，向來受到較多關注，
然而，偶爾也有公羊、穀梁敍事詳於左氏的情形。

以「伯姬」之事爲例，襄三十年《春秋》曰：「五月甲午，宋災，宋伯姬卒。」
（《左傳注疏》卷 40 頁 1 上）伯姬遇災而卒之事，《左傳》云：

甲午，宋大災，宋伯姬卒，待姆也。君子謂宋共姬「女而不婦。女待人，
婦義事也。」　（同上書卷，頁 6 下）

伯姬爲魯女，於成九年適宋共公，此時年約六十歲左右（說參杜《注》、孔《疏》），
因爲「待姆」而卒於這場火災。記述伯姬（共姬）事，如此而已。「君子謂」以下則
是評論伯姬「女而不婦」。

《穀梁傳》解釋此經，敍事比左氏詳悉。《穀梁傳》曰：

「五月甲午，宋災，伯姬卒。」取卒之日加之災上者，見以災卒也。其見
以災卒奈何？伯姬之舍失火，左右曰：「夫人少辟火乎？」伯姬曰：「婦人
之義，傅母不在，宵不下堂。」左右又曰：「夫人少辟火乎？」伯姬曰：「婦
人之義，保母不在，宵不下堂。」遂逮乎火而死。婦人以貞爲行者也，伯
姬之婦道盡矣。詳其事，賢伯姬也。　（《穀梁注疏》卷 16 頁 13 上～下）

《穀梁傳》於前、後直接訓解經文、詮釋經義，中間一段自「伯姬之舍失火」至「遂
逮乎火而死」則是敍事。這篇傳文由這兩部分融貫爲一，相輔而相成。蓋敍事備述
伯姬「以災卒」之始末：火起時，左右勸伯姬走避，但伯姬堅持「傅母不在，宵不
下堂。」不久，左右又勸，伯姬以保母未至，仍不下堂避火，於是「逮乎火而死」。
可見伯姬原有機會避災免死，但基於「婦人之義」，卒罹災身亡。《穀梁傳》藉由敍

事，將伯姬臨危仍謹遵婦義的貞行表顯出來，伯姬之「賢」乃從而彰明較著。故傳末藉此例明白申言說：「詳其事，賢伯姬也。」說明《春秋》記「伯姬卒」乃是褒其賢。由此看來，《穀梁傳》中述及事跡者，正用以解釋經義，闡述其所以爲「賢」，絕非鍾文烝所謂的「意有所到，偶然詳之」，似若了不相干之閒言語。蓋褒獎伯姬，若只是著一「賢」字，則「空言」而已，詳述始末，乃能「行事」彰明。然則，敘事詳備，正所以明著伯姬之爲「賢」，從而闡述經義。

　　穀梁詳敘事蹟始末，用以表彰伯姬能貞行「婦道」，而所謂「婦道」，是必待傅母與保母，否則「宵不下堂」。相形之下，左氏僅用「待姆」概括而已，又由「待」而評議伯姬「女而不婦」。蓋以爲「婦義事也」，「女」與「婦」遵行的規範有別，「女」須「待姆」，而「婦」道則不妨審度情事而行〔註 17〕。左氏、穀梁二傳述事有詳略之異，傳聞之「婦道」又不一致，故褒貶也不盡相同。然而，二傳褒貶取義都以行爲事蹟作爲議論基礎，這一解經進路卻不謀而合。

　　《公羊傳》對伯姬「不見傅母不下堂」的行事也作了敘述，曰：

　　「秋七月，叔弓如宋，葬宋共姬。」外夫人不書葬，此何以書？隱之也。
　　何隱爾？宋災，伯姬卒焉。其稱謚何？賢也。何賢爾？宋災，伯姬存焉，
　　有司復曰：「火至矣，請出。」伯姬曰：「不可。吾聞之也，婦人夜出，不
　　見傅母不下堂。」傅至矣，母未至也，逮乎火而死。　　（《公羊注疏》卷
　　21 頁 14 下～15 上）

《公羊傳》敘述伯姬之行事與褒貶取義，跟《穀梁傳》大抵近似。不同的是，公羊此傳是爲「秋七月，叔弓如宋，葬宋共姬」這一經文而發，先解釋宋共姬既爲外夫人則何以書葬，既又解釋經書「宋共姬」以褒其賢云云。依據《公羊傳》的解釋，經書曰「宋共姬」，其所以稱「謚」乃是褒「賢」。然則，「何賢爾」？傳自「宋災，伯姬存焉」以下至「逮乎火而死」，敘述其行事始末，這正是解說其所以爲「賢」。若《公羊傳》解經止於「其稱謚何？賢也。」則伯姬也者徒有「賢」名。「賢」之褒獎，僅止空言；唯有詳述行事，伯姬之所以爲「賢」，始能「深切著明」！這樣解釋經義，豈不是和《穀梁傳》「詳其事，賢伯姬也」的解經進路若合符節！藉由敘事以推明大義，從而嚴明是非，樹立爲人行事之典型，這種解經方式正是《春秋》之教「比事以屬辭」的表現。

〔註17〕「婦義事也」，杜預注曰：「義，從宜也。伯姬時年六十左右。」（《左傳注疏》卷 40
　　　頁 6 下）王引之針對杜注的訓詁修正說：「義，訓爲宜，不訓爲從宜；婦從宜事，斯
　　　爲不辭矣。今案：義讀爲儀，儀，度也；言婦當度事而行，不必待人也。」（《經義
　　　述聞》卷 18 頁 27 下～28 上）

參依王夫之、孫希旦的訓釋，以及章學誠、章炳麟的理解，〈經解〉所謂「其為人也……屬辭比事，《春秋》教也」，意指學者涵泳於《春秋》之教，因而能博觀諸國載記，擅長連屬文句、比次其事蹟而「謀其得失」；亦即善敘行事以明大義。這樣的詮解不僅可以徵之於經，還可以驗之於傳──與三傳中以敘事解釋《春秋》這一解經進路彼此應合。左氏、公羊與穀梁，三傳解經，敘述事蹟與書法議論方面的確存有不少差異，原不必枉作調人。但是，如果忽略《公羊傳》、《穀梁傳》也有敘事之文，不了解敘事具有解經釋義的功能，率爾而言：「左氏傳事不傳義」，或者「公羊、穀梁傳義不傳事」（葉夢得語，見第一章結語引），實大謬不然！

本節依準題旨，以「伯姬」之事比較三傳異同，關注的焦點集中在：三傳都有敘事之文，而敘事關聯著解經釋義的意向！章炳麟云「博徵諸書，貫穿其文，以形于傳，謂之『屬辭比事』」，依此而言，三傳就經所記之「事」，探列國載記，予以綴輯比次，使之始終本末端緒井然，融貫成篇，這即是三傳「屬辭比事」以解經釋義的進路。

四、綜結：「屬辭比事」的涵義

綜合以上所述，〈經解〉曰：「其為人也，……屬辭比事，《春秋》教也」，鄭玄、孔穎達將「屬辭比事」解為屬合外交辭令、比次寓有褒貶之事蹟：他們主要是以《左傳》為參照。宋以後的學者，如陸佃、吳澄、趙汸、毛奇齡等，頗將「屬辭比事」理解為解經方式，尤其是三傳之外另闢蹊徑的解經法；這種經解類型的確有別於三傳。

然而，訓釋〈經解〉之「屬辭比事」，應當照應下列兩個問題：

一、「屬辭比事」典出〈經解〉篇，那麼，諸家詮解是否副合〈經解〉之上下文意？──尤其是回應「其為人也」這句話。

二、「屬辭比事」既然是指孔子之《春秋》教，那麼，諸家詮解是否可以考徵於《春秋》，甚至參驗於左氏、公羊與穀梁三傳？

副合文意是解釋的基本條件；徵驗於《春秋》與三傳則是要求解釋之有源有據。可惜上述諸家對此沒有積極回應，準此而言，他們的解說難以令人滿意。

相形之下，王夫之、孫希旦，以及章學誠、章炳麟的詮解，值得參考。因此，我會通四家之說，並參稽於《春秋》經、傳，綜理「屬辭比事」的涵義如下：「屬辭」，指斟酌用語以命字設辭，並綴輯相續以成文；「比事」，指將事件排比編次使整合為一。「屬辭比事」之《春秋》教，是教化學者使之能善於連屬文句、比次事蹟，藉此判斷是非、嚴明大義；蓋「屬辭」以成「文」，而「事」即其實際的內容，編次「事」

之始終本末而理序井然，則「義」在其中矣。

　　依上述「屬辭比事」的原則編次成書時，綴輯排比其「事」的條理順序，若凸顯事序之始終，以時間爲綱，這樣形成的體式便有如《春秋》之編年記事。《左傳》既表現事序之始終本末，撰爲敘事；諸敘事又依經以編年比次，於是上承《春秋》而發展爲編年敘事。

　　下文即依據這節綜理的界義，舉例申述《左傳》之「屬辭比事」，及其傳承《春秋》教的意義〔註18〕。

第二節　《左傳》之「屬辭比事」

　　古來已有不少學者注意到《左傳》之「屬辭比事」。鄭玄與孔穎達訓「屬辭比事」爲聚合外交之辭令、比次褒貶之事蹟；章學誠與章炳麟從博采國史、貫串成篇「以備其事之始末」來詮釋；他們大抵都參照《左傳》以立說。此外，楊士勛〔註19〕也曾經指述《左傳》之「屬辭比事」，他說：

　　　左丘明身爲國史，躬覽載籍，屬辭比事有可依據，楊子以爲品藻，范氏以
　　　爲富艷。艷者，文辭可美之稱也。　　（《穀梁注疏》卷首頁 10 上）

楊氏著《春秋穀梁傳疏》，又與孔穎達等修撰《春秋正義》，兼治穀梁與左氏之學，不專主一家。他指陳《左傳》博采國史載籍，其「屬辭比事」信實有依據，這一說法與章學誠、章炳麟所述若合符節〔註20〕。

〔註18〕依上述界義，所謂「屬辭比事而不亂」者，謂學者善於綴辭成文、編次事蹟，能得
　　　其條理——事序始終與事理本末井然不紊，並能通曉是非、明白大義。又，「屬辭」
　　　指斟酌用語以修辭成文，就經而言，《春秋》之「屬辭」，其所斟酌者當含括義例書
　　　法。成十四年《左傳》「君子曰」謂「《春秋》之稱，微而顯，志而晦，婉而成章，
　　　盡而不汙，懲惡而勸善」云云，這是陳述孔子修《春秋》命字設辭之謹嚴。「稱」者，
　　　《左氏會箋》曰：「言其屬文。《易》曰：『其稱辭也小，其取類也大』，此爲的證。」
　　　（卷 13 頁 22）然則，「君子曰」所述，實即《左傳》對《春秋》「屬辭」的闡釋。
　　　不僅如此，劉熙載又云：「『微而顯，志而晦，婉而成章，盡而不汙，懲惡而勸善』，
　　　左氏釋經，有此五體。其實，左氏敘事亦處處皆本此意。」（《藝概・文概》卷 1 頁
　　　1 下）依劉氏之見，則《左傳》不僅如此闡釋經例，並且本此意以敘事；這就是說，
　　　「微而顯，志而晦，婉而成章，盡而不汙，懲惡而勸善」，不僅是經的「屬辭」原則，
　　　同時也是傳的「屬辭」原則。下文論述《左傳》之「屬辭比事」，係就整體來討論，
　　　至於其命字設辭之原則是否如劉氏所論，這是可以再深入研究的後續課題。
〔註19〕《四庫全書總目》曰：「〔楊〕士勛始末不可考。孔穎達〈左傳正義序〉稱與故四門
　　　博士楊士勛參定，則亦貞觀中人。」（卷 26 頁 8 下）
〔註20〕姜炳璋謂《左傳》解經有十二善，其七曰「屬辭比事」，更說「左氏本此義以作傳」。
　　　然而，姜氏曰：「屬辭者，聚合其上文、下文之辭；比事者，連比其相類、相反之事。」

而且，這段文字乃用以疏解范甯（339～401）〈春秋穀梁傳序〉之「左氏艷而富」，楊氏說「〔左氏〕屬辭比事有可依據，……范氏以爲富、艷」云云，似乎將「屬辭」與「比事」分別跟「艷」與「富」對應起來：「艷」指文辭之美；而「富」則稱說內容，指述事之詳贍。

《左傳》文辭美而述事富贍，釋義解經之外，兼具文學與史學之價值。范甯以前，揚雄（前53～18）已譽爲「品藻」〔註21〕；依晁說之所述，自啖、趙之後，唐、宋學者閱讀《左傳》，往往「美文章紛華而玩之，不復語經於斯矣。」其實，啖助、趙匡仍視《左傳》爲經解之「傳」，唯其如此，啖氏猶推崇左氏「故比餘傳，其功最高」；而趙氏也說「左氏廣集諸國之史，以釋《春秋》」，謂《左傳》解釋《春秋》，意旨十分明確，所謂「左氏通史」，其實是就「三傳」比較異同短長，指陳左氏解經的特長在於博通國史、廣集載記（以上，說參〈緒論〉第二節及第二章第三節之二）。然而，隨著啖、趙攻駁三傳、自標新義的學風逐漸盛行，三傳逐漸束之高閣；偶或翻閱《左傳》者，也僅止於玩其文章紛華而已。《左傳》誠然是富於文辭與史事的寶藏，但是，若僅僅止於這兩個層面來閱讀《左傳》，仍不免有畫地自限之失。

《春秋》重「義」，而「義」寓乎「文」與「事」之中。準此而言，僅知其「文」與「事」，只能得其表象，尚不足以論「春秋學」。姜炳璋通曉「《春秋》因魯史以示義」，也能深察《左傳》的解經旨趣，知左氏「論本事而作傳」適足以闡明「夫子不以空言說經」（參第二章第二節之二）。姜氏認爲：

> 讀傳者莫不曰：左氏之傳，史家之宗也；馬得其奇，班得其雅，韓得其富，歐得其婉，有其一體，皆赫然文名於後。而抑知：傳，非文也，傳聖人之經也，文極其工，正以發攄經義爲工；傳，非史也，傳聖經之義也，事極其備，正以闡明經義爲備。貌取而遺其神，可乎？（《讀左補義‧綱領下》頁1上）

《左傳》文采斐然，而非僅止於文辭可觀；述事詳備，而不以史事信實爲限：其著作旨趣在於傳經、在於釋義。誠如姜氏所說，文辭之工美、述事之詳備，「正以發攄經義爲工」、「正以闡明經義爲備」！閱讀《左傳》者，若僅見其「辭」與「事」，而不知其發揮經義的旨趣，豈不是「貌取而遺其神」？姜氏又云：

> 〔左氏〕於作傳時復即事而類推之，使學者考見其得失，而但於敘事中發

（《讀左補義‧綱領下》頁8下～9上）雖然同樣指陳《左傳》以「屬辭比事」解經釋義的特點，但姜氏所謂「屬辭比事」與本書的界義不同。

〔註21〕揚雄《法言‧重黎》以「品藻」稱譽《左傳》（《法言義疏》，頁413～15）。汪榮寶（？～1933）注曰：「品藻猶云多文采」（同上）。

明聖人之義也。　　（同上書，〈綱領上〉頁1上）

《左傳》藉由敘事，即於其中「發明聖人之義」、「使學者考見其得失」，但並非只以敘事解經。其實，《左傳》解釋《春秋》，或以敘事，或以書法、評論，相輔而成。這跟《公羊傳》、《穀梁傳》解經的情形類似，上一節舉「伯姬」事爲例，可以窺其一斑。這樣看來，姜氏的說法猶不免有所偏〔註22〕。

　〈經解〉云:「其爲人也……屬辭比事，《春秋》教也。」《春秋》以「屬辭比事」教化學者，左氏、公羊與穀梁三家殆即馴習涵泳而有得，皆撰述敘事以解經。當然，公羊、穀梁記載事蹟不如左氏富贍，故學者往往特別稱誦《左傳》之「敘事尤備」。由此而言，《左傳》以敘事解經，對繼承「屬辭比事」之《春秋》教，尤其意義。

　以下分別就「依經以編年」、「詳述其本末」與「言與事相兼」，論述《左傳》之「屬辭比事」。

一、依經以編年

　如第一節所述，王夫之與孫希旦訓釋〈經解〉，凸顯出「屬辭比事」蘊涵著依時間序列綴次事蹟的意義。三傳之中，《左傳》敘事尤能反映這一特點。

　以時間序列而言，《左傳》中呈現時間的方式實際上可以分作兩重來看，分別依循這兩重時間序列，《左傳》之「屬辭比事」也兼含兩個層面:

一、單一敘事的時間序列:以《春秋》所記之「事」爲中心，依其「事」之始終爲一文之綱，按時間先後撰次成文。如此表現一「事」之始終，將事件的發展脈絡綴輯編次成一篇文字——即敘事之文，這是基層的「屬辭比事」。

二、編撰全書的時間序列:以《春秋》編年（時、月、日）的時間序列爲全書之綱，從而將單一敘事比次成書。如此依經之紀年將撰述成文的敘事比次成書——即《左傳》，這是上層的「屬辭比事」。

　杜預描述《春秋》編年記事之法，曰:「以事繫日，以日繫月，以月繫時，以時繫年」（《左傳注疏》卷1頁2下），這也就是將「事」繫屬於各該年、時、月、日之下，以時間爲綱來統領諸「事」。《左傳》編撰全書的時間序列，由於依準《春秋》，「年」固不必說，連四時、月、日等時間落點都比較明確。相形之下，單一敘事的

〔註22〕姜炳璋深察《左傳》敘事以解經的旨趣，能避免蹈入專言義例的窠臼。但是，他認爲左氏凡例、諸法諸稱等純屬史例，而謂《春秋》無例也（姜氏說見《讀左補義‧綱領上》頁1上），這不免矯枉而過其正。《四庫全書總目》曾矯其枉，曰:「謂史氏相沿有此五例，左氏遂據以推測聖經可也。」（卷31頁44上）

時間序列往往只表現爲由初而終的流程，時間隱含在事件的推移之中，確切的日、月，甚至「年」也未必顯明，究竟一件事發展的時間流程是多長的時段，都未必能一望而知。上層「屬辭比事」的時間序列比較顯著，而基層「屬辭比事」之時間序列則相對隱微，這樣兩重呈現時間的方式，反映出《左傳》於撰述比次之際，即以對應《春秋》之紀年、記事爲綱領。這意謂《左傳》之「屬辭比事」是以《春秋》爲中心，其「屬辭比事」的旨趣乃藉以解釋《春秋》。

以下試舉述事例加以說明。桓十六年《春秋》曰：

> 春正月，公會宋公、蔡侯、衛侯于曹。
>
> 夏四月，公會宋公、衛侯、陳侯、蔡侯伐鄭。
>
> 秋七月，公至自伐鄭。
>
> 冬，城向。
>
> 十有一月，衛侯朔出奔齊。　　（《左傳注疏》卷7頁20下～21下）

經之記事凡五則，此年的五則傳文，一一與經文對應，《左傳》依序解釋說：

> 春正月，會于曹，謀伐鄭也。
>
> 夏，伐鄭。
>
> 秋七月，公至自伐鄭，以飲至之禮也。
>
> 冬，城向，書，時也。　　（同上書卷，頁22上）

第一則，經書「公會宋公、蔡侯、衛侯于曹」，傳依承經文，故略述曰「會于曹」，不復細數與會諸侯，直陳曰「謀伐鄭也」，指明「會于曹」的緣故。其次三則傳文解經的情形大略相同，也是述經，然後加以詮解。然後，緊次於「冬，城向，書，時也」之下，《左傳》針對「十有一月，衛侯朔出奔齊」這則經文，詳敘始末以闡述事蹟原委，曰：

> 初，衛宣公烝於夷姜，生急子，屬諸右公子。爲之娶於齊，而美，公取之，生壽及朔，屬壽於左公子。夷姜縊。宣姜與公子朔構急子，公使諸齊，使盜待諸莘，將殺之。壽子告之，使行。不可，曰：「棄父之命，惡用子矣？有無父之國則可也。」及行，飲以酒，壽子載其旌以先，盜殺之。急子至，曰：「我之求也，此何罪？請殺我乎！」又殺之。二公子故怨惠公。十一月，左公子洩、右公子職立公子黔牟。惠公奔齊。　　（同上書卷，頁22上～23上）

這則傳文，由「初」敘起，人事演變著，時間流程也隨之推移。由「初，衛宣公烝於夷姜」至「惠公奔齊」，《左傳》依初始終末的時序，將事蹟發展的始末綴次成一篇敘事之文，這是單一敘事，是基層的「屬辭比事」。此外，上引五則傳文，各承應

經文以「屬辭」──或述經簡釋，或詳敘本事，然後依《春秋》的時間序列將諸國事蹟排比編次──即「比事」，《左傳》以此原則爲撰次全書的綱領，這是上層的「屬辭比事」。

基層的「屬辭比事」，以經文記事爲中心，敘述其「事」之始末。如「初，衛宣公烝於夷姜」至「惠公奔齊」這則傳文，文中只特意凸顯「十一月」這個時間，從而強調出整段敘事的中心意向。案衛惠公名朔，宣公之子，他出奔的時間在魯桓公十六年（前 696）十一月，年、月在經、傳中，都明確呈現。而且，傳依於經，藉著追述事件的原委，整個始終本末脈絡井然的敘事，即依此年、月集中撰述，而繫屬於桓十六年「冬」之後、此年「十一月」這個時間之下〔註23〕。傳文敘事與經文記事相互對應，意謂：這則《左傳》敘事是以解釋《春秋》「十有一月，衛侯朔出奔齊」爲宗旨，用以說明其原委。

何以見得傳文敘事是以解釋「衛侯朔出奔齊」爲宗旨？

試著「本其事」──追問其「事」的起因，「原始要終」地索解，從而推尋其發展脈絡。這樣，推尋原委與傳文敘事之間的關係可以表述、轉說如下：

衛侯朔，即惠公，爲什麼出奔？──由於洩與職扶立黔牟，於是惠公出奔。

惠公在位，洩與職二公子又爲什麼扶立黔牟？──由於二公子「怨」惠公。

然而，洩與職又爲什麼「怨」惠公？──這是因爲：最初，衛宣公分別將急子與壽託屬二人，卻因宣姜與朔之讒惡〔註24〕，導致宣公用計，派遣盜

〔註23〕 試與《史記・衛康叔世家》比較，由「初宣公愛夫人夷姜」而下至盜殺壽與急子，《史記》將此事繫於衛宣公十八（前701）年；然後，述云：「十九年，宣公卒，太子朔立，是爲惠公。左右公子不平朔之立也」；接著，又敘曰：「惠公四年，左右公子怨惠公之讒殺前太子伋而代立，乃作亂攻惠公，立太子伋之弟黔牟爲君。惠公奔齊。」（卷 37 頁 8〜10）《史記》依其體例，敘事時凸顯「某公某年」，詳於紀「年」。自「初宣公愛夫人夷姜」至「惠公奔齊」這一大段，所述大抵與《左傳》近似，故瀧川龜太郎《考證》曰：「初宣公以下，依桓十六年左傳。」（《史記》轉述古籍──如《尚書》等，往往寓訓詁於轉述，故文字稍有不同。）值得注意的是，《左傳》之敘事，時間不顯，唯特別凸顯二公子作亂的時間──「十一月」。而《史記》依衛君紀年來敘事，因此先後標示了「〔宣公〕十八年」、「〔宣公〕十九年」、「宣公卒，太子朔立，是爲惠公」，以及「惠公四年」等時間點；而「惠公四年」下，並無「十一月」之文。《左傳》獨獨凸顯「十一月」這個時間點，正是指示整段敘事的中心意向；沒有將桓十六年以前的事蹟一一散入相關年月，更表示《左傳》實將這些事蹟視爲衛惠公出奔的前因，因而集中敘述於此年此月：凡此，意謂著此傳敘事，是以解釋《春秋》「十有一月，衛侯朔出奔齊」這則經文爲宗旨。

〔註24〕 《史記・衛康叔世家》採取《左傳》（參注23），寓訓詁於轉述，將宣姜與朔「構急子」，轉述爲「讒惡太子伋」（卷37頁9）。楊伯峻曰：「構，謂進讒言以挑撥離間。《詩・小雅・青蠅》：『讒言罔極，構我二人』，可以爲證。〈衛世家〉云：『讒惡太子

刺殺急子於出使途中。壽得知這計謀，便勸告急子逃走。急子不允。等到餞別時，壽故意頻頻勸酒，急子因多飲而醉酒，然後，壽載旌先行。結果，盜誤殺了壽。急子到達時，知道壽無辜代己受死，要求盜一起殺了自己。

壽與急子由於宣姜與朔之讒惡而死，洩與職因此而「怨」惠公〔註25〕。這樣「本其事」地推尋、理解，然後，基於既有的理解，而依循時間流程、由始而終地予以綴輯比次——即「屬辭比事」，使其「事」之發展脈絡，本末明晰。一篇敘事大抵就這樣撰述而成。

「初」是《左傳》常用的追述之辭。衛宣公於隱四年（前 719）即位，桓十二年（前 700）冬十一月卒〔註26〕，惠公朔繼立，於其四年（即桓十六年；前 696）十一月出奔。然則，衛宣公使盜待諸莘，而壽與急子先後遭殺害等事蹟，已經是四、五年前的往事。至於追述其「初」，宣公烝夷姜、娶宣姜，先後生急子、壽與朔等等事端，更遠及二、三十年前了〔註27〕。敘事由始而終地序列撰次，將長達二、三十年的時間流程集中撰述，修辭之際，年月的遞嬗、時段的長短都未予強調。相較之下，傳明文凸顯「十一月」此一時間點：「初」者，即相對於此一時間而言；追述者，

仮』，以讒惡解『搆』字，甚確。」（《春秋左傳注》，頁 146）

〔註25〕馮李驊曰：「此傳衛朔出奔事，以二公子『怨惠公』句為主。而二公子則何為而怨惠公者耶？因用步步原敘法，推原到急、壽之見搆，左右之分屬。」又曰：「後人敘此事，度無不競用〈衛風〉者。今前不引〈新臺〉，以此處只重怨朔，不重惡宣；後不引〈乘舟〉，以此處只重怨朔，不重國人思壽、急也。」（《左繡》卷 2 頁 31 上～下）謂左氏敘述衛侯出奔事，以「怨」惠公朔為主，而步步推原。

〔註26〕隱四年《春秋》曰：「冬十有二月，衛人立晉」（《左傳注疏》卷 3 頁 15 下），《左傳》解釋說：「衛人逆公子晉于邢。冬十二月，宣公即位。書曰『衛人立晉』，眾也。」（同上書卷，頁 17 下～18 上）又，桓十二年《春秋》曰：「〔冬十有一月〕丙戌，衛侯晉卒。」（同上書，卷 7 頁 12 上）左氏無傳。

〔註27〕夷姜為衛莊公之妾，宣公烝夷姜事，〔日〕龜井昱以為「此在春秋前。莊公卒，在春秋前十三年。」又說：「宣公元年，仮〔即急子〕當十四五歲。」（見《史記・衛康叔世家・考證》引，卷 37 頁 9）又，閔二年《左傳》云：「初，惠公之即位也少」，杜《注》曰：「蓋年十五六。」孔《疏》進而推考說：「衛宣公以隱四年立，桓十二年卒，終始二十〔案：前 719～前 700〕耳。即位之後乃納急子之妻，生壽及朔。朔既有兄，知其蓋年十五六耳。」（《左傳注疏》卷 11 頁 10 上）蓋宣公為急子娶宣姜而自納之，是即位以後事，當時，急子殆十四五歲，然則急子長於壽與朔的年歲當不少於此數。宣公烝夷姜事姑且不論，藉宣公諸子之年歲推算，惠公朔即位時若年約十五六，急子卒時年約三十。然則，自急子生至衛惠公四年，已經有三十多年了。另外，值得注意的是，諸侯公子何出與生於何時等，《左傳》往往附隨在敘述始末時表陳，並非專為其出生而加以記述。如追敘急子、壽與朔之出生，乃是附隨解釋「衛侯朔出奔齊」之原委而述及的，孰為主軸，孰為從屬，也由此可見。從敘事的觀點讀《左傳》，能使學者關注其撰述旨趣，這樣，庶幾可以循階而深察乎《春秋》與《左傳》的經、傳關係。

即追述「十一月，衛侯朔出奔齊」此一事件的緣由。這是將整個敘事的始終流程繫屬於經的時間之下；而此傳編次繫事與經文相互對應，也同樣表露：《左傳》敘事的中心意向，乃對釋經文所記之「事」，其撰述旨趣正用以解釋《春秋》。劉熙載說：「敘事有主意，如傳之有經也。」（《藝概・文概》卷 1 頁 35 下）由「初，衛宣公烝於夷姜」至「惠公奔齊」這整則敘事，就是以解釋「十一月，衛侯朔出奔齊」爲「主意」。閱讀敘事，須能掌握其「主意」；以《左傳》而言，其敘事的「主意」就是解釋《春秋》。

衛惠公自桓十六年出奔，八年之後，復於莊六年（前 688）入衛。在此期間，桓十七年《春秋》記曰：

> 春正月丙辰，公會齊侯、紀侯，盟于黃。　（《左傳注疏》卷 7 頁 23 上）

《左傳》云：

> 春，盟于黃，平齊、紀，且謀衛故也。　（同上書卷，頁 23 下）

經書「公會齊侯、紀侯，盟于黃」，傳承經文，只略稱「盟于黃」而已；不贅述同盟者，特說明黃之盟是：「平齊、紀，且謀衛故也」。又，莊五年《春秋》曰：

> 冬，公會齊人、宋人、陳人、蔡人伐衛。　（同上書，卷 8 頁 10 下）

《左傳》亦云：

> 冬，伐衛，納惠公也。　（同上書卷，頁 10 下）

經記魯、齊、宋、陳與蔡等國出兵伐衛，傳對釋經文，只略稱「伐衛」而解說其何以「伐衛」，曰：「納惠公也」。莊六年（前 688），《春秋》記曰：

> 春王正月，王人子突救衛。夏六月，衛侯朔入于衛。秋，公至自伐衛。　（同上書卷，頁 11 上～下）

《左傳》依經而敘述說：

> 春，王人救衛。夏，衛侯入，放公子黔牟于周，放甯跪于秦，殺左公子洩、右公子職，乃即位。君子以二公子之立黔牟爲不度矣：「夫能固位者，必度於本末，而後立衷焉。不知其本，不謀；知本之不枝，弗強。《詩》云：『本枝百世』。」　（同上書卷，頁 12 上）

「秋，公至自伐衛」，左氏無傳。魯莊公自五年冬會諸侯伐衛，六年夏惠公入衛，莊公於當年秋返抵魯國。在此期間，魯與諸侯合力「納惠公」。雖有王人救衛助黔牟，惠公仍得以藉諸侯之力入衛，既入，隨即放逐黔牟等，並殺了公子洩與公子職。

桓十六年《左傳》凡五則傳文，依經「屬辭比事」，撰次不同的事蹟。而如衛侯朔出奔而後入衛這樣前後相關的事蹟，依上引經、傳的記載看來，傳文同樣是對應經文以「屬辭」，或簡述數語，或敘事成篇，而皆依《春秋》紀年一一繫屬編次，這

即是依經以「比事」。不論是相關的事蹟，或彼此不同的事蹟，傳皆依經而「屬辭」、而「比事」，這樣的「屬辭比事」，如上文所述，即是《左傳》全書撰述比次的上層綱領。《左傳》中的單一敍事即依此比合而成爲一部解釋《春秋》的著作。相對於《春秋》之編年記事，《左傳》以其「事」爲中心展述爲敍事，而後編年比次，是爲編年敍事。

《左傳》敍事「艷而富」，以解經爲主，而亦兼具文學與史學的價值。後世學者馴習之、模擬之，而《春秋》「屬辭比事」的教化功能也愈益擴展，甚至附庸蔚爲大國，編年敍事成爲後世史家習用的一種體式。《左傳》敍事本用以解經，史家撰述後世的史事，內容與經、傳無關，但依準《春秋》經義、模擬《左傳》編年敍事的體式，因此，學者或稱這種編年體爲「《左傳》家」或「《左氏〔傳〕》體」〔註28〕。陳傅良（號止齋；1141～1027）曰：

> 自荀悅、袁宏以兩漢事編年爲書，謂之左氏體，蓋不知左氏於是始矣。昔夫子作《春秋》，博極天下之史矣，諸不在撥亂世反之正之科則不錄也。左氏獨有見於經，故采史記次第之，某國事若干，某事某事不書，以發明聖人筆削之旨云爾，非直編年爲一書也。古者事、言各有史，……自夫子始以編年作經，其筆削嚴矣；左氏亦始合事、言二史與諸書之體，依經以作傳，附著年月下，苟不可以發明筆削之旨，則亦不錄也。蓋其辭足以傳遠，而無與於經義，則別爲《國語》。至夫子所見書，左氏有不盡見，又闕不敢爲傳，唯謹如此。……　（〈徐得之左氏國紀序〉，《止齋先生文集》卷40，頁204）

荀悅（148～209）、袁宏（328～376）撰述史書採用編年體，後世或直稱之爲「左氏體」，甚至於誤視《左傳》爲史籍，漠視左氏依經以作傳、敍事以解經的意義，陳氏以爲「不知左氏於是始矣」。實則，左氏博採國史撰述而成，但並非「直編年爲一書」，

〔註28〕《後漢書・荀悅傳》曰：「〔漢獻〕帝好典籍，常以班固《漢書》，文繁難省，乃令悅依《左氏傳》體以爲《漢紀》。」（《後漢書集解》卷62頁10下）《後漢書》載述其事，稱作「《左氏傳》體」。荀悅撰《漢紀》，自述其書體例曰：「通比其事，例繫年月」（《漢紀・序》，頁4），又曰：「列其年月，比其時事」（同上書，頁6），強調繫年月而比其事。繫年比事的體例，劉知幾稱之爲「編年」，歸入《左傳》家。《史通・六家》曰：「《左傳》家者，其先出於左丘明。孔子既著《春秋》，而左丘明授經作傳；蓋傳者轉也，轉授經旨以授後人……。至孝獻帝始命荀悅撮其書爲編年，依《左傳》著《漢紀》三十篇。」（卷1，頁6～7）劉氏稱荀悅「撮其書爲編年」，而這種編年史「其先出於左丘明」，故稱爲《左傳》家。依《史通》，劉知幾認爲《左傳》實爲解經而作，第後世編年史書受其影響，故有《左傳》家之稱，這是「史」源於經傳。後世誤以《左傳》是史而非經解，反而使上述經史源流的關係泯沒不彰。

而是「依經以作傳，附著年月下」，用以解釋編年記事之《春秋》〔註29〕。

《左傳》誠然依經之編年以「屬辭比事」。否則，如桓十六年只略述曰：「春正月，會于曹，謀伐鄭也。夏，伐鄭。秋七月，公至自伐鄭，以飲至之禮也。冬，城向，書，時也。」豈非不可解！蓋會曹者爲何人、伐鄭者又是何國？若說是專記魯史，則「城向」之後隨即詳敘衛事，這又如何說？若說是原係分國述事，試就莊五年至莊六年所記衛事觀之，傳曰「冬，伐衛，納惠公也」、「〔六年〕春，王人救衛。夏，衛侯入，放公子黔牟于周」云云，既云「伐衛，納惠公也」，又謂「王人救衛」；既云「王人救衛」——此「衛」乃以黔牟爲首，又謂「衛侯入，放公子黔牟于周」云云：述事的立場或主惠公朔，或主黔牟。朔與黔牟爭國，若是衛史記本國之事，想必或爲朔，或爲黔牟，難免是此而非彼，豈會既視惠公爲君，又以黔牟爲主？而且，由措辭行文的情形看來，上舉幾則傳文並非專述衛事、協順一致的成篇文字。這與桓十六年之敘事由「初，衛宣公烝於夷姜」娓娓述至「惠公奔齊」，依初始終末的時序，將事蹟發展的脈絡集中撰述爲一篇敘事，設辭語脈前後相承而「敘事有主意」者，顯然不同。這是什麼緣故呢？唯其《左傳》並非國別記事之史，而是對應經文加以詮解，故《春秋》記列國之事，《左傳》於是也或記魯事、或記衛事，乃至諸侯之事，屬辭行文則也或詳、或略，或述事、或詮義，或兼而有之——如「冬，城向，書，時也」，要以解經爲度。既依經撰述，故對應不同經文的各則傳文之間，未必融貫一致。再則，傳以解經，其撰述宗旨不同於史官記本國事蹟，因此，面對爭國等權位衝突，左氏唯務闡明經義褒貶，遂能超然局外，不偏主一方。而且，若干傳文述事簡略，甚至只說「盟于黃」或「伐衛」，未明確指陳同盟者或伐衛的諸侯，凡此，只須經、傳合觀，則「盟于黃」者爲魯侯、齊侯、紀侯，「伐衛」者爲魯、齊、宋、陳與蔡諸國，便可瞭然無疑。至於《左傳》述事或詳或略，乃至如莊六年經書「秋，公至自伐衛」而左氏無傳，這類無傳的情形，或者由於無關大義，或者由於他傳已有通釋，或者，如陳氏所說：「左氏有不盡見，又闕不敢爲傳」，多聞而闕其疑，何嘗不是撰述唯謹之意。這樣看來，陳傅良說：「左氏本依經爲傳，縱橫上下，旁行溢出，皆所以解駁經義，非自爲書」（見《經義考》引，卷169頁4下），誠爲深知《左傳》之正論！

陳傅良從《左傳》「依經以作傳，附著年月下」，明指《左傳》「非自爲書」，而是釋經之傳。葉適另從載事之起訖表陳類似的見解。葉氏曰：

　　漢儒以左氏爲不傳《春秋》，劉歆緣此移書責讓。以其書考之，以理揆之，

〔註29〕陳傅良謂《左傳》「始合事、言二史與諸書之體」，關於這點，詳見第三小節討論。

　　史文與《國語》始終者也。今《傳》獨起惠公元妃，以爲書之始；自孔子
　　卒後，畢哀公，以爲書之終。其始終不以史文而以《春秋》，則此書固爲
　　《春秋》而作耳。謂之不傳《春秋》者，漢儒守師說之陋也。　　（《習學
　　記言》卷 11 頁 15 上）

又說：

　　《春秋》乃爲孔子所修也，故左氏之始終以之。　　（同上）

葉適「以其書考之，以理揆之」，指出：《春秋》始隱終哀以十二公爲起訖，這出自
孔子裁斷，而《左傳》「其始終不以史文而以《春秋》」，足見「此書固爲《春秋》而
作」。以書之起始觀之，左氏「起惠公元妃，以爲書之始」，這是爲了說明隱公元年
「不稱即位」的緣故；以書之終訖觀之，孔子卒於哀公之世，左氏爲了終經之事而
續述後事，乃「畢哀公，以爲書之終」。《左傳》依經以編年，故上層「屬辭比事」
的時間序列也依循隱、桓、莊、閔、僖、文、宣、成、襄、昭、定、哀之世次與紀
年，無疑是「始終以之」〔註30〕。

　　《春秋》與《左傳》俱始乎隱而終乎哀，記述這一時段內周與諸國公侯大夫之
行事。這樣的述事規模其實與當時之史官載記不同，經、傳之始終相依，並非偶然
相合。欲明瞭這一點，先須深察：《春秋》記魯十二公、二百四十二年之事，係出自
孔子筆削，不同於一般史籍。

　　首先，葉適指出史文之始終與《春秋》不同。誠然，就周史而言，仔細案察《國
語》，書中所載錄的「嘉言善語」（韋昭語，《國語·序》，頁 5），上及西周穆王（前
1001～前 947 在位）、厲王（前 878～前 828 在位）、宣王（前 827～前 782 在位）與
幽王（前 781～前 771 在位）之世，由此可見，周史淵源頗早，史文載記不必始自
「魯隱公（前 722～前 712）」。

　　其次，專就魯史而言，魯國有史官以職司記事，並非始於隱公。依昭二年《左
傳》所述，韓起（宣子）聘魯時，觀「易象與魯春秋」，曾讚歎云：「周禮盡在魯矣，
吾乃今知周公之德與周之所以王也」，顧炎武據此推論說：「春秋不始于隱公……蓋
必起自伯禽之封，以迄于中世，當周之盛，朝覲、會同、征伐之事皆在焉，故曰『周
禮』，而成之者，古之良史也。」（《日知錄》卷 4，頁 142）案諸定四年《左傳》，衛
祝佗追述周初之分封，周分魯伯禽以「祝、宗、卜、史，備物、典策」（見本章第一
節之一引），據此而言，顧氏推論史官所記之「魯春秋」當始自「伯禽之封」，可謂

〔註30〕　《春秋》止於哀十四年，《左傳》敘事至哀廿七年，這是依經而繼其末，說參本章第
　　　　　三節之四「續經與續傳」。

信而有徵〔註31〕。

　　第三，《晉書・束皙傳》曰：「〔晉太康二年〕汲郡人不準盜發魏襄王墓，或言安釐王冢，得竹書數十車。其《紀年》十三篇：記夏以來至周幽王爲犬戎所滅，以事接之，三家分，仍述魏事至安釐王之二十年，蓋魏國之史書」云云（頁 1432）。這部《竹書紀年》，得自魏襄王或安釐王墓，「蓋魏國之史書」，其記事起自「夏以來」，訖於「〔魏〕安釐王之二十年」，通夏、商、周三代，以迄於戰國時代。準乎此，《春秋》始隱而終哀，其起訖也迥異於國史記事的規模。

　　然則，就記事斷限而言，《春秋》起自魯隱公，這是不同於一般史籍的特筆。

　　而且，若是魯史，爲什麼訖哀公之世而止？這成爲另一費解的問題。若依三傳與孟子以來的傳述，《春秋》出自孔子（前 551～前 479），這樣，其所以止於哀公十四年（前 477）」，也就不煩費解了。

　　總之，《春秋》記魯十二公、二百四十二年之事，就記事之起、訖斷限而言，其實與一般的史官載記迥然有別，不能率爾等同於「魯春秋」或「不脩春秋」，依魯十二公之世次編年，其非諸侯之古「春秋」，也不言可喻。

　　歷史時間之洪流，恆綿延相續，原無所謂「起」、無所謂「訖」，「斷代」其實是人文的建構。既然斷代分期的記述方式乃出自人爲設定，那麼，非有特筆刪修之《春秋》，便無所謂「春秋時代」。《春秋》一書既是斷分「春秋時代」這一歷史時期的根據、前提，然則，後出的《左傳》，其述事之所以始隱終哀，正是以《春秋》爲撰述的根據、前提。這也就是說：《左傳》編年敘事而始乎隱、終乎哀，世次斷限與經「始終以之」，乃是有意應合《春秋》之編年記事，絕非自然的巧合。

　　唯其是有意地「始終以之」，《左傳》「屬辭比事」之時間序列，不僅按照魯十二公之世次與紀年，而且，敘事行文也往往特意凸顯出傳與經文之間的對應關係。

　　由此觀之，左氏斷斷乎是「依經以作傳」，「非直編年爲一書」。葉適「以其書考之，以理揆之」，從而論定「此書固爲《春秋》而作」，饒有見地。我由此獲得啓發，循此尋思、推闡，故強調歷史分期乃人爲的建構，《春秋》既出，而後才有據其起訖以斷代的「春秋時代」。明白兩者的關係——有《春秋》然後才有「春秋時代」——，那麼，後出的著作其記事斷限與孔子《春秋》相合，就不能輕率地視爲巧合。由《左傳》的起訖斷限看來，誠然是「依經而述其事」，誠如陳澧所說：《左傳》依經以敘

〔註31〕《春秋》與「魯春秋」記事起訖斷限有別，黃澤已經提及（參第一章注 10 引），唯未舉述文獻佐證，可與顧炎武的説法互補相參。值得注意的是，顧氏沒有仔細區辨《春秋》與「魯春秋」的差異（詳參其文，不贅），其實，他所謂「春秋不始于隱公」的論斷僅適用於「魯春秋」。

事「何不可謂之傳」！或謂《左傳》自爲一書者，根本漠視它與《春秋》的關聯，實屬一偏之見而已，豈僅不知「傳」，亦且不知「史」〔註32〕！

　　總之，《春秋》編年以記事，《左傳》敘事則以經之記事爲中心，從而詳述其原委；單一敘事依魯十二公之世次、年月一一繫屬比次，也就是依經以編年。因此，《左傳》是一部依經以編敘事的經解。

二、詳述其本末

　　就編撰形式而言，《左傳》的單一敘事，依經編年而成爲一部經解。若就撰述內容而言，依經以編年的各個敘事之間，又義多互發，脈絡潛通。而且，《左傳》解經，兼用敘事與評論、書法凡例等方式，或此詳而彼略，可以互相發明，前後相參以求融貫，往往更能明瞭傳意。以下試作申論。

　　如上文所引，桓十六「衛侯朔出奔齊」與莊六年「衛侯朔入于衛」，《左傳》闡釋前者，詳於敘事；對於後者，則述事比較簡略，而有「君子曰」的評論。詮解這兩則經文，《左傳》似乎沒有涉及書法義例。然而，這不過是表象而已。經曰：「衛侯朔入于衛」，稱「入」的書法，其義具見於成十八年「凡例」，《左傳》曰：「凡去其國，國逆而立之曰入」〔註33〕云云。至於「出奔」，徵諸昭三年經、傳，左氏義亦可稽察。昭三年《春秋》曰：「北燕伯款出奔齊」（《左傳注疏》卷42頁6下），《左

〔註32〕關於「傳」的體式，〈緒論〉曾稍作考察，請參看。蓋讀書貴能觀乎大體，《春秋》與《左傳》之世次始終既然相合，則年數小差、文句略有出入等，豈足以混沒其經、傳關係？或謂《左傳》「自成一書」，〈緒論〉註21曾稍作評議，此處由經、傳之記事起訖表裡相應再作申述，益見這類說法偏頗不足取。

〔註33〕成十八年《左傳》曰：「凡去其國，國逆而立之曰入，復其位曰復歸；諸侯納之曰歸，以惡曰復入。」（《左傳注疏》卷28頁34上）若就惠公朔於其四年出奔，既已有位，依「凡例」，似乎當稱「復歸」；若據莊五年傳云「納惠公也」，朔實由諸侯納之，似乎又當稱「歸」。然而，《春秋》乃書曰「入」。究竟書「入」之義如何？果如傳所說，取其「國逆而立之」？或如杜預《春秋釋例》所補述：衛惠公「以國逆告」，且「《春秋》從而書之」以示其情（見孔《疏》引，卷28頁34下。莊六年杜《注》說同）。孔穎達頗申解杜說，然而批評反駁者亦多。只是，杜預說是否合乎傳意？而且，諸家的解說又彼此不一。安井衡甚至疑傳文有誤，曰：「若改傳文作：『國逆而立之曰歸』，『諸侯納之曰入』，字義極穩；而『歸』、『復歸』、『入』、『復入』，於文又順。」（《左傳輯釋》卷1頁23上～24下）《左氏會箋》採其說。諸說紛歧，或者如楊伯峻所謂：「諸說皆乏確證，存疑可也。」（《春秋左傳注》，頁912）自三傳以下，解說《春秋》義例者多矣，鮮能周洽完備，令人無疑。然而，不論諸家解經釋例是否諦當，其作爲解釋《春秋》的「經解」這一性質並不因此而受影響。同樣地，《左傳》之書法凡例也可能解釋不周，其書法凡例之文、義究竟如何訓解也儘可以疑難商榷，然而，解經之是非與「傳」的性質不能混爲一談。徵諸《左傳》，書中實以「凡去其國，國逆而立之曰入」的凡例通釋經義，這即是《左傳》的詮經之義。

傳》解釋說：

> 燕簡公多嬖寵，欲去諸大夫而立其寵人。冬，燕大夫比以殺公之外嬖，公
> 懼，奔齊。書曰「北燕伯款出奔齊」，罪之也。　　（同上書卷，頁 16 下）

北燕伯款即燕簡公，左氏以爲經書曰「北燕伯款出奔齊」，有「罪之」之義〔註34〕。
何以罪責燕簡公？傳敘述其出奔始末，歸究原因，實始於簡公多嬖寵，欲立之，諸
大夫乃連合而先殺寵嬖，於是簡公懼而奔齊。諸大夫殺外嬖以清君側，燕簡公因己
有私心，心虛生疑，懼而出奔，亂肇於上，故貶責簡公，以深示儆戒〔註 35〕。《左
傳》之敘事與書法相互發明。左氏蓋藉此揭示經義，「罪之也」未必只詮釋「北燕伯
款出奔齊」這則經文，書法相同者大抵也可以依此通釋之〔註36〕。

　　《左傳》以凡例與書法諸稱解釋義例，凡例固然具有普遍的解釋功能，書法釋
例，也不必拘限於一經一事。昭三年傳詮釋「北燕伯款出奔齊」之書法，曰「罪之
也」，準此而觀，桓十六《春秋》曰「衛侯朔出奔齊」，左氏義殆亦取「罪之」之義
〔註 37〕。「凡例」、「書曰」用以通釋經義，而敘事與「君子曰」則專就單一事件來
闡述，兩者可以相互補充。如成十八年之凡例通釋稱「入」的書法，而莊六年「君
子曰」復針對洩與職強立黔牟這件事加以評論；昭三年以「書曰」釋義，而桓十六
年則藉敘事以彰義。大別而言，經文辭例針對「衛侯朔」，敘事與「君子曰」則特就
洩與職二公子著墨。相參合觀，可以深入稽察左氏解釋經義之旨歸。

〔註34〕安井衡援據《禮記‧曲禮下》，以及惠士奇、焦循之說，綜合其說以詮釋昭三年此傳，
　　　　謂諸侯「出奔」係孔子特筆，乃書名以示義。安氏曰：「〈曲禮〉曰：諸侯不生名，
　　　　失地，名；滅同姓，名。凡出奔者，皆失地之君，故經必名之，而傳以『罪之』釋
　　　　之。然則，改『出其君』，以自出爲文者，以正君臣之義；書名者，罪其君失道，以
　　　　失先君之地。」又曰：「傳通釋名出奔君之義，不獨釋名北燕伯也。」（《左傳輯釋》
　　　　卷 2 頁 48 下～49 上）安井衡綜合諸說，取書「名」以示罪之義，並認爲昭三年傳
　　　　乃「通釋名出奔君之義」，其說可參。
〔註35〕依董仲舒所述，《春秋》有「貶天子、退諸侯、討大夫」之義（見《史記‧太史公自
　　　　序》轉述，參第一章第一節引）。左氏貶公侯以示儆戒之義，《左氏會箋》申述曰：「公
　　　　惑嬖臣，以謀去世臣舊族，此其一過多矣。人君有此妄，必危國失身。此聖人所以
　　　　貶公，深示王侯之戒也。」（卷 20 頁 61～62）
〔註36〕杜預曰：「款罪輕於衛衎，重於蔡朱，故舉中示例。」（《左傳注疏》卷 42 頁 16 下）
　　　　《左傳》誠然於此傳中發明經義以示例，乃通釋全書，但是否由於伯款之罪輕重介
　　　　於其中，則可以商榷。《左氏會箋》曰：「諸侯稱出奔者凡六，此例通於他五君。夫
　　　　鄭突、衛朔、衛剽皆見迫以棄宗社者，何獨說衎、朱之中乎？」（卷 20 頁 62）又，
　　　　《左傳輯釋》也認爲昭三年傳乃「通釋名出奔君之義」，參註34。
〔註37〕桓十六年經書「衛侯朔出奔齊」者，杜預曰：「不言二公子逐，罪之也」，安井衡依
　　　　據惠士奇、焦循之說反駁杜預，曰：「《春秋》未脩，列國史書某逐其君某，《春秋》
　　　　既脩，皆以其君自奔爲文：臣不得逐其君也。諸侯不生名，其『罪之』云者，謂名
　　　　之，不指出奔。」（《左傳輯釋》卷 2 頁 51 下～52 上）。

　　「君子曰」評論洩與職，認爲他們「不度」——不知審度本末而強立黔牟，因此不能「固位」。孔《疏》以爲，「君子」之意乃謂人臣立君，「必當揆度於本末」、「使得節適時乃立之也」〔註38〕。所謂度其「本末」，是針對立君而言，沈欽韓（1775～1831）以爲：「度其本者，其人於義當立者也；度其末者，其人立後能安固國家者也。」（《春秋左氏傳補注》，卷2頁3上）然則，揆度其本，黔牟是否當立？由經稱朔爲「衛侯」看來，立黔牟並不合乎《春秋》義。傳呼應經義，依經以設辭，敘事中只稱之爲「公子黔牟」，雖已立八年，而傳曰「衛侯入，放公子黔牟于周」云云，「衛侯」是惠公，黔牟仍只是「公子」，未嘗稱黔牟爲「衛侯」或「衛君」〔註39〕。而且，由敘事看來，洩與職其實是挾「怨」改立，未見兩人以「義」力爭於朔即位之前；惠公之四年，乃又改立黔牟，也未合於義。毋怪乎「君子」責備二公子不度其「本」矣〔註40〕。然而，細繹敘事，壽與急子之死，緣於朔與宣姜之讒惡，洩與職乃因而生「怨」，於是有改立之舉、出奔之事。如上所述，經書「衛侯朔出奔齊」，左氏以爲義取「罪之」，推尋傳意，朔之罪其罪源在此。《左傳》本末詳備，俾使人深察情由，庶幾乎對朔與二公子之是非得失無偏無倚。

　　至於經書「衛侯朔入于衛」，依《左傳》凡例，稱「入」是取義於「國逆以立之」。所謂「國逆」，指惠公「入衛」雖藉諸侯之助，而外力又實有內援與之相互呼應。《左氏會箋》分析說：「母夷姜縊，兄急子殺，則黔牟無寵於宣公必矣……。雖逐惠公，其母宣姜配昭伯，挾齊援而熾方處，其傾心惠公必矣。而黔牟之才德不著於傳。惠公以冬奔，齊侯以正月與諸侯會而謀衛，凡此者皆黔牟之勢不得長存者，是其不枝也。」（卷3頁13）〔註41〕宣姜配昭伯事，載見閔二年《左傳》，

〔註38〕孔《疏》所謂「得節適時」，是疏解杜《注》，杜氏訓「袞」爲「節適」，焦循《春秋左傳補疏》並引述《呂氏春秋》、《考工記》注以及《淮南子》高誘注等，爲之疏解（見《春秋左傳補疏》清經解卷1160頁1上～下），可參。

〔註39〕參諸《史記》，〈衛康叔世家〉曰：「衛君黔牟立八年」，又曰「衛君黔牟奔于周」（卷37頁11），〈十二諸侯年表〉更有「衛黔牟元年」、「二年」……等紀年（卷14頁55～59）。

〔註40〕沈欽韓謂「度其本」之「本」乃指「其人於義當立」而言，然則立君之義如何？參昭廿六年《左傳》曰：「昔先王之命曰：王后無適，則擇立長，年鈞以德，德鈞以卜。王不立愛，公卿無私，古之制也。」（卷52頁10下）傳遜即根據此傳解說，曰：「今黔牟雖或可立，而孤弱寡助，終至危亡，故以二子爲不度。本，或以賢，或以分，或以年，本扶之者眾，能有成無敗也。」（《春秋左傳屬事》卷15頁5上～下）

〔註41〕所謂「夫能固位者，必度於本末」，「本末」之義，參考孔穎達、沈欽韓的說法。至於《左氏會箋》訓「本末」爲「始終」，意謂黔牟始則無寵，終則失勢無援，詮解不同。雖然如此，沈欽韓曰：「度其末者，其人立後能安固國家者也」，就此而言，《會箋》分析黔牟其「勢」不長，這一分析仍可參用，蓋內外無援、其勢不長，又豈能

曰：「初，惠公之即位也少，齊人使昭伯烝於宣姜，不可，強之。生齊子、戴公、文公、宋桓夫人、許穆夫人。」（《左傳注疏》卷 11 頁 10 上）。杜《注》曰：「昭伯，惠公庶兄，宣公子頑也。昭伯不可。」（同上）宣姜是惠公的生母，昭伯即公子頑，他是惠公的庶兄，基於當時社會「烝」的婚俗〔註42〕，齊人〔註43〕乃強使昭伯配宣姜，昭伯起初不允，終不得不接受這樣的安排，齊人左右衛國情事的勢力可以由此略窺一斑。黔牟無寵，反之，惠公朔則有宣姜、昭伯以及齊與諸侯等內外之援，「勢」之強弱判然有別。而且，宣姜配昭伯，使得佐助少君惠公的「勢」得以穩固、延續。然則，齊與諸侯自外助之，又實與內援成呼應之勢。齊、魯等諸侯「納惠公」，而經、傳俱書「入」，或者即是曲映這種情勢。「君子曰」謂洩與職不知「本之不枝」，即是指責二人不能權衡立君之義、「使得節適時乃立之」，反而強立黔牟，其「勢」不長，孤立無援又豈能「固位」、豈能「安固國家」！宣姜、昭伯與諸侯內外呼應，有此情勢，朔乃得以入衛。惠公入衛，傳敘其事，曰「衛侯入，放公子黔牟于周……，乃即位」，大概即是由於朔年少即位，旋又出奔吧。這樣看來，敘事與「君子曰」，可謂呼應了「國逆」稱「入」的義例。

　　書法義例與「君子曰」，明白指陳得失，使人知悉經義如此；敘事則依經設辭，詳述始末，尤能使人深明是非判斷的原委。前者是知其然，藉由後者，於是能進而知悉其所以是、所以非的具體緣由。人物行事的脈絡詳備，是非得失的原委具體呈現，褒貶之義豈不是更形「深切著明」！

　　《左傳》敘事以經所記之事為中心而「原始要終」，這是「論本事」。董仲舒說：

〔註42〕「安固國家」？
　　　　「齊人使昭伯烝於宣姜」，這是以當時「烝」、「報」的婚姻風俗為背景，春秋時代其例多矣，參見童書業《春秋左傳研究》「婚制」條（頁 209～213），以及顧頡剛之〈由「烝」、「報」等婚姻方式看社會制度的變遷（上）〉（刊《文史》14 輯，頁 1～29）。顧氏文論述尤詳，他曾針對「齊人使昭伯烝於宣姜」一事，詳加分析，謂：公子頑烝於惠公的生母宣姜，這「確實不出於他自己的意圖，而是由於衛宣姜的母家『齊人』所指定。齊人（當然是齊君）命令衛公子頑烝他的嫡母，他起初不答應，經不起這個大國的強有力的逼迫，他才無可奈何地成就了他和宣姜的夫妻關係」，又說：「宣姜的母家齊人可以強迫衛國的公子烝寡居的嫡母，衛國的君主也不嫌自己的母親為庶兄所烝，而且，宣姜和這位後夫所生的兒女，兩個男的後來都做了衛國的君主，兩個女的都嫁給大國做了夫人，並不因為他們是烝生的兒女而降低了社會地位。從這三方面來看，可以知道『烝』這一事在春秋時代自有它的一定的社會基礎」（《文史》14 輯，頁 9）。至於《會箋》參考〈匏有苦葉〉〈靜女〉〈君子偕老〉諸詩（及〈詩序〉），謂「宣姜素與昭伯通，齊人知之，故使相配以輔少君也」（同上），以為「宣姜素與昭伯通」，故齊人使烝之，其說與顧頡剛不同。依傳云「〔昭伯〕不可，強之」一語觀之，顧氏說較可取。
〔註43〕「齊人」，《左氏會箋》以為當指齊僖公（卷 4 頁 17）。

《春秋》「本其事而原其志」，蓋判斷是非、論定褒貶，需能推原人物行事的心志，乃能中肯入微。然則，如何「原其志」？蘇輿說：「事之委曲未悉，則志不可得而見，故《春秋》貴志，必先本事。」（參第二章第二節之一引）「本其事」即是推原「事之委曲」，藉由詳悉人物外顯的行事，尋繹其內在心志。如洩與職強立黔牟之所以未合立君之義，《左傳》即是藉由敘事表陳：二公子由於急子與壽之死，故「怨惠公」，因而挾「怨」改立〔註44〕；仔細推究，則二公子之所以怨「惠公」，乃不能不歸於「宣姜與公子朔構急子」。經書「衛侯朔出奔齊」以罪之，「君子曰」批評洩與職「不度」，徵諸敘事，義乃彰著。

經義是普遍的，褒貶則是一方面依據「義」，一方面明瞭行事的原委，而後判斷其人、其事之是非。通達經之褒貶，既需深明普遍之義，也需詳悉個別的人物行事，乃能得其情由、中肯無失。因此，《左傳》之「屬辭比事」特詳於敘述本末以「謀其得失」。

《春秋》有「文」、有「事」、有「義」，《左傳》敘事以其「事」為中心而詳敘本末，就是展開其「事」之行為流程，藉以呈現「事」的脈絡。蓋《春秋》「其事則齊桓、晉文」，不論指「齊桓、晉文」，還是指五霸、諸侯，甚至於引申為五霸更迭的整個時代事蹟，總之，其「事」是以人物行事為主。《春秋》褒貶之「義」，雖見之於「行事」，究其實，主要的褒貶對象是「人」！因此，《春秋》之褒貶「貴志」，貴能「原其志」。

「人」才有心思，而人物的心志內在而隱微，發之於言行──或說行為，於是有「事」，「事」是外顯的，有跡可以尋驗。唯其人物的行為總是在時間流程之中推移進展，所以依循時間序列沿跡尋索，成為明瞭「事」的基本理解方式。這樣理解「事」，「事」是一個演變中的行為流程，所謂「行事」，或者即取義於此。行事有其發展的脈絡，敘事就是呈現行事脈絡的一種方式。藉由敘事，也就是藉由展開的行事脈絡，人物心志之「微」得以彰顯，《春秋》所以褒、所以貶的緣故乃較著明晰，由此，學者得以察識其是非判斷、解悟其精微之「義」。這是以敘事解釋《春秋》的重要意義。

解釋《春秋》的途徑不只一端，例如《春秋比事》、《春秋屬辭》這類經解，即

〔註44〕隱四年《春秋》曰：「戊申，衛州吁弒其君完」（卷3頁13上），《左傳》追述其事由，謂衛公子州吁「有寵而好兵」，莊公「弗禁」，於是石碏諫以六逆、六順，曰「去順效逆，所以速禍也。君人者，將禍是務去，而速之，無乃不可乎！」（卷3頁9下～11下）相較之下，洩與職未曾有據義諫君之言行，立黔牟，是基於「怨惠公」，這是桓十六年《左傳》敘事之微義，而與莊六年「君子曰」相呼應。

類聚經文、考較書法，藉此推尋義例。這種解經方式，有其長處，但也有侷限。唯其如此，左氏、公羊與穀梁三傳，雖分析書法、解說義例，卻也都兼用敘事解經，這是三傳所馴習的「屬辭比事」之教。後世學者不知依經比類事、辭的解經法有時而窮，往往自恃獨得之見，反倒置疑三傳、攻駁三傳。例如宣二年《春秋》曰：「秋九月乙丑，晉趙盾弒其君夷皋。」（《左傳注疏》卷 21 頁 6 上）設若「獨抱遺經」，固無從了解「趙盾弒其君夷皋」是否與其他事例不同。然而綜觀左氏、公羊與穀梁三傳，不僅敘事大同而小異，更都明指趙盾並未親弒其君，書「弒」有其個別的緣由；而且，經雖書曰「趙盾弒其君」，卻未深責趙盾、不掩其賢名。這是三傳所共習、共聞的《春秋》「義」，僅僅依賴「類聚事辭」是無從索解的。尤其值得注意是，三傳說明此經書法，闡述其微義的主要方式正是敘事。

《左傳》解釋「秋九月乙丑，晉趙盾弒其君夷皋」，詳述其「事」之原委本末，曰：

> 晉靈公不君：厚斂以彫牆；從臺上彈人而觀其辟丸也！宰夫胹熊蹯不熟，殺之，寘諸畚，使婦人載以過朝。趙盾、士季見其手，問其故而患之。將諫，士季曰：「諫而不入，則莫之繼也，會請先，不入，則子繼之。」三進及溜，而後視之，曰：「吾知所過矣，將改之。」稽首而對曰：「人誰無過？過而能改，善莫大焉。《詩》曰：『靡不有初，鮮克有終』，夫如是，則能補過者鮮矣。君能有終，則社稷之固也，豈惟群臣賴之。又曰：『袞職有闕，惟仲山甫補之』，能補過也。君能補過，袞不廢矣。」猶不改。宣子驟諫。公患之，使鉏麑賊之。晨往，寢門闢矣，盛服將朝，尚早，坐而假寐。麑退，歎而言曰：「不忘恭敬，民之主也。賊民之主，不忠；棄君之命，不信。有一於此，不如死也。」觸槐而死。秋九月，晉侯飲趙盾酒，伏甲，將攻之。其右提彌明知之，趨登，曰：「臣侍君宴，過三爵，非禮也。」遂扶以下。公嗾夫獒焉，明搏而殺之。盾曰：「棄人用犬，雖猛何為！」鬥且出，提彌明死之。——初，宣子田於首山，舍于翳桑。見靈輒餓，問其病。曰：「不食三日矣。」食之，舍其半。問之。曰：「宦三年矣，未知母之存否。今近焉，請以遺之。」使盡之，而為之簞食與肉，寘諸橐以與之。既而與為公介。倒戟以禦公徒而免之。問何故，對曰：「翳桑之餓人也。」問其名、居，不告而退。遂自亡也。乙丑，趙穿攻靈公於桃園。宣子未出山而復。大史書曰：「趙盾弒其君」，以示於朝。宣子曰：「不然。」對曰：「子為正卿，亡不越竟，反不討賊，非子而誰？」宣子曰：「烏呼！《詩》曰：『我之懷矣，自詒伊慼』，其我之謂矣。」

孔子曰：「董狐，古之良史也，書法不隱。趙宣子，古之良大夫也，爲法
受惡。惜也！越竟乃免。」　（《左傳注疏》卷21頁9上～12上）

傳首出「晉靈公不君」的斷語，然後印證以靈公的種種荒唐行徑，進而引出趙盾
（宣子）之「驟諫」，因而「公患之」。然後敘寫靈公如何兩度欲殺之而未果，卻
導致趙盾逃奔出亡。隨後，趙穿弒靈公，而趙盾「未出山而復」。晉太史董狐以盾
身爲正卿，而「亡不越竟，反不討賊」，故書曰：「趙盾弒其君」。最後，傳引「孔
子曰」作斷語，論定董狐爲「良史」，趙盾爲「良大夫」。《左傳》藉此闡明：「趙
盾弒其君」是良史之直筆，故《春秋》因而不革。非僅如此，正因爲趙盾「爲法
受惡」，不失爲「良大夫」，所以敘事詳其始末，闡述此義。左氏不直接描述趙盾
如何賢良，而藉士季、鉏麑、靈輒等人，烘托趙盾之爲「良大夫」，與晉靈公厚斂、
彈人、殺宰夫等荒唐行徑恰成對照。而且，敘曰「秋九月，晉侯飲趙盾酒」云云，
靈公伏甲欲襲殺之，趙盾且鬥且出，隨即奔逃。趙盾迫於情勢而出亡，緊接著，
傳曰「乙丑，趙穿攻靈公於桃園」〔註45〕，與經文對照，即知實際弒君者爲趙穿
而非趙盾。凸顯「秋九月」與「乙丑」，正與經的記事時間對應，並且說明趙穿弒
君時，趙盾正當出亡在外。對此，太史董狐並非不知情，故曰「亡不越竟」，追問
盾何以未逕出國境，進而責問：既返，何以「不討賊」？所謂「惜也，越竟乃免」，
沈欽韓以爲「言倉皇出奔他國，義不再反，乃可逃弒君之名。」（《春秋左氏傳補
注》卷5頁9下）指出趙盾乃「倉皇出奔」，深得傳意。正因迫於情勢，被動倉皇
出奔，並未預聞趙穿弒君之事，當時若逕奔他國而不復返，則趙盾庶幾可免除罪
責——無弒君之實，也不必蒙受弒君之名〔註46〕。那麼，所謂趙盾「爲法受惡」，
主要是針對「反不討賊」；「法」者，自然是指史官記事之書法而言。趙盾身爲正
卿，既復返晉國，恢復正卿身分，當位掌權，義當討賊。唯其「不討賊」，故董狐
秉筆直書曰「趙盾弒其君」，而孔子作《春秋》亦因而不革。

〔註45〕據《經義述聞》考證，「攻靈公」之「攻」本當作「殺」（卷18頁2下）。
〔註46〕《禮記·曲禮下》謂人臣「三諫不聽則逃去」，鄭玄注云：「君臣有義則合，無義則
　　　離。」（《禮記注疏》卷5頁14上）杜《注》有「越竟則君臣之義絕」之說（《左傳
　　　注疏》卷21頁12上），應當與鄭《注》參看，益見宋以降學者之駁傳、攻杜者，第
　　　囿於所見耳。而且，莊廿四年《公羊傳》謂：「〔曹羈〕三諫不從，遂去，故君子以
　　　爲得君臣之義也。」（《公羊注疏》卷8頁11下）「三諫不聽則逃去」，孟子以爲係「異
　　　姓之卿」之義。《孟子·萬章下》記載，齊宣王問「卿」，孟子答曰：「有貴戚之卿，
　　　有異姓之卿」，前者，「君有大過則諫，反覆之而不聽，則易位」；後者，「君有過則
　　　諫，反覆之而不聽，則去。」（《孟子注疏》卷10下頁12下～13上）趙盾係「異姓
　　　之卿」，又以數諫致禍，雖非主動離去，若出亡而越境不返，於義亦未可深責；太史
　　　所以書其名，乃責其身爲正卿，既返而「不討賊」。此三傳同說，參下文。

　　《穀梁傳》敘述這一事件的始末比較簡略，但傳聞之經義與《左傳》相近、相通。《穀梁傳》曰：

> 穿弒也，盾不弒，而曰盾弒，何也？以罪盾也。其以罪盾何也？曰：靈公朝諸大夫而暴彈之，觀其辟丸也。趙盾入諫，不聽，出亡至於郊。趙穿弒公而後反趙盾。史狐書賊曰：「趙盾弒公」，盾曰：「天乎！天乎！予無罪。孰為盾而忍弒其君者乎？」史狐曰：「子為正卿，入諫不聽，出亡不遠；君弒，反不討賊，則志同，志同則書重。非子而誰？」故書之曰「晉趙盾弒其君夷皋」者，過在下也。曰：於盾也，見忠臣之至。……（《穀梁注疏》卷12頁3下～4下）

自「靈公朝諸大夫而暴彈之」至「非子而誰」一段是敘事，敘事的主旨在說明「罪盾」的緣故。《穀梁傳》一則明指「穿弒也，盾不弒」；二則敘述始末，並引史狐之言，謂趙盾之過在於「出亡不遠」、「反不討賊」；三則不忘申說：「於盾也，見忠臣之至」。經書「趙盾弒其君」以罪責趙盾，而穀梁氏特申明「於盾也，見忠臣之至」，這與左氏「孔子曰」所謂「趙宣子，古之良大夫也」，語有參差，而義實相通。《穀梁傳》也是以「反不討賊」來表述書法要點，謂「反不討賊，則志同，志同則書重」，語意更為明確。因為「志」同於弒君之賊，趙盾非弒而書弒，既書「趙盾弒其君」，而又譽之為「忠臣」，詳細的原委，《穀梁傳》不是解析書法義例來說明，而是具體呈現在事蹟脈絡之中。就此而言，《穀梁傳》與《左傳》傳述「晉趙盾弒其君夷皋」之事與義，相近相通，而藉由敘事以闡述微言大義的進路，更是不謀而合。

　　《公羊傳》解釋《春秋》此經，也與二傳相應合。宣二年公羊無傳，但宣六年經書「晉趙盾、衛孫免侵陳」，公羊為了解釋趙盾弒君何以復見於經，詳細補述了此一事件。弒君之賊不復見於經，這是公羊義，左氏與穀梁兩家俱無此說，姑且不論。值得注意的是，對於「晉趙盾弒其君夷皋」一事，公羊家的傳聞與左氏、穀梁大同小異，亦謂：趙盾非親弒，實因「不討賊」而書弒。《公羊傳》曰：

> 趙盾弒君，此其復見何？親弒君者趙穿也。親弒君者趙穿，則曷為加之趙盾？不討賊也。何以謂之不討賊？晉史書賊曰「晉趙盾弒其君夷皋」。趙盾曰：「天乎！無辜！吾不弒君，誰謂吾弒君者乎？」史曰：「爾為仁為義，人弒爾君，而復國不討賊，此非弒君如何？」趙盾之復國奈何？靈公為無道，使諸大夫皆內朝，然後處乎臺上引彈而彈之，已趨而辟丸，是樂而已矣。趙盾已朝而出，與諸大夫立於朝，有人荷畚自閨而出者，趙盾曰：「彼何也？夫畚曷為出乎閨？」呼之不至，曰：「子大夫也，欲視之則就而視之。」趙盾就而視之，則赫然死人也。趙盾曰：「是何也？」曰：「膳宰也。

熊蹯不熟，公怒以斗摮而殺之，支解，將使我棄之。」趙盾曰：「嘻！」趨而入。靈公望見趙盾，愬而再拜。趙盾逡巡，北面再拜稽首，趨而出。靈公心怍焉，欲殺之。於是使勇士某者往殺之。勇士入其大門，則無人門焉者；入其閨，則無人閨焉者；上其堂，則無人焉。俯而闚其戶，方食魚飧。勇士曰：「嘻！子誠仁人也。吾入子之大門，則無人焉；入子之閨，則無人焉；上子之堂，則無人焉：是子之易也。子爲晉國重卿，而食魚飧：是子之儉也。君將使我殺子，吾不忍殺子也。雖然，吾亦不可復見吾君矣。」遂刎頸而死。靈公聞之，怒，滋欲殺之甚。眾莫可使往者，於是伏甲于宮中，召趙盾而食之。趙盾之車右祁彌明者，國之力士也，仡然從乎趙盾而入，放乎堂下而立。趙盾已食，靈公謂盾曰：「吾聞子之劍蓋利劍也，子以示我，吾將觀焉。」趙盾起，將進劍，祁彌明自下呼之，曰：「盾食飽則出，何故拔劍於君所！」趙盾知之，躇階而走。靈公有周狗，謂之獒，呼獒而屬之，獒亦躇階而從之。祁彌明逆而踆之，絕其頷。趙盾顧曰：「君之獒，不若臣之獒也。」然而宮中甲鼓而起，有起于甲中者，抱趙盾而乘之，趙盾顧曰：「吾何以得此于子？」曰：「子某時所食，活我于暴桑下者也。」趙盾曰：「子名爲誰？」曰：「吾君孰爲介，子之乘矣，何問吾名？」趙盾驅而出，眾無留之者。趙穿緣民眾不說，起弒靈公。然後迎趙盾而入，與之立于朝，而立成公黑臀。　　（《公羊注疏》卷 15 頁 10 上～14 下）

大段傳文，敘事無疑佔顯著篇幅。公羊指陳「晉趙盾弒其君夷皋」之經文因承於晉史，這點三傳皆同。就敘事部分而言，若與《左傳》相較，《公羊傳》著意描寫了一些細節，這些細節，映襯趙盾之儉易恭謹，素孚人望。反之，前則強調「靈公爲無道」，後則呼應說「趙穿緣民眾不說，起弒靈公」。董仲舒曾申說傳意，曰：「……有名爲弒君而罪不誅者。逆而距之，不若徐而味之。且吾語盾有本，《詩》云：『他人有心，予忖度之。』」此言物莫無鄰，察視其外，可以見其內也。今案盾事而觀其心，愿而不刑，合而信之，非篡弒之鄰也。按盾辭號乎天，苟內不誠，安能如是？是故訓其終始無弒之志。挂惡謀者，過在不遂去、罪在不討賊而已。」（《春秋繁露義證》，頁 41）由此觀之，《公羊傳》於此敘事詳贍，著意描寫趙盾之爲人，乃是順〔註47〕其「終始無弒之志」以呈現事件的原委。所謂「案盾事而觀其心」、「察視其外，可以見其內也」，雖是闡述《公羊傳》，其實，三傳之敘事何嘗不能同樣適用？

〔註47〕「訓其終始無弒之志」，盧文弨曰：「訓，順也」（見蘇與《春秋繁露義證》引，頁41）。

　　案事觀心、本事原志，這是敘事解經的積極功能。《春秋》書「趙盾弒其君夷皋」，三傳敘述其「事」之始終本末，將此「事」展開爲相關人物的行爲流程，具體呈現其行事脈絡，藉此顯露其心志之微，正是所謂「案盾事而觀其心」。董仲舒說「察視其外，可以見其內也」，推原人物的心志，如果僅由趙盾呼天的言語逆推之，曰「苟內不誠，安能如是」，豈足以服人？徵諸行事之本末，而終始相貫，庶能眞正驗明誠僞。以趙盾是否弒君而言，欲說明其「無辜」，實屬不易。蓋心志雖然內在而隱微，畢竟有顯露於外的言行之跡可供尋稽，想要闡釋其「無」辜，辨正《春秋》之所以書「趙盾弒君」，並非就其實際行跡來論斷，而是由於「不討賊」而「爲法受惡」，這「危疑之理」，不易言詮啊！

　　然則，何由詮解呢？孔子曰：「我欲載之空言，不如見之於行事之深切著明也。」準此而觀，三傳都詳敘行事，使原委畢陳，以此方式詮解「趙盾弒其君夷皋」之經義，豈不正是因爲「見之於行事」乃能使其「義」深切而著明？毛奇齡曾說：

> 《春秋》須詳審經文，備究其事之始末，并當時行事之首從、主輔，而後可斷以義，否則，鮮有不誤者。　　（《春秋毛氏傳》卷8頁24下）

這一說法可以視作是「載之空言，不如見之於行事」的註腳。蓋經文固然須要詳審，但若僅僅「獨抱遺經」，則不免流於徒逞胸臆而不自知；至若「備究其事之始末」，更不能捨傳而束之高閣！

　　葉適即主張：論說趙盾，首當依準三傳。葉氏曰：

> 凡左氏、公、穀敘事本皆同者，皆當時之所謂大事，天下所通知者也。　（《習學記言》卷9頁4下）

又云：

> 趙盾、趙穿之事，當時天下共知，三傳所載無異。蓋董狐特立此義，與他史法不同，舉世從之，雖孔子不能易也。然而，聖人亦自以爲太重，而傷趙盾之慮不詳，被以此名，不得辭也，故曰「惜也，越竟乃免」。蓋人之所嚴者，孔子之所寬也。後世乃以盾爲寔弒其君，曰：三傳之妄說也。嗚呼！左氏之書不知有公、穀者，在前故也；公、穀在後，不知有左氏者，僻陋故也。兼不相知，其事同者，天下之通見聞也。今反以爲妄而疑之，非以寔事爲空文乎！　　（同上書卷，頁9下）〔註48〕

左氏、公羊與穀梁三家之傳，彼此不相謀，解釋《春秋》往往歧異參差，葉適認爲：

〔註48〕「舉世從之」，原作「學世從之」，今據四庫全書本《習學記言》逕引作「舉」；又，「今反以爲妄而疑之」，後三字原作「爲疑之」，亦據四庫全書本逕引作「而疑之」（卷9頁11上）。

「左氏之書不知有公、穀者，在前故也；公、穀在後，不知有左氏者，僻陋故也。兼不相知，其事同者，天下之通見聞也。」左氏、公羊與穀梁三家「兼不相知」，偶爾述事、詮義相合、互應者，當緣於此事、此義為「當時之所謂大事，天下所通知者」，故三傳「通見聞」而無異議。尤其像「弒君」這樣的大惡，三傳竟同聲而言：趙盾非弒、緣「不討賊」而蒙受貶責。若非傳承有自，豈會在這樣的「危疑之理」上同聲相應！這樣看來，後世學者徒逞胸臆，反倒批評三傳為妄說者，豈足輕信？

左氏、公羊與穀梁三傳，解釋《春秋》，不論述事或詮義，每多歧異，種種參差，如何折衷以究明經義，誠為《春秋》學的一大課題，有待學者深入研討。不過，這不是本書論述的課題。以上引錄三傳，是基於三家所述之「事」與「義」大抵同調，故徵引二傳以資參證。相較之下，後世憑空生出的許多議論，反倒毋庸措意費辭了。

綜合而言，左氏、公羊與穀梁雖然都以「例」解《春秋》，這並不是它們唯一的解經方式。以經所記之「事」為中心，「原始要終」地詳述其本末，從而斷是非、明褒貶，實三傳皆然。上文以「趙盾弒其君夷皋」為例，指陳三傳如何以敘事解經，足可略窺一斑了。三傳之敘事，既描述靈公「不君」的行徑以資對照，又側寫許多相關人物，以烘雲托月的筆墨襯映趙盾之易儉恭謹、之為「良大夫」，這正如毛奇齡所言，是「備究其事之始末，并當時行事之首從、主輔」，由此徵驗其「終始無弒之志」，進而表顯褒貶之義。這樣「屬辭比事」以釋義，乃是三傳馴習之《春秋》教也。三傳之中，《左傳》「敘事尤備」，尤深於「屬辭比事」之《春秋》教。

《春秋》寓「義」於「文」與「事」，究其實，乃是以「人」為褒貶的對象。人的心志隱微，褒貶其行事之是與非，貴能案事而原志。《左傳》依經以編年敘事，逐次詳載其「事」之始終本末，就人物的行為流程，具體呈現其發展脈絡，俾使學者得以尋稽傳文而通曉經旨。這是以敘事解釋《春秋》的積極意義，也是其傳承「屬辭比事」之《春秋》教的重要價值。

三、言與事相兼

古史體式，主要分為記言與記事兩大類，《禮記‧玉藻》與《漢書‧藝文志》等都有這樣的說法〔註49〕。陳傅良說：「自古者事、言各有史，……左氏亦始合事、

〔註49〕《漢書‧藝文志》曰：「古之王者，世有史官，君舉必書，所以慎言行、昭法式也。左史記言，右史記事；事為《春秋》，言為《尚書》，帝王靡不同之。」（《漢書補注》卷30頁18下）《禮記‧玉藻》曰：「動則左史書之，言則右史書之。」鄭玄注曰：「其書《春秋》、《尚書》其存者。」孔穎達曰：「經云『動則左史書之』，」《春秋》是動作之事，故以《春秋》當左史所書。……經云『言則右史書之』，《尚書》記言語之事，故以《尚書》當右史。……《尚書》雖有動，因言而稱動。」（《禮記注疏》卷

言二史與諸書之體，依經以作傳，附著年月下」云云（見上文引），謂《左傳》始合記「事」與記「言」之體，而依經編年以解釋《春秋》。陳氏之前，北魏的高祐（？～499）、李彪（443～501），唐代的劉知幾等已有類似的見解。劉知幾說：

> 古者言爲《尚書》，事爲《春秋》，左右二史，分尸其職。蓋桓、文作霸，糾合同盟，春秋之時，事之大者也，而《尚書》闕紀；秦師敗績，繆公誠誓，《尚書》之中，言之大者也，而《春秋》靡錄。此則言、事有別，斷可知矣。逮左氏爲書，不遵古法，言之與事，同在傳中，然而言、事相兼，煩省合理，故使讀者尋繹不倦，覽諷忘疲。　（《史通・載言》卷 2，頁 10～11）

劉氏據《尚書》與《春秋》，舉例說明記言與記事之體式，謂「言、事有別，斷可知矣」，至《左傳》始「言、事相兼」，這是異於古史體式的創舉。高祐與李彪等主張採取紀傳體撰修國史，他們上奏時述及：

> 《尚書》者，記言之體；《春秋》者，錄事之辭。尋覽前志，斯皆言、動之實錄也。夏、殷以前，其文弗具；自周以降，典章備舉。史官之體，文質不同；立書之旨，隨時有異。至若左氏，屬詞比事，兩致並書，可謂存史意，而非全史體。　（《魏書》卷 57，頁 1260）

古史體式，或記言或記事，而「皆言、動之實錄也」，「言」指言辭話語，而「事」指行爲動作。高、李二氏追述古史之體，認爲《左傳》「屬詞比事，兩致並書，可謂存史意，而非全史體。」所謂「存史意」，是指其內容依據列國實錄，信實有徵。《左傳》博采國史，故具史意；然而，猶如《尚書》、《春秋》二經，雖保存記言、錄事的體式而學者未嘗逕視之爲史，何況《左傳》「依經以作傳，附著年月下」，畢竟是「傳」而非史體。李彪〔註50〕曾說：「尼父之別魯籍，丘明之辨孔志，可謂婉而成章、盡而不汙者矣」（《魏書》卷 62，頁 1394），明言「丘明之辨孔志」云云，顯見並不以《左傳》爲史，而認爲是解經之傳。劉師培說：「傳之與經，同出魯史，……與經同出，故與史同；以傳名書，故與史異」云云（《春秋左氏傳古例詮微》頁 3 上），正可表詮《左傳》存史意而非史體的意義。值得注意的是，高、李二氏稱「〔左

---

29 頁 5 上）依上所述，古史體式有記言、記事之分，唯左史書之或右史書之，《禮記》與《漢書》二說不同。大抵而言，記事與記言，前者以記動作爲主，後者以記言語爲主，其體式大抵可以由《春秋》、《尚書》略窺一斑，故鄭玄等學者舉二經爲其代表。《春秋》之「記事」體式，參見本章第一節之一之舉例說明。又，《尚書》以「記言」爲主，雖或記載行事動作，如孔穎達所說，乃「因言而稱動」也。

〔註50〕李彪嘗「述《春秋》三傳，合成十卷」（《魏書・李彪傳》卷 62，頁 1398），據此，李氏於《春秋》，兼習三傳之學。

氏）屬詞比事，兩致並書」，他們也推許《左傳》「屬詞比事」，而其所謂「屬詞比事」是指傳文之兼綜「言」與「事」，這樣的理解與上文之界義迥異。雖然如此，高祐與李彪所謂「兩致並書」，誠然指出《左傳》敘事的另一項特點。

高祐、李彪、劉知幾與陳傅良諸家，都只關注到左氏始合言與事、依經以作傳，其實，言、事相兼，不是《左傳》敘事專有的特點，《公羊傳》、《穀梁傳》的敘事也同樣如此。三傳敘事源自《春秋》記事，往往以行為動作（即「動」、「事」）為主，偶爾穿插言辭話語（「言」）於其中。實則，敘事述說人物的行事脈絡，廣義的行事原可以兼含行動和言語。由《春秋》記「事」，到三傳敘述行事而兼合「言」與「事」，毋寧是相當自然的發展。

《春秋》之記「事」，如曰「宋伯姬卒」，僅以數字簡要地載錄這個事蹟，而《公羊傳》與《穀梁傳》敘述其「事」，「事」於是展開為一個行事脈絡，將失火之時伯姬如何因傅母、保母未至而堅不下堂走避，終於「逮乎火而死」，始終本末具載於傳。其中，二傳都記述了伯姬與左右對話的言辭（見本章第一節之三引）。伯姬遇火，可以走避而未及時走避，其貞於婦人之義的志節，即傳達於言辭之中。又如「趙盾弒其君夷皋」，三傳敘述其「事」之始末，也都具載相關人物的行動或言語。關於趙盾與太史董狐的對話，《公羊傳》載趙盾之語：「天乎！無辜！吾不弒君，誰謂吾弒君者乎？」董仲舒詳味斯言，以為「《詩》云：『他人有心，予忖度之』，此言物莫無鄰，察視其外，可以見其內也。」因此，董氏由趙盾號天自辯，從而察視其內心誠偽，曰：「按盾辭號乎天，苟內不誠，安能如是？」（以上，見本章第二節之二引）。號乎天是否真的足以鑒明心志之誠，或不免見仁見智，然而，這一說法意謂《春秋》學者對言辭的關注，有著深一層的緣由，即：尋言以觀志。

《春秋》「本其事而原其志」，敘事乃藉著展開人物行事的始終本末用以推原其「志」，而所謂「志以發言」（《左傳注疏》卷38頁8下）、「志以定言」（同上書，卷45頁9下），「言」正是宣露「志」的重要方式。何謂「言」？何謂「志」？杜預曰：「在心為志，發〔出〕口為言」，孔穎達申解云：「志有所之，言乃出口，故志以發言也」（同上書，卷38頁8下～9上），又云：「志意充滿，慮之於心，所以定言語也。」（同上書，卷45頁9下）《左傳》「仲尼曰」曾引據古書，曰：「言以足志，文以足言；不言，誰知其志，言之無文，行而不遠。」（同上書，卷36頁14上）蓋心志意念，內在而隱微，故「不言，誰知其志」。而人物之所以發言說話，正是藉語辭作為心思的表徵，心有所思乃發之於言談話語，是「言以足志」。這樣，「言」可以視為是「志」的符徵，是人物心思有意或無意的宣露，於是察視表顯於外的言辭，成為洞見其內在心志的線索。

　　當然，言語和行動共同構成人的行事整體。單憑片言隻語——如董仲舒「按盾辭號乎天」，憑一語便推其衷誠與否——，實不如詳察一個人物前後的相關言語而綜觀之；而且，察其言還須觀其行，也就是綜觀人物的言語與行動，這樣當更能深切掌握人物真正的心思。那麼，兼合「言」與「事」，豈不正是察識行事內在意義的重要方式！

　　如文十四年《春秋》曰：「晉人納捷菑于邾，弗克納。」（同上書，卷 19 下頁 13 下）既「納」捷菑，而又「弗克納」，是力有未逮，或另有原因？經書曰「弗克納」，是褒之，還是貶之？《左傳》敘事這樣展述其「事」，曰：

> 晉趙盾以諸侯之師八百乘納于邾。邾人辭曰：「齊出貜且長。」宣子曰：「辭順而弗從，不祥。」乃還。　　（同上書卷，頁 16 上）

依《左傳》敘事而言，「晉人納捷菑于邾」的「晉人」，其實是由趙盾率領的「諸侯之師八百乘」。「納捷菑」而又「弗克納」的過程是：起初，趙盾（宣子）帥諸侯之師援助捷菑復國爭位，但邾人堅辭，謂「齊出貜且長」，當立，趙盾認為「辭順」，於是諸侯退兵，無功而返。貜且係邾文公元妃齊姜所生，故曰「齊出」；捷菑為文公二妃晉姬所生，文公卒，貜且立，而捷菑奔晉〔註51〕。晉率領「諸侯之師八百乘」，勢力雖盛，但邾人力陳「貜且長」，辭正有理，於是趙盾從正辭而退兵，可謂以力服義。這樣，其所以「弗克納」，並非力不足以納之，而是由於服義。然而，趙盾不先度其義，大舉率八百乘諸侯之師至邾國，雖能不恃力而終服其義，畢竟並非純善。如上述的解說，《春秋》曰：「晉人納捷菑于邾，弗克納」，稱「晉人」寓有貶意，而書曰「弗克納」，則主要是嘉許其從正而服義〔註52〕。

〔註51〕文十四年《左傳》曰：「邾文公元妃齊姜生定公，二妃晉姬生捷菑。文公卒，邾人立定公，捷菑奔晉。六月，同盟于新城，從於楚者服，且謀邾也。」（《左傳注疏》卷19下頁 15 下）案：傳對應於經，經曰：「六月，公會宋公、陳侯、衛侯、鄭伯、許男、曹伯、晉趙盾，癸酉，同盟于新城。」（同上書卷，頁 13 上～下）故傳文只略稱「同盟于新城，從於楚者服」云云。新城之盟，除了使從楚諸侯轉服於晉外，也「謀納捷菑」（杜《注》），故左氏敘述貜且與捷菑所出以及捷菑出奔事，說明諸侯「謀邾」的緣故。

〔註52〕杜《注》曰：「八百乘，六萬人。言力有餘也。」（《左傳注疏》卷 19 下頁 16 上）又曰：「邾有成君，晉趙盾不度於義而大興諸侯之師，涉邾之竟，見辭而退，雖有服義之善，所興者廣，所害者眾，故貶稱人。」（同上書卷，頁 13 下）然則，經不書趙盾而稱「晉人」，有貶責之意；而趙盾大舉興師卻「見辭而退」，「有服義之善」，則書曰「弗克納」，當是褒其「服義」也。上文所述，即參據杜《注》。案諸《公羊傳》，曰：「……其言弗克納何？大其弗克納也。何大乎其弗克納？晉郤缺帥師革車八百乘以納接菑于邾婁，力沛若有餘，而納之，邾婁人言曰：『接菑，晉出也；貜且，齊出也。……貴則皆貴矣，雖然，貜且也長。』郤缺曰：『非吾力不能納也，義實不爾克

　　《左傳》如何傳達出從正服義的旨趣呢？這層意義是藉由敘事──尤其是載錄的言辭──凸顯出來的。邾人曰「齊出獲且長」，趙盾謂之「辭順」，乃從而退兵。杜預注曰：「立適以長，故曰辭順。」（同上）邾人強調獲且之為嫡長當立，合乎禮制之正，因此，趙盾不倚仗八百乘的軍力強勢，轉而服正辭、從禮義，乃值得嘉許。諸侯之師一進一退，其所以如此的內在意義，即表現在行動與言辭共同構成的行事脈絡之中。《左傳》「屬辭比事」以解經，其釋義即寓乎敘事之中。

　　左氏「身為國史，躬覽載籍，屬辭比事有可依據」（楊士勛語），《左傳》敘事根據國史實錄，述事載言大抵皆信而有徵〔註53〕。舉凡會盟辭令或大夫諫諍等言語，

也。』引師而去之。故君子大其弗克納也。」（《公羊注疏》卷 14 頁 9 上～10 上）這是《公羊傳》敘事比《左傳》詳細的又一個例子。自「晉郤缺帥師」至「引師而去之」是敘事，其中，謂帥師之人為郤缺，與左氏不同；而二傳述邾人之辭也此詳彼略。但大體而言，對於「晉人納捷菑于邾，弗克納」，二傳述事相近、義亦相通。

〔註53〕 晉太康年間汲冢獲書，劉知幾曰：「按《紀年》、《瑣語》載春秋時事與左氏同，《師春》多載春秋時筮者繇辭，將左氏相校，遂無一字差舛」，又曰：「由是世稱實錄，不復言非，其書漸行，物無異議。」（《史通‧申左》卷 14，頁 106）依此，《左傳》漸行漸盛與敘事之實錄可徵有關。歷來頗有種種疑傳之說，其中實不乏無根的臆測，如隱元年《左傳》述及鄭莊公與武姜母子隧而相見，啖助疑之，《四庫全書總目》曾明確加以反駁，曰：「啖氏謂鄭伯必不囚母，殊嫌臆斷。以是為例，豈復有可信之史？況大隧故跡，《水經注》具有明文，安得指為左氏之虛撰？」（卷26頁18上）又，近世出土的文物有不少顯能驗證《左傳》者，尤值得吾人注意，略舉三例，聊備參酌。第一，葛志毅《周代分封制度研究》曰：「昭公十五年載周景王論唐叔及晉文公先後所受分物的意義，……唐叔與晉文公所受主要是武器，因而作為義務和權力，他們分別要『匡有戎狄』和『撫征東夏』，即被賜准在一定範圍內代表周室行使征伐大權。這在金文中也可得到驗證。如〈虢季子白盤〉『王賜乘馬，是用左王，賜用弓，彤矢其央；賜用戊，用征蠻方。』〈應父毀〉『王易應父兵，以征以衛，用母妄。』按在武器中以弓矢斧鉞之賜最為重要，如《禮記‧王制》說：『諸侯賜弓矢，然後征；賜斧鉞，然後殺。』即諸侯得弓矢斧鉞之賜，才有征討殺伐之大權。」（頁106～107）葛氏引金文徵驗《左傳》載言允能反映周代的分封制度。其實，這類例子相當多。第二，1978 年河南省淅川縣下寺春秋楚墓出土之「楚令尹子庚鼎」（或稱「楚王子午鼎」）銘文前稱「王子午」，後稱「令尹子庚」，徵諸《左傳》，魯襄公十二年至廿一年，載有子庚的事蹟，或稱「司馬子庚」、「令尹子庚」，或稱「王子午」、「午」等，故李學勤曰：「子庚的職官、名、字，與《左傳》完全相合」（《新出青銅器研究》，頁 10）。第三，僖廿八年《左傳》曰：「五月…丁未，獻楚俘于王」（《左傳注疏》卷 16 頁 23 下），新近入藏台北故宮博物院的「子犯編鐘」，鐘銘記述狐犯輔佐晉文公復國、大勝楚而成霸業，於周襄王二十（前 632）年朝天子、受王賜，第一鐘銘曰：「佳王五月初吉丁未」，此銘紀時可以徵驗《左傳》（參據張光遠〈故宮新藏春秋晉文稱霸子犯和鐘初釋〉，刊《故宮文物月刊》13 卷 1 期，頁 27）。由以上諸例可以略見：不論地、時，或人物名、字、職官，以及制度等，《左傳》敘事內容大抵信實有徵。《左傳》採取國史實錄，其內容誠然可以考證、論析，但由文獻、新出土文物相繼驗證後，憑空臆斷的疑議，可不煩贅論矣。

劉知幾以爲：「斯蓋當時發言，形於翰墨，立名不朽，播於他邦，而丘明仍本其語，就加編次」，「諒非經營草創，出自一時，琢磨潤色，獨成一手。斯蓋當時國史已有成文，丘明但編而次之，配經稱傳而行也。」（《史通・申左》卷14，頁104）左氏博採諸侯國史，然後抉擇裁取，依解經需要加以綴次編構。一方面採錄當時實錄，因此稱故典、述制度，率皆信實可據；另一方面，編構成篇的敘事，將時人言語辭令置入「原始要終」的整體脈絡之中，則《左傳》敘事已非現成的國史載記，其撰述意趣也不限於載錄事實，終以解釋《春秋》爲宗旨。既依據實錄成文，又頗經刪裁潤色以依經作傳，《左傳》載言需兼從這兩方面尋察。敘事中載錄言語，有長篇具載的辭令，如衛祝佗爭長盟於蔡與子產爭承（二例見本章第一節之一引）之類，或也有經過選擇、刪裁、潤色以與上下文呼應者。如晉人納捷菑，「邾人辭曰：『齊出貜且長』」，邾人面對八百乘諸侯之師壓境而來，當時應對辭令想必不會僅止於此，左氏「編而次之，配經稱傳而行」，故刪繁取要，僅錄一語而已。

　　言語對話往往是《左傳》敘事用以推展情節的重要因素。如隱元年《春秋》曰：「夏五月，鄭伯克段于鄢」（《左傳注疏》卷2頁9下），《左傳》解釋經義，詳細敘述了整個事件的始終變化，其中，鄭莊公與諸臣的對話正是此篇敘事推展情節的主要方式。傳曰：

　　初，鄭武公娶于申曰武姜，生莊公及共叔段：莊公寤生，驚姜氏，故名曰寤生，遂惡之；愛共叔段，欲立之，亟請於武公，公弗許。及莊公即位，爲之請制，公曰：「制，巖邑也，虢叔死焉，佗邑唯命。」請京，使居之，謂京城大叔。祭仲曰：「都，城過百雉國之害也。先王之制，大都不過參國之一；中，五之一；小，九之一。今京不度，非制也。君將不堪。」公曰：「姜氏欲之，焉辟害？」對曰：「姜氏何厭之有，不如早爲之所，無使滋蔓。蔓，難圖也。蔓草猶不可除，況君之寵弟乎？」公曰：「多行不義必自斃，子姑待之。」既而大叔命西鄙、北鄙貳於己。公子呂曰：「國不堪貳，君將若之何？欲與大叔，臣請事之。若弗與，則請除之。無生民心。」公曰：「無庸，將自及。」大叔又收貳以爲己邑，至于廩延。子封曰：「可矣。厚，將得眾。」公曰：「不義不暱，厚將崩。」大叔完聚，繕甲兵、具卒乘，將襲鄭。夫人將啓之。公聞其期，曰：「可矣。」命子封帥車二百乘以伐京，京叛大叔段。段入于鄢，公伐諸鄢。五月辛丑，大叔出奔共。書曰「鄭伯克段于鄢」，段不弟，故不言弟；如二君，故曰克；稱鄭伯，譏失教也，謂之鄭志；不言出奔，難之也。遂寘姜氏于城潁，誓之曰：「不及黃泉，無相見也。」既而悔之。潁考叔爲潁谷封人，聞之，有獻於公。

公賜之食，食舍肉。公問之，對曰：「小人有母，皆嘗小人之食矣，未嘗君之羹，請以遺之。」公曰：「爾有母遺，繄我獨無。」潁考叔曰：「敢問何謂也？」公語之故，且告之悔。對曰：「君何患焉？若闕地及泉，隧而相見，其誰曰不然！」公從之。公入而賦：「大隧之中，其樂也融融。」姜出而賦：「大隧之外，其樂也洩洩。」遂爲母子如初。君子曰：「潁考叔，純孝也，愛其母，施及莊公。《詩》曰：『孝子不匱，永錫爾類』，其是之謂乎！」　　（同上書卷，頁 15 下～20 下）

傳對應於經，經曰「夏五月」，傳載明其月日，曰「五月辛丑」，這是敘事明確凸顯的時間點。以《春秋》編年的時間爲中心，針對「鄭伯克段于鄢」這一事件，《左傳》敘事衍爲整個原委詳明的行事脈絡：追述自鄭武公娶姜氏，依序舖陳至武姜與莊公隧而相見，自始及終，開展爲歷經三、四十年的時間流程〔註54〕。針對《春秋》記「事」而追述其「初」——這「初」是相對於「鄭伯克段于鄢」的事由而發其端。傳曰：「初，鄭武公娶于申曰武姜，生莊公及共叔段」，武姜因莊公寤生〔註55〕「遂惡之」而「愛共叔段」，這已簡要說明了鄭伯（莊公）與段的關係，並追索出事情的因由——呂祖謙（1137～1181）指陳說：「愛、惡兩字便是事之因由」（《春秋左氏傳續說》卷 1 頁 3 下）。這意謂：莊公與段之間的爭端，追根究柢，乃導源於武姜對兩兄弟的「惡」與「愛」〔註56〕。武姜「愛」叔段，於是「欲立之，亟請於武公」，不成；至莊公即位時，遂爲叔段請制，未果，又請京。叔段封於京之後，勢力一步

〔註54〕 參《史記》，〈鄭世家〉曰：「武公十年，娶申侯女爲夫人，曰武姜。生太子寤生，生之難，及生，夫人弗愛。後生少子叔段，段生易，夫人愛之。二十七年，武公疾，夫人請公欲立段爲太子。公弗聽。是歲，武公卒，寤生立，是爲莊公。……二十二年，段果襲鄭，武姜爲內應，莊公發兵伐段。……」（卷 42 頁 6～7）又參〈十二諸侯年表〉，於鄭武公十四年（前 757）曰：「生莊公寤生」，十七年（前 754）曰：「生大叔段」（卷 14 頁 31～32）。莊公十五歲即位，二十二年「段作亂，奔」，二十三年（前 721）「公悔，思母，不見，穿地相見。」（同上卷，頁 43～44）據此，則自鄭武公十年（前 761）娶武姜，至莊公二十二年（前 722）（案即魯隱公元年）「鄭伯克段于鄢」，次年莊公與武姜「穿地相見」，前後長達四十一年。當時，莊公三十七歲，叔段三十四歲。

〔註55〕 「莊公寤生」者，「寤生」即牾生、逆生，謂出生時足先出，造成難產，《史記・鄭世家》所謂「生之難也」。說參沈欽韓《春秋左氏傳補注》（卷 1 頁 1 下～2 上）、高本漢《高本漢左傳注釋》（頁 1）、楊伯峻《春秋左傳注》（頁 10）等。

〔註56〕 《公羊傳》曰：「克之者何？殺之也。殺之則曷爲謂之克？大鄭伯之惡也。曷爲大鄭伯之惡也？母欲立之，己殺之」云云（《公羊注疏》卷 1 頁 15 上～下）。訓「克」爲「殺」，與《左傳》不同。但《公羊傳》論及「母欲之」，以解釋「大鄭伯之惡」的緣故，當係傳聞之義，足可窺見《春秋》書「鄭伯克段于鄢」，並非只著眼於莊公與段兄弟之爭，經義褒貶實深探事端之導源於「母欲之」也。這可以參證《左傳》義。

步擴張，力量大到足以與國君——莊公相抗衡，並準備「襲鄭」，而「夫人將啓之」。
莊公預聞其計謀，命子封帥兵伐京，段逃入鄢，而「公伐諸鄢」，於是「五月辛丑，
大叔出奔共」。傳文陳述段與莊公相抗始末，終不脫武姜的影響。由「姜氏欲之」一
語看來，莊公深悉於此。前則「姜氏欲之」，後則「夫人將啓之」，因此，叔段潰敗
出奔後，傳又敘及後續的發展，謂莊公「遂寘姜氏于城潁，誓之曰：『不及黃泉，無
相見也。』」後來，由於潁考叔教以「闕地及泉」的方法，武姜與莊公乃得以「隧而
相見」，終於「爲母子如初」。事件發端於武姜之愛惡，由母子之情導致兄弟相爭，
傳最終也以武姜、莊公「母子如初」作結。

　　敘事之外，《左傳》並闡明「鄭伯克段于鄢」的書法，兩相印證，共同發明經義。
傳曰：「段不弟，故不言弟；如二君，故曰克；稱鄭伯，譏失教也，謂之鄭志；不言
出奔，難之也。」傳以敘事陳述鄭伯與段的兄弟關係，進而詮解經所以「不言弟」
的書法，意在貶責段之「不弟」。經書「克」，則意謂兩人相爭「如二君」，敘事與此
呼應，述說叔段自封於京而築大城，既又「命西鄙、北鄙貳於己」，然後「收貳以爲
己邑，至于廩延」，勢力逐步蔓延擴張。敘事說「大叔出奔共」，而經「不言出奔」，
傳曰：「難之也」，安井衡闡述說：「出奔者，勢窮力屈之詞，段勢強大，鄭伯僅能克
之，……仲尼脩《春秋》，欲見強臣難制，以戒後世，故不言出奔。傳釋其意曰『難
之也』，言破之極難，以終上文『如二君』之意。」（《左傳輯釋》卷1頁8上）以上，
主要訓解「克段于鄢」，至於「譏失教也，謂之鄭志」則解釋經稱「鄭伯」之義，安
井衡曰：「鄭伯在前而後釋之者，段不弟、如二君，皆鄭伯失教所致，故先釋『克段
于鄢』，而以失教、鄭志結之」（同上）。《左傳》說明書法，既責段不弟，也深誅莊
公之「失教」，故敘事對於整個行事脈絡，書寫的側重面在莊公，尤其是莊公之「志」，
探其「志」以貶其「失教」。所謂「鄭志」，指鄭伯之心志〔註57〕，姜炳璋說：「鄭

〔註57〕錢鍾書曰：「『稱鄭伯，譏失教也；謂之鄭志』，《註》：『明鄭伯志在於殺』，《正義》：
　　　　『服虔云：公本欲養成其惡而加誅，使不得生出，此鄭伯之志意也。』按：莊公七
　　　　年春『文姜會齊侯於防，齊志也。』皆指隱衷畜意而言，一欲殺害，一欲幽會，同
　　　　爲心事之不可告人者。襄公元年，『爲宋討魚石，故稱宋人，且不登叛人也，謂之宋
　　　　志』；昭公十六年，韓宣子曰：『二三子請皆賦，起亦以知鄭志』，……皆指心事之可
　　　　公諸眾者。二『志』相反，而其爲『意內』，則初無不同。成公十三年『志而晦』，
　　　　註：『志，記也。』僖公二十八年及宣公十二年有『軍志曰』，成公十五年有：『前志
　　　　有之』，襄公三十年有『仲虺之志曰』。皆指記載之斑斑可見者，『志』又爲『言外』。
　　　　襄公二十五年，仲尼曰：『志有之，言以足志』；前『志』爲言之在外者，後『志』
　　　　爲意之在內者。斯亦一字歧出分訓之例。」（《管錐篇》，頁172～173）《左傳》所謂
　　　　「志」，或指「意之在內者」，杜預所謂：「在心爲志」（見上文引）也；或指「言之
　　　　在外者」，即載記文書。隱元年所謂「鄭志」，據服虔、杜預說，是指鄭伯之心志（《左
　　　　傳注疏》卷2頁19上、下）。

伯克段之獄，或以爲故予大邑，陷之于死，未免深文；或以爲善全兄弟，聽其出走，未免失出。惟左氏罪其『失教』而得《春秋》之義。非爲段寬也，段之叛逆，人所共見；鄭伯之志，隱矣。故『鄭志』二字是主腦。」（《讀左補義》卷 1 頁 6 下）誠然，「『鄭志』二字是主腦」，而「志」實隱微難知，故《左傳》一方面說明書法，一方面藉著敘事來曲達其意。

敘事如何曲達其意呢？尋察《左傳》「屬辭比事」之法，載「言」實爲重要的表現方式。呂祖謙曾仔細玩味此傳之人物對話，他分析說：

> 及莊公即位，爲之請制，公曰：「制，巖邑也，虢叔死焉。他邑唯命。」……莊公當時所以不與他，時亦是莊公初間好意，未必是恐難控制而不與之也。故祭仲當時之諫，但引先王都城之制，未嘗有一言遽傷其兄弟之情。大率骨肉之間，外人苟未知得果何如時，安敢便有離間底言語。看祭仲第二次再說，亦不過「蔓草猶不可除，況君之寵弟乎？」「寵弟」二字，便見莊公之意猶未發露，竟不曾分明說破。惜乎當時殊無調護兄弟底情意，便只就利害上說去。公子呂又曰：「國不堪貳，君將若之何？欲與太叔，臣請事之；若弗與，則請除之。」自此辭語展轉忿激。看得莊公初間亦未便有殺弟之意，只緣事勢浸浸來了，此所以遂成了「克段」底事。如公曰「姜氏欲之焉辟害」此等語，亦是狠愎者之常談，至曰「多行不義必自斃」，與後來「不義不暱，厚將崩」之語，其意卻不可回矣。學者能細看得此段，亦儻見得人情物理。　（《春秋左氏傳續説》卷 1 頁 3 下～4 下）

依呂氏的分析，起初武姜爲段請制，莊公以「制，巖邑也，虢叔死焉」婉拒，這「亦是莊公初間好意」，然則，「莊公初間亦未便有殺弟之意」。而且，祭仲諫言，以陳說制度爲主，未嘗遽傷其兄弟之情，又說叔段是「君之寵弟」，當時，「莊公之意猶未發露」，而君臣對話的焦點尚環繞「姜氏欲之」、「姜氏何厭之有」。及至公子呂（子封）〔註 58〕進言，辭語轉爲忿激，莊公回答說：「無庸，將自及」、「不義不暱，厚將崩」，言談之際，微微透露著「其意卻不可回矣」。根據敘事中人物的對話，呂氏仔細尋味其言語辭氣，故能「見得人情物理」，曲盡莊公之心意變化。

顧棟高也說：「母氏請京則聽，收貳至廩延亦不發露，隱忍至二十二年之久，蓋猶有畏名義、念母與鞠弟之心，非可謂養成其惡也。」（《春秋大事表》卷 49 頁 10 上）莊公十五歲即位〔註 59〕，人物成長，情勢演化，志意隨之微妙轉變，這種變化反映於行動，於是對待叔段的態度也由被動消極──「姑待之」、「將自及」，逐漸轉

〔註 58〕杜《注》曰：「子封，公子呂也。」（《左傳注疏》卷 2 頁 18 下）。
〔註 59〕參注 54。

趨積極主動──「公聞其期，曰：『可矣』」，隨即「命子封帥二百乘以伐京」，經過二十二年而後「克段」。呂祖謙曰：「前面命西鄙、北鄙貳於己，與收貳爲己邑，莊公都不管，且只是放他去，到後來，罪惡貫盈，乃遽絕之，略不假借。命子封帥師伐京，段奔鄢，公又親帥師伐鄢。於其未發，待之甚緩；於其已發，追之甚急。公之於段，始如處女，敵人開戶，後如脫兔，敵不及拒者也。」（《春秋左氏傳說》卷首頁 4 上〜5 上）長期隱忍，誠然「待之甚緩」，但一預聞叔段「將襲鄭」，迅即發兵使措手不及，而又追擊甚急，其起心動念之機微，呂氏進一步論析說：「莊公此等計術，施於敵國則爲巧施；施於骨肉，則爲忍。大凡人於骨肉兄弟分上，最不可分彼曲我直，纔分一箇彼曲我直，便失親親之意。觀莊公始者欲害段而有『姜氏欲之焉辟害』之語，則是欲曲在姜氏，直在莊公；及其欲伐段而待其惡大，亦欲曲在叔段，直在莊公。」（同上）爲什麼莊公如此在意「彼曲我直」，而「欲」曲在姜氏、叔段以顯出直之在己呢？蓋如顧棟高所陳，莊公猶有「畏名義」之心。唯其猶畏名義，幾番數說叔段，曰「多行不義必自斃」，曰「不義不暱，厚將崩」，總欲凸顯叔段之多行「不義」。在莊公，蓋自以爲得計，殊不知《春秋》誅志，既責「段不弟」，也譏鄭伯之「失教」。

如安井衡所說，經文「鄭伯」在先，而傳解說書法，先訓解「克段于鄢」，而以「失教」、「鄭志」作結，表明「段不弟」、「如二君」乃緣於鄭伯之「失教」，而深誅其「志」。姜炳璋說：「『鄭志』二字是主腦」，而《春秋》誅鄭伯之志以「譏失教」爲關鍵，於是由「譏失教」之義，傳自「遂寘姜氏于城潁」以下，敘述潁考叔如何藉由食舍肉而「請以遺之」的言與行，開悟莊公；並教以「若闕地及泉，隧而相見，其誰曰不然！」解除其懼違誓言的疑慮。莊公從其言，傳直接描寫莊公、武姜出入賦詩的情景，曰「公入而賦：『大隧之中，其樂也融融。』姜出而賦：『大隧之外，其樂也洩洩。』」藉著言談對話，情節循序推展，以「遂爲母子如初」作結。潁考叔之請獻、食舍肉而請以遺母，及陳述「闕地及泉，隧而相見」的方法，以至於莊公從其言而入隧賦詩、迎武姜而出，凡此種種，隱然都以「教」爲線索，姜氏以爲這是「傳特爲『教』作一樣子」。姜氏曰：

> 或云：上一截是克段，下一截是寘母，總以姜氏始終。不知左氏釋經者也，經但言「克段」而已，母子如初而段不敢歸、母不敢請，兄弟已不能如初也。試思：考叔之于公，公之于姜及段，孰親？而叔能以一言悟主，公乃不能積誠以悟母，婉轉以訓弟？且純孝如考叔，其調停母子曲至，而公不能使爲段傅，令其多方開悟，設法補救，以至于融融洩洩？傳特爲「教」字作一樣子，而鄭伯失教之罪乃無可辭！（《讀左補義》卷 1 頁 7 下）

敘事先實敘「克段」的歷程，既而闡釋書法，然後呼應失教、鄭志之旨而續述後事，最後以「母子如初」作結。篇末謂「母子如初」，既遙承篇首之所謂「初」，同時也含蓄「段不敢歸、母不敢請」之意，畢竟不是完全如其「初」了，這即是虛寫「克段」之「鄭志」。敘事寫潁考叔如何開悟莊公，設法彌補人倫缺憾，「君子曰」的評論特予褒揚，謂考叔「愛其母，施及莊公」是爲「純孝」。姜氏認爲傳是藉此「爲『教』字作一樣子」，反襯莊公之「失教」，他尋思說：「叔能以一言悟主，公乃不能積誠以悟母，婉轉以訓弟？」如此反襯，更顯出鄭莊公「失教」之罪無由推委！

伐京、伐鄢以上，實敘「克段」之「鄭志」；寘母、隧見部分，則是虛寫「克段」之「鄭志」。由前者，可以看出莊公總欲彼曲我直；後一部分，莊公寘母於城潁，誓言「不及黃泉，無相見也」，既又心悔，他說「爾有母遺，繄我獨無」，這或許不是全無念母之情，然而，其心思志意殆尤有畏憚名教譏議的顧慮吧。這樣計較名義曲直，而《春秋》特稱「鄭伯」以譏之，《左傳》乃兼用敘事以及書法、「君子曰」來解釋經義，三者相互參驗、密切應合。敘事以經的時間爲中心而「原始要終」，述其行而載其言，隨著人物的對話漸次推展情節，從而曲盡「鄭志」，具見莊公之「失教」，闡明經義可謂深矣，微矣！藉由敘事，整個事件的脈絡原委本末詳載，學者遂得以察其言、觀其志，使「譏失教也，謂之鄭志」之義較著彰明。

《左傳》「屬辭比事」既依據實錄，又頗經刪裁潤色，載言尤其需兼從這兩方面尋察。劉知幾稱譽《左傳》敘事：「言、事相兼，煩省合理」，其長篇累牘的外交辭令，如劉氏所言，「蓋當時發言，形於翰墨」，左氏大抵依解經需要加以選擇編次而已；至於簡要而緊密契合於敘事文脈者，不免要經過一番潤色、經營。如傳敘述鄭莊公與諸臣對話，或長或短，至「公聞其期，曰：『可矣。』命子封帥二百乘以伐京」，當時莊公急命子封帥師封京，豈無一番命辭？但傳只敘曰「可矣」，顯得語省而意勁，心志堅決。像這樣辭氣生動的言語對話，錢鍾書曾思忖說：「……駟不及舌，而何其口角親切，如聆謦欬歟？或爲密勿之談，或乃心口相語，屬垣燭隱，何所據依？」（《管錐篇》，頁 164～65）蓋敘事中的言語對話，縱然是基於既有的載記資料，但處後世而追敘前事，不免要「遙體人情，懸想事勢，設身局中，潛心腔內，忖之度之，以揣以摩，庶幾入情合理。蓋與小說、院本之臆造人物、虛構境地，不盡同而可相通。」（同上書，頁166）根據史籍載記而設身處境地加以想像──所謂「遙體人情，懸想事勢」，這樣的想像是根據史料，揣摩當時情境、忖度人物辭氣，揣摩忖度是融貫史料的理解，這樣根據史料、基於理解的想像，是對歷史情境的想像。歷史的想像，須有史料根據，能夠與實際的歷史時空合符一致，這迥異於「臆造人物、虛構境地」的想像──或說虛構的想像。自由馳騁想像從而虛構事蹟、人物及其活

動的時空，這樣憑空臆造的想像所形成的敘事是所謂「小說」（可對譯爲「fictional narrative」）。就經過一番揣摩想像的活動而言，歷史敘事與小說二者「可相通」；但就想像之有無根據、以及是否與眞實世界一致等要求而言，二者又「不盡同」〔註60〕。《左傳》雖非史體，卻具史意，其「遙體人情，懸想事勢」的想像不同於「小說」，唯其如此，其記述之人事制度乃能信實可徵。然而，《左傳》敘事所以能合情入理使人「尋繹不倦，覽諷忘疲」（劉知幾語），並尋稽人物之志意以深切入微，其綜稽史籍從而「屬辭比事」，豈無一番忖度揣摩？左氏憑藉實錄而「遙體人情，懸想事勢」，徵實有驗地建構往昔人物行事的情貌原委，這近似歷史的想像，而與「小說」之自由臆造不可混同。後者可以任心隨意，力求生動出奇、引人入勝，不必要求其符合史料實據。

　　無論有徵或者無驗，敘事基於敘述者的揣摩忖度，藉由想像活動，行事的委曲始末乃具體生動地呈現於敘事之中。由此而言，敘事表面上是表現行事脈絡，若深一層看，則更表現其理解的心得。

　　敘事是一種寓理解於表現的撰述方式。這樣，閱讀敘事，學者需參與推求，依循其脈絡，實際貫串尋思，始能通曉其底蘊。章學誠云：

> 敘事之文所以難於序論、辭命者：序論辭命先有題目，後有文辭，題約而文以詳之，所謂「意翻空而易奇」也；敘事之文，題目即在文辭之內，題散而文以整之，所謂「事徵實而難巧」也。翻空之文，但觀古人所作，可以窺其意匠經營，爲其文成而題在故也。徵實之文，徒觀古人所作，一似

〔註60〕章學誠以爲後世文辭源於六藝，而「《春秋》流爲史學」（參注 1），故曰：「文辭以敘事爲難……敘事實出史學，其源本於《春秋》比事屬辭。」（《章學誠遺書》，頁612）中國的敘事傳統淵源自《春秋》經傳，而後在史學領域裡賡續發展，蔚爲大觀。黃宗羲說：「敘事須有風韻，不可擔板，今人見此，遂以爲小說家伎倆。不觀《晉書》、《南、北史》列傳，每寫一二無關係之事，使其人之精神生動，此頗上三毫也。史遷伯夷、孟子、屈賈等傳，俱以風韻勝。」（《南雷詩文集》，黃宗羲全集第十冊，頁649）歷史敘事，書寫過去人物之行事，欲使之精神生動、口角親切，則「須有風韻，不可擔板」也。這樣，歷史與小說一樣需要憑藉想像的活動。柯林烏（R. G. Collingwood，1889～1943）曾辨析歷史家與小說家的異同，謂二者都藉由敘述事件從而建構人物與情境相關聯的整體，但除此之外，歷史家的建構與想像，必須服從三項原則，而小說則可免於這些要求。三項原則是：第一，歷史想像的整體構圖須能落實在具體時、空上；第二，想像的歷史必須與自身符合一致；第三，歷史的想像須能訴諸證據而予證成。歷史以「過去」爲思考對象，而「過去」現在已經不存在，歷史的想像就是建構「過去」，俾使既已不存在的歷史——「過去」的人類行事——重新呈現出來；這是歷史想像的積極意義（"The Historical Imagination," *The Idea of History*, pp. 245～47；又參陳明福之中譯，《歷史的理念》，頁 325～28）。

其事本自如是，夫人爲文必當如是敘述，無由窺作者之意匠經營，爲其題在文辭之內，文成而題已隱也；自非離析其事，無以得其所以爲文。……故學敘事之文，未有不宗《左》、《史》，而世之讀《左》、《史》者，徒求之形貌，而不知分析貫串之推求，無怪讀文者多而能文者少也。（《章學誠遺書》，頁606）

敘事之文，學者多宗法《左傳》、《史記》，《史記》篇題雖隱，尙有人物爲中心，易於貫串；《左傳》則依經編年敘事，線索在經，學者需對應《春秋》方能深入理解，否則便流於章氏所謂的「徒求之形貌」。學者合觀經、傳，不徒求形貌，而實際離析事義、融會貫通，始能藉由如是敘述之文辭，進而理解作者之意匠經營，領會《左傳》「轉受經旨，以授於後」之撰述旨趣。章學誠所言「離析其事」、「分析貫串之推求」云云，不僅是習文之法，更是閱讀敘事之法。

杜預曾形容《左傳》敘事之文，曰：「其文緩，其旨遠」，又云：「將令學者原始要終，尋其枝葉，究其所窮。優而柔之，使自求之，饜而飫之，使自趨之，若江海之浸、膏澤之潤，渙然冰釋，怡然理順，然後爲得也。」這也是強調：學者閱讀《左傳》，需要依傳而「原始要終，尋其枝葉，究其所窮」，這樣尋繹、理解，乃能深造自得，通洽經義。而且，所謂「使自求之」、「使自趨之」，學者之所以需如此閱讀傳文，乃是敘事解經「其文緩，其旨遠」之特色使然。杜預與章學誠的見解，不謀而相合，都是讀《左傳》而深造有得之言也。

左氏馴習「屬辭比事」之教，敘事以解經釋義，這是一種寓理解於表現的撰述方式，《左傳》即是探索《春秋》微義的成品。《左傳》將其理解《春秋》、發明《春秋》之義旨表現於敘事中，憑藉敘事，學者於是也得以「原始要終，尋其枝葉，究其所窮」，據傳以窮經，探索《春秋》之微言大義。正因爲《左傳》敘事寓理解於表現，讀傳者不僅要觀表面敘述之行事，還須深入尋味傳義，乃能窮究旨歸而明經義。誠能如此，斯可謂善讀《左傳》。這樣說來，掌握杜預、章學誠等揭示的要領閱讀《左傳》敘事，不僅能詳悉事蹟、尋究大義，更能浸潤其膏腴美辭、尋察其意匠經營而含英咀華，由讀文進而能文，斯亦傳承「屬辭比事」之《春秋》教也。

第三節　張本繼末以明經

「屬辭比事，《春秋》教也」，《春秋》編年記事，《左傳》依經而編年敘事。敘事之文，「屬辭比事」而撰述成篇，綴次文辭貴能使「事」之始終本末條理井然，所謂「原始要終」也。「原始要終」，則有始、有終，並包含著一個演變、發展的過程。

《左傳》敘事載述由始而終的整個過程，連帶撰錄許多相關的事蹟與人物，往往比經文詳博，因而時或經無傳有、彼此參差，上一節舉述數例，已可略見一斑。學者比較《春秋》與《左傳》，對於經、傳詳略、此有彼無的情形，若能從敘事之文「原始要終」的特點尋察，許多疑惑當可以迎刃而解。

當然，如楊士勛所述，「左丘明身爲國史，躬覽載籍，屬辭比事有可依據」，既然依據史官載記加以撰述，若實錄具在，固然得以採擇，然後詳之、博之以闡釋經之「事」與「義」；至若書缺有閒，則亦不能不受其侷限而闕疑焉。大抵經略傳詳、經無傳有，以及經記其事而傳無解說者，這是又一項重要因素。趙翼已有如上的理解，他說：

> 其本國之事，凡政之大者及君所命則書於策，非此則但別爲記載，如「公
> 子豫及邾人、鄭人盟於翼，不書，非公命也」、「新作南門，不書，亦非公
> 命也」之類，杜預所謂「史不書於策，故夫子不書於經」是也。然夫子雖
> 不書於經，而記載自在，故左氏得據以推聖人不書之本意。至他國之事，
> 凡來赴告者則書於策，不告則不書，如隱十一年「鄭伯大敗宋師」，《左傳》
> 謂「滅不告敗，勝不告克，皆不書于策」是也。然雖不書于策，而列國自
> 有記載，魯國亦有得之傳聞而別記之者，故左氏得以補聖人之所未修而詳
> 其始末。……故有經所本無而特見於傳者，「先經以始事，後經以終義」，
> 皆別有所本也。　　（《陔餘叢考》卷2頁18下～19上）

蓋無論魯國或其它列國之載籍，史料具存則左氏得以採錄，或「據以推聖人不書之本意」，或用以「補聖人之所未修而詳其始末」。趙氏又云：

> 〔莊廿六年〕一年之內經自經而傳自傳，若各不相涉者，蓋亦因經所書之
> 事別無簡策可考以知其詳，故別摭他事以補此一年傳文也。　　（同上書卷，
> 頁19下）

《左傳》解經既是以國史實錄爲根據，那麼，如莊廿六年經與傳所記「若各不相涉者」，趙氏認爲即緣於「別無簡策可考以知其詳」。

《春秋》記事，《左傳》或解釋或無，有無國史作爲憑據誠然是不可忽略的原因。然而，「〔莊廿六年〕一年之內經自經而傳自傳，若不相涉者」，這一現象同時會集幾個不同層面的問題，若僅從史料之有無來考慮，恐怕猶不足以令人愜心滿意。至於莊廿六年傳並未對應經文來詮解，而有所謂「傳自傳」的情形，趙翼說是「別摭他事以補此一年傳文」，似有搪塞之嫌，還未能深悉《左傳》「張本繼末，以發明經意」之特點（荀崧語，詳見本節第三小節引）。

以下，就以莊廿六年經、傳「若不相涉」這一現象爲討論的出發點，循序討論

經有傳無、經無傳有（含無經之傳），與《左傳》張本繼末而脈絡潛通，以及「續經」
與「續傳」等課題。由於這些課題，涉及《春秋》經、傳之關係，討論時頗或考徵
於公羊、穀梁二傳，俾取資參驗。

一、經有而傳無

莊廿六年《春秋》曰：

> 春，公伐戎。夏，公至自伐戎。曹殺其大夫。秋，公會宋人、齊人，伐徐。
>
> 冬十有二月癸亥朔，日有食之。　（《左傳注疏》卷 10 頁 9 上）

經所記者凡五事，《左傳》全無解說（杜預於每則經文下俱注曰「無傳」），這應當與
其它經有傳無的情形一同討論。

針對莊廿六經、傳的情形，杜預有如下的說明：

> 〔莊廿六年〕此年經、傳各自言其事者，或經是直文，或策書雖存而簡牘
>
> 散落，不究其本末，故傳不復申解，但言傳事而已。　　（同上）

經記其事而傳無訓釋，杜氏謂「或經是直文」，故不勞申解，這是一項原因。當然，
像莊廿六年這樣，一年之中數則經文而《左傳》俱無解說，尤顯得特殊，杜氏因而
提出另一項因素，即「簡牘散落，不究其本末，故傳不復申解」。

關於經有而傳無，趙翼也認爲係由於「簡牘缺落無所考據，故不能憑空撰述耳」
（《陔餘叢考》卷 2 頁 19 上～下）。趙氏「簡牘缺落」的說法當即淵源杜《注》，而
更加推廣，以通解有經無傳的緣故。

試徵諸公羊、穀梁二傳，莊廿六年《公羊傳》曰：

> 「曹殺其大夫」，何以不名？眾也。曷爲眾殺之？不死于曹君者也。君死
>
> 乎位曰滅，曷爲不言其滅？爲曹羈諱也。此蓋戰也，何以不言戰？爲曹羈
>
> 諱也。　（《公羊注疏》卷 8 頁 14 下～15 上）

《穀梁傳》曰：

> 「曹殺其大夫」，言大夫而不稱名姓，無命大夫也。無命大夫而曰「大夫」，
>
> 賢也，爲曹羈崇也。　（《穀梁注疏》卷 6 頁 9 下）

首先，經所記五事，公羊、穀梁二傳都僅釋其一，「曹殺其大夫」以外四事，也並無
解說。左氏無解，焉能厚責！其次，對於「曹殺其大夫」，公、穀二傳一曰「爲曹羈
諱」，一曰「爲曹羈崇」，俱謂「大夫」指曹羈，雖知其人，但行事本末則相當簡略。
由此推想，《左傳》於「曹殺其大夫」無說，「其事未聞」的可能性相當大 〔註61〕。

〔註61〕楊伯峻注解說：「僖二十五年經：『宋殺其大夫。』杜注：『無傳。其事則未聞。』此
　　　亦當『其事未聞』類也。」（《春秋左傳注》，頁 233）

第三，公羊、穀梁訓釋「曹殺其大夫」，主要是說明書法之義，就此而言，《左傳》此處無說，其實自有其義，杜預注曰：「例在文七年」（《左傳注疏》卷 10 頁 9 上），意謂「曹殺其大夫」之左氏義應當互見於文七年傳。文七年經曰：「宋人殺其大夫」，《左傳》解釋其義云：「不稱名，眾也，且言非其罪也。」（《左傳注疏》卷 19 上頁 13 上）杜《注》曰：「不稱殺者及死者名，殺者眾，故名不可知；死者無罪，則例不稱名。」（同上）那麼，關於「曹殺其大夫」，大概是由於「未聞其事」，而書法又與文七年「宋人殺其大夫」義類相通，所以於此無傳〔註62〕。

由上述三點看來，莊廿六年《左傳》全無解說，「簡牘散落，不究其本末」實屬關鍵因素〔註63〕。由此推之，經有而傳無，殆多因史料闕如，或未聞其事；而且，義例若與他傳之凡例或書法諸稱可通，不必重出，而未必無其義。

二、經無而傳有

莊廿六年之《左傳》曰：

> 春，晉士蔿爲大司空。夏，士蔿城絳，以深其宮。秋，虢人侵晉。冬，虢人又侵晉。　（《左傳注疏》卷 10 頁 9 上～下）

傳文所述並非直接對應於這一年的經文，是所謂「無經之傳」。本小節先討論經無而傳有的現象，至於此年傳文別敘晉事的緣故，涉及《左傳》「張本繼末，以發明經意」的特點，下一小節再作申述。

《左傳》有「無經之傳」，仔細考察，其實公羊、穀梁也有「無經之傳」。案諸成元年《穀梁傳》曰：

〔註62〕張師以仁曰：「《左傳》不虛釋義法，事不明，義何由出？這一點恐怕是《左傳》與公、穀最大的不同處。」案諸《春秋》，書「殺其大夫」而不稱其名者有四例，其一，莊廿六年曰「曹殺其大夫」；其二，僖廿五年曰「宋殺其大夫」，其三，文七年曰：「宋人殺其大夫」；其四，文八年曰：「宋人殺其大夫司馬」。莊廿六年與僖廿五年經俱無傳，蓋由於「其事未聞」，故《左傳》未作解說。左氏義例見於文七年，此傳一方面說明書法，一方面詳述事蹟本末。文八年傳也兼以敘事、書法解經，不過，此傳乃特就經書「司馬」官名之義而解之，曰：「司馬握節以死，故書以官。」（《左傳注疏》卷 19 上頁 18 下）綜觀上述諸傳而言，「事不明，義何由出」這一說法確能闡明莊廿六年及僖廿五年《左傳》無說，而見例於文七年的緣故。謹錄師說，並試作推闡，俾備學者參考（下注同）。

〔註63〕經記其事，而傳無解說，仔細檢閱三傳，其實都有這種情形。對此，張師以仁指出這其實是傳箋注疏的一般原則，曰：「可解則解，不可解則不解，不必解亦不解。事實上任何注解都是如此」。案：近世有些學者指「經有傳無」的現象是《左傳》非解經之作的一項「證據」，其實，無論徵之《公羊傳》、《穀梁傳》，或者傳箋注疏的一般原則，這種說法缺乏堅實的立論根基。

季孫行父禿，晉郤克眇，衛孫良夫跛，曹公子手僂，同時而聘於齊。齊使禿者御禿者，使眇者御眇者，使跛者御跛者，使僂者御僂者。蕭同姪子處臺上而笑之，聞於客，客不說而去，相與立胥閭而語，移日不解。齊人有知之者，曰：「齊之患必自此始矣。」　（《穀梁注疏》卷 13 頁 2 下～3 上）

這則傳文並無與之相互對應的經文，是「無經之傳」〔註64〕。又，襄廿一年《穀梁傳》曰：

庚子，孔子生。　（同上書，卷 16 頁 5 上）

襄廿一年《公羊傳》亦云：

十有一月庚子，孔子生。　（《公羊注疏》卷 20 頁 13 下）

《公羊傳》與《穀梁傳》記述「孔子生」，都沒有直接與之對應的經文，也同屬「無經之傳」〔註65〕。據此而言，左氏與公羊、穀梁都有「無經之傳」〔註66〕。

　　上述「無經之傳」沒有與該傳直接對應的經文，但未必不解經〔註67〕。如《公羊傳》特記「孔子生」，凸顯孔子的地位，寓有尊聖崇師之微意，與哀十四年「西狩獲麟，孔子曰『吾道窮矣』」之傳（《公羊注疏》卷 28 頁 11 下），遙相呼應，乃特意表顯孔子與《春秋》的關係。《穀梁傳》記「孔子生」之微意，殆亦彷彿。然則，「孔子生」雖是「無經之傳」，沒有直接訓釋任何與之對應的經文，卻具有重要的解釋功能，牽涉及全經之大義。

　　至於《穀梁傳》敘述季孫行父、郤克、孫良夫、曹公子手同時聘齊之事，雖非解說成元年的經文，亦有助於理解《春秋》，仍以解經為旨歸。成二年《春秋》曰：「六月癸酉，季孫行父、臧孫許、叔孫僑如、公孫嬰齊帥師會晉郤克、衛孫良夫、

〔註64〕范甯曰：「疑經『冬十月』下云『季孫行父如齊』，脫此六字。」（《穀梁注疏》卷 13 頁 3 上）然而，公羊與左氏之經，俱只有「冬十月」三字，范氏疑經文脫「季孫行父如齊」六字，純屬臆測，並無根據，故鍾文烝、王引之等學者俱不採其說，參見注 68。

〔註65〕陸德明〈公羊音義〉曰：「傳文上有十月庚辰，此亦十月也，一本作十一月庚子，又本無此句。」（《經典釋文》卷 21 頁 26 下）《公羊傳》記「孔子生」，唐以前各本文字不同，但其為「傳文」無疑。徐彥曰：「左氏經無此言，則公羊師從後記之。」（《公羊注疏》卷 20 頁 13 下）亦謂傳所記，非經文。然則公、穀記「庚子孔子生」，誠如段玉裁所說：「要為作傳者所記，非經語也。」（《春秋左氏古經》卷 2 頁 25 下）

〔註66〕章炳麟即曾就此舉例說：「章句不離經而空發，傳則有異，左氏事多離經，公羊、穀梁二傳亦空記『孔子生』。」（《國故論衡‧明解故》卷中，頁 79 上）章氏注意到三傳皆有「無經之傳」。

〔註67〕就古傳注而言，「傳」與「章句」依經敷衍的體式不同，可以「不必順文理解」。說參〈緒論〉第一節之二。

曹公子手、及齊侯戰于鞌,齊師敗績。」《穀梁傳》云:「其日,或曰日其戰也,或曰日其悉也。曹無大夫,其曰『公子』何也?以吾之四大夫在焉,舉其貴者也。」(《穀梁注疏》卷 13 頁 3 下)此傳對應經文,針對書「癸酉」與書「曹公子」的義例加以解說。成元年之敘事,正用以交代魯、晉、衛、曹四國大夫帥師戰齊的起因,所謂「齊之患必自此始矣」。蓋穀梁氏僅獲聞諸大夫聘齊受辱事,至鞌之戰的實況則不得其詳,既然非能直接切應成二年《春秋》之記事,故敘事繫於成元年,特為成二年傳開啟端緒也〔註 68〕。聯貫前後傳文,則知成元年的「無經之傳」,終究也是解釋《春秋》的。

莊廿六年《左傳》載述晉士蒍「為大司空」、「城絳」,以及「虢人侵晉」、「又侵晉」之事,表面上此年傳文與經全無對應;但深入推尋,這些傳文其實是承上啟下,相互聯貫以解經。下一小節將結合相關經、傳,詳細論述,此處暫置不贅。

經有傳無,無礙三傳解經之性質,至於經無傳有或經傳歧異者亦然。學者往往持此論點置疑《左傳》,並非中肯之論。

如上所述,《公羊傳》、《穀梁傳》也有「無經之傳」,而「無經之傳」即是經無傳有的一種類型。董仲舒曾舉述《公羊傳》,論及經無傳有的問題,《春秋繁露‧玉英》曰:

> 經曰:「宋督弒其君與夷。」傳言:「莊公馮殺之。」不可及於經,何也?
> 曰:非不可及於經,其及之端眇,不足以類鉤之,故難知也。傳曰:「臧

〔註 68〕鍾文烝不採范甯說(見注 64),以為成元年傳係錯簡,當移置次年,鍾氏曰:「此傳當與下『其日或曰』相連。」(《穀梁補注》卷 17 頁 3 下)案成二年《穀梁傳》云:「其日,或曰日其戰也,或曰日其悉也」云云,鍾氏所謂「當與下『其日或曰』相連」,殆指移置「其日」之上。然而,一則,成二年經敘魯四大夫帥師,而元年傳只提及季孫行父;二則,元年傳只敘寫魯、晉、衛、曹使者出使受辱,從而引出「齊之患必自此始矣」的預言,並未述及帥師與齊交戰之事;然則,連接「其日」之上,內容不一致,文意也不能貫串。鍾氏錯簡之說,相當勉強。王引之也疑有錯簡,他認為當移置傳末「以吾之四大夫在焉,舉其貴者也」之下,王氏曰:「蓋帥師與齊侯戰于鞌者,有季孫行父、晉郤克、衛孫良夫、曹公子手四人,傳於是追敘齊患所起,因慢此四人之故,而及前此四人同時聘齊之事」(《經義述聞》卷 25 頁 20 上)。王氏舉述數例以說明《穀梁傳》有追述前事、明其因由的情形,這與《左傳》敘事相當類似。不過,雖然《穀梁傳》敘事有追述之例,用以說明成元年傳則不妥當。蓋追述前事,則當以「戰于鞌」為中心,如上所述,成元年傳卻並未涉及戰事。柳興恩(1793~1878)認為:「蒙校本引襄廿一年傳『庚子,孔子生』之例,亦經無其文而發傳者,固不得如范脫文之說,妄補『季孫行父如齊』六字。亦不得如王錯簡之說,移入二年戰于鞌傳之末也。」(《穀梁大義述》卷 11 頁 31 上~下)誠然,襄廿一年「庚子,孔子生」也是一則「無經之傳」,成元年傳並非孤例,何勞苦心費解,曲意彌縫?

孫許與晉郤克同時而聘乎齊。」案經無有,豈不微哉!不書其往而有避也。

今此傳言莊公馮,而於經不書,亦以有避也。是以不書聘乎齊,避所羞也;

不書莊公馮殺,避所善也。　　（《春秋繁露義證》,頁 77～78）

桓二年《春秋》曰「宋督弒其君與夷」（《公羊注疏》卷 4 頁 3 下）,而隱三年《公羊傳》云「莊公馮弒與夷」（同上書,卷 2 頁 11 下）,經書宋督弒君,而傳言莊公馮,是所謂「不及於經」。又,成二年《春秋》書「齊侯使國佐如師,己酉,及國佐盟于袁婁。」（同上書,卷 17 頁 3 上～下）《公羊傳》為解釋「曷為不盟于師而盟于袁婁」的緣故,補敘曰:「前此者,晉郤克與臧孫許同時而聘于齊」云云,將郤克、臧孫許出聘受辱,而後相與帥師大敗齊國,又因齊君之母窺客取笑二使,故請「以蕭同姪子為質」等等情節詳加載述（《公羊注疏》卷 17 頁 5 上～6 下）。所謂「案經無有」,即是指經書「盟」,而傳則追述端緒及於前此聘齊之事。這樣,《公羊傳》所述或及於經所未言,董仲舒於是設問而釋其疑,謂經無而傳有,涉及經之微言;「於經不書,亦以有避也」,故傳言其所不書,進而闡明大義。這樣看來,「案經無有」,焉能成為疑傳的理由?

劉知幾說:「儒者苟譏左氏作傳,多敘經外別事,如楚、鄭與齊三國之賊弒,隱、桓、昭、哀四君之篡逐;其外則承告如彼,其內則隱諱如此,若無左氏立傳,其事無由獲知。然設使世人習《春秋》而唯取兩傳也,則當時二百四十年行事茫然闕如,俾後來學者代成聾瞽者矣。」（詳參第二章第二節之二引）《左傳》「多敘經外別事」,如詳載魯與諸國賊弒篡逐之情由,實關係《春秋》大義,豈只是廣記備言而已?這些事例正與《公羊傳》言及「莊公馮弒與夷」者類似,表面上「不可及於經」,終究還是用以解經釋義。《春秋》與《左傳》之經、傳關係,劉師培有如下的闡述,他說:

經以約詞為宗,傳主弼經而作:傳詳經簡,所以抒行事而闡譏褒;傳有經無,所以明刊削而昭簡擇。經文之例,遠略近詳,是以王室之爭、晉邦之亂,僖、文以上,有傳無經。以傳勘經,類存微旨。……即所論為經所弗筆,亦與經誼相因依,非徒博言廣記已也。　　（《春秋左氏傳古例詮微》頁 3 下）

誠然,《左傳》「抒行事而闡譏褒」、「明刊削而昭簡擇」,非徒貪詳務博,而是為了弼經、闡經。

劉師培說:「經文之例,遠略近詳,是以王室之爭、晉邦之亂,僖、文以上,有傳無經」,《春秋》記晉事始見於僖二年（說詳下一小節）,莊廿六年傳,載述晉士蒍為大司空、城絳事,以及虢人侵晉事,即屬「無經之傳」,沒有直接對應的經文,但

並非無關緊要地「別摭他事以補此一年傳文」，《左傳》敘此，乃與前後傳相關聯，是張其本、繼其末，從而解釋《春秋》之「事」與「義」。下一小節將就《左傳》「張本繼末而脈絡潛通」之義再作闡述。

三、張本繼末而脈絡潛通

　　劉師培指陳《春秋》記事「遠略近詳」，故僖、文以上各篇記晉事，多「有傳無經」。莊廿六年《左傳》的「無經之傳」就是這樣的情形。傳載述晉事而非關當年之經，其實也屬「敘經外別事」之類。杜預於此注曰：「爲傳明年晉將伐虢張本」（《左傳注疏》卷 10 頁 9 下），意謂此年傳載「虢人侵晉」、「虢人又侵晉」，這主要是呼應莊廿七年「晉侯將伐虢」之傳（同上書卷，頁 11 上），而爲之「張本」。其實，杜《注》僅見其一端而已。豈止「虢人侵晉」之事應當與它傳關聯來看，傳於此年載士蒍事，也具有承轉前後傳文的意義〔註69〕。誠如孔穎達所言：「傳於比年以來說士蒍爲獻公設計，晉國以安」（同上書卷，頁 9 上），此年傳述士蒍「爲大司空」、「城絳，以深其宮」，這記載一方面上承莊廿三年以來各傳——晉獻公患桓、莊之族，士蒍爲之籌謀設計，先後去富子（同上書卷，頁 2 下）、殺游氏之二子（同上書卷，頁 5 下），既又盡殺游氏之族、以及群公子（同上書卷，頁 8 下）；另一方面，此傳又下接廿七年傳——獻公將伐虢，士蒍諫以爲「不可」云云（同上書卷，頁 11 下）。比年連記「士蒍爲獻公設計」之種種情事，正用以敘寫其人如何受倚重，獻公如何賴以安固權位。雖然如此，當獻公自以爲權固國安之際，也爲後來許多禍亂繼續種下惡因。「城絳，以深其宮」者，絳即晉國都城（參據杜《注》，同上書卷，頁 9 下），馮李驊謂此「一筆寫出他高枕無憂勝算來，應前『君必無患』作結束也。」（《左繡》卷 3 頁 32 下）〔註70〕他又綜觀前後，評論其事曰：「天下事能除已然而不能防未然，蓋群公子去而六卿來矣！作法于涼，何以示後？蓋士蒍爲用，而二五效尤矣。」（同上書卷，頁 31 上）獻公用士蒍之謀，盡除桓、莊之族與群公子，不久，莊廿八年傳即述曰：「二五卒與驪姬譖群公子而立奚齊」

〔註69〕張師以仁曰：「《左傳》莊廿六年之傳，多記晉事，也是爲後文晉事張本。城絳之事，下文爲二公子城蒲與屈恐怕都繫源於此，都與士蒍有關。」茲謹錄師說，下文並結合孔穎達、馮李驊諸家說，略加申述。大略而言，莊廿六年傳不僅「虢人侵晉」事爲後傳「張本」，士蒍「城絳」事也隱然與後事脈絡潛通；而且，此年載述士蒍之事，也不止爲後傳「張本」，乃同時呼應前事，貫串上下。

〔註70〕莊廿四年《左傳》曰：「晉士蒍又與群公子謀，使殺游氏之二子。士蒍告晉侯曰：『可矣。不過二年，君必無患。』」（《左傳注疏》卷 10 頁 5 下）故馮李驊謂廿六年傳乃呼應前傳，爲之作結。

〔註71〕，於是遂「使大子居曲沃，重耳居蒲城，夷吾居屈，群公子皆鄙，唯二姬之子在絳。」（《左傳注疏》卷 10 頁 13 上～14 上）士蔿城絳，既而又奉命「爲二公子築蒲與屈」，雖猶進諫獻公：「君其修德而固宗子，何城如之？」（同上書，卷 12 頁 19 下～20 下）亦無補於亂生禍流矣。所謂「士蔿爲用，而二五效尤矣」，獻公倚用士蔿以除患，孰不知又自此更啓後患。這樣，上下貫串，莊廿六年傳實關聯著晉國數世內亂的大事件。

　　《左傳》如何張本而繼末，娓娓詳述晉國數世內亂這一件大事，後文將結合經文再進一步申述。在此，且先梳理一下杜預之「張本」說。

　　杜預所謂「張本」，是指某傳爲後傳所述之事開啓端緒，如莊廿六年傳之載述晉事，正爲次年晉伐虢預示前因，見其端倪。孔《疏》曰：「〔杜氏〕或言『張本』，或言『起本』，或言『起』，檢其上下，事同文異，疑杜隨便而言也。」（同上書，卷 2 頁 5 上）〔註72〕杜《注》有「張本」說──所謂「張本」、「起本」或「起」，用語不一，意旨則同，都用以提示前後傳之間的關聯。服虔已有類似的說法，稱作「起本」。襄十年《左傳》曰：

　　　三月癸丑，齊高厚相大子光，以先會諸侯于鍾離，不敬。士莊子曰：「高子相大子以會諸侯，將社稷是衛，而皆不敬，棄社稷也，其將不免乎！」

　　（同上書，卷 31 頁 3 上）

這則傳文並非對應襄十年之經文而發，《左傳》在此簡述高厚相太子會諸侯事，引出士莊子「其將不免乎」的預言。這則預言，遂爲後事埋下伏筆。對此，服虔訓釋說：

　　　免，脫也。言將不脫罪禍，不以壽終也。傳舉此者，爲十九年「齊殺其大夫高厚」、二十五年「崔杼弒其君光」起本也。　　（見《春秋左傳賈服注輯述》引，卷 11 頁 11 下）

〔註71〕 所謂「二五」，即晉獻公之外嬖梁五與東關嬖五（《左傳注疏》卷 10 頁 13 上）。
〔註72〕 杜預《注》或云「張本」，或云「起本」，或云「起」。言「起」之例，如僖廿二年「三月，鄭伯如楚。夏，宋公伐鄭。子魚曰：『所謂禍，在此矣。』」杜《注》曰：「怒鄭至楚，故伐之。爲下泓戰起。」（《左傳注疏》卷 15 頁 1 下）言「起本」之例，如襄廿六年《左傳》曰：「會于夷儀之歲，齊人城郟。其五月，秦、晉爲成。晉韓起如秦莅盟，秦伯車如晉莅盟，成而不結。」（同上書，卷 36 頁 18 上～下）杜《注》曰：「傳爲後年脩成起本。」（同上書卷，頁 18 下）案：「會于夷儀之歲」這段傳文原與襄廿六年同卷，載於卷首，但今十三經注疏本已移置襄廿五年傳末，且不同卷。《左傳》原先別本單行，附傳於經，出自後世學者之手。《四庫全書總目》曰：「以《左傳》附經，始於杜預。」（卷 26 頁 6 上）並參程元敏《春秋左氏經傳集解序疏證》考論（頁 72～80）。

《春秋》襄十九年書：「齊殺其大夫高厚」（《左傳注疏》卷 34 頁 1 下），襄廿五年書：
「齊崔杼弑其君光」（同上書，卷 36 頁 1 上），《左傳》均詳敘始末加以解釋。服氏
謂襄十年傳是爲襄十九與襄廿五年之傳「起本」，杜預也說：「爲十九年齊殺高厚、
二十五年弑其君光傳。」（同上書，卷 31 頁 3 上）這都是提示前後傳之間的本末關
聯。李貽德（1783～1832）曰：「『起本』，猶杜云『張本』。」（《春秋左傳賈服注輯
述》卷 11 頁 12 上）誠然，如上引孔《疏》所陳，除「張本」之外，杜預也沿用服
虔所謂之「起本」，二者文異而意義相當。而且，服氏訓釋襄十年傳稱「爲……起本」，
這和杜《注》「爲……傳」的說法大致相同，孔《疏》申解其意，曰：「凡稱『傳』
者，皆是爲經。」（《左傳注疏》卷 2 頁 5 上）那麼，襄十年傳曰「齊高厚相大子光
以先會諸侯于鍾離，不敬」云云，雖未對應該年經文，實則呼應後傳，終究還是以
解釋《春秋》爲旨歸。

　　《左傳》中前傳爲後傳「張本」，彼此互發，脈絡潛通，這是因應經文之前後關
聯而來。程端學曰：「大凡《春秋》一事爲一事者常少，一事而前後相聯者常多。」
（見本章第一節之二引）家鉉翁（？～1294）更舉例說：

　　《春秋》，非史也，謂《春秋》爲史者，後儒淺見，不明乎《春秋》者也。……
　　如僖二十八年，晉文始霸，是歲所書者皆晉事；莊九年，齊桓公入，是歲
　　所書者皆齊事；隱四年衛州吁弑君，是歲所書者皆衛事；昭八年，楚滅陳，
　　是歲所書者皆陳事。……　　（《春秋集傳詳說・讀春秋序》頁 1 上～下）

家鉉翁的觀察相當敏銳。他舉述隱四年經多記衛事、莊九年經多記齊事、僖廿八年
經多記晉事，以及昭八年經多記陳事等現象〔註73〕，從而斷言《春秋》「非史也」，
並說：「謂《春秋》爲史者，後儒淺見，不明乎《春秋》者也」。誠然，《春秋》依魯
十二公編年記事，但並非魯史；非但不是魯史，甚至可以斷言不是任一諸侯國之國
史（說參本章第二節之一）。蓋若是某國國史，爲何特意於上述各年集中記載晉事、
齊事、衛事或陳事？如家鉉翁與程端學，他們都是注意到《春秋》經文的前後關聯，
其說可以相輔相參。

〔註73〕家鉉翁指陳《春秋》記事前後相關的現象，值得注意，但其舉例說諸年「皆書晉事」、
　　　　「皆書齊事」、「皆書衛事」、「皆書陳事」，措辭或不免過當，「皆」改爲「多」，語較
　　　　妥貼。案隱四年誠然多記衛事，但「春王二月，莒人伐杞，取牟、婁。」（《左傳注
　　　　疏》卷 3 頁 12 上）與衛無關。昭八年多記陳事，而「叔弓如晉」、「秋，蒐于紅」與
　　　　「大雩」等，當非陳事（同上書，卷 44 頁 20 下 21 上）。至於僖廿八年，其事多涉
　　　　及晉文公霸業，但「陳侯款卒。秋杞伯姬來。公子遂如齊」等，三傳俱無說，難謂
　　　　與晉有關（同上書，卷 16 頁 16 上）。又，莊九年多記齊事，但「冬，浚洙。」（同
　　　　上書，卷 8 頁 19 下）左氏無傳；《公羊傳》以爲魯浚洙水，「畏齊也」，則與齊有關。

這裡以隱四年爲例，徵驗經、傳，略加闡述。隱四年《春秋》曰：

春……戊申衛州吁弒其君完。夏，公及宋公遇于清。宋公、陳侯、蔡人、衛人伐鄭。秋，翬帥師會宋公、陳侯、蔡人、衛人伐鄭。九月，衛人殺州吁于濮。冬十有二月，衛人立晉。　　（《左傳注疏》卷3頁13上～15下）

經之事義互發，故《左傳》敘事亦融貫會通，自追溯州吁弒衛桓公之事端而起，歷述其委曲脈絡，終於衛人殺州吁而立宣公晉。傳曰：

衛莊公娶于齊東宮得臣之妹曰莊姜，美而無子，衛人所爲賦碩人也；又娶于陳，曰厲媯，生孝伯，早死，其娣戴媯生桓公，莊姜以爲己子。公子州吁，嬖人之子也，有寵而好兵，公弗禁。莊姜惡之。石碏諫曰：「臣聞：愛子，教以義方，弗納於邪。驕、奢、淫、泆，所自邪也。四者之來，寵祿過也。將立州吁，乃定之矣；若猶未也，階之爲禍。夫寵而不驕，驕而能降，降而不憾，憾而能眕者，鮮矣。且夫賤妨貴，少陵長，遠間親，新間舊，小加大，淫破義，所謂六逆也；君義，臣行，父慈，子孝，兄愛，弟敬，所謂六順也。去順效逆，所以速禍也。君人者，將禍是務去，而速之，無乃不可乎？」弗聽。其子厚與州吁游，禁之，不可。桓公立，乃老。春，衛州吁弒桓公而立。

公與宋公爲會，將尋宿之盟。未及期，衛人來告亂。夏，公及宋公遇于清。宋殤公之即位也，公子馮出奔鄭，鄭人欲納之。及衛州吁立，將修先君之怨于鄭，而求寵於諸侯，以和其民。使告於宋曰：「君若伐鄭，以除君害，君爲主，敝邑以賦與陳、蔡從，則衛國之願也。」宋人許之。於是，陳、蔡方睦於衛，故宋公、陳侯、蔡人、衛人伐鄭，圍其東門，五日而還。

公問於衆仲曰：「衛州吁其成乎？」對曰：「臣聞：以德和民，不聞以亂；以亂，猶治絲而棼之也。夫州吁，阻兵而安忍：阻兵、無衆，安忍、無親；衆叛、親離，難以濟矣。夫兵，猶火也，弗戢，將自焚也。夫州吁弒其君，而虐用其民，於是乎不務令德，而欲以亂成，必不免矣。」秋，諸侯復伐鄭，宋公使來乞師，公辭之。羽父請以師會之，公弗許。固請而行。故曰：「翬帥師」，疾之也。諸侯之師敗鄭徒兵，取其禾而還。

州吁未能和其民，厚問定君於石子。石子曰：「王覲爲可。」曰：「何以得覲？」曰：「陳桓公方有寵於王，陳、衛方睦，若朝陳使請，必可得也。」厚從州吁如陳。石碏使告于陳曰：「衛國褊小，老夫耄矣，無能爲也。此二人者，實弒寡君，敢即圖之。」陳人執之，而請莅于衛。九月，衛人使右宰醜莅殺州吁于濮。石碏使其宰獳羊肩莅殺石厚于陳。君子曰：「石碏，

　　純臣也。惡州吁而厚與焉，『大義滅親』，其是之謂乎！」

　　衛人逆公子晉于邢。冬十二月，宣公即位。書曰：「衛人立晉」，眾也。　（同
　　上書卷，頁9下～11下及卷3頁15下～18上）〔註74〕

敘述衛禍之本末，融貫成篇，其事序、條理井然不紊，而且語多照映。首先，追述
前事，錄存石碏諫語、交代石厚與州吁之交游，遙應後傳：石碏殺州吁、並「大義
滅親」以靖衛難。其次，傳文於前總說州吁「有寵而好兵」，石碏諫語則首申其「寵
祿過也」，點明「速禍」之由；眾仲論之，則側重其「阻兵」而「虐用其民」。第三，
傳云州吁聯合諸侯「以和其民」，但因阻兵安忍，終究「未能和其民」，題旨前後相
呼應；至於眾仲分析其成敗，正總括曰：「以德和民，不聞以亂」。第四，尤其值得
注意的是，傳文兼有衛事與魯事，而魯隱公與眾仲之言，純屬魯國君臣的對話，但
置入衛州吁亂衛的始末情事之中，與前後文辭、脈絡，融合為一。這應當是分別採
擇魯、衛兩國史料，經過一番消化、揣摩、經營，然後「屬辭比事」，始聯貫成篇。
這樣仔細尋味傳文，益信《左傳》非國別述事之史。第五，傳曰「春，衛州吁弒桓
公而立」，曰「夏，公及宋公遇于清」，「宋公、陳侯、蔡人、衛人伐鄭」，曰「秋，
諸侯復伐鄭，……羽父請以師會之」，曰「九月，衛人使右宰醜蒞殺州吁于濮」，曰
「冬十二月，宣公即位」等，凡此，都特意表顯各個段落的中心總以經文為宗主。
綜合以上五點而言，隱四年《左傳》之載言述事，整篇敘事文辭貫串，而年月事序
條理井然地跟經文對應，若合符節，其意匠經營，其敘事的旨趣，顯然是「依經以
作傳」。

　　劉熙載云：「《春秋》文見於此，起義在彼。左氏窺此祕，故其文虛實互藏，兩
在不測。」（《藝概・文概》卷1頁1下）其實，窺得《春秋》「文見於此，起義在彼」
者，非止左氏。

　　參諸《穀梁傳》，莊九年《春秋》所記者多齊事，曰：

─────────────

〔註74〕《左傳》依經以編年敘事，但單篇敘事未必從某年某月起首，每年第一則傳也未必
　　　　先出某年。俞樾曰：「凡左氏之傳，本非年各為篇，……後人合傳於經，乃始有經文
　　　　閒隔其中，而又編次失當，每年必以年建首，年以前所有文字一一割歸上年之末。」
　　　　（〈左傳古本分年考〉，《曲園雜纂》卷14頁6下～7上）《春秋》三傳原本皆別本單
　　　　行，後來始合傳於經。後人分《左傳》以附經，拘於「以年建首」之例，致編次失
　　　　當，轉失傳意。如此之類（詳參俞樾〈左傳古本分年考〉舉例），自屬後人編次之疏
　　　　失。上引傳文，自「衛莊公娶于齊東宮得臣之妹曰莊姜」至「桓公立，乃老」，今本
　　　　「以年建首」，遂誤歸隱三年傳末，其實，衛桓公至此已即位十五年，「桓公立，乃
　　　　老」等等絕非此年事。《左傳》其實是對應經文，以「衛州吁弒其君完」為中心而追
　　　　述前事，遂溯及衛莊公、桓公事。此段傳文當與隱四年「春，衛州吁弒桓公而立」
　　　　合為一篇。隱四年經記衛事凡六，為反映傳與經之對應關係，故引述傳文分為六段。

春，齊人殺無知。公及齊大夫盟于暨。夏，公伐齊納糾。齊小白入于齊。
秋七月丁酉，葬齊襄公。八月庚申，及齊師戰于乾時，我師敗績。九月，
齊人取子糾，殺之。　　　（據《穀梁注疏》引錄，卷 5 頁 13 上～14 下）

《穀梁傳》解釋「公及齊大夫盟于暨」之經，曰「盟納子糾也」；解釋「公伐齊納糾」，曰「當可納而不納，齊變而後伐，故乾時之戰不諱」（同上）。這兩則傳文，都是前傳預發後經之事。至於「齊小白入于齊」，《穀梁傳》解釋說：「齊公孫無知弒襄公，公子糾、公子小白不能存，出亡。齊人殺無知而迎公子糾於魯。公子小白不讓公子糾，先入，又殺之于魯，故曰『齊小白入于齊』，惡之也。」（同上）無知弒襄公而糾與小白出亡，這是前一年的事。莊八年《春秋》曰：「冬十有一月癸未，齊無知弒其君諸兒」是也（同上書卷，頁 13 上），此經之下，穀梁專解書法，未述其事。這是後傳補釋前經之事。又，「齊小白入于齊」在夏季，而「齊人取子糾，殺之」在秋九月，而上引傳文實兼綜前、後經文而集中撰述其事，用以詮釋「惡之」之義。如上所述，《穀梁傳》或前傳預發後經之事，或後傳補釋前經之事，或綜合前後經而集中撰述其事，未嘗不是「虛實互藏」以靈活詮解經義。

再徵於公羊家，如桓二年《春秋》書「宋督弒其君與夷」（參上引），而《公羊傳》早在隱三年已預發「莊公馮弒與夷」之傳，承上啟下，用以昭明「宋之禍，宣公為之也」（《公羊注疏》卷 2 頁 11 下）。又如隱四年經書「秋，翬帥師會宋公、陳侯、蔡人、衛人伐鄭」，《公羊傳》解釋經貶翬而不稱「公子」的緣故在於其「與弒公也」，因此詳細敘述公子翬如何勸隱殺桓，既而又慫恿桓公作難而「弒隱公」（同上書卷，頁 13 上～14 上），這是為隱十一年傳預敘「弒隱公」之始終本末，二傳當比合參觀。前傳預敘後經之事，其所以如此，豈不正是提示學者：《春秋》經文並非各自獨立、各記其事，實乃前後互發、彼此關聯！

正是由於《春秋》記事前後相聯而義多互發，《左傳》一方面依經以編年敘事，一方面又藉著前後傳文之脈絡潛通，共同發揮解經的功能。左氏擅長以敘事解經，張其本以述事之始或繼其末以要其終，因此未與經文直接對應的「無經之傳」比《公羊傳》、《穀梁傳》多，然而也比公羊、穀梁二傳更善於以彼此互發的方式解釋《春秋》。

《左傳》脈絡潛通，杜《注》反映傳文之間的關聯，遂常提示某傳為某傳「張本」。如隱五年《左傳》曰：「曲沃莊伯以鄭人、邢人伐翼，王使尹氏、武氏助之，翼侯奔隨。」又曰：「曲沃叛王。秋，王命虢公伐曲沃，而立哀侯於翼。」（《左傳注疏》卷 3 頁 24 下～25 下）這是「無經之傳」。杜預解說傳旨，曰：「傳具其事，為後晉事張本。曲沃及翼本末，見桓二年。」（同上書卷，頁 25 上）竹添光鴻針對杜

《注》申述說：「注『張本』字始出。《晉書‧荀崧傳》云：丘明退撰所聞爲之傳，張本繼末，以發明經意。」（《左氏會箋》卷1頁62）杜氏謂隱五年傳具述晉國事蹟，爲此後《左傳》載述的許多晉事發其端緒，竹添氏更引荀崧之說，申明其「張本繼末」的特點。

荀崧（262～328）曾上疏論及晉代儒學發展與博士官之興廢，其中，對於《左傳》有如下的陳述。荀氏曰：

> 孔子既沒，微言將絕，於是丘明退撰所聞，而爲之傳。其書善禮，多膏腴美辭，張本繼末，以發明經意。信多奇偉，學者好之。　（《晉書》卷75，頁1978）

謂左氏撰述所聞，用以闡釋微言大義。荀氏指陳《左傳》解經的特色，一則曰「其書善禮」，二則曰「張本繼末，以發明經意」。「其書善禮」這點，留待第四章討論；此處關注的論題是「張本繼末」。誠如荀氏所言，傳之「張本繼末」，正所以「發明經意」，這是《左傳》以敘事解經所具有的特點。

所謂「張本繼末」，謂傳或先經而張其本，或後經以繼其末，或一傳之中兼而有之。如隱五年敘曲沃伐翼、莊廿六年述虢人侵晉等，杜《注》均注明爲後傳「張本」。而僖廿二年《左傳》述晉太子圉爲質逃歸於晉，杜曰「傳終史蘇之占。」（《左傳注疏》卷15頁2上）指其呼應僖十五年史蘇之占，曰：「六年其逋，逃歸其國，而棄其家」云云（同上書，卷14頁10下），廿二年載子圉事即是繼前傳而終其事。又，僖廿二年富辰曰：「請召大叔」，於是周襄王應允而召王子帶，杜《注》云：「傳終仲孫湫之言也，爲二十四年天王出居于鄭起。」（同上書，卷15頁2下）指出此傳承上而啓下：上承僖十三年傳以「終仲孫湫之言」——仲孫湫曰：「其十年乎？不十年，王弗召也」（同上書，卷13頁20上～下）；周王召子帶，又下啓僖廿四年傳，爲「天王出居于鄭起」——《春秋》書「天王出居于鄭」（同上書，卷15頁14上），左氏詳載原委，曰：「秋，頹叔、桃子奉大叔以狄師伐周，……王出適鄭」，又曰：「冬，王使來告難，曰：『不穀不德，得罪于母弟〔案：當作「母氏」〕之寵子帶……』」云云（同上書卷，頁21下～22下及23下～24上）。或爲後事張其本，或爲前事終其末，如僖廿二年傳則兼而有之，既終前言又起後傳。

隱五年《左傳》具載曲沃伐翼等事「爲後晉事張本」，這是「無經之傳」。劉師培說：「經文之例，遠略近詳，……晉邦之亂，僖、文以上，有傳無經。」（見前引）案《春秋》之記晉事，始見於僖二年，書曰：

> 虞師、晉師滅下陽。　（同上書，卷12頁5上）

杜《注》曰：「下陽，虢邑。」（同上）這是記述晉與虢、虞之間的衝突。僖五年經

又書曰：

冬，晉人執虞公。　　（同上書卷，頁 17 下）

是年，虢、虞兩國俱滅於晉。晉滅虢、虞的始末，《左傳》有詳細的敘述。同一年，經又書曰：

春，晉侯殺其世子申生。　　（同上書卷，頁 16 上）

自隱至僖之各篇中，《左傳》敘述晉事大體可以配合上述三則經文，而分爲兩條主線：一是晉滅虢、虞，二是晉數世內亂。前者，呼應「虞師、晉師滅下陽」與「晉人執虞公」兩則經文，而敘其始末；這一發展脈絡的延伸，涉及晉國強大稱霸的時代情勢。後者，由曲沃與翼爭衡預啓端緒，至晉獻則畏偪而翦除強宗、盡殺群公子，浸假而殺世子申生〔註75〕；晉獻公殺申生，這直接導致夷吾、重耳等出奔而又復國等事。晉數世內亂，久久而未歇，隱然以「晉侯殺其世子申生」爲中心。這樣看來，所謂「無經之傳」只是未一一對應經文，若依循其「張本繼末」的脈絡，將相互關聯的傳文比合而觀，則可見諸傳之歸趨仍應合《春秋》。以下且依循虢、虞滅亡這條線索再作論述。

《左傳》載述晉滅虢、虞之始末，散見於桓十年至僖五年之間。桓十年記虢公出奔虞，以及虞公因貪求無厭、虞叔伐之而出奔（同上書，卷 7 頁 7 上～下）。莊廿六年，虢人侵晉，因此，莊廿七年晉侯欲伐虢，經士蒍諫勸而暫止（參見上文）。莊卅二年，神降于莘，而「虢公使祝應、宗區、史嚚享焉」，傳載周內史過與史嚚之言，指陳虢公「聽於神」而虐民、多涼德，故二人不約而同地預言「虢其亡乎」（同上書，卷 10 頁 21 上～22 下）。閔二年，虢敗戎犬，大夫舟之僑認爲「無德而祿，殃也」，既預感禍殃將至，於是奔晉（同上書，卷 11 頁 6 下～7 上）。至僖二年，晉「假道於虞以伐虢」，虞公貪其寶而許之（同上書，卷 12 頁 5 下～6 下），於是「虞師、晉

〔註75〕呂祖謙論申生之死，曰：「士蒍開其隙，驪姬乘其隙也。……士蒍逢獻公之惡，反覆詭詐，陷之死地，使獻公屠其宗族昆弟，如刈草菅，略無慘怛不忍之意。其於宗族昆弟之間既如此，何獨難於其子乎？此所以來驪姬之譖也。」繼又申論：「吾嘗攷觀晉國之本末，泝其流而尋其源，又知開禍端者，非獨士蒍，其所從來遠矣。晉穆侯之二子，長則文侯，而桓叔其季也。同出於穆侯，而自桓叔以來，視文侯之子孫不啻寇讎。必鋤其根而奪其國者，不過欲啓子孫之業耳。殊不思：殺文侯之孫，是殺吾之子孫也；吾私其子而殺其昆弟，則吾之子亦私其子而殺其昆弟矣。吾子之所謂昆弟者，乃吾之子也；吾始欲私其子而終至於殺其子，尚得爲善謀耶？然則，桓、莊之族，雖曰獻公殺之，其實桓、莊殺之也。桓、莊親其子而讎昆弟，於一族之中分親與讎，其私已甚；及獻公親奚齊而讎申生，又於諸子之中分親與讎，可謂私之私矣！」（《東萊左氏博議》卷 8 頁 5 上～6 下）據呂氏所論，自曲沃與翼爭衡，以及晉獻公殺桓、莊之族與群公子，「殺世子申生」之禍端已萌。然則，《左傳》詳敘晉亂，是爲傳五年「晉侯殺其世子申生」開啓端緒。

師滅下陽」；當年，虢敗戎，晉卜偃又一次預言：「虢必亡矣！亡下陽不懼，而又有功，是天奪之鑒而益其疾也」云云（同上書卷，頁 7 上～下）。僖五年，「晉侯復假道于虞以伐虢」，虞公自恃「晉吾宗也，豈害我哉？」「吾享祀豐潔，神必據我？」許晉。晉滅虢後，還師中途襲虞，遂滅之（同上書卷，頁 22 上～26 上）。馬驌（1620～1763）合觀上述諸傳，綜論曰：

> 晉獻公之巧謀人國也，一舉而兩國滅焉，何其易也。前此，晉嘗伐驪戎，伐皐落矣，又嘗滅耿、霍及魏矣，經皆不書，而獨書滅夏〔案：經傳作「下」〕陽，晉實始見經，蓋重滅夏陽也。夏陽滅而虢滅矣。……虞、虢不舉，晉無以圖南之諸侯也。虢復搆怨，一歲再侵，晉、虢之釁起，而獻公私喜矣。猶且深謀詳視，按兵不舉。數年之間，虢日以驕，於是丹朱降莘、蓐收入夢，妖祥見而童謠作，天時人事，昭然可見。晉始寢而不寐，不覺技癢之無從也。虞公求寶劍于其弟，貪人無厭，晉所素知；荀息揣入，一謀而兩國已在掌中……。　（《左傳事緯》，頁 66）

晉伐驪戎、伐皐落，滅耿、霍及魏，諸事經皆不書，至僖二年始書「虞師、晉師滅下陽」，依馬氏之見，這是「重滅夏陽也」，晉取下陽，不旋踵而虢、虞滅矣。然則，晉滅虢、虞之事又何以大書特書？馬氏曰：「虞、虢不舉，晉無以圖南之諸侯也。」此舉是晉國張勢圖霸的關鍵性起步，故《春秋》書晉事始於「滅下陽」。這樣，《左傳》述及晉伐驪戎、皐落，滅耿、霍與魏諸事，正如劉師培所說：「傳有經無，所以明刊削而昭簡擇」（見前引），由不書凸顯《春秋》之所書。劉氏又云：「傳詳經簡，所以抒行事而闡譏褒」（同上），詳敘其行事始末，表顯虞、虢之亡，無非咎由自取。細察《春秋》之書法，經曰：「虞師、晉師滅下陽」，《左傳》詮解說：「先書虞，賄故也」（《左傳注疏》卷 12 頁 6 下）；又，虢、虞相繼而滅，經曰：「晉人執虞公」，傳釋云：「書曰『晉人執虞』，罪虞公也，且言易也。」（同上書卷，頁 26 上）書法重責虞公之貪賄，敘事則與之相應，詳載虞公先則貪其弟之劍，後則貪晉獻之寶，僖二年尚與晉一同伐虢取下陽，僖五年遂與虢同爲晉國所滅。凡此，可見前傳所述，正是爲後傳「張本」。

　　如上所述，表面上，《左傳》僖篇以前敘述晉事多涉及經略而不記的事蹟，於是有「傳有經無」的現象。既經深入尋索，具見其事義有歸，旨趣所在仍用以闡釋《春秋》，呼應後事而爲之「張本」。換言之，左氏既消融史料、刪裁潤色，大抵依經以編年敘事，爲使原委詳明，又往往前手傳以張其本、後手傳而繼其末，彼此照應而絲牽條貫。不論依經或張本，皆所以「發明經意」。這是閱讀《左傳》亟應掌握的方向。

四、「續經」與「續傳」

公羊、穀梁二家之《春秋》止於魯哀公十四年「西狩獲麟」（《左傳注疏》卷59頁11上），而左氏家傳習之經自「小邾射以句繹來奔」（同上書卷，頁12上）以下復賡續至哀十六年之「孔丘卒」（同上書，卷60頁1上），是所謂「續經」。《左傳》則繼續撰述至哀公末（廿七）年止，傳末並敘及趙、韓、魏滅知伯事（同上書，卷60頁28下），是所謂「續傳」。章炳麟曰：「丘明作傳，續獲麟以見陳恆之有齊，終哀公以見三桓之出君，附悼事以見趙〔案：疑落「韓魏」二字〕氏之分晉，所以終《春秋》者，三事為大」（《春秋左氏疑義答問》卷3，頁302），指三者「所以終《春秋》」也，甚有見地。《左傳》屬辭比事，依經而原其始、要其終，這與公羊、穀梁二傳相較，其解釋《春秋》顯然具有「張本繼末，以發明經意」的特色，或用以發起端緒，或用以終結其事。「續傳」大抵就是為了「終《春秋》」。

章炳麟上述說法相當有啟發性。但是，章氏認為「丘明作傳，續獲麟以見陳恆之有齊」，似乎指「續經」出自丘明，而其用意則是「見陳恆之有齊」，這說法有待商榷。下文先根據漢唐學者的說法，討論章炳麟之說，然後就左氏之「續經」與「續傳」，闡述其終《春秋》的意義。

賈逵認為：孔子修《春秋》止於「西狩獲麟」，自「小邾射」以下續經至「孔丘卒」，乃是「弟子所記」（見孔《疏》引，《左傳注疏》卷59頁12下），漢唐學者如服虔、杜預、陸德明與孔穎達等，持說大抵相同。服虔云：

> 《春秋》終於「獲麟」，故「小邾射」不在三叛人中也。弟子欲明夫子作
> 《春秋》以顯其師，故書「小邾射」以下至孔子卒。〔註76〕

杜預也說：

> 〔自「小邾射以句繹來奔」以下〕皆魯史記之文，弟子欲存孔子卒，故并
> 錄以續孔子所脩之經。　（同上書，卷59頁12上）

陸德明與孔穎達大抵承襲杜氏之說。陸氏曰：

> 弟子欲記聖師之卒，故採魯史記以續夫子之經，而終於此〔案：指哀十六
> 年之「孔丘卒」〕。丘明因隨而作傳，終於哀公。　（《經典釋文》卷20
> 頁22上～下）

孔氏曰：

> 公羊、穀梁之經皆至「獲麟」而盡，左氏之經更有此下事者，自此以下至

〔註76〕見孔《疏》引（《左傳注疏》卷1頁27下～28上），「『小邾射』不在三叛人中」，說
　　　參注78。

十六年，皆是魯史記事之正文也。仲尼所脩，脩此記也。此上仲尼脩記，
此下是其本文。弟子欲存孔子卒，故因經之末并錄魯之舊史，以續孔子所
脩之經。　（《左傳注疏》卷 59 頁 12 下）

賈逵、服虔只說「續經」是弟子所記，未說根據舊史；杜氏、陸氏、孔氏則進一步
說「續經」爲魯史原文〔註77〕。參據上引諸家之說，則「續經」或出自孔門弟子，
未必即是左丘明所錄。而且，弟子錄舊史以賡續夫子之經，主要的目的是欲存「孔
丘卒」，藉此表顯《春秋》學的宗師。續經以存「孔丘卒」，這跟《公羊傳》、《穀梁
傳》無經而記「孔子生」（參前文引），取徑雖殊而旨趣相通：左氏、公羊與穀梁三
家，都各自在傳習的經、傳中標識出「孔子」的特殊地位。

「續經」用以尊顯孔子，「續傳」則是爲了繼末以終事。杜預曰：

孔子弟子既續書魯策以繫於經，丘明亦隨而傳之，終於哀公，以卒前事，

其異事則皆略而不傳，故此經無傳者多。　（同上書卷，頁 14 上）

謂弟子「續書魯策以繫於經」，既有「續經」，左氏「隨而傳之，終於哀公，以卒前
事」，此即「續傳」。《左傳》續傳至哀公末（廿七）年，以繼末終事爲主，因此，續
經所記與「西狩獲麟」以前經無關涉者往往無傳。「續經」往往無傳，這現象意謂著：
左氏家傳習的《春秋》雖有「續經」，《左傳》解釋的對象畢竟以孔子筆削之經爲主，
故「續傳」也以孔子之經爲主要對象，主要是爲終結前事而撰〔註78〕。顯宗師故續
經至「孔丘卒」；尊聖人筆削之經，故續傳以終結其事：《左傳》詮解《春秋》的意
向十分明確！

「續傳」主要就是爲了歸結前事，就此而言，舉凡敘述衛、楚、吳、越、齊、
晉、魯等等列國事蹟，近則爲衛蒯聵與輒父子爭國，以及楚、吳、越爭霸等終其事；

〔註77〕孔《疏》引服虔說，謂「杜於此下及哀十四年注皆取服義爲說」云云（《左傳注疏》
卷 1 頁 28 上）。案杜預曰：「先儒以爲制作三年，文成致麟，既已妖妄；又引經以至
仲尼卒，亦又近誣」云云，據孔《疏》，蓋「先儒」或以爲「比至孔丘之卒，皆是仲
尼所脩」，故杜預駁之（《左傳注疏》卷 1 頁 27 下）。孔穎達謂杜氏「取服義爲說」，
當是專就「續經」爲弟子所記、非孔子所脩而言，服虔未說續經是魯史舊文。

〔註78〕昭卅一年「君子曰」解釋《春秋》「三叛人名」之義（《左傳注疏》卷 53 頁 19 下～
20 下），只數此年之「黑肱以濫來奔」（同上書卷，頁 17 下），以及襄廿一年之「邾
庶其以漆、閭丘來奔」（同上書，卷 34 頁 11 上），昭五年「莒牟夷以牟婁及防、
茲來奔」（同上書，卷 43 頁 1 上）等三經。哀十四年之「小邾射以句繹來奔」亦稱
名，書法類似，「君子曰」綜論《春秋》之義卻未包含「小邾射」，對此，孔穎達疏
解云：「傳稱庶其等爲『三叛人』，不通數此爲四叛人者，以《春秋》之經止於『獲
麟』，『獲麟』以上，褒貶是仲尼之意，此雖文與彼同，而事非孔意，故不數也。」
（同上書，卷 59 頁 12 上～下）然則，左氏「續傳」主要仍以孔子所作之《春秋》
——「獲麟」以上之經——爲其解釋的對象。

遠則爲齊、晉與魯諸國卿凌君權的長期發展結其局，馬驌所謂「讀《春秋》之終篇，爲齊痛田氏，爲晉痛三卿，爲魯痛三桓」（《左傳事緯》，頁 542）是也。茲以衛蒯聵與輒爭國以及晉卿怙權相傾二事略作陳述。

關於蒯聵與輒衛爭國，自哀二年至十三年間《春秋》屢書晉趙鞅、魏曼多帥師侵伐衛國，哀二年曰：「晉趙鞅帥師納衛世子蒯聵于戚」（《左傳注疏》卷 57 頁 8 上～下），五年曰：「晉趙鞅帥師伐衛」（同上書卷，頁 22 上），七年及十三年兩書：「晉魏曼多帥師侵衛」（同上書，卷 58 頁 6 下、卷 59 頁 6 下）。案衛世子蒯聵因得罪靈公與夫人南子，於定十四年出奔宋（同上書，卷 56 頁 15 下）。哀二年夏，靈公卒，輒（出公）繼立，六月，晉趙鞅即帥師納蒯聵（同上書，卷 57 頁 9 上）；蒯聵者，輒之父也，父子爭國的亂局於焉展開。《左傳》哀十五、十六、十七、十八，以及廿五、廿六諸年傳歷敍衛事：出公輒立十三年，而蒯聵（莊公）入衛復國（同上書，卷 59 頁 23 上～24 下、卷 60 頁 1 上～2 上）；在位僅兩年，戎州己氏殺莊公（同上書，卷 60 頁 10 上～12 上），於是出公輒復歸於衛（同上書卷，頁 13 下）；然而，輒仍然未能終其位，於哀廿五年再次出奔（同上書卷，頁 19 下～21 下）。續傳詳述蒯聵與輒父子爭國之事，庶使首尾瞭然（說並參第四章第二節）。

晉卿趙鞅與魏曼多於哀二年至十三年間屢次出兵，卻遲遲不能定衛之局，對此，家鉉翁論曰：

> 晉之盛，威令行於天下，不待加兵而人知服從。今其衰也，趙鞅、魏曼多更迭用兵，侵伐小國，數脩怨於衛，衛卒不服。豈其力之不足邪？鞅、曼多志不在求諸侯、霸中國，志於怙權自私而已矣。《春秋》書黃池之會，繼以楚伐陳、越入吳，閔夏盟之無主，夷狄迭興，周室日微，桓、文之功遂息，天下將趨於亂，是故於鞅、曼多之用師深注意焉。　　（《春秋集傳詳說》卷 30 頁 17 上～下）

意謂《春秋》深切注意而屢書晉趙氏、魏氏之更迭用兵而無功，顯見齊桓、晉文之霸業至此已漸趨於式微，所以憫「夏盟之無主」，而歎中國之無霸。尤其晉國自文公以來長主夏盟，至此失霸，故「數脩怨於衛，衛卒不服」。然則，晉何以失霸？諸侯不服、威令不行，正緣晉國卿族彼此傾軋相滅，「志不在求諸侯、霸中國，志於怙權自私而已矣」，齊桓、晉文以來尊王、攘夷之功遂息，而天下亂局日劇矣。晉國卿族之興廢，高士奇（1645～1704）曾大略陳述如下：

> 晉之卿族，魏氏、趙氏、狐氏、胥氏、先氏、欒氏、郤氏、韓氏、知氏、中行氏、范氏，凡十一族。賈季奔狄而狐氏廢。先縠得罪而先氏廢。胥廢於郤。欒、郤廢趙而趙復興。屬公用欒氏譖殺三郤，而郤氏廢。范宣子逐

樂盈而樂氏廢。范、中行氏逐於知、韓、魏、趙，而韓、魏、趙復共滅知
伯，遂爲三晉。　　（《左傳紀事本末》，頁 431）

文六年，賈季（狐射姑）奔狄（《左傳注疏》卷 19 上頁 4 上）；宣十三年晉人殺先縠
而盡滅其族（同上書，卷 24 頁 1 下）；宣八年，郤缺爲政，廢胥克（同上書，卷 22
頁 8 上）；成十七年晉厲公聽譖而殺三郤（同上書，卷 28 頁 23 下～27 上）；襄廿三
年范宣子盡殺欒氏之族黨（同上書，卷 35 頁 19 下）。如此，晉之卿族如狐氏、先氏、
胥氏、郤氏以及欒氏，已先後廢滅，演變成范、知、中行、韓、魏與趙六卿柄晉權
的局面。姜炳璋云：

> 晉侯失霸，政歸六卿，自定十三年荀寅、士吉射奔朝歌，而范、中行氏絕
> 籍於晉矣；自哀二年鐵之戰，趙氏之臣傅傁曰：「猶有知在」，則趙氏欲傾
> 知久矣。……趙、知相惎，辛爲趙所喪。前此喪范、中行，趙氏爲主，而
> 賴韓、魏之力；今喪知氏，亦以趙氏爲主，而賴韓、魏之功。三家鼎立，
> 共分晉地，三晉分而七國之勢成矣。　　（《讀左補義》卷 50 頁 21 上～下）

晉六卿劫君權、相傾軋，定十三年，知、韓、魏、趙四卿又共逐中行氏與范氏——
即荀寅與士吉射（《左傳注疏》，卷 56 頁 11 下～13 下）。哀二年《春秋》曰：「晉趙
鞅帥師及鄭罕達戰于鐵，鄭師敗績。」（同上書，卷 57 頁 8 下）依《左傳》敘事，
鐵之戰，「齊人輸范氏粟，鄭子姚、子般送之，士吉射逆之。趙鞅禦之，遇於戚。」
鄭師大敗，范氏、中行氏既失齊糧與鄭援，趙鞅乃大喜〔註79〕。當時，傅傁提醒趙
氏「猶有知在，憂未艾也」（同上書卷，頁 10 上～14 下）。晉卿不能圖霸，反而「志
於怙權自私」，四卿之中，知氏與趙氏相惎尤甚。「續傳」載述荀瑤（知伯）於哀廿
三年伐齊（同上書，卷 60 頁 18 上～下）、廿七年伐鄭（同上書卷，頁 26 上～27 下），
勢長意驕，終因貪愎好勝，喪於趙、韓、魏三家（同上書卷，頁 28 上～下）。知伯
亡，於是晉形成三卿鼎立之勢。卿族的勢力消長，攸關晉之興衰存亡，「續傳」載述
四卿怙權相傾的發展結果，故於哀廿七年末附述悼四年事，並及知伯之亡（在悼十
四年）。《左傳》以趙、韓、魏三家滅知伯之事殿末〔註80〕，誠如姜炳璋所言，此乃

〔註79〕「趙孟喜曰可矣」，顧炎武注云：「以范、中行氏失援、糧竭，必將亡。」（《左傳杜
　　　　解補正》卷 3 頁 19 下）
〔註80〕哀廿七年末傳文記事至魯悼公十四年（前 453）知伯之亡，上距哀十六年（前 479）
　　　　孔子卒二十七年；傳又稱「趙襄子」之諡，襄子卒於魯元公六年（前 425），上距孔
　　　　子卒五十四年。學者或因此置疑，歷來頗引起討論。關於這個問題，《四庫全書總目》
　　　　有說，謂「……經止獲麟，而弟子續至孔子卒；傳載智伯之亡，亦始後人所續。《史
　　　　記・司馬相如傳》中有揚雄之語，不能執一事指司馬遷爲後漢人也。則載及智伯之
　　　　說，不足疑也。今仍定爲左丘明，以袪眾惑」云云（卷 26 頁 3 上），認爲續傳至智
　　　　伯之亡「殆後人所續」，「不足疑也」。安井衡也認爲不足置疑，而思慮更密，他分三

「爲晉事結局」也（《讀左補義》卷 50 頁 21 上～下）。

晉國失霸，不僅「數脩怨於衛，衛卒不服」，哀十三年《春秋》書「公會晉侯及吳子于黃池。楚公子申帥師伐陳。於越入吳。」（《左傳注疏》卷 59 頁 6 上～下）黃池之會，吳與晉爭盟（同上書卷，頁 7 上～下），繼又楚伐陳、越入吳，彼此爭雄，晉也都無可如何，終至於哀十七年楚滅陳（同上書，卷 60 頁 10 上），廿二年越滅吳（同上書卷，頁 17 上）。「續傳」備敘楚滅陳、越滅吳諸事，使哀十三年經之事義歸趨皆有著落。而且，如馬驌所言：「自句踐滅吳以來，中國之勢，盡移於越，而俯首奉之者，魯人實首事焉。……公自謂能結援大國，遂欲借兵以弭內患，不知城狐社鼠所憑者重，固未可猝除也。」（《左傳事緯》，頁 542）諸夏無霸，「中國之勢，盡移於越」，魯哀公甚至欲結援於越，冀能借其力以逐三桓。哀廿七年傳曰：「公欲以越伐魯而去三桓，秋八月甲戌，公如公孫有陘氏，因孫於邾，乃遂如越。」（《左傳注疏》卷 60 頁 27 下～28 上）馬驌形容魯之三桓，猶如「城狐社鼠」，哀公欲去而不能去，反而「孫於邾，乃遂如越」，所以章炳麟說：「終哀公，以見三桓之出君」。

綜而言之，左氏家傳習之《春秋》有「續經」，蓋孔門弟子所錄，旨在存「孔丘卒」，藉此「明子作《春秋》以顯其師」。《左傳》屬辭比事而「張本繼末」，繼其末以結其案，故有「續傳」——終於哀公末年，「以見三桓之出君」；附敘趙、韓、魏滅知伯，以見晉三卿鼎立之勢。凡此，皆所以終《春秋》也。

結　語

孔子作《春秋》，因史官舊史而筆削之。依目前所知，古「春秋」究竟有沒有編

點論說。首先，安井氏謂「後儒不達左氏作傳之例，或以爲戰國間阿趙氏者所爲，淺乎其視左氏也」，第一點是就「作傳之例」立說。其次，曰：「古人傳師學者，續成其師之說，不改名其所續，《爾雅》及《管》、《孟》、《莊》之屬皆然，不得以此并疑原著之人矣」，第二點是說先秦文獻本多後學續成師說之例，此說可以補充《四庫全書總目》。其次，曰：「況智伯之亡在《春秋》後二十七年，又二十八年，韓、魏、趙滅晉，始列爲諸侯，而魏文侯師事子夏，其及喪明，曾子往弔之。則孔門諸子多及戰國之時矣。丘明之年雖不可得而考，然亦必少於孔子，使之中壽，猶或及見智伯之亡而親書之，亦未可知。而遽以《左傳》載智伯之亡，斷其非丘明之作，蓋未之思焉耳。」第三點推考年數，蓋左丘明若與孔門弟子如子夏、曾子等相當，孔子卒時，年約三十，若享壽八十餘，則「猶或及見智伯之亡而親書之」（以上，見《左傳輯釋．總論案語》頁 10 上～11 上）。第三個論點，參考子夏等孔門弟子之年數，由此推考「左丘明」之年數，然則，與孔子同時之「左丘明」，見及知伯之亡、趙襄之卒，並非不可思議。那麼，「殆後人所續」的說法便不必要了。章炳麟有類似的說法（說見《春秋左氏疑義答問》卷 1，頁 252～53），張師以仁更針對歷來學者之疑議，層層反駁辨析，考論尤詳（參見《春秋史論集》，頁 83～88）。

纂成書,廣爲流傳,已經難以推考,但十分明顯的,它們沒有實際發展成爲專門學術,發展成爲專門學術的只有《春秋》之學。孟子以降學者所傳習、指稱的「春秋」,無疑專指孔子之《春秋》,除此之外則別稱爲「不修春秋」(見《公羊傳》),「魯春秋」(見《左傳》、《禮記》等),或「周之春秋」、「燕之春秋」、「齊之春秋」、「周之春秋」(見《墨子‧明鬼下》)等。中國傳統學術之所謂「春秋學」,就是特指淵源於孔子的「《春秋》學」。《禮記‧經解》云:「屬辭比事,《春秋》教也。」此所謂「《春秋》教」是就六藝之學的傳統而言其《春秋》之教,「屬辭比事」即先秦及漢的「春秋學」所強調的一個面向。

依王夫之的詮釋,「屬辭比事」是「學者馴習而涵泳之,則變化氣質以成其材之效有如此矣」,係指陳《春秋》學的教育成效。綜合王夫之以及孫希旦、章學誠、章炳麟等的說法,「屬辭比事」之教特別是教育學者使之習於連屬文辭、比次事蹟,從而審斷是非、嚴明大義。左氏馴習這樣的《春秋》教,博稽諸侯國史,依經以編年、詳述其本末、又復言事相兼,於是撰述成內容富贍、文辭優美的解經之「傳」。《左傳》本身就是「屬辭比事」之教的具體成果。

《左傳》「屬辭比事」以釋義,於是表現爲敘事的解經方式,左氏發明《春秋》的見解即表現在敘事之中。《左傳》的單一敘事,對應經文所記之「事」,循著時間序列「原始要終」地舖展其本末原委,具體表現整個行事脈絡。單一敘事對應經文,或張其本、或繼其末;然後單一敘事,又依經之編年時序,比次編纂。由於《春秋》經文,義多互發,於是乎前傳、後傳往往脈絡潛通,彼此呼應聯貫。續經至「孔丘卒」,所以尊顯宗師;續傳至哀公末,乃至附載知伯之亡,皆所以終《春秋》。

《左傳》寓理解於表現,寓釋義於敘事,學者閱讀傳文不僅要察視所述之行事,還須尋味玩索,乃能窮究旨歸而深明經義。尤其重要的是,《左傳》「其文緩,其旨遠」,未必直接揭示經義旨歸,而或寓之於敘事。這樣解經釋義,自有其積極的意義:即學者必須參與「原始要終」的理解流程。杜預說:「將令學者原始要終,尋其枝葉,究其所窮。優而柔之,使自求之,饜而飫之,使自趨之,若江海之浸、膏澤之潤,渙然冰釋,怡然理順,然後爲得也」,強調讀者必須「自求之」、「自趨之」,這可以說就是杜氏傳習《左傳》而深造有得之言。憑藉傳文,參與「原始要終」的理解流程,這樣,讀者並非被動地接受訓示,相反地,「義」在學者實際的理解過程中具體而內化。「義」之精微,能深造自得,反而更能發揮馴習涵泳、變化氣質的教育功能。

依循《左傳》敘事的解經進路以研讀《春秋》,一則可以推尋傳文,瞭解經義;二則可以在參與理解的過程中,學習《春秋》學「本其事而原其志」的思考;三則可以涵泳《左傳》的優美文辭,增強措辭行文、編構綴事的能力,進而嚴明義理的

是非判斷。準此，如鄭玄、孔穎達等，參照《左傳》以訓釋何謂「屬辭比事」；或者，如高祐、李彪、楊士勛、姜炳璋、章學誠、章炳麟等學者，他們都藉由《左傳》，陳述「屬辭比事」之教：回顧這一現象便饒有意義。儘管他們對「屬辭比事」理解不盡適切，又各有參差，卻不約同地都指述《左傳》之「屬辭比事」。他們都關注到《左傳》之「屬辭比事」，只是各窺其一端，又沒有深入尋索而已。本章先詳細稽考「屬辭比事」的涵義，然後據以申論《左傳》之「屬辭比事」，說明其編年敘事如何「張本繼末，以發明經意」，而這也就是《春秋》之教的具體成果。對應於《春秋》之「文」、「事」與「義」，《左傳》敘事於是在綴辭行文、理解行事與探索微義三方面，模擬〔註81〕《春秋》而啟導後學，對於「屬辭比事」之教，具有承先啟後的重要意義。

〔註81〕劉知幾《史通‧模擬》曰：「蓋模擬之體，厥途有二，一曰貌同而心異，二曰貌異而心同。」（卷8，頁58）《春秋》編年記事，於是《左傳》依經以編年敘事，經與傳之「屬辭比事」，可謂「貌異而心同」，故參考劉氏用語形容之。

第四章　正名：《左傳》敘事的釋義指向

　　《春秋》褒貶之「義」，見之於「事」而載諸「文」。《左傳》馴習「屬辭比事」之教，尤擅長以敘事解經釋義。這種解釋方式以經所記之「事」為中心，將相關人物的行為流程展開為始終、本末，井然有序的發展脈絡，從而闡明褒貶的緣故以詮解其「義」。

　　敘事「原始要終」而呈現行事發展的整體脈絡，在這整體脈絡之中，前事、後事相互聯貫，不僅具有時間序列上的關係，同時也反映彼此的本末關係，或者說事理的因果關聯。換言之，敘事既表現時間序列，同時表現事理序列。就時序而言，是由始而終；就理序而言，是由本而末：兩重序列都有其指向，這是敘事的進展指向。

　　而且，敘事是寓理解於撰述的文體，是一種理解方式。就此而言，敘事的進展指向，即反映敘述者如何藉由時間序列的形式整理其對事件因果的理解，這理解也就是敘述者的「主意」，或者說敘事的意義指向。劉熙載說：「敘事有主意，如傳之有經也」，《左傳》敘事的「主意」就是解釋《春秋》。就單一敘事而言，其思想傾向是解釋與之對應的經「義」；就全書依經以編年敘事而言，其整體思想傾向是解釋《春秋》之「義」。這一章試就《左傳》敘事的整體釋義指向略作梳理。

　　《春秋》是儒家六藝經典之一。而六藝的通義，《漢書・儒林傳》曰：

> 古之儒者，博學乎六藝之文。六學〔藝〕者，王教之典籍，先聖所以明天
> 道、正人倫、致至治之成法也。　　（《漢書補注》卷88頁1上）

「明天道、正人倫、致至治」是六藝共通之義。儒者習經、明道以治世，首重「正人倫」。司馬談〈論六家要旨〉以「序君臣、父子之禮，列夫婦、長幼之別」為儒家的特長〔註1〕。《韓詩外傳》也說：

─────────────

〔註1〕司馬談〈論六家要旨〉評論陰陽、儒、墨、名、法諸家之思想，既舉其長，亦議其
　　　短（論道家則只強調其兼善之長），對於儒家，他說：「儒者博而寡要，勞而少功，

─167─

千舉萬變，其道不窮，六經是也。若夫君臣之義、父子之親、夫婦之別、
朋友之序，此儒者之所謹守，日夜切磋而不舍也。　（卷5，頁44）

儒者傳習六藝以明道，並遵行「君臣之義、父子之親、夫婦之別、朋友之序」的人
倫規範〔註2〕，這其實也就是「正人倫」的具體內涵。習經、明道，近則以之立身
處世，遠則用以經世濟民，學者誠能如此踐履實行，則庶幾乎可以貞定人倫而臻於
至治。

六藝之學的通義略如上述，而《春秋》之「義」亦不外乎是。

孟子曾描述孔子作《春秋》的背景，曰：「世衰道微，邪說暴行有作。臣弒其君
者有之，子弒其父者有之。」《春秋》緣於臣弒君、子弒父的時代亂象而作，此種亂
象是「世衰道微」的表徵。此所謂「道」，或《漢書‧儒林傳》所謂「天道」，也就
是「致至治」的「王道」〔註3〕。孔子作《春秋》正是針砭時弊，用以「明天道、
正人倫、致至治」；而且，這樣「舉往以明來」〔註4〕，其積極的意義乃寄望於將來，
期勉後學提振其「義」，實現其理念。

司馬遷曾引述董仲舒的說法，稱《春秋》為「王道之大者也」，並說：

《春秋》辯是非，故長於治人。……《春秋》以道義。撥亂世反之正，莫
近於《春秋》。……夫不通禮義之旨，至於君不君、臣不臣、父不父、子
不子。夫君不君則犯，臣不臣則誅，父不父則無道，子不子則不孝。此四
行者，天下之大過也。以天下之大過予之，則受而弗敢辭。故《春秋》者，
禮義之大宗也。　（卷130頁22～25）

是以其事難盡從。然其序君臣、父子之禮，列夫婦長幼之別，不可易也。」（《史記
會注考證》卷130頁8）後者可以說是司馬氏，甚至漢初學者所了解的儒家特長，
具有一定的代表性。

〔註2〕　《孟子‧滕文公上》，曰：「〔當堯之時〕聖人有憂之，使契為司徒，教以人倫：父
子有親，君臣有義，夫婦有別，長幼有序，朋友有信。」（《孟子注疏》卷5下頁3
下）儒家以父子、君臣、夫婦、長幼、朋友五種人際關係概括人倫，是為五倫。〈論
六家要旨〉與《韓詩外傳》一舉長幼，一舉朋友，皆省略其一。附案：《孟子》曰「長
幼有序，朋友有信」，《韓詩外傳》作「朋友之序」，未言長幼之倫，疑有闕文。

〔註3〕　《漢書‧儒林傳》謂六藝皆所以「明天道」，就《春秋》而言，《史記‧司馬相如列
傳》曰：「《春秋》推見至隱，《易》本隱之以顯。」《索隱》注云：「虞喜《志林》曰
『《春秋》以人事通天道』，是推見以至隱也；『《易》以天道接人事』，是本隱以之明
顯也。」（《史記會注考證》卷117頁104）「推見至隱」，是指「以人事通天道」，然
則，《春秋》之「道」可以說是「天道」。「道」或稱「天道」，或稱「王道」，說參拙
著《《春秋》「見之於行事」在中國思想傳統裡的意義》（頁3～5）。

〔註4〕　董仲舒曰：「《春秋》之道，舉往以明來。」（載〈五行志上〉，《漢書補注》卷27上
頁11上）《春秋繁露‧精華》亦云：「《春秋》之為學也，道往而明來者也。」（《春
秋繁露義證》，頁96）

君不君、臣不臣、父不父、子不子，亂極而至於臣弒其君、子弒其父，究其所以，正是因爲「不通禮義之旨」。換言之，「世衰道微」的關鍵就在禮義不明。對應於此，《春秋》爲「禮義之大宗」，依禮義以辯是非，其學昌明則固可發揮導正人倫亂象的功能。然則，所謂「撥亂世反之正」〔註5〕，「正」也者就是指依循禮義以導正人倫亂象的至治之世。據此而言，「禮義」實爲「正人倫」的具體憑藉。

「正人倫」爲王道之大端，治世的要務〔註6〕。杜預曾總括《春秋》《左傳》之「義」，曰：「王道之正、人倫之紀，備矣。」（《左傳注疏》，卷1頁18上）《左傳》以《春秋》的旨歸爲旨歸，釋義的指向以闡明「王道之正、人倫之紀」爲宗，而「正人倫」以「禮義」爲具體憑藉，因此「其書善禮」（荀崧語）。《左傳》對「禮」的強調，正用以詮解經義。

孔子之時，「臣弒其君者有之，子弒其父者有之」，《春秋》針對種種亂象加以針砭，明褒貶、定是非，這其實是孔子「正名」思想的一種呈現。朱彝尊曰：「《春秋》之義，莫大乎正名」（見第一章注13引），一語道出《春秋》的旨要。本章梳理《左傳》敘事的釋義指向，首先探察孔子「正名」之義涵，以及「正名」與《春秋》褒貶的關聯，然後循此尋繹，逐步擴展，論述《左傳》如何凸顯出愼名、尙禮的「主意」，說明其釋義的指向。

第一節　孔子「正名」與《春秋》褒貶

《論語・子路》曾載述一則孔子與子路的對話，由此可以看出「正名」是孔子針砭人倫亂象的重要主張。〈子路〉篇（以下引述《論語》皆簡注篇名）這樣記錄：

> 子路曰：「衛君待子而爲政，子將奚先？」子曰：「必也正名乎！」子路曰：
> 「有是哉，子之迂也！奚其正？」子曰：「野哉，由也！君子於其所不知，
> 蓋闕如也。名不正則言不順，言不順則事不成，事不成則禮樂不興，禮樂不
> 興則刑罰不中，刑罰不中則民無所錯手足。故君子名之必可言也，言之必可

〔註5〕上引文中「撥亂世反之正」語，董仲舒蓋據哀十四年《公羊傳》而言。《公羊傳》嘗謂「君子曷爲爲《春秋》？撥亂世反諸正，莫近諸《春秋》。」（《公羊注疏》卷28頁13下～14上）

〔註6〕治世之要務在「正人倫」，黃式三《論語後案》曰：「王道不外彝倫，而家人莫重於父子。……王者本孝出治，父子之倫爲重也。治國者，不正一家父子之名，而欲正一國之父子，無諸己而求諸人，則一己多忌諱之私，而事亦阻窒而不成矣。禮樂刑罰，事之大也。禮莫大於父子之序，樂莫大於父子之和，而刑罰莫大於不孝，三者失，而事之不成，甚矣。故治世之要務，在彝倫攸敘。」（據劉寶楠《論語正義》轉引，頁523）

行。君子於其言，無所苟而已矣。」　（《論語注疏》卷13頁1下～2上）
這則對話討論的課題是「爲政」。孔子說「必也正名乎」，而後又針對子路的質疑申述爲政以「正名」爲先的必要性。參照《史記・孔子世家》，孔子與子路這一番對話有其特定的事件背景〔註7〕。〈孔子世家〉說：「是時，衛君輒父不得立，在外，諸侯數以爲讓。而孔子弟子多仕於衛，衛君欲得孔子爲政。」（《史記會注考證》卷47頁64）當時的衛侯出公輒與其父蒯聵爭國（說詳本章第二節），父子紛爭，雖未至於臣弑其君、子弑其父，卻同樣違逆倫常。由於這一事件，子路問：「衛君待子而爲政，子將奚先？」當此之時，爲政的先務，孔子認爲是：「正名」！因爲名若不正，則言不順而事不成，禮樂、刑罰將形同虛文，那麼，將導致「民無所錯手足」。推尋其意，孔子所謂「正名」，乃是對應著政治的課題。由正名以順言，從而達到「所名之事，必可得而明言也；所言之事，必可得而遵行。」（王肅語，見《論語集解義疏》卷7頁3上）這樣，事治、政行，禮樂、刑罰各得其宜，就不至於「民無所錯手足」了——孔子「爲政」之道最終的關懷對象是「民」〔註8〕！

孔子在回應子路時提出「正名」的主張，雖然緣於特定的事件背景，實則這一主張並非專爲衛君、衛事而發，不是偶然的提議，相反地，「正名」是孔子一貫的政治主張〔註9〕。

「爲政」以「正名」爲先務，由「正名」入手，進而導正禮樂、刑罰，用以保

〔註7〕 諸家注解《論語》「正名」章，如邢昺《疏》、朱熹《集注》等，往往根據《史記・孔子世家》，劉寶楠（1791～1855）更認爲：「『正名』指蒯聵之事，此必古論家說，受之安國者也。」（《論語正義》，頁517）

〔註8〕 據《論語・述而》記載，關於蒯聵與輒公子爭國之事，冉有、子貢也曾探詢孔子的意見。冉有疑「夫子爲衛君乎」？當時，子貢迂迴地問孔子：「伯夷、叔齊何人也？」對曰：「古之賢人也」，並稱許他們「求仁而得仁」。由此答話，子貢明瞭「夫子不爲也」（以上略作轉述，原文參見《論語注疏》卷7頁5上）。鄭玄注曰：「爲，猶助也。……孔子以伯夷、叔齊爲賢且仁，故知不助衛君明矣。」（同上）由此可以略窺孔子的立場。參合兩章而觀，孔子對此事的基本主張是「正名」，而其立場「不助衛君明矣」。不助衛君輒，然則，是否同情蒯聵？據《春秋》而言，亦非左袒蒯聵（說詳第二節）。歷來學者頗爲孔子「正名」者究竟支持輒，抑或蒯聵，聚訟紛紜，莫衷一是。孰不知，「正名」是孔子一貫的主張，其最終的關懷對象是「民」。就此而言，非爲輒、亦非爲蒯聵，就不足爲奇了。反之，苟能遵行名正、言順之政以成事，而禮樂、刑罰皆合其宜，這樣，誠爲保民、恤民之君，則不論是輒、還是蒯聵——甚或公子郢等，亦必能「德不孤，必有鄰」吧？

〔註9〕 參考〈孔子世家〉，孔子與齊景公論政，力陳「君君、臣臣、父父、子子」，時年約四十（《史記會注考證》卷47頁17～18）；蒯聵與輒爭國，事在哀二年以後，孔子年約六十（同上書卷，頁64～65）；季康子問政，孔子答以「政者，正也」，更在哀十一年孔子去衛返魯之後（同上書卷，頁67）。這樣看來，孔子主張「正名」乃是一貫如此。孔子與齊景公、季康子論政二事，參見下文引述。

民、安民，這樣的「正名」主張，它主要的指涉範疇屬於政治倫理。那麼，就「為政」或政治倫理的範疇而言，「正名」之所謂「名」，應當是指人倫名分〔註10〕。參考〈顏淵〉篇載述的另一則語錄：

> 齊景公問政於孔子。孔子對曰：「君君，臣臣，父父，子子。」公曰：「善哉！信如君不君，臣不臣，父不父，子不子，雖有粟，吾得而食諸？」（同上書，卷12頁6下）

齊景公（前547～前490在位）問政，孔子回答說：「君君，臣臣，父父，子子」。「君」、「臣」、「父」、「子」四者，都以上下兩字相疊成辭，上一字係指名號；所謂「名以召實，實以應名」（皇侃語，《論語集解義疏》卷7頁3下），下一字指其應當副合之本分。名與分（或實），或合、或否，兩者相應，是為「君君，臣臣，父父，子子」；否則，便是「君不君，臣不臣，父不父，子不子」。邢昺疏解說：「『政者，正也』，若君不失君道，乃至子不失子道，尊卑有序，上下不失，而後國家正也。」（《論語注疏》卷12頁6下）君、臣、父、子等上下尊卑之倫，莫不各如其分，「而後國家正也」。「正人倫」以臻治世，這是孔子論「政」的基本觀念。

　　「正名」的主張，以正國家、致至治為目標。所謂「正」，首先是指上下尊卑之各如其分，這是要求「實以應名」。反之，名不副實，人倫失序，如此則「亂」矣。值得注意的是，人倫失序，國政淆亂，齊景公只關心「雖有粟，吾得而食諸」，然而，

〔註10〕鄭玄注解《論語》，以為「正名謂正書字也」，皇侃引述鄭注之後，疏曰：「孔子見時教不行，故欲正其文字之誤。」（見《論語集解義疏》引，卷7頁4上），頗有學者採取此說。然而，「正名」章所謂「名」，並不是指文字；將「正名」解為「正書字」，此說值得商榷。第一，從「君子名之必可言也」一語觀之，此所謂「名」，顯然與正定文字沒有關聯，蓋文字與語言乃分屬兩個系統，只要在系統內部足以彼此區辨，文字書寫無論「正」與否，都沒有能不能「言」的問題。第二，「名」固然可以訓為「字（文字）」，但孔子所謂「正名」未必即採此義。「正名」是否當訓為「正書字」，必須考慮：孔子時究竟有沒有正定文字的時代需求？就《論語》以及諸經、傳而言，先秦儒家典籍中有無類似的主張？第三，《荀子》有〈正名〉篇，《春秋繁露》有〈深察名號〉篇，都是儒家討論「名」的重要文獻，而他們所謂「名」，主要還是指名號、名稱，屬於語言，並非討論文字。第四，就孔子之行事與思想而言，貞定如君、臣、父、子等人倫名分，無疑是其重要主張（說參下文）；相對地，孔子仕魯乃至遊歷諸國，何嘗有「正書字」的活動？由上述四點觀之，鄭玄的注解未可遽從。又，馬融謂「正名」為「正百事之名也」（見《論語集解義疏》引，卷7頁2下），案諸《論語》，孔子論詩教功能，曾言「邇之事父，遠之事君，多識於草木鳥獸蟲魚之名」，即由人倫名分推廣而至於博學乎「草木鳥獸蟲魚之名」。然則，「正百事〔百物〕之名」這一訓解，猶可以副合孔門教學之一貫主張。荀子、董仲舒論「正名」，何以不限於討論君臣、父子等人倫之「名」，也可以這樣理解。然而，孔門之教，畢竟以「邇之事父，遠之事君」為本：孔子所謂的「正名」，主要關切對象當係人倫名分。

孔子在意的卻是「民無所錯〔措〕手足」〔註11〕，此則不可不察！

　　而且，孔子「正名」，首先要求在位者、主政者應當正身修己以表率群倫。〈子路〉篇曾載錄說：

　　　　子曰：「其身正，不令而行；其身不正，雖令不從。」　（同上書卷，頁4上）

　　　　子曰：「苟正其身矣，於從政乎何有？不能正其身，如正人何？」　（同上書卷，頁5上～下）

所謂「其身正，不令而行」云云，這是就有權號令的主政者而言，意指在位者應當「正其身」，身正則可以「不令而行」，可以「正人」。邢昺《疏》紬繹其義，曰：「『政者，正也』，欲正他人，在先正其身也。」（同上書卷，頁5下）「政者，正也」這是引述孔子語。〈顏淵〉篇有這樣的記載：

　　　　季康子問政於孔子，孔子對曰：「政者，正者。子帥以正，孰敢不正？」（同上書，卷12頁5上～下）

　　　　季康子患盜，問於孔子，孔子對曰：「苟子之不欲，雖賞之不竊。」　（同上）

　　　　季康子問政於孔子，曰：「如殺無道，以就有道，何如？」孔子對曰：「子為政，焉用殺？子欲善，而民善矣。君子之德風，小人之德草，草上之風，必偃。」　（同上書卷，頁8下）

季康子為魯國執政大夫〔註12〕，他與孔子幾番問答，不論問及為政的一般原則，還是針對患盜這樣的特殊情事，孔子的回應都一以貫之地強調：正人，須以正己為先務。他比喻說：如此為政，上帥而下效，猶如風行草上，曰：「草上之風，必偃」。孔子「正名」思想之所謂「正」，當與「政者，正也」的義涵融貫相通。

　　人倫失序，王道不彰，其實是亂由上起，唯其如此，孔子「正名」首要的訴求對象是主政當權者。如孔子對季康子說：「苟子之不欲，雖賞之不竊。」試想：季氏能從善如流，克己少欲以止盜患否？孔子曰：「子欲善，而民善矣。」季氏能服膺勿

〔註11〕　蕭公權（1897～1981）曰：「子路問為政之先，孔子答以『必也正名』，而齊景公問政，又告以『君君、臣臣、父父、子子。』推孔子之意，殆以為君臣父子苟能顧名思義，各依其在社會中之名位而盡其所應盡之事，用其所當用之物，則秩序井然，而後百廢可舉，萬民相安。」（《中國政治思想史》，頁61）孔子之意本欲貞定人倫，使上下相安，而齊景公則專從自身考慮，政治胸襟顯然不同。

〔註12〕　季康子，季孫斯（桓子）之子，名肥。哀三（前492）年，季桓子卒（《左傳注疏》卷57頁18下），於是康子執魯政，至哀廿七（前468）年卒而止（同上書，卷60頁26上），執政約二十四年。

失，從此舉善近賢否？又如，孔子對齊景公云：「君君，臣臣，父父，子子」，其中蘊含著「其身正，不令而行」的道理，景公是否眞能明瞭？孔子說：「不能正其身，如正人何？」當時未修己正身而欲正人治國者，蓋多矣。亂自上起，這才是「世衰道微」的主因。

世衰道微，於是孔子作《春秋》以明王道。孟子、董仲舒與司馬遷等述說《春秋》的撰作背景都強調出這一點。《史記・孔子世家》云：

> 子曰：「弗乎！弗乎！君子病沒世而名不稱焉。吾道不行矣，吾何以自見
> 於後世哉？」乃因史記作《春秋》。　（《史記會注考證》卷 47 頁 82）

孔子周遊列國，本冀望能明道淑世，無奈主政當權者不能從、不能用，理念無法推行，他感慨「吾道不行矣」，於是致力於作《春秋》，用以「自見於後世」〔註13〕。

孔子作《春秋》自然是針砭時弊，唯當世不能行其道，故轉而發爲著述，以「自見於後世」，寄望於將來，二說可以相輔相成。蓋遊說當世君主，或者寄託志義於《春秋》，冀望後王、後學能見志〔註14〕，取徑雖殊，但明王道、正人倫的理念一以貫之。

這樣，《春秋》成爲孔子表現其「正名」思想的一種方式，所以說「《春秋》以道名分」（見〈天下〉篇，《莊子集釋》，頁 1067）。崔述也指陳：《春秋》「所關者，天下之治亂；所正者，天下之名分。」（《洙泗考信錄》卷 4 頁 4）貞定天下之人倫名分以至於「貶天子、退諸侯、討大夫」〔註15〕，意謂褒貶的主要對象乃是一些從

〔註13〕依〈孔子世家〉，孔子感慨「君子病沒世而名不稱焉」（此語載見《論語・衛靈公》，「病」作「疾」），因而作《春秋》以「自見於後世」。皇侃疏解「稱」之意，謂「不稱揚爲人所知」（《論語集解義疏》卷 8 頁 10 下），取義與〈孔子世家〉大略相同。或解「名不稱焉」爲：名不副實（亦即解名不「稱」爲名與實不相「稱」）。這裡依〈孔子世家〉申述其義，至於司馬遷對「君子病沒世而名不稱焉」的理解是否諦當，此是另外的問題。

〔註14〕昭卅一年《左傳》「君子曰」：「《春秋》之稱，微而顯，婉而辨，上之人能使昭明，善人勸焉，淫人懼焉，是以君子貴之。」劉師培謂「所云『上之人』，即後王也」（詳參第一章第三節）。又哀十四年《公羊傳》亦云：「制《春秋》之義以俟後聖。」（《公羊注疏》卷 28 頁 15 上）然則，謂孔子之志寄託於《春秋》，以待後王（或後聖）之昭明發揚，此當係《春秋》古義，爲司馬遷所本。你細推尋，「自見於後世」的說法取義又比二傳寬廣，意謂凡是傳習《春秋》的學者，無不可以尋經見義，人人惕勵憤發，爲明王道、正人倫盡一己之力，何必限於後王（或後聖）？

〔註15〕《漢書・司馬遷傳》錄此，作「貶諸侯，討大夫」，王先謙注曰：「……『天子退』三字蓋班氏刪之。」（《漢書補注》卷 62 頁 10 上）王叔岷《史記斠證》曰：「案『貶天子』爲《春秋》寓義之一，此史公聞諸仲舒之說。……漢傳無『天子退』三字，疑班氏或後人有意刪之，以爲不當貶天子也。（《長短經注》引此有『天子退』三字）今世非議孔子維護統治階層者多矣！豈知孔子作《春秋》非僅『退諸侯，討大夫』，

政在位之人──包括天子、諸侯、大夫〔註 16〕，這樣，《春秋》猶如對主政者──齊景、季氏之類──的恆久陳言，不斷陳述著「君君，臣臣，父父，子子」的理念，這樣，隨著經典的流傳，隨著後人研經尋義的統緒，「道」遂綿延不絕。學者誠能體踐之、實行之，發揚其達王道、正人倫的大義，孔子「正名」思想便可以隨之推展開來〔註 17〕。

　　孔子《春秋》既然是延續其「正名」主張，《左傳》解經釋義，對此亦有所闡發。這一節論述孔子「正名」思想及其與《春秋》褒貶的關聯，下文將繼此申述：孔子明確提出「正名」主張既是回應子路「衛君待子而為政」這一問題而來，下一節即參照經、傳，詳細討論蒯聵與輒父子爭國的事件始末，論述《春秋》書法如何「正名」，以及《左傳》敘事如何對應書法稱辭以闡釋其「義」。

第二節　「正名」與蒯聵、輒之父子爭國

　　衛之蒯聵與輒父子爭國，禍源肇始於靈公（前 534～前 493 年在位）〔註 18〕。蒯聵原已立為大子，靈公卅九年，也就是魯定公十四（前 496）年，蒯聵「得罪于君父、君母」（《左傳注疏》卷 60 頁 1 下），於是出奔。是年，《春秋》書：「衛世子蒯聵出奔宋。」（同上書，卷 56 頁 15 下）《左傳》詳述事件始末，曰：

> 衛侯為夫人南子召宋朝。會于洮，大子蒯聵獻盂于齊，過宋野。野人歌之曰：「既定爾婁豬，盍歸吾艾豭。」大子羞之，謂戲陽速曰：「從我而朝少君，少君見我，我顧，乃殺之。」速曰：「諾。」乃朝夫人。夫人見大子，大子三顧，速不進。夫人見其色，啼而走，曰：「蒯聵將殺余。」公執其手以登臺。大子奔宋。盡逐其黨，故公孟彄出奔鄭，自鄭奔齊。大子告人曰：「戲陽速禍余。」戲陽速告人曰：「大子則禍余。大子無道，使余殺其母。余不許，將戕於余；若殺夫人，將以余說。余是故許而弗為，以紓余死。諺曰：『民保於信』，吾以信義也。」　　（同上書卷，頁 17 下～18 下）

亦且『貶天子』邪？此當為孔子大書特書者也！」（頁 3477）

〔註 16〕《鹽鐵論・疾貪》：「《春秋》刺譏，不及庶人，責其率也。」（《鹽鐵論校注》，頁 415）謂《春秋》譏議的對象「不及庶人」，這與「貶天子、退諸侯、討大夫」之說，言相輔而義相成。

〔註 17〕《論語・子路》載孔子語，曰：「『善人為邦百年，亦可以勝殘去殺矣』，誠哉是言也。」（《論語注疏》卷 13 頁 5 上）然則，縱使善人在位主政為邦，能否臻於至治，尚須百年之功。「正名」者只是為政之先務、要務，非一朝一夕之效。

〔註 18〕高士奇曰：「輒拒父之罪不容於誅，而聵亦未為無過。要其源，則自靈公之寵南子始。」（《左傳紀事本末》卷 40，頁 595）

衛靈公寵夫人南子，蒯聵圖謀殺之，失敗，於是出奔。太子蒯聵既已出奔，靈公卒時，衛於是立輒為君。對於立輒的始末，《左傳》有詳細的敘述。

哀二（前 493）年《春秋》書：「夏四月丙子，衛侯元卒。……晉趙鞅帥師納衛世子蒯聵于戚。」（同上書，卷 57 頁 8 上～下）《左傳》敘述說：

> 初，衛侯遊于郊，子南僕。公曰：「余無子，將立女。」不對。他日，又謂之，對曰：「郢不足以辱社稷，君其改圖。君夫人在堂，三揖在下，君命祗辱。」夏，衛靈公卒。夫人曰：「命公子郢為大子，君命也。」對曰：「郢異於他子。且君沒於吾手，若有之，郢必聞之。且亡人之子輒在。」乃立輒。六月乙酉，晉趙鞅納衛大子于戚。宵迷，陽虎曰：「右河而南，必至焉。」使大子絻，八人衰絰，偽自衛逆者。告於門，哭而入，遂居之。
>
> （同上書卷，頁 8 下～10 上）

依杜《注》，所謂「余無子」，是指「蒯聵奔，無大子。」（同上）〔註19〕當時，靈公欲立公子郢（字子南）〔註20〕，夫人南子也有意遵從君命而立之。然而，公子郢再三辭讓，並直陳「亡人之子輒在」，於是立蒯聵之子輒。靈公卒，晉趙鞅隨即於六月帥師，納蒯聵于戚，遂形成父子爭國的局面〔註21〕。馬驌綜合相關傳文，總論曰：

> 出公立十三年，而莊公蒯聵入；莊公立二年，而出公輒又入。蒯聵之入也，晉趙鞅助之；其再出也，趙鞅伐之。輒之入也，齊人助之；其再出也，群臣逐之矣。蒯聵之殺於己氏，輒之卒於越也，父子相驅，不獲考死，孰非靈公之貽謀不臧乎！……其君廢置莫定，其臣奔走弗遑，衛國之亂越三世而不靖，二十餘年而未有寧也。孔子之急欲正名，豈無謂與！ （《左傳事緯》，頁 526）

父與子爭國，不僅兩人都不克安位享國，而且「其臣奔走弗遑，衛國之亂越三世而

〔註19〕 《史記·衛康叔世家》曰：「靈公怨太子出奔，謂郢曰：『我將立若為後。』」（《史記會注考證》卷 37 頁 20）「靈公怨太子出奔」云云，似即轉述《左傳》「余無子，將立女」之意，可參。

〔註20〕 《史記·衛康叔世家》曰：「郢，靈公少子也，字子南。」（《史記會注考證》卷 37 頁 20）謂郢為靈公之子，杜《注》說同。

〔註21〕 哀二年之後，經屢書晉與衛的衝突（參見第三章第三節之四引述），晉趙鞅侵伐衛的緣故，一則納蒯聵，二則涉及晉卿之爭權。《左傳》云：「春，齊、衛圍戚，求援于中山。」（同上書卷，頁 16）又曰：「趙鞅伐衛，范氏之故也。遂圍中牟。」（同上書卷，頁 16）又曰：「晉師侵衛，衛不服也。」（同上書，卷 58 頁 16）杜預注解說：「五年，晉伐衛，至今未服」（同上），又曰：「衛助范氏故也」（同上書，卷 57 頁 22 下），指陳趙鞅興師伐衛，尚涉及晉卿——趙氏與范氏——爭權情事。第三章第三節之曾依循晉卿勢力消長的線索稍作論述，此節則專就衛父子爭國所涉及的「正名」之義進行分析。

不靖，二十餘年而未有寧也」。大臣奔走，民人不靖，衛事之紛仍莫定，不論歸責於靈公、蒯聵，抑或是輒，豈不正是亂自上位者起！

孔子為衛政籌謀，主張「必也正名乎」。

從「正名」的觀點看，《春秋》書「衛世子蒯聵出奔宋」，又書「納衛世子蒯聵」，明白為蒯聵正其名——曰：「世子」是也。

全祖望（1705～1755）有見於此，抒論說：

> 孔子以「世子」稱蒯聵，則其嘗為靈公所立，無疑矣；觀《左傳》累稱為太子，固有明文矣。不特此也，其出亡之後，靈公雖怒，而未嘗廢之也，又無疑矣；觀《左傳》欲立公子郢而郢辭，則靈公有廢之意而不果，又有明文矣。……惟蒯聵嘗為靈公所立，未嘗為靈公所廢，特以得罪而出亡，則聞喪而奔赴，衛人所不可拒也。蒯聵之歸有名，而衛人之拒無名也。……故孔子之正名也，但正其「世子」之名而已。既為世子，則衛人所不可拒也。且使蒯聵不得為世子，則衛人何所見而立輒？其立輒也，固以其為世子所出而立之也。天下有世子而不應嗣位者乎？　（〈孔子正名論〉，《鮚埼亭集》外編卷36，頁886～887）

《春秋》稱蒯聵為「世子」，《左傳》依經以設辭，稱之為「大子」，根據經、傳，全祖望強調：「孔子之正名也，但正其『世子』之名而已。」謂《春秋》正其「世子」之名，誠是。然而，他說：「既為世子，則衛人所不可拒也」，謂「衛人之拒無名也」，此則考慮未周。

毛奇齡也曾推敲《春秋》與《左傳》之意，而別有見解。試作歸納，毛氏的論點，可以大別為三項。首先，毛氏曰：

> 據《左傳》，則衛靈、齊景、魯定同盟伐晉，而晉乘衛靈初死，用陽貨計，挾蒯聵以伐衛喪，則伐喪當拒；借納君以報宿怨，其意叵測，又當拒；且晉所怨者，靈也，靈甫在殯而報怨者已在境，雖非蒯聵，亦定無拱手而聽之者，是不可不拒！況晉為齊、魯、衛三國所共仇，衛雖欲平，齊、魯安得而平之？則又不得不拒。　（《四書賸言》，清經解卷186頁4下～5上）

〔註22〕

〔註22〕定十三（前496）年《春秋》曰：「秋，晉趙鞅入于晉陽以叛。冬，荀寅、士吉射入于朝歌以叛。」定十四（前495）年，《春秋》曰：「〔夏〕公會齊侯、衛侯于牽。」《左傳》釋云：「晉人圍朝歌，公會齊侯、衛侯于脾、上梁之間，謀救范、中行氏。」哀元（前494）年《春秋》曰：「齊侯、衛侯伐晉。」《左傳》云：「齊侯、衛侯會于乾侯，救范氏也……伐晉。」據此，衛自靈公時，便會同齊、魯「謀救范、中行氏」，而反晉之趙鞅。故毛氏謂「衛靈、齊景、魯定同盟伐晉」，並說「伐喪當拒」、「借納

這是第一項論點，辨說衛不僅當拒，而且不可不拒、不得不拒，其實並非「無名」〔註23〕。其次，毛氏審度孔子「正名」之義，謂旨在辨正「受命之名」與「拒父之名」兩項〔註24〕。就辨正其是否「拒父」而言，毛氏認為：衛之所以當拒、不可不拒、不得不拒者，乃是「為其拒晉，不為其拒父也」。他說：

> 何以見其為拒晉？觀夫子《春秋》書：「晉趙鞅帥師納衛世子蒯聵于戚」，又書：「齊國夏、衛石曼姑帥師圍戚」，以為晉伐衛而齊、衛拒之，並不及衛君，此為其拒晉也。何以知其不為拒父？夷、齊兄弟尚求仁，而謂父可與抗乎！此不為拒父也。然則為公輒者，可以知所自處矣。　（同上）

這是第二項論點。毛氏推尋書法，謂《春秋》實言衛之「拒晉」，而「不及衛君」。蓋《春秋》屬辭特表陳如國與國之間的攻防，意謂「拒晉」則可；至於「不及衛君」，則未嘗不是微言諷諭，明「拒父」之「不可以訓」〔註25〕。第三項論點則是辨正「受命之名」。毛氏認為：

> 據《公羊傳》，衛輒之立，受命靈公。古立國典禮，不以父命廢王父命，輒之拒聵，遵王父命也。……若公羊之說，則輒并不受祖命；靈命子郢，未嘗命公輒。　（同上）

又云：

> 蓋輒固未嘗受命于靈公者也。據《春秋》，靈死之歲，曾謂子郢曰：「將立汝」。……是當時立郢之說尚是私命，更無他命命輒可知。……故郢直得以不聞命辭之，既不命郢，則更無他命又可知。于是郢以己意讓聵子，曰

君以報宿怨，其意叵測，又當拒」云云。靈公卒，趙鞅隨即帥師納蒯聵，楊伯峻分析說：「以當時情勢言之，衛、齊諸國俱反趙鞅，趙鞅之納蒯聵，實欲衛順己，衛人拒趙鞅，自不得不拒蒯聵。」（《春秋左傳注》，頁 1613）此可與毛氏說並參，第分析反不如毛氏周到。

〔註23〕毛奇齡《論語稽求篇》曰：「衛人以為蒯聵不子，既得罪先君，而又乘先君未葬興師入寇，義不可納，故奮然拒之」，又曰：「其拒聵也，并不曰為輒拒父，而曰為靈公拒逆。」（清經解卷181頁11下）這可以和上述引文並參，相互補充。

〔註24〕毛奇齡《論語稽求篇》曰：「子貢使吳，子路結纓，怡不得怪，故子路、子貢並有為衛君之問。惟夫子隱以為非，在『為衛君』章，風其退讓；在此章，則示以正名。所謂正名者，正欲辨其受命之名、拒父之名也。」（清經解卷181頁11下）

〔註25〕參僖廿八年《左傳》，仲尼曰：「以臣召君，不可以訓」，故《春秋》書「天王狩于河陽」以見義（見第一章第三節引）。父不可拒，其義顯然易知，毛奇齡指出：「拒父興師，其不正之名顯然，在人有何疑議而猶待為之正之？」（《論語稽求篇》，清經解卷181頁11上）因此，經只書曰「晉趙鞅帥師納衛世子蒯聵于戚」，表示「拒晉」有名，至於「拒父」之逆倫，則微言諷諭而已。這與「天王狩於河陽」的書法可以相參。

「且亡人之子輒在」，然後立輒。則所謂輒之立受之王父者，毋亦有未然
者耶？則所謂輒受王父命不當受父命者，毋亦有未確者耶？……　（《論
語稽求篇》，清經解卷 181 頁 12 上～下）

《公羊傳》記述：衛立輒，乃「受命乎靈公」，故「不以父命辭王父命」（《公羊注疏》
卷 27 頁 3 上～下）。毛奇齡「據《春秋》」而駁斥公羊說，所謂「靈公之歲，曾謂子
郢」云云，其實是取徵於《左傳》敘事。

　　左氏說與公羊、穀梁二傳不同，毛奇齡憑據左氏而駁斥公羊，是否允當？《公
羊傳》傳聞出公輒乃「受命乎靈公」，故「不以父命辭王父命」，《穀梁傳》亦然（見
下文引），二傳之說迥異於左氏義，究竟孰是？孰非？更根本的問題是：《左傳》的
詮解是否合乎孔子《春秋》之義？

　　根據《春秋》屬辭稱蒯聵為「世子」，則所謂輒「受命乎靈公」的說法，其實是
牴牾經義的，而《左傳》敘事則確實能應合《春秋》，闡明孔子「正名」的意向。試
申論如下。

　　案諸《穀梁傳》，哀二年傳曰：「納者，內弗受也。……何用弗受也？以輒不受
父之命，受之王父也。」范甯注云：「甯不達此義」，並引述江熙之言：「若靈公廢蒯
聵立輒，則蒯聵不得復稱曩日世子也。稱蒯聵為『世子』，則靈公不命輒，審矣。」
（《穀梁注疏》卷 20 頁 5 上）江熙推敲經文，分析經義，一針見血地指出：「受之王
父」這一說法，根本牴觸經書「世子」之義。基於《春秋》的立場，既然哀二年經
文猶書「衛世子蒯聵」，正其名為「世子」，然則，迄衛靈公卒，蒯聵仍具有「世子」
的身分。既然蒯聵仍是「世子」，又怎能說輒「受之王父」──即受命於靈公呢？唯
其如此，范甯乃坦承「不達此義」，避免強為之辭。

　　依據經文屬辭，江熙敏銳地針砭「輒不受父之命，受之王父」，直指其非。《公
羊傳》的說法既與《穀梁傳》類似，同樣不可信從。那麼，《左傳》是否能闡明經書
「世子」之義？

　　關於蒯聵與輒父子爭國，《左傳》是以敘事解釋經義的。依傳之敘事，靈公原本
立蒯聵為太子，蒯聵得罪於君母（南子）、不見容於君父，因而出奔。此後，靈公原
本屬意改立公子郢；至靈公卒，夫人南子也遵奉君命，曰「命公子郢為大子」。公子
郢先則以「君夫人在堂，三揖在下」辭靈公之命；後來，又以「君沒於吾手，若有
之，郢必聞之」辭南子。衛之所以立輒，乃緣於公子郢堅辭，並指：「亡人之子輒在」，
讓之於輒〔註26〕，衛因而立之。詳細玩索敘事之旨意，誠如毛氏所說，「當時立郢

─────────────

〔註26〕馮李驊曰：「篇中詳寫子南不立，凡作數番轉折。前對君則委之于『夫人在堂』，後
　　　對夫人則又實之于『不聞君命』，反復推托，只欲以己之讓感悟輒心而歸之聵也。」

之說尙是私命」，立郢既然尙屬私命，則「更無他命命輒可知」也。既然尙未改立，則蒯聵「世子」的身分猶存。這樣說來，《左傳》敘事的釋義指向正是詮解《春秋》書「世子」之義也。

然則，是否如全祖望所說：「既爲世子，則衛人所不可拒」？全氏只知其一，不知其二，不知經固然稱蒯聵爲「世子」，卻也爲輒正名曰「衛侯」。就「衛人所不可拒」而言，如上文所陳，毛奇齡據經憑傳，已力陳衛之「拒晉」，不僅當拒，而且不可不拒、不得不拒。其次，依據哀十二年經，《春秋》書曰：「公會衛侯、宋皇瑗于鄖。」（《左傳注疏》卷 59 頁 1 下）此處的「衛侯」就是指出公輒。準此而言，《春秋》已然正定輒之名分爲「衛侯」了。

復參驗孔門弟子的反應。據《論語》記載，孔門弟子如子路，如冉有、子貢等，他們討論此一事件，率皆稱輒爲「衛君」（參見第一節引文），這與《春秋》稱之爲「衛侯」相合。正是在此背景之下，《左傳》敘事並及「子貢使吳，子路結纓」諸事（毛奇齡語，見注 24 引）。弟子爲衛君輒奔走、死難，而孔子並未非難指責，這也可以佐徵：《春秋》稱輒爲「衛侯」符合「正名」的立場。

關於「子貢使吳」，見哀十二年《左傳》，傳曰：

> 吳徵會于衛。初，衛人殺吳行人且姚而懼。謀於行人子羽，子羽曰：「吳方無道，無乃辱吾君，不如止也。」子木曰：「吳方無道，國無道，必棄疾於人；吳雖無道，猶足以患衛。往也！長木之斃，無不摽也；國狗之瘈，無不噬也。而況大國乎？」秋，衛侯會吳于鄖。公及衛侯、宋皇瑗盟，而卒辭吳盟。吳人藩衛侯之舍。子服景伯謂子貢曰：「夫諸侯之會，事既畢矣，侯伯致禮，地主致饎，以相辭也。今吳不行禮於衛，而藩其君舍以難之，子盍見大宰。」乃請束錦以行，語及衛故。大宰嚭曰：「寡君願事衛君，衛君之來也緩，寡君懼，故將止之。」子貢曰：「衛君之來，必謀於其眾，其眾或欲或否，是以緩來。其欲來者，子之黨也；其不欲來者，子

（《左繡》卷 29 頁 7 下）謂公子郢讓於輒，或是有意「以己之讓感悟輒心而歸之聵也」。姜炳璋亦云：「郢以爲，莫親於其子，其子富且貴，聵之所欲也，因而消其貪慕之心」，又曰：「〔聵〕併欲奪其子，郢不及料也。」（《讀左補義》卷 47 頁 7 上）案：二家剖析公子郢之「讓」，其說可以互補相參。準此而觀，公子郢之「讓」，隱然爲蒯聵與輒樹立模範，意旨深矣！蓋誠能相讓爲國，衛國又何至於數世不靖？怎奈蒯聵與輒非但不悟，反而父與子爭，子與父爭，識者能無慨歎？所謂「必也正名乎」，孔子堅持的是「正名」的原則，是「正人倫」的立場，固毋庸爲輒，或者爲聵也。孰得立乎君位，下有「君夫人在堂，三揖在下」，上則有周天子爲之定奪——輒依前者先立爲君，蒯聵據後者以安其位（見年哀十六傳，《左傳注疏》卷 60 頁 1 下～2 上）；相對的，孔子殆以明道自任也。

之讎也。若執衛君，是墮黨而崇讎也。夫墮子者得其志矣。且合諸侯而執
衛君，誰敢不懼？墮黨、崇讎而懼諸侯，或者難以霸乎？」大宰嚭說，乃
舍衛侯。　　（《左傳注疏》卷59頁3上～5上）

經書「衛侯」，傳於是依經屬辭，謂「衛侯會吳于鄖」、「公及衛侯、宋皇瑗盟」云云。
鄖之會，是「吳徵會于衛」，吳爭勝圖霸，又不遵侯伯之禮，會中更藩其舍以拘執衛
侯。當時，子貢爲使者，對吳大宰伯嚭剴切陳辭，分析衛在赴會之前，大臣中必有
不同的主張，或贊成，或否，而今吳國拘執衛君，這無異是「墮黨而崇讎」，且「懼
諸侯」，不利吳國爭盟稱霸。經過一番遊說，終於爲衛君輒紓紛解圍。毫無疑問的，
就上述外交辭令的措辭、立場而言，子貢顯然視輒爲衛國之君。

關於「子路結纓」，這是由於子路仕於衛，爲孔悝家臣〔註27〕。哀十五年，蒯
聵入衛，「迫孔悝於廁，強盟之，遂劫以登臺」，而出公輒則避難出奔，（同上書卷，
頁23上～24上）。當是時，子路救孔悝而抗蒯聵，遂死於難。《左傳》敘事，對子
路奮不顧身，結纓而死的神態有生動的摹寫。傳云：

……季子將入，遇子羔將出，曰：「門已閉矣。」季子曰：「吾姑至焉。」
子羔曰：「弗及，不踐其難！」季子曰：「食焉，不辟其難。」子羔遂出，
子路入。及門，公孫敢門焉，曰：「無入爲也。」季子曰：「是公孫〔也〕，
求利焉，而逃其難。由不然，利其祿，必救其患。」有死〔案：「死」當
作「使」〕者出，乃入，曰：「大子焉用孔悝，雖殺之，必或繼之。」且
曰：「大子無勇，若燔臺，半，必舍孔叔。」大子聞之，懼，下石乞、盂
黶敵子路，以戈擊之，斷纓。子路曰：「君子死，冠不免。」結纓而死。
孔子聞衛亂，曰：「柴也來，由也死矣。」　　（同上書卷，頁24上～下）

子路堅持「利其祿，必救其患」，可以避難弗及卻一往直前。孔悝，自然是他奔赴救
援的首要對象，然而，他說：「大子焉用孔悝，雖殺之，必或繼之。」所謂「必或繼
之」，杜預注云：「言己必繼孔悝爲難，攻大子。」（同上）子路自身奉行「食焉，不
辟其難」的原則，他大概認爲孔悝也會爲出公輒嚴拒蒯聵，所以表明自己「必繼孔
悝爲難」。最後，子路「結纓而死」，至死不渝君子之義。

由上述情事看來，如孔門弟子如子貢、子路者，顯然視衛出公輒爲名正言順的
「衛侯」。

《左傳》敘事，應合《春秋》屬辭稱名之義，詳細說明了蒯聵之爲「世子」，輒
之爲「衛侯」。不僅如此，傳在敘事之中，更藉由人物行事表顯出「正人倫」的積極

〔註27〕《史記·仲尼弟子列傳》曰：「子路爲衛大夫孔悝之邑宰。」（《史記會注考證》卷
67頁13）

意向。馬驌總括《左傳》之敘事始末,綜覽蒯聵與輒父子爭國整個事件,慨歎說:「其君廢置莫定,其臣奔走弗遑,衛國之亂越三世而不靖,二十餘年而未有寧也。」(見上文引)君莫定,臣弗安,二十餘年間,衛國政未靖、治不平,試想:衛人在此政治情境下,生活能安寧否?民人百姓又該如何措其手足?試觀子羔(柴)與子路(由),他們兩人都是孔門弟子,一避而出,一入而死。孔子聞衛難,推斷「柴也來,由也死矣」,殆無褒此抑彼之意。姜炳璋分析說:「子曰:『柴也其來』——子羔為輒陪臣,曰『來』者,知其不反顏事聵,得潔身去亂之清也。又曰:『由也死矣』——子路為悝宰,必為悝死,知其不偷生害義,以身殉所事也。」(《讀左補義》卷49頁16上)二人之進退行止不同,而踐行君子之義則一。孔門弟子各依其分,踐行其義,已在人倫淆亂、綱紀式微的時局中,正立「君子」之彝則風範。《左傳》詳細敘寫其行事,實有深義,這一釋義指向,正所以表顯《春秋》貞定人倫的旨歸。

第三節 「正名」與「春秋之稱」

《左傳》解釋《春秋》,十分注重「屬辭」——或者說「稱」,屢屢闡述書法諸稱中寓含的「正名」思想。昭卅一年「君子曰」明確凸顯了這一意向。這則「君子曰」,綜合若干事例,由「名之不可不慎」,漸次展述,從而總論「《春秋》之稱」,凸顯出「名」與《春秋》褒貶義法的關聯。這一節即由此出發,依循「君子曰」的陳述,逐步推展,尋索《左傳》敘事的旨意如何因應孔子之「正名」思想,闡釋其義蘊。

昭卅一年《春秋》書:「冬,黑肱以濫來奔。」(《左傳注疏》卷53頁17下)《左傳》說明其書法,曰:「賤而書名,重地故也。」(同上書卷,頁19下)依杜《注》,黑肱為邾大夫,「非命卿,故曰賤。」(同上)由「賤而書名」,「君子曰」進一步演述說:

> 名之不可不慎也如是,夫有所有名而不如其已。以地叛,雖賤,必書地,以名其人,終為不義,弗可滅已。是故君子動則思禮,行則思義;不為利回,不為義疚。或求名而不得,或欲蓋而名章,懲不義也。齊豹為衛司寇,守嗣大夫,作而不義,其書為「盜」;邾庶其、莒牟夷、邾黑肱以土地出,求食而已,不求其名,賤而必書。此二物者,所以懲肆而去貪也。若艱難其身·以險危大人,而有名章徹,攻難之士將奔走之;若竊邑叛君以徼大利而無名,貪冒之民將寘力焉。是以《春秋》書齊豹曰「盜」,三叛人名,以懲不義,數惡無禮,其善志也。故曰:《春秋》之稱,微而顯,婉而辨,

上之人能使昭明，善人勸焉，淫人懼焉，是以君子貴之。　（同上書卷，
頁 19 下～20 下）

在此，「君子曰」舉述經稱齊豹爲「盜」而不書名，以及邾庶其、莒牟夷與邾黑肱三
叛人「賤而必書」〔註28〕，以直書其名彰顯三人惡行，意謂《春秋》或書名，或否，
使求名者不可得，想掩避者反而惡名昭彰，從而懲誡不義。由此，「君子曰」進而闡
述愼「名」之義，並總括說：「《春秋》之稱，微而顯，婉而辨，上之人能使昭明，
善人勸焉，淫人懼焉，是以君子貴之」。案察《左傳》，成十四年「君子曰」曾經綜
述《春秋》稱辭的精義，曰：「微而顯，志而晦，婉而成章，盡而不汙，懲惡而勸善，
非聖人，孰能脩之？」（見第一章第三節引）至昭卅一年又再次申發此義，其重要性
不言可喻。然則，稱辭愼「名」，不僅關乎邾黑肱，或邾庶其、莒牟夷與齊豹等個別
人物行事而已，實涉及《春秋》勸善懲惡之大「義」。而或書「名」，或否，如此愼
「名」，其意旨厥在惕勵「君子」之人：「動則思禮，行則思義；不爲利回，不爲義
疚」也。

　　昭卅一年「君子曰」除了對應「黑肱以濫來奔」的經文說明其義，更結合相關
事蹟，進而闡述《春秋》愼「名」的褒貶原則，具有總論的性質。下文將先稽考傳
文，就齊豹，以及邾庶其、莒牟夷等人的事蹟略加討論，然後再作綜理，申明其義。
　　齊豹的事蹟見於昭二十年經、傳。《春秋》曰：「盜殺衛侯之兄縶。」（同上書，
卷 49 頁 1 下）《左傳》依經敘事，詳細載述齊豹與公孟縶如何構怨、作亂之始末。
由於縶之驂乘宗魯乃齊豹所舉薦，宗魯預聞其事，卻說：「子行事乎，吾將死之，以
周事子，而歸死於公孟，其可也。」於是縶與宗魯俱死於難（同上書卷，頁 5 上～9
上）。敘事之末，有這樣一段尾聲：

　　……琴張聞宗魯死，將往弔之。仲尼曰：「齊豹之盜，而孟縶之賊，女何
　　弔焉？君子不食姦，不受亂，不爲利疚於回，不以回待人，不蓋不義，不
　　犯非禮。」　（同上書卷，頁 5 上～9 上）

當時，琴張〔註29〕聞宗魯遇難，「將往弔之」，孔子不以爲然，反問他：「子何弔焉？」
並陳述「君子」的行止，謂「君子不食姦，不受亂，不爲利疚於回，不以回待人，

〔註28〕杜預曰：「《春秋》叛者多，唯取三人來適魯者。三人皆小國大夫，故曰賤。」（《左
　　　　傳注疏》卷 53 頁 20 上）
〔註29〕賈逵、鄭眾、杜預等以爲此琴張即孔子弟子琴牢（子張），但服虔根據《史記·仲尼
　　　　弟子列傳》，指出：子張少孔子四十餘歲，則昭二十年子張尚未出生（賈、鄭、服之
　　　　說，俱見孔《疏》引，《左傳注疏》卷 53 頁 20 上）。楊伯峻因襲服虔之說分析孔子
　　　　與琴張對談之性質，曰：「孔丘止張之弔宗魯，或友朋相規勸。」（《春秋左傳注》，
　　　　頁 1413）其說可參。

不蓋不義，不犯非禮」。言下之意，宗魯的行為已違反君子之義〔註30〕。這樣，《左傳》藉孔子之語，一方面指責宗魯「食姦」、「受亂」、「利疚於回」、「以回待人」、「蓋不義」〔註31〕而「犯非禮」；另一方面，這番話其實也間接評議了齊豹的行為——「亂」與「不義」就是指稱「齊豹之盜」（參上注）。如齊豹者，可謂「艱難其身，以險危大人」（見上引「君子曰」），故《春秋》稱之曰「盜」而不書名，藉以懲戒惡行。

　　乍看之下，孔子與琴張的對話與齊豹殺縶這件事，似乎沒有緊要關聯，若閒言一筆。孰不知《左傳》敘事正是有意舉述孔子言語，以此作為斷案。這是在敘事之中引述孔子言語以總束其「主意」。

　　昭五年《春秋》曰：「莒牟夷以牟婁及防、茲來奔。」（同上書，卷43頁1上）《左傳》述經然後解釋其書法，云：「牟夷非卿而書，尊地也。」（同上書卷，頁13上～下）又，襄廿一年經書：「邾庶其以漆、閭丘來奔。」（同上書，卷34頁11上）傳說明其書法，曰：「庶其，非卿也，以地來，雖賤，必書，重地也。」（同上書卷，頁14上）以上兩則傳文對於牟夷、庶其以地奔魯的事件本身，著墨不多，但一再申明「尊地」、「重地」之旨。值得玩索的是，襄廿一年傳謂：邾庶其以漆、閭丘之地奔魯，季武子待之甚厚，不僅「以公姑姊妻之」，並「皆有賜於其從者」（同上書卷，頁12上～下）。傳敘述邾庶其奔魯之事，相當簡要，只略載始末，然後，卻饒有深意地載錄季武子與臧武仲（紇）的一番對話，既深化敘事的旨意，又呼應書法之取義。《左傳》曰：

> 於是魯多盜。季孫謂臧武仲曰：「子盍詰盜？」武仲曰：「不可詰也。紇又不能。」季孫曰：「我有四封，而詰其盜，何故不可？子為司寇，將盜是務去，若之何不能？」武仲曰：「子召外盜而大禮焉，何以止吾盜？子為正卿，而來外盜，使紇去之，將何以能？庶其竊邑於邾以來，子以姬氏妻之，而與之邑；其從者皆有賜焉。若大盜禮焉以君之姑姊與其大邑，其次皁牧輿馬，其小者衣裳劍帶，是賞盜也。賞而去之，其或難焉。紇也聞之：在上位者洒濯其心，壹以待人，軌度其信，可明徵也，而後可以治人。夫上之所為，民之歸也；上所不為，而民或為之，是以加刑罰焉，而莫敢不

〔註30〕杜預對照敘事，一一注解說：「公孟不善而受其祿，是食姦也」；「許豹行事，是受亂也」；「以利故，不能去，是病身於邪」；「知難不告，是以邪待人」；「以周事豹，是蓋不義」；「以二心事縶，是非禮」（《左傳注疏》卷49頁9上）。

〔註31〕楊伯峻曰：「蓋即掩蓋」，指齊豹欲行不義而「宗魯不洩其謀」（《春秋左傳注》，頁1413）。

懲。若上之所爲，而民亦爲之，乃其所也，又可禁乎！〈夏書〉曰：『念
茲在茲，釋茲在茲，名言茲在茲，允出茲在茲，惟帝念功。』將謂由己壹
也。信由己壹，而後功可念也。」 　（同上書卷，頁 12 下～13 下）
藉由賢臣讜論表明主旨，以其評議爲傳之評議，這是《左傳》敘事慣於運用的手法。
傳不惜花費篇幅，載述季氏與武仲的對話，而尤詳於臧氏的言語，這無異於借武仲
之口，評議庶其，並兼及季武子。臧武仲感諷諫勸，強調「上之所爲，民之歸也」，
認爲主政者誠能「由己壹也」，則「功可念也」。傳之所以詳錄臧氏的諫語，不僅是
著眼於事件的關聯性，更藉以表陳：庶其竊邑，是爲「大盜」，而季氏受邑，則無異
於「賞盜」；而且，患盜而思欲懲治，若想功成事就，允當「由己壹也」——意謂季
氏身爲正卿，理當先正其行！由此觀之，傳文敘事的意義指向呼應著《春秋》稱「庶
其」之名以「懲不義」的宗旨。

　　值得注意的是，上述臧武仲的見解，與孔子「政者，正也」的觀念相通〔註32〕；
尤其有意思的是，季康子患盜，孔子也是喻之以「苟子之不欲，雖賞之不竊」（見第
一節引）。姜炳璋曾表彰左氏解經之善，其一曰「表裏《論語》」，謂：「聖人之心法，
具見於《論語》，而左氏無不與之表裏。」（《讀左補義·綱領下》頁 7 下）〔註33〕。
這誠然是尋思《左傳》釋義指向的一大關鍵。不論是「表裏《論語》」，抑或引述孔
子言語以爲斷案——《左傳》中的「仲尼曰」也是這樣的意義。凡此，在在反映出：

〔註32〕哀六年「仲尼曰」引「夏書」之「惟彼陶唐，帥彼天常」、「允出茲在茲」，申其意曰：
「由己率常，可矣」（《左傳注疏》卷 58 頁 4 下），亦可與此相參。案：《左氏會箋》
曰：「……結之曰『由己率常，可矣』，『由己』應後引書〔案：指「允出茲在茲」〕，……
『率常』應前引書〔案：指「率彼天常」〕。人君率其典常，乃所以敬天、事鬼神
也。」（卷 29 頁 39）

〔註33〕姜炳璋舉例說：「微獨桓之正、文之譎、景之無稱、武子之愚、武仲要君之類，班班
可考也。而有禮則安、無禮則危，三致意焉，然後知『禮讓之可與爲國』。備揭小人
之情狀，然後可與知言。變患之來，以天爲斷，不屑屑與小人爭得失，然後可與知
命。治人必先立本，用民必先教民，而書戰敗則不盡其情。本之節愛、敬信、時使
以論政治，本之德行、言語、政事、文學以品騭人物。孔子志在東周，世莫之宗，
春秋所由作也。凡低回於周之德，三代之治，如季札、如韓起，即如祝鮀猶必備錄
其文，蓋無一不以聖人之心爲心也。」（《讀左補義·綱領下》頁 7 下～8 上）姜氏
也指出《左傳》與《論語》的差異，他說：「或謂左氏熟習史事以求合於《論語》，
則又不然。於弗狃之叛，無召孔子之文；於齊景公無君君、臣臣之對；不載太宰之
問，後世因不知其爲吳、爲宋；不載南子請見，後人因誤爲南蒯；於陳無絕糧事；
於宋無向魋欲殺事；於齊無歸女樂事；其他遺漏，不可勝計。而七十子之附見者落
落如晨星。誠以《春秋》者，天子之事；《論語》者，一家之書。例不同，而文亦別
也。」（同上書卷，頁 8 上～下）當然，《左傳》旨在解釋《春秋》，其所以「表裏《論
語》」，乃是以「聖人之心法」爲主：唯其《左傳》與《論語》同宗孔子，故其義往
往互爲「表裏」。

《左傳》敘事終以「聖人之心法」爲其釋義的指向。

《春秋》之教「屬辭比事」，經、傳針對人物行事的是非予以褒貶，這判斷是通過「屬辭」或「稱」來表達的。如《左傳》「君子曰」所述，《春秋》之「稱」尤其愼「名」。然則，何謂「名」？這值得深入推敲。

如第一節所述，孔子主張「正名」，其所謂「名」，主要是指「君君、臣臣、父父、子子」等人倫名分。而《左傳》「君子曰」所謂「三叛人名」、「名之不可不愼也」，具體而言，乃指述《春秋》書「庶其」、「牟夷」與「黑肱」之「名」，此所謂「名」，是名字之「名」：這是「名」的取義之一〔註34〕。其次，如第二節所論，《春秋》書「衛世子蒯聵」、稱輒爲「衛侯」，所謂「世子」、「衛侯」等，是名位爵號之「名」：這是「名」的取義之二〔註35〕。其次，如齊豹書「盜」等，這是依據人物行事予以判斷而後施加的稱謂名號，這是「名」的取義之三〔註36〕。案《儀禮・喪服傳》曰：「名者，人治之大者也，可無愼乎！」鄭玄注曰：「治，猶理也。父母、兄弟、夫婦之理，人倫之大者，可不愼乎！」（《儀禮注疏》卷32頁1下）蓋父母、兄弟、夫婦，以及君臣、朋友等五倫，是「名」之大者，如上所述這些側重點各不相同的「名」，其實可以統括爲人倫名分。姓名字號是人與人之間互相稱謂的基本符號，是「人」的基本表徵；而如「世子」、「衛侯」之「名」，則由父子、君臣之倫引申而來，表徵「人」在社會或政治領域裡的身分；至於「盜」這樣的「名」，則是就個別人物在人倫網絡中的表現所賦予的具有倫理判斷意義的稱謂。

其實，以「君君、臣臣、父父、子子」等人倫名分來概括「正名」之「名」，這是言其大體。不僅父子、君臣之倫可以引申出諸如「世子」、「衛侯」等名目，參考皇侃之《論語集解義疏》，「名」也含蘊著指謂定稱的作用。皇侃疏解「必也正名乎」之義時曾說：

> ……爲政必以正名爲先也。所以下卷云「邦君之妻君稱之曰夫人」之屬，
> 是正名之類也。《韓詩外傳》云：「孔子侍坐季孫，季孫之宰通曰：『君使
> 人假馬，其與之不乎？』孔子曰：『君取臣謂之取，不謂之假。』季孫悟，

〔註34〕《史記・孔子世家》引述「君子病沒世而名不稱焉」，謂孔子在言不用、道不行的情況下，遂致力於撰作《春秋》以「自見於後世」（參見第一節引）。此所謂「名不稱焉」的「名」當與人的稱號有關，大略可歸屬於姓名之「名」吧？如稱「孔子」、「司馬遷」是也。

〔註35〕成二年「仲尼曰」：「唯器與名，不可以假人」（見第四節引），「名」即指名位。

〔註36〕如《論語・里仁》曰：「君子去仁，惡乎成名」，孔安國注曰：「惡乎成名者，不得成名爲『君子』也。」（見何晏《集解》引，《論語集解義疏》卷2頁26下）「君子」之爲「名」，以及智、愚、賢、不肖等等，平常所謂的「善名」「惡名」之「名」可歸屬此類。

告宰通曰：『今日以來云君有取謂之取，無曰假也。』故孔子正假馬之名，

而君臣之義定也。」　（《論語集解義疏》卷7頁3上）

稱「夫人」之屬，固然是正「名」，此外，皇侃更徵引《韓詩外傳》（卷5，頁48〜
49。爲免繁贅，不具引。）疏解「正名」之義。所謂「孔子正假馬之名，而君臣之
義定也」，意謂由稱「取」或稱「假」，一字一詞之差，其所表現出來君臣分際有別，
藉由正其「名」，則其「義」亦定矣。辨正「假」馬或「取」馬之稱，從而釐定魯侯
與季孫氏的「君臣之義」，這也屬「正名」的範疇，故皇侃援引作爲孔子「正名」之
一證。

　　此義，可以徵驗於《論語》。〈子路〉篇有這樣一則記載：

冉子退朝。子曰：「何晏也？」對曰：「有政。」子曰：「其『事』也。如

有『政』，雖不吾以，吾其與聞之。」　（《論語注疏》卷13頁5下）

邢昺《疏》云：「此章明『政』、『事』之別也。」（同上）朱熹注云：「政，國政；事，
家事。以，用也。禮：大夫雖不治事，猶得與聞國政。是時季氏專魯，其於國政，
蓋有不與同列議於公朝，而獨與家臣謀於私室者。……其所以正名分、抑季氏而教
冉有之意，深矣。」（《論語集注》卷7頁5上）細案「正名」章，孔子曰：「名之必
可言也，言之必可行。君子於其言，無所苟而已矣。」準此，冉有言「有『政』」，
孔子正之曰「其『事』也」，這可以說是「名之必可言也」、「君子於其言，無所苟而
已矣」的現成註腳。而且，這與「正『假』馬之名」一例類似，孔子之所以正其名、
定其稱，意向所指，乃藉此釐定國政、家（大夫之家）事之別，從而嚴明君、臣之
分，使上下尊卑秩然有序，庶幾「言之必可行」也。

　　除了書名或不書名，以及斟酌情實以正定其「名」——包括名位與稱號等，相
應於上述的「正名」涵義，《春秋》稱名屬辭也常藉著嚴謹用語以深一層表詮人倫的
分際。如隱四年經曰：「衛州吁弒其君完」，同年九月又云：「衛人殺州吁于濮」（見
第三章第三節之三引並說），稱「衛州吁」或「衛人」，這是以書名與否見義；至於
或書「弒」，或書「殺」，此則透入倫理的是非判斷，深一層表現其間上下尊卑的倫
理關係。僖廿八年溫之會，晉文公大會諸侯，本欲朝天子以尊王室，卻又「召王以
諸侯見，且使王狩」，孔子以爲「以臣召君，不可以訓」，故《春秋》書曰「天王狩
于河陽」（詳參第一章第三節）。書「天王狩于河陽」，所以微諷「以臣召君」之踰分，
義旨宏深。又如，隱元年《春秋》書「鄭伯克段于鄢」，《左傳》說明諸稱之義，曰：
「段不弟，故不言弟；如二君，故曰克；稱鄭伯，譏失教也，謂之鄭志；不言出奔，
難之也。」不言「弟」，或書曰「克」等等，稱辭以定分，而鄭莊公與其母弟共叔段
之間的是非得失於是乎見。莊公與叔段是同母兄弟，這一層血緣關係，從他們出生

開始便不會改變，是爲天倫；然而，《春秋》褒貶不是從其天生的兄弟關係表現義法，而以「不言『弟』」示義，表顯其違逆人倫，深一層刻鏤其倫理關係。這意謂：「言」弟或「不言」弟，其義之所重在人倫實踐的層面，並非不可變的天倫關係。兄弟之倫如此，其他人倫名分之褒貶，同樣可以準此而類推之。

君臣之義、父子之親、長幼之序等倫常，秉之於天，而行之者在人——倫理必待人之實踐實行。人倫義理是常道，而人之是否踐履、如何實行則個個不同。《春秋》依準倫常，所褒貶者，是針對人物行事審斷其是否踐履其分、實行其義。唯其倫常之義必須體踐之、實行之，人與人之間的倫理分際，涉及他們在具體情境中如何實際地互動，因此，《左傳》往往以敘事印證書法，相輔相成以解經釋義。這樣，益見敘事之爲解釋《春秋》的基礎，以敘事解經的重要意義，也可以由此得到深一層的理解。

第四節　尚禮而尊周

昭卅一年「君子曰」闡述慎「名」之義，謂「君子動則思禮，行則思義；不爲利回，不爲義疚。或求名而不得，或欲蓋而名章，懲不義也。」在此，「君子曰」將「名」與「禮」、「義」關聯來討論。何以如此呢？

首先，「《春秋》者，禮義之大宗也」，賈逵、服虔、潁容等左氏學者也傳述說：「孔子自衛反魯，考正禮樂，脩《春秋》，約以周禮。」（見孔《疏》引，《左傳注疏》卷 59 頁 12 上）然則，解釋《春秋》自當以闡明其禮義爲要務[註37]。其次，《春秋》是孔子傳達其「正名」思想的一種方式，而「正名」的主張須以「禮」爲的具體憑藉，以此爲政，冀能貞定人倫而致至治。如此，乃能名正而言順、而事成、而

〔註37〕鄭玄曰：「《春秋經》所譏所善，皆於禮難明者也；其事著明，但如事書之。當案禮以正之。」（《鄭志疏證》卷 7 頁 13 下）劉文淇亦云：「釋《春秋》，必以周禮明之。周禮者，文王基之，武王作之，周公成之。周禮明，而後亂臣賊子懼；若不用周禮，而專用從殷（公羊家言：《春秋》變周之文，從殷之質，殊誤），則亂臣賊子皆具曰予聖，而藉口於《春秋》之改制矣。《鄭志》曰……〔引文略〕……所謂禮，即指周禮。」（見《春秋左氏傳舊注疏證・注例》）鄭氏曰「當案禮以正之」，劉氏謂解釋《春秋》「必以周禮明之」，此說值得參考。二家所謂「周禮」屬通稱，若特就《周禮》而言，則《四庫全書總目》已指出：「《周禮》一書與《左傳》多不相合，蓋《周禮》爲王制，而《左傳》則皆諸侯之事；《周禮》爲初制，而《左傳》則皆數百年變革之餘。強相牽附，徒滋糾結。」（卷 29 頁 17 上～下）《周禮》與《左傳》「多不相合」，誠然不必勉強牽合，然而，今傳之《周禮》是否爲周初制度，則尚有待討論。爲免「強相牽附，徒滋糾結」，本節專依《左傳》進行討論。

禮樂興、刑罰中。從「正名」的觀點看，闡明禮義也應當是解釋《春秋》的要務。

鄭玄〈六藝論〉比較三傳，推崇「左氏善於禮」〔註38〕；荀崧也曾說「其書善禮」（見第三章第三節之三引）。《左傳》中「禮也」、「非禮也」這類的簡要評論約百餘則，散布於全書（說參第一章第三節），其它如徵引「仲尼曰」，以「君子曰」議事，以及敘事中所載錄的時人言語，其述禮、論禮者極多。對「禮」的重視，這是《左傳》的一大特點。本節討論的主旨，是以「正名」爲中心，推尋其尙禮而尊周的意向。

昭十三年平丘之會，子產相鄭伯以會，及盟，援引周制班貢以爭承，可謂振振有辭。《左傳》詳敘其會盟始末，然後以「仲尼曰」加以論斷，孔子盛讚子產「於是行也，足以爲國基矣」，並說：「合諸侯，藝貢事，禮也」（參見第三章第一節之一引）。這即是從「禮」的觀點肯定子產對國政、乃至諸侯盟會的貢獻。又，成二年《左傳》載述衛孫良夫帥師侵齊，衛師敗績，當時，幸得于大夫奚搭救，故「衛人賞之以邑。辭，請曲縣、繁纓以朝，許之。」（《左傳注疏》卷 25 頁 6 下～7 下）依杜《注》、孔《疏》的訓釋，「曲縣」與「繁纓」乃是諸侯的服器（同上）。大夫而用諸侯服器，「曲縣、繁纓以朝」，這是僭禮踰分的行爲。於是，傳以「仲尼曰」評論其事，曰：

> 惜也，不如多與之邑。唯器與名，不可以假人，君之所司也。名以出信，信以守器，器以藏禮，禮以行義，義以生利，利以平民：政之大節也。若以假人，與人政也；政亡，則國家從之，弗可止也已。 （同上書卷，頁8上）

指陳「名」與「器」──爵號與車服等，實爲國政的重要表徵，「若以假人，與人政也」，故不可不愼。「仲尼曰」評論「請曲縣、繁纓以朝」這一事件，由「器」衍述出「名」，並說：「名以出信，信以守器，器以藏禮，禮以行義，義以生利，利以平民：政之大節也。」這樣，將「名」與「信」、「器」、「禮」、「義」等關聯起來，杜預注解說：「名位不愆，爲民所信」，「動不失信，則車服可保」，而「車服所以表尊卑」，「尊卑有禮，各得其宜」（同上）。名位不愆、車服可保，得以尊卑有序而各得其宜，此所以「生利」，而「利以平民」。「仲尼曰」論政，「名」正不失是基礎，而以生利平「民」爲歸趨。其中，「器以藏禮」，車服禮器乃用以別尊卑、分上下，從而維繫人倫名分（名位）的秩序。因此，「仲尼曰」由「請曲縣、繁纓以朝」，衍述出「名」與「禮」等觀念。參諸莊十八年《左傳》，曰：

> 春，虢公、晉侯朝王。王饗醴，命之宥，皆賜玉五瑴，馬三十匹。非禮也。

〔註38〕據見楊士勛《疏》轉引（見《穀梁注疏·序》頁 1 下）。楊氏疏解曰：「言左氏善於禮者，謂朝聘、會盟、祭祀、田獵之屬，不違周典是也。」（同上）

王命諸侯，名位不同，禮亦異數，不以禮假人。　（同上書，卷 9 頁 14
下～15 下）

玉與馬，器也，而「器以藏禮」，傳由周天子（惠王）賜虢公、晉侯而無上下之別
〔註39〕，因而評論其「非禮也」，從而申明「名位不同，禮亦異數」的原則。所謂
「不以禮假人」，發揮了上引「仲尼曰」所說「器與名，不可以假人」之義，其所
以「不可以假人」，正著眼於人倫秩序〔註40〕。

　　孔子「正名」，關切是否「民無所錯〔措〕手足」，這其實是依準禮義而「利以
平民」的論政主張。這一態度並可以參驗於下列所述的事例。

　　哀十二年《春秋》曰：「春，用田賦。」（同上書，卷 59 頁 1 上）魯正卿季康子
〔註41〕在施政之前曾諮詢孔子意見。《左傳》敘述其始末，曰：

　　季孫欲以田賦，使冉有訪諸仲尼。仲尼曰：「丘不識也。」三發，卒曰：「子
　　為國老，待子而行，若之何子之不言也？」仲尼不對，而私於冉有曰：「君
　　子之行也，度於禮，施取其厚，事舉其中，斂從其薄。如是，則以丘亦足
　　矣。若不度於禮，而貪冒無厭，則雖以田賦，將又不足。且子季孫若欲行
　　而法，則周公之典在；若欲苟而行，又何訪焉？」弗聽。春，王正月，用
　　田賦。〔註42〕

《春秋》書「用田賦」，對此，《左傳》以敘事解釋其義。賦，自然也是政務之一，
季氏使冉有前來請教，仲尼初則推辭「不識」，又「不對」，不得已然後私於冉有，
而強調「周公之典在」。敘事的進程中，推展著解釋的旨意，由其意義指向，顯見左
氏認為經書「用田賦」者，旨在刺譏正卿季孫氏（康子）。何以譏？一言以蔽之，曰：
「不度於禮」。所謂「禮」，具體而言，就是指「周公之典」。孔子對冉有說：「君子
之行也，度於禮，施取其厚，事舉其中，斂從其薄。」這裡的「度於禮」，結合上述

〔註39〕 杜《注》曰：「侯而與公同賜，是借人禮。」孔《疏》云：「虢君不知何爵？稱公，
　　　　謂為三公也。周禮：王之三公八命，侯伯七命。是其名位不同也；其禮各以命數為
　　　　節，是禮亦異數也。」（《左傳注疏》卷 9 頁 15 下）
〔註40〕 針對此傳「非禮也」以下的一段評論，徐復觀曾申述說：「禮須與名位相合，這是政
　　　　治秩序。不相合，這是表示政治秩序未被尊重，便可以啟窺伺之心，紊上下之序。」
　　　　（《中國思想史論集（續篇）》，頁 326）徐氏說可以參考。案：依於「禮」以「正名」，
　　　　故「禮」不可失，「名」亦「不可以假人」，這首先是討論「政治秩序」，若從「禮」
　　　　是人倫規範而言，也可以是泛指「人倫秩序」。
〔註41〕 自哀四年至廿七年，由季康子執魯政，參注 12。
〔註42〕 依文意，此傳當屬一篇文字，但今本分載於哀十一年末與哀十二年首，且分屬兩卷
　　　　（卷 58 頁 27 下～28 上，及卷 59 頁 1 下），今仍引錄為一篇文字。說並參第三章注
　　　　74。

「禮以行義，義以生利，利以平民」諸語觀之，當更能明白：依禮行義，就當時政情而言，首先用以抑制主政者之「貪冒無厭」，乃是利「民」的主張。

孔子論政以為當「度於禮」，又說「周公之典」，這是以周公所定之禮儀制度作為政務的準則。當然，就「田賦」而言及「周公之典」，此所謂周典或周禮，偏重具體的制度規章。魯曹劌曾說：「夫禮，所以整民也。故會以訓上下之則，制財用之節；朝以正班爵之義，帥長幼之序；征、伐以討其不然。」（載見莊廿三年《左傳》，同上書，卷10頁2上）依此，朝、會、征、伐等都歸屬於「禮」的範疇。訓上下、制財用、正班爵、帥長幼等朝、會之禮，或許有明確的規章俾便遵循，然而，「禮」的涵義實當不只是典章儀文〔註43〕。如晉師服曰：「禮以體政」（載見桓二年《左傳》，同上書，卷5頁18下）〔註44〕，內史過亦云：「禮，國之幹也」（載見僖十一年《左傳》，同上書，卷13頁18上）〔註45〕。以「禮」規範政治的觀念，隱十一年「君子曰」也曾作歸結說：「禮，經國家，定社稷，序民人，利後嗣者也。」（同上書，卷4頁24上）〔註46〕春秋時代，「禮」的觀念業已擴大為政事的普遍規範。

實則，「禮」尚不止是政治層面的規範而已，鄭子產云：「夫禮，天之經也，地之義，民之行也。天地之經，而民實則之。」（載見昭廿五年《左傳》；同上書，卷51頁8上）子大叔並就子產之意略加申述，曰：「禮，上下之紀，天地之經緯也，民之所以生也，是以先王尚之。故人之能自曲直以赴禮者，謂之成人。」（同上，頁14下）這樣，「禮」不僅是國政的根基，治世的楨幹，更是天地之常經，人所當遵行踐履的彝則。這樣廣義的「禮」，已不止於政治規範，而是一種普遍的人倫規範。

〔註43〕 晉女叔齊曾分辨「禮」與「儀」，昭五年《左傳》曰：「〔昭〕公如晉，自郊勞至于贈賄，無失禮。晉侯謂女叔齊曰：『魯侯不亦善於禮乎？』對曰：『魯侯焉知禮！』公曰：『何為？自郊勞至于贈賄，禮無違者，何故不知？』對曰：『是儀也，不可謂禮。禮，所以守其國，行其政令，無失其民者也。……』」（《左傳注疏》卷43頁7上）敘事之後，《左傳》並假「君子」以抒論，曰「君子謂叔侯於乎知禮！」（同上書卷，頁7下）其對「禮」的理解於此可見一斑。又，昭廿五年傳載：趙簡子將「納王」，見鄭子大叔而問「揖讓周旋之禮焉」，子大叔對曰：「是儀也，非禮也。」（同上書，卷51頁7下）子大叔所謂「禮」，參下文。

〔註44〕 杜《注》曰：「政以禮成」（《左傳注疏》卷5頁18下）。

〔註45〕 楊伯峻引述顏師古之說曰：「無禮，則國不立，故謂之幹。」（《春秋左傳注》，頁338）

〔註46〕 近人浦衛忠曾析論「君子曰」之「禮」論，指出：《左傳》「君子曰」已經意識到了禮、儀之區別；禮為本，儀為末，而儀也不可棄〔案：說參註41〕；而且，由文二年與襄二年之「君子曰」觀之，浦氏曰：「君子所評價的都是父子、姑婦的名分位序問題，其實即是曰：各得其序、各得其位即是禮。君子將父子等名分與禮直接聯繫起來，以之為禮的一個內容，強調敬上，不忘其上，都是對孔子正名理論的一個表述。」（《春秋三傳綜合研究》，頁79～86）

　　春秋時代之賢士大夫追溯「禮」的淵源，尤推尊周公，故往往稱周公之典、周公之禮。魯季文子（行父）曾引述說：

　　　　先君周公制周禮，曰：「則以觀德，德以處事，事以度功，功以食民。」（載
　　　　見文十八年《左傳》，同上書，卷20頁13上～下）

謂周公曾制作「周禮」。就季孫行父所引述者觀之，此所謂「周禮」是一般性的原則，非針對某事、某政所設之規章儀文。《左氏會箋》參據文六年「君子曰」〔註47〕，謂「則，所謂禮則也。觀人之始，先以其行協於禮則也。」（卷9頁46）春秋時代賢士大夫論政，常將援引「禮」以為常則，以為判準。所謂禮、德、事、功，參考晉郤缺的說法，曰：

　　　　……六府、三事，謂之九功。水、火、金、木、土、穀，謂之六府；正德、
　　　　利用、厚生，謂之三事。義而行之，謂之德、禮。 （載見文七年《左傳》，
　　　　《左傳注疏》卷19上頁17上）

「正德、利用、厚生」，分而言之則有別，又同是國政要「事」，彼此關聯。例如，楚申叔時謂：「民生厚而德正」（載見成十六年《左傳》，同上書，卷28頁4上），齊晏嬰云：「夫民生厚而用利，於是乎正德以幅之」（載見襄廿八年《左傳》，同上書，卷38頁29下～30上），楊伯峻綜結說：「『正德、利用、厚生』三者雖別而實相關連。」（《春秋左傳注》，頁564）由事進而言功，「義而行之，謂之德、禮」。針對「禮」，孔《疏》申言曰：「禮以制財用之節，又以厚生民之命。」（《左傳注疏》卷19上頁17上）然則，「制財用之節」、「厚生民之命」即是利用、厚生，二者可以統括為「德」或「正德」（參據申叔時與晏嬰語）；而且，依孔《疏》，「禮」又是更上一層的綱領，故曰「禮以制財用之節，又以厚生民之命」。綜合以上觀之，所謂「事以度功，功以食民」，「食」者，當依杜《注》訓為「養」（同上書，卷20頁13下），解釋為厚生養民，孔《疏》曰：「民不自治，立君牧養，作事成功，所以養食下民，故曰『功以食民』也。」（同上書卷，頁14上）

　　參諸昭廿六年《左傳》齊景公與晏嬰的一番對話，傳曰：

　　　　齊侯與晏子坐于路寢。公歎曰：「美哉室！其誰有此乎？」晏子曰：「敢問
　　　　何謂也？」公曰：「吾以為在德。」對曰：「如君之言，其陳氏乎！陳氏雖
　　　　無大德，而有施於民。豆、區、釜、鍾之數，其取之公也薄，其施之民也

〔註47〕文六年「君子曰」：「道之以禮則」（卷19上頁8下），楊伯峻以為當作「道之禮則」，曰：「各本皆作『道之以禮則』，衍『以』字。唐石經本無『以』字，但為俗儒旁增，不可從……。或以『道之以禮』絕句，『則』字屬下，亦不可通。」（《春秋左傳注》，頁549）

厚；公厚斂焉，陳氏厚施焉，民歸之矣。詩曰：『雖無德與女，式歌且舞。』
陳氏之施，民歌舞之矣。後世若少惰，陳氏而不亡，則國其國也已。」公
曰：「善哉！是可若何？」對曰：「唯禮可以已之。在禮，家施不及國，民
不遷，農不移，工、賈不變，士不濫，官不滔，大夫不收公利。」公曰：
「善哉！我不能矣。吾今而後知禮之可以爲國也。」對曰：「禮之可以爲
國也久矣，與天地並。君令、臣共、父慈、子孝、兄愛、弟敬、夫和、妻
柔、姑慈、婦聽，禮也。君令而不違，臣共而不貳，父慈而教，子孝而箴，
兄愛而友，弟敬而順，夫利而義，妻柔而正，姑慈而從，婦聽而婉，禮之
善物也。」公曰：「善哉！寡人今而後聞此禮之上也。」對曰：「先王所稟
於天地以爲其民也。是以先王上之。」　　（同上書，卷 52 頁 12 上～13
下）

晏嬰隱然引導著話題的推展，循循善誘，一步步展示「以禮爲國」的理念。因此，
這篇敍事的發展脈絡主要就是表現晏嬰的思路；而且，其循序漸進所欲達成的旨趣，
也就是敍事的意義指向。兩人的對話發自齊景公的一聲感歎，曰：「美哉室！其誰有
此乎？」然後，由有宮室言而及有國，由有國而論及爲國，由爲國進而引出「禮」，
由「禮」再溯而及於「先王所稟於天地以爲其民」。蓋對話當時，齊陳氏厚施而「民
歸之矣」，爲人君者若欲抑止之而實有其國，該當如何？晏嬰曰：「唯禮可以已之」。
蓋「禮」所以規範人倫，使「君令、臣共、父慈、子孝、兄愛、弟敬、夫和、妻柔、
姑慈、婦聽」，庶幾乎上下尊卑各得宜。

　　上述對話中，晏嬰逐步展述其「以禮爲國」的論點，仔細尋味其思理：晏嬰首
先從景公的話裡提引出「德」字，並由此發揮申述；其次，他說：「陳氏雖無大德，
而有施於民」，甚至明言：「後世若少惰，陳氏而不亡，則國其國也已」，這已將有「國」
的內涵與有「民」扣聯起來；最後，他說「禮」是「先王所稟於天地以爲其民」，刻
意結穴於「民」，以爲終局。蓋「民歸之矣」，齊君若想抑止陳氏，晏嬰認爲唯有以
「禮」爲國乃可，因爲「禮」正所以「爲其民」！

　　晉韓起（宣子）聘魯，觀「易象與魯春秋」，曰：「周禮盡在魯矣，吾乃今知周
公之德與周之所以王也。」（載見昭二年《左傳》，見第一章注 6 引）周公制禮，依
「周公之典」以治國，誠能「則以觀德，德以處事，事以度功，功以食民」，「食民」
而「利用、厚生」者其「德」也，這是周所以王天下的關鍵，也是以「禮」爲國的
重要意義。

　　魯季文子說「周公制周禮」，晏嬰謂「先王所稟於天地」云云，或說「周公」，
或言「先王」，然則如何？孔子認爲「禮」是夏、商、周因革損益而來的一種政治文

化，是三代以來的文化傳統。〈為政〉篇載述：

> 子曰：「殷因於夏禮，所損益可知也；周因於殷禮，所損益可知也。其或繼者，雖世可知也。」（《論語注疏》卷2頁8上）

〈八佾〉篇記說：

> 子曰：「周監於二代，郁郁乎文哉，吾從周。」（同上書，卷3頁8上）

《禮記‧中庸》這樣載錄：

> 子曰：「吾說夏禮，杞不足徵也；吾學殷禮，有宋存焉；吾學周禮，今用之。吾從周。」（《禮記注疏》卷53頁10上）

周監於夏、殷二代之禮，而又加以因革損益，所以孔子說：「吾從周」。孔子論政，主張「正名」，其標準是「禮」，從而明王道、懲不義。由「從周」而言，「正名」所依準的的「禮」主要是指「周禮」。因此，《春秋》尚禮而尊周〔註48〕。

孔子曾就「禮樂征代」分判世變的趨勢，〈季氏〉篇記錄說：

> 孔子曰：「天下有道，則禮樂征伐自天子出；天下無道，則禮樂征伐自諸侯出。自諸侯出，蓋十世希不失矣；自大夫出，五世希不失矣；陪臣執國命，三世希不失矣。天下有道，則庶人不議。」（《論語注疏》卷11頁4上～下）

大別而言，歷史世變只有「有道」、「無道」兩大階段，其判準就是「禮樂征伐」是否「自天子出」。依《史記‧十二諸侯年表序》所言，春秋時代「彊乖弱，興師不請天子，然挾王室之義，以討伐為會盟主，政由五伯，諸侯恣行，淫侈不軌，賊臣簒子滋起矣。」（《史記會注考證》卷14頁5）諸侯相與討伐，「興師不請天子」，則是孔子所說「天下無道」之世了。崔述認為：「孔子以東周之世『禮樂征代自諸侯出』，故修《春秋》以尊王室。」（《洙泗考信錄》卷4頁3）依「禮」正名、褒貶，而「天下有道，則禮樂征伐自天子出」〔註49〕，因此，《春秋》有「尊王」之義。隱十年曰：

> 春王正月，公會齊侯、鄭伯于中丘。癸丑，盟于鄧，為師期。夏五月，羽父先會齊侯、鄭伯伐宋。六月戊申，公會齊侯、鄭伯于老桃。壬戌，公敗

〔註48〕蕭公權論述孔子之政治思想，曰：「孔子政治思想之出發點為從周，其實行之具體主張則為『正名』」，又說：「正名必藉具體制度以為標準。孔子所依之標準，即盛周之制度。就狹義之政制言，則為文武之『方策』；依文武之政以正名，故曰『憲章文武』；就廣義之制度言，則為『周禮』；依周公之典章以正名，故曰『吾學周禮』。」（《中國政治思想史》第二章，頁61）

〔註49〕禮樂是主，征伐為輔，故可以尚「禮」概括之。曹劌曾說：「夫禮，所以整民也。……征伐以討其不然。」（見上文引）

> 宋師于菅。庚午，鄭師入郜。辛未，歸于我。庚辰，鄭師入防。辛巳，歸
> 于我。
> 君子謂「鄭莊公於是乎可謂正矣。以王命討不庭，不貪其土，以勞王爵，
> 正之體也。」　（《左傳注疏》卷4頁16下～17下）

「君子」針對此次伐宋之役，稱美鄭莊公能「以王命討不庭，不貪其土，以勞王爵」。
春秋時代，諸侯彼此攻伐，往往出師不請天子。相形之下，鄭莊公行事雖未必盡合
禮義，此次能「以王命討不庭」，也屬難得了。所以「君子曰」特針對這次事件提出
評論，予以褒獎，從而凸顯出「尊王」的原則。

　　隱元年傳，左氏開宗明義曰：「元年春王周正月。」朱彝尊闡釋傳意，謂「視經
文止益一『周』字耳，而王為周王，春為周春，正為周正，較然著明。後世黜周王
魯之邪說，以夏冠周之單辭，改時改月之紛綸聚訟，得左氏片言，可以折之矣。」
（見第一章第二節引並說）針對公羊家「王魯、黜周」之說（參第一章注15），賈
逵曾加以駁斥，他說：「今隱公人臣而虛稱以『王周』，天子見在上而黜公侯，是非
正名而言順也。」（詳見第一章注16）誠如劉師培所言，「賈以『正名』駁『黜周』。」
（《春秋左氏傳古例詮微》頁5上）賈逵根據孔子的「正名」思想來裁斷「黜周王魯」
說的是非爭議，這是很有意義的。《春秋》褒貶，學者或見仁、或見智，紛然聚訟者
多矣，釋義的爭端，誠當裁斷於孔子的思想。

結　語

　　中國學術傳統中的「春秋學」，專指傳自孔子的《春秋》學。至今，尚無孔子《春
秋》以外的「春秋學」。因此，解釋《春秋》褒貶之義，當折衷於孔子。

　　《春秋》之「義」裁斷於孔子思想，那麼，「聖人之心法，具見於論語，而左氏
無不與之表裏」（姜炳璋語），這一現象便饒有意義。本章以孔子「正名」思想為中
心，參驗《論語》與《春秋》經、傳的相關記載，具見《左傳》之表裏《論語》，切
應《春秋》，足以略見其敘事措辭往往以「聖人之心法」為其釋義的指向。

　　孔子主張「必也正名乎」，這雖然是回應子路「衛君待子而為政」的問題，由此
引發，卻並非偶然的提議，而是孔子一貫的為政主張。鑒於言不用、道不明，孔子
於是致力於撰作《春秋》，藉著獎善抑惡、正定名分，寄託貞定人倫而臻至治的理想，
冀望後學研經習義，昌明此道，庶幾能「撥亂世反之正」。《左傳》不僅在敘述蒯聵
與輒父子爭國這事件上呼應《春秋》屬辭以「正名」的意旨，昭卅一年「君子曰」
總述「《春秋》之稱」的要義，申言「名之不可不慎也」，特意凸顯「名」與褒貶義
法的關聯。「君子曰」將「名」與「禮」、「義」等觀念連繫並觀，謂「君子動則思禮，

行則思義；不爲利回，不爲義疚。或求名而不得，或欲蓋而名章，懲不義也。」蓋「《春秋》者，禮義之大宗」，禮義實爲貞定人倫的具體憑藉，《左傳》「其書善禮」，正用以闡明《春秋》尙禮的義旨。三代之禮，因革損益，至周而「郁郁乎文哉」，故孔子曰：「吾從周。」故由尙禮而尊周。所謂尊周，主要是指依據周初制作的典章制度，尤其是其禮義規範，用以「貶天子，退諸侯，討大夫」，刺其貪冒亂紀，進而嚴明人物行事的是非判斷，正定人倫名分。孔子曰：「名不正則言不順，言不順則事不成，事不成則禮樂不興，禮樂不興則刑罰不中，刑罰不中則民無所錯手足。」蓋以正名爲先，則事治、政行，禮樂、刑罰各得其宜，庶幾不至於「民無所錯手足」。「正名」以「正人倫」，孔子最終關懷的對象是「民」。依循《左傳》敘事的釋義指向來尋思：晉韓起說「周禮盡在魯矣，吾乃今知周公之德與周之所以王也」，周公制禮，謂「則以觀德，德以處事，事以度功，功以食民」，以周公之禮爲政治國而「功以食民」，然則，所謂周公之「德」者，正在其制度之能「利用、厚生」，這也是周所以王天下的關鍵。這樣，愼名、尙禮而尊周，其首要的關懷對象是「民」，如何「利用、厚生」以豐厚民人，是貞定人倫秩序的重要內涵，王道之大端。愼名、尙禮而尊周正是《左傳》釋義指向的思想主軸。

結　論

本書以「《左傳》解釋《春秋》」爲中心課題，論述《左傳》的經解性質及其以敘事解經的意義。

論述首重文獻根據。憑藉「《左傳》」這部流傳的文獻，基於文獻考徵的策略，參稽諸家、會通眾解以形成一致性的解說，對於顯然不能成立的說法，或並無堅實理由的疑難，不逐一細辨。這是由於歷來學者在辨難考證方面，已累積不少學術成果，足可回應疑議。而且，釋疑辨證雖然重要，尚屬消極層面的工作，當前，踵武繼作，積極闡述《左傳》的解經性質——尤其是以「敘事」解經釋義的功能與意義，更是首要任務。積極闡述，這是本書的論述指向。

依孟子，《春秋》有「文」、有「事」、有「義」，《左傳》切應三者，解釋所涉及的層面含括訓詁經文、敘述行事，以及詮明其義。《左傳》訓詁經文，實際上是「寓訓詁於述經中」（段玉裁語），並融會在敘事或書法義例裡，沒有獨立的形式。依傳文形式而言，包括凡例、書法諸稱，以及「禮也」或「仲尼曰」、「君子曰」等評論，都是直接陳述《春秋》的褒貶取義，可以統稱爲「論說經義」，這與「敘事解經」是《左傳》的兩種解經類型。兩種方式相互呼應、聯貫，共同發揮解釋《春秋》的功能。

應予強調的是：左氏、公羊與穀梁三傳都兼用義例與敘事解釋《春秋》，只是相較之下左氏更以「敘事解經」見長。蘇軾曾說：「﹝《左傳》﹞蓋依經以比事，即事以顯義，不專爲例，是以或言或不言。」（據張大亨轉述）諸如凡例與書法諸稱等，就是所謂「例」，《左傳》也以「例」解經，但誠然「不專爲例」，因此各則傳文，或說明書法義例，或否。

就《左傳》的特長而言，「依經以比事，即事以顯義」，這種具見本末的撰述文體就是「敘事」。歷來學者如司馬遷、劉歆、班固、陸德明、啖助、趙匡、胡安國、

黃澤、趙汸、姜炳璋、陳澧……等等，不僅未嘗忽略這一特點，還特予表彰。另外，如劉勰、劉知幾、真德秀、章學誠、劉熙載等，更標舉《左傳》為敘事的典範。藉由敘事，「轉受經旨，以授於後」（劉勰語），於是「能令百代之下，頗見本末，因以求意，經文可知」（啖助語）。

依上述諸家的描述來尋繹，敘事這種文體係以「事」為主，依時序始終載述人物行事的發展脈絡，從而呈現其事理本末，「原始要終」是其形式特徵。

敘事先須經過「本其事」的理解過程，始終本末明悉，然後才得以井然有序地綴次編構，撰述成文，從而表現其時序與事理。這樣說來，左氏「論本事而作傳」，其所以具備「原始要終」的特徵，乃是基於對行事脈絡的先行理解：理解《春秋》所記之「事」，推原其為何發生，如何發展，因而有最終的結果；這是作傳者理解層面的「原始要終」。基於前述的先行理解，具體撰述成為敘事，並呈現出「原始要終」的特徵，這是文體層面的「原始要終」。後學研習《左傳》，從而「本原其事之始，要截其事之終」，這是學者讀傳明經之「原始要終」。左氏之「本其事」，以及學者之藉傳明經，這兩個層面的「原始要終」屬於理解過程；此一形式特徵，經由撰述而形之於語言文字，這是敘事文體層面的「原始要終」。那麼，就敘事是撰述的形式而言，它是一種文體；若就敘事是敘述者呈現其理解的方式而言，它是一種理解方式。《左傳》「原始要終」以解經，是基於時間性的解釋，這顯示出敘事原初的解釋性，是解釋的敘事。

描述敘事的文體特徵，說明這是一種寓理解於撰述的文體，具有解釋性，這有助於袪除《左傳》敘事是否解經的疑慮。對於申論敘事在經學解釋上的意義，這更是重要的基礎研究。

綜合各章所論，《左傳》以敘事解釋《春秋》的意義，可歸結為下列五點。

首先，《左傳》敘事兼具述事與詮義的功能。《春秋》不僅有「文」與「義」，而且有「事」，那麼，《左傳》就其「事」加以說明，詳述本末原委，這已經是解釋《春秋》了。何況敘事不僅說明其「事」，同時闡述其「義」。闡述經之「事」，詮明經之「義」，敘事實兼具雙重的解經功能。專就詮釋經「義」而言，《左傳》既以書法義例等論說經義，也以敘事解經，這兩類解經方式，相輔而相成。所以俞正燮說：「春秋左傳，經學也，說經之事與義」，詳考傳文，知此言不誣。明瞭《左傳》「說經之事與義」，則如葉夢得說「左氏傳事不傳義」，諸如之類的說法，其偏頗失實，便曉然大白，不必費辭辯駁。

第二，《左傳》以敘事解經，正是順應《春秋》「見之於行事」的特質。《春秋》誠然以「義」為指歸，而「義」實見之於「事」而載諸「文」。孔子自述說：「我欲

載之空言，不如見之於行事之深切著明也。」「載之空言」與「見之於行事」是兩種表現思想的方式，後者，不以概念性的語言直接陳述其「義」，而藉著載述人物的具體行事來表現。《春秋》既以「見之於行事」的方式表現其「義」，相應地，《左傳》乃「具論其語」、「論本事而作傳」，也就是詳述事蹟以釋「義」。《漢書·藝文志》已明白指陳：「〔左氏〕論本事而作傳，明夫子不以空言說經也。」姜炳璋並據以申述說：「即事爲經者，聖人之義也；論本事而爲傳者，左氏發明聖經之義也：皆不欲空言說經也。」切應《春秋》的特質，即事明義而具備「深切著明」的積極功能，這是《左傳》敘事以解經的內在積極意義。

　　第三，敘事爲解釋《春秋》的基礎，所以學者解經明義往往以《左傳》爲根柢。唯其《春秋》之「義」乃「見之於行事」，則學者習經尋義「須以考事爲先」（黃澤語），蓋「欲知其義必知其事」（陳澧語），然則，理解《春秋》，當以明瞭事蹟原委爲始基；解釋這部經典，尋其「文」以通其「義」，也應當以詮明其「事」爲基本要務。《左傳》敘事信實可據，循此「以求聖人旨意之所歸，蓋於其中自脈絡可尋」（黃澤語），因此，趙汸說：「學春秋者，必自左氏始」，《四庫全書簡明目錄》亦云：「說春秋者，必以是書爲根柢」。這正是由於敘事爲解釋《春秋》的基礎，故「敘事尤備」的《左傳》允爲研習《春秋》之始基，而「其功最高」也。

　　第四，《左傳》敘事在綴辭屬文、比次行事與探索微義三方面，模擬《春秋》而津逮後學，具有傳承「屬辭比事」之教的意義。《禮記·經解》曰：「屬辭比事，《春秋》教也。」會綜王夫之與孫希旦、章學誠、章炳麟等諸家之說，「屬辭比事」之教，特別是指教育學者的成效，使之能連屬文辭、比次事蹟，從而判斷是非、嚴明大義。左氏馴習此《春秋》之教，依經以編年敘事，詳述本末，言、事相兼，俾使學者可以案辭、本事，深察人物之初衷本志，明瞭行事脈絡之原委曲折，凡此，都是「本其事而原其志」（董仲舒語）的重要憑藉。解釋基本上就是理解的行爲，左氏「本其事」而後寓其理解於撰述——將其理解《春秋》、發明《春秋》的意旨表現於敘事，於是乎轉授經旨以津逮後學。由於左氏「屬辭比事」，其釋義的意旨並非直接陳述出來，故曰「其文緩」；終以解經爲歸趨，故「其旨遠」。杜預深察傳意，謂「將令學者原始要終，尋其枝葉，究其所窮。優而柔之、使自求之，饜而飫之、使自趨之，若江海之浸、膏澤之潤，渙然冰釋，怡然理順，然後爲得也。」學者據傳以窮經，須得自求之、自趨之，乃能深造而有得。誠能如此，斯可謂善讀《左傳》。而且，如此閱讀《左傳》敘事，不僅能詳悉事蹟，尋究大義，更能浸潤其膏腴美辭，尋察其意匠經營，進而含英咀華，由讀文進而能文，斯亦傳承「屬辭比事」之《春秋》教。這樣，相應於《春秋》之有「文」、有「事」、有「義」，《左傳》敘事也在綴辭屬文、

撰次行事與探索微義三方面，模擬《春秋》而啓導後學，對於「屬辭比事」之教，具有承先啓後的意義。

第五，《左傳》敘事的「主意」在詮解《春秋》，「正名」以貞定人倫爲其釋義的指向。劉熙載說：「敘事有主意，如傳之有經也。」閱讀敘事，須掌握其意旨，以《左傳》而言，其敘事的「主意」就是解釋《春秋》。傳依經以編年敘事，從而詳載本末原委。就單一敘事而言，其釋義指向是詮解與之對應的經「義」；就全書而言，其整體思想傾向是闡釋《春秋》之「義」。姜炳璋說：「聖人之心法，具見於論語，而左氏無不與之表裏。」這誠然是考索《左傳》釋義指向的一個值得注意的方向。不論是「表裏論語」，抑或引述孔子言語以爲斷案，在在反映出：《左傳》敘事終以「聖人之心法」爲其釋義的指向。如朱彝尊所言：「春秋之義，莫大乎正名」。「正名」是孔子論政的一貫主張，而《春秋》褒貶實爲其「正名」思想的一種呈現。昭卅一年「君子曰」由「名之不可不愼」發端，漸次展述，從而總論「春秋之稱」，凸顯出「名」與《春秋》之「稱」的關係。《春秋》稱名屬辭，除了書或不書「名」，以及斟酌情實以正定其「名」，並藉著斟酌用語、謹嚴其稱，用以表詮人倫分際。這樣說來，孔子之「正名」乃是倫理的是非判斷。人倫常道是普遍的義理，「正人倫」——貞定人倫名分——的積極目標則是策勵人踐其道、盡其分。倫常之實踐與否在人，且行之由己。《春秋》褒貶，乃是依準倫常規範，針對人物之具體行事，審斷其是否踐履其分、實行其義。唯其人倫之道必須實踐、實行，人與人之間的行爲分際，往往涉及他們在具體情境中如何互動。這樣，倫理的判斷一方面依準普遍的常道——「義」，一方面須詳悉個別人物的行爲——「事」，然後乃得以裁決其是非而中肯無失。《左傳》解經，以「事」爲中心而展開相關人物的行爲流程，呈現「事」的整體脈絡，這樣編構的敘事，原始而要終，也就是依時間賦予行事一個整體的形式。如此觀其言、察其行，進而索察其志，庶幾能判斷人物行事之是非得失，從而詮解經之「義」。《左傳》敘事解經的重要意義，當由此深一層理解。

歷來學者重視《左傳》解經之功，多基於徵實的觀念，偶或注意《左傳》敘事解經的特長，卻鮮能周洽深論。以他們的論說爲基礎，本書逐步展述詮解，並時時強調：超越門戶爭議的格局，跳脫三傳優劣比較的視界，轉而關注「解釋」的基本課題。這樣，對於三傳同樣兼以敘事與義例詮經的現象，庶幾乎不致漠視，而有助於跨越門戶隔閡，異中求同，澄清敘事是否解經的疑慮。可惜多數學者都疏於探察「敘事」的解經方式與《春秋》的內在關聯，也沒有覺識其「深切著明」的積極成效。揭示出「敘事」與《春秋》的內在關聯，說明這是一種寓理解於撰述的文體，關注其「解釋」的功能，這樣才能眞正闡明《左傳》的經解性質以及敘事的解釋意

義，進而正視《春秋》「見之於行事」而不徒託空言的思想進路，並發皇經學注疏的學術意義。

　　孔子作《春秋》而「見之於行事」，《左傳》上承《春秋》，乃發展爲編年敘事。敘事是寓理解於撰述的文體，而閱讀敘事，須自求之、自趨之，乃能深造而有得，也就是如章學誠所說，實際「離析其事」、「分析貫串」，參與理解的過程。依循傳文脈絡，參與「原始要終」的理解流程，實際貫串尋思，而後通曉其義蘊；這樣，讀者並非被動地接受訓示，相反地，「義」在學者實際參與理解的過程中具體而內化，成爲學者自得的思想。「義」之精微，能深造自得，反而更能發揮馴習涵泳、變化氣質的教育功能。

　　學者習經，宗師孔子。孔子纂述經籍，撰作《春秋》，無非是爲了藉此推行其道──啓導學者之思悟，俾能明義窮理而克盡己分，有助於人倫化成。「經」是孔子啓發後學的憑藉──所謂「自見於後世」，學者傳習經典而「溫故知新」，「義」即在其理解思悟中，持續流傳、展現。學者誠能體踐而發諸實行，則「經」之「義」庶幾能持續推展，發揮人倫化成的經世功能。

參考文獻

一、本目錄擇要載列參考之文獻，述明板本資料，俾便讀者覆案。

二、文獻條目，以書名或篇名為主。若係影印古本，以「( )」注明所據底本；叢書名稱亦以「( )」說明。其次列作者、編者或注疏者姓名，以及出版地、出版社與出版年份等資料。舊板文獻則記載收藏地。

三、中國傳統圖書分類，大別為「經」、「史」、「子」、「集」四部。本書之參考文獻，多屬「經」部，而參考史書、諸子與文集等，也以與「經學」有關者為主。為凸顯研究領域之主從，本目錄依下述原則，區分為五。參考之文獻以專門研治《左傳》者為主，故首列此類，為第一類；以此為中心，逐次擴大範圍至《春秋》學論著，列為第二類；其次為經籍與經學論著，為第三類；其次列史籍與史學論著，為第四類；其餘諸子、文集，以及學術史論著等，為避免繁瑣，不細作區別，悉歸入第五類。

四、每一類中，皆包括古今學者之專書或單篇論文。為便於檢索，書目排次以筆劃繁簡為序；日文與英文文獻殿末。

一

1. 《左氏春秋考證》（影庚申補刊清經解卷 1294～1295），劉逢祿。台北：復興書局，1961 年。

2. 《左氏春秋義例辨》（中央研究院歷史語言研究所專刊之 17），陳槃。台北：中央研究院歷史語言研究所，1993 年（重訂再版本）。

3. 《左氏會箋》（影日本漢文大系本），竹添光鴻〔會箋〕。台北：新文豐出版公司，1978 年。

4. 〈左傳之人文思想研究〉，王聰明。《國立臺灣師範大學國文研究所集刊》32 號（1988 年），頁 1～96。

5. 《左傳之文學價值》，張高評。台北：文史哲出版社，1990 年（再版）。

6. 〈左傳中的敘事文〉，伊根著、張端穗中譯。《東海中文學報》3 期（1982 年），頁 19～39。

7. 《左傳文藝新論》，高葆光〔編撰〕。台中：東海大學，1983 年（四版）。

8. 〈左傳古本分年考〉，俞樾。《曲園雜纂》（影光緒 25 年重定春在堂全書本）卷

14 頁 1 上～7 上。台北：中國文獻出版公司，1968 年。

9. 《左傳杜解補正》（影庚申補刊清經解卷 1～3），顧炎武。台北：復興書局，1961 年。

10. 〈左傳君子曰問題研究〉，龔慧治。臺灣大學中國文學研究所碩士論文，1988 年。

11. 《左傳事緯》，馬驌〔編撰〕。濟南：齊魯書社，1992 年。

12. 《左傳注疏》（影清嘉慶 20 年南昌府學刊十三經注疏本），杜預注、孔穎達等疏。台北：藝文印書館，1982 年。

13. 《左傳思想探微》，張端穗。台北：學海出版社，1987 年。

14. 《左傳紀事本末》，高士奇撰、楊伯峻點校。北京：中華書局，1979 年。

15. 〈左傳敘事的傾向性〉，胡念貽。《先秦文學論集》，頁 164～77。北京：中國社會科學出版社，1985 年。

16. 〈左傳敘事法撢微〉，張高評。《孔孟學報》41 期（1981 年），頁 223～234。

17. 《左傳疏證》，徐仁甫。成都：四川人民出版社，1981 年。

18. 《左傳評》，王崑繩〔評〕。台北：新文豐出版公司，1979 年。

19. 《左傳通論》，方孝岳。台北：臺灣商務印書館，1979 年（臺 3 版）。

20. 《左傳微》，吳闓生〔評注〕。台北：臺灣中華書局，1970 年（臺 1 版）。

21. 《左傳義法舉要》（影榕園叢書本），方苞口授、王兆符傳述。台北：廣文書局，1977 年。

22. 《左傳與中國古典小說》，孫綠怡。北京：北京大學出版社，1992 年。

23. 《左傳與傳統小說論集》，王靖宇。北京：北京大學出版社，1989 年。

24. 《左傳稱詩研究》（文史叢刊 89），張素卿。台北：臺灣大學出版委員會，1991 年。

25. 《左傳論評選析新編》，洪順隆〔編撰〕。台北：中國文化大學出版部，1982 年。

26. 〈左傳「鄭伯克段于鄢」新論〉，黃沛榮。《文史哲學報》34 期（1985 年），頁 17～37。

27. 〈左傳編撰考〉，趙光賢。《古史考辨》，頁 136～187。北京：北京師範大學出版社，1987 年。

28. 《左傳輯釋》（春風館藏板），安井衡〔輯釋〕。臺灣大學中國文學系藏書。

29. 〈左傳學研究之現況與趨向〉，張高評。《經學研究論叢》2 輯（1994 年），頁 63～70。

30. 《左傳禮說》，張其淦。台北：力行書局，1970 年。

31. 〈左傳屬辭比事的成就——以記晉惠公與晉文公為例〉，簡宗梧。《東方雜誌》復刊 21 卷 10 期（1988 年），頁 23～31。

32. 《左繡》（影康熙 59 年書業堂鐫藏本），馮李驊、陸浩〔評〕。台北：文海出版社，1967 年。

33. 《司馬遷撰寫史記採用左傳的研究》，顧立三。台北：正中書局，1981 年。

34. 《杜預及其春秋左氏學》，葉政欣。台北：文津出版社，1989 年。

35. 《東萊左氏博議》（影光緒 14 年錢塘瞿氏校刊足本），呂祖謙。台北：廣文書局，1973 年。

36. 〈東漢時代之春秋左氏學〉，程南洲。政治大學中國文學研究所博士論文，1978 年。

37. 《春秋大事表》（影同治癸酉山東尚志堂藏板），顧棟高。台北：廣學社印書館，1975 年。

38. 《春秋正義》（四部叢刊續編影日本覆印正宗寺單疏本），孔穎達等撰。台北：臺灣商務印書館，1976 年（臺 2 版）。

39. 《春秋左氏古經》附《春秋左氏傳五十凡》（影道光元年刊經韻樓叢書本《段玉裁遺書》），段玉裁。台北：大化書局，1986 年。

40. 《春秋古經箋》，劉師培撰。寧武南氏校印劉申叔先生遺書本，1936 年。

41. 《春秋左氏傳古例詮微》，劉師培。寧武南氏校印劉申叔先生遺書本，1936。。

42. 〈春秋左氏傳君子曰徵辭〉，楊明照。《文學年報》3 期〔1937〕，頁 103～112。

43. 《春秋左氏傳杜注釋例》，葉政欣。台北：嘉新水泥文化基金會，1966 年。

44. 《春秋左氏傳例略》，劉師培。寧武南氏校印劉申叔先生遺書本，1936 年。

45. 《春秋左氏傳答問》，劉師培。寧武南氏校印劉申叔先生遺書本，1936 年。

46. 《春秋左氏傳補注》（影清經解續編本），沈欽韓。台北：藝文印書館，1965 年。

47. 《春秋左氏傳傳注例略》，劉師培。寧武南氏校印劉申叔先生遺書本，1936 年。

48. 《春秋左氏傳說》（影文淵閣四庫全書本），呂祖謙。台北：臺灣商務印書館，1983 年。

49. 《春秋左氏傳舊注疏證》（影 1959 年北京科學出版社排印本），劉文淇、劉壽曾。京都：中文出版社，1979 年。

50. 《春秋左氏傳續說》（影文淵閣四庫全書本），呂祖謙。台北：臺灣商務印書館，1983 年。

51. 《春秋左氏經傳集解序疏證》，程元敏。台北：臺灣學生書局，1991 年。

52. 《春秋左氏疑義答問》（章太炎全集本），章炳麟。上海：人民出版社，1986 年。

53. 〈春秋左傳杜氏義述要〉，王初慶。《（輔大）人文學報》4 期（1975 年），頁 355～418。

54. 《春秋左傳注（修訂本）》，楊伯峻。北京：中華書局，1990 年（第 2 版第 3 刷）。

55. 《春秋左傳研究》，童書業。上海：人民出版社，1983 年（1 版 2 刷）。

56. 《春秋左傳詁》（十三經清人注疏），洪亮吉。北京：中華書局，1987 年。

57. 《春秋左傳詞典》，楊伯峻。北京：中華書局，1985 年。

58. 《春秋左傳補注》（影康熙 19 年刻通志堂經解本），趙汸。台北：臺灣大通書局，1969 年。

59. 《春秋左傳補疏》（影庚申補刊清經解卷 1159～1163），焦循。台北：復興書局，1961 年。

60. 《春秋左傳賈服注輯述》（影清經解續編本），李貽德〔輯述〕。台北：藝文印書館，1965 年。

61. 《春秋左傳學史》，沈玉成、劉寧合撰。南京：江蘇古籍出版社，1992 年。

62. 《春秋左傳讀》（章太炎全集本），章炳麟。上海：人民出版社，1982 年。

63. 《春秋左傳讀敘錄》（章太炎全集本），章炳麟。上海：人民出版社，1982 年。

64. 《春秋書法鉤元》，石光霽。台北：藝文印書館，1976 年。

65. 《春秋經傳集解》（影相臺岳氏本），杜預。台北：新興書局，1979 年。

66. 《春秋釋例》（影古經解彙函本），杜預。台北：臺灣中華書局，1980 年。

67. 〈怎樣閱讀中國敘事文——從《左傳》文藝欣賞談起〉，王靖宇。《中國文哲研究的回顧與展望論文集》，鍾彩鈞主編，頁 1～17。台北：中央研究院中國文哲研究所籌備處，1992 年。

68. 〈美國的左傳研究〉，王靖宇。《中國文哲研究通訊》3 卷 1 期（1993 年），頁 72～80。

69. 《高本漢左傳注釋》，高本漢著、陳舜政中譯。台北：國立編譯館，1972 年。

70. 《國語左傳論集》，張以仁。台北：東昇出版社，1980 年。

71. 〈從敘事文學角度看《左傳》與《國語》的關係〉，王靖宇。《中國文哲研究集刊》第 6 輯（1995 年），頁 1～29。

72. 〈從春秋左傳談孔子正名思想〉，黃翠芬。《國立編譯館館刊》21：1（1993 年），頁 41～56。

73. 〈章沖《春秋左氏傳事類始末》述略——《左傳》學的考察〉，張素卿。《國家圖書館館刊》1996 年 1 期，頁 131～150。

74. 〈論左傳〉，胡念貽。《先秦文學論集》，頁 116～163。北京：中國社會科學出版社，1985 年。

75. 〈論左傳〉，楊向奎。《中國古代社會與古代思想研究》上冊，頁 299～308。上海：上海人民出版社，1965 年（第 1 版第 5 刷）。

76. 〈論左傳之性質及其與國語之關係〉，楊向奎。《史學集刊》2 期（1936 年），頁 41～81。

77. 〈論左傳的民本思想〉，鄭君華。《中國哲學》10 輯（1983 年），頁 19～38。

78. 〈論左傳的政治思想傾向〉，詹子慶。《史學史研究》1983 卷 4 期，頁 5〜13。

79. 〈論左傳預言〉，王和。《史學月刊》1984 年 6 期，頁 13〜17。

80. 〈關於左傳中的「烝」、「報」婚問題〉，陳延嘉。《社會科學戰線》1994 年 3 期，頁 144〜47。

81. 《讀左箚記》，劉師培。寧武南氏校印劉申叔先生遺書本，1936 年。

82. 《讀左補義》（影乾隆 33 年同文堂藏板），姜炳璋。台北：文海出版社，1968 年。

83. 〈讀杜預「春秋序」，並論左傳原書的名稱〉，黃彰健。《大陸雜誌》88 卷 1 期（1994 年），頁 1〜3。

84. 〈讀杜預「春秋經傳集解序」五情說小識〉，單周堯。《燕京學報》新 2 期（1996 年），頁 91〜104。

85. 《左傳の思想史的研究》，津田左右吉。東京：岩波書店，1958 年。

二

1. 〈三論語與春秋三傳之淵源——試作社會史的分析〉，陶希聖。《食貨月刊》復刊 8 卷 12 期（1979 年），頁 1〜20。

2. 〈元代春秋學撰著分類考述〉，劉明宗。《書目季刊》27 卷 1 期（1993 年），頁 28〜56．

3. 〈孔子春秋與春秋三傳〉，洪安全。《史原》10 期（1980 年），頁 1〜56。

4. 〈孔子與春秋〉，錢穆。《兩漢經學經古文平議》，頁 235〜83。台北：東大圖書公司，1983 年（臺 3 版）。

5. 〈孔氏撰修春秋異於舊史文體考〉，杜鋼百。《武漢大學文哲季刊》3 卷 2 期（1934 年），頁 315〜28。

6. 《公羊注疏》（影清嘉慶 20 年南昌府學刊十三經注疏本），何休注、徐彥疏。台北：藝文印書館，1982 年。

7. 《公羊義疏》（影清經解續編本），陳立。台北：藝文印書館，1965 年。

8. 〈公羊傳之道德權衡觀〉，林義正。台北：臺灣大學、香港大學第二次學術研討會論文，1998 年。，

9. 〈公羊傳的正名思想〉，陳登祥。輔仁大學中國文學研究所碩士論文，1993 年。

10. 《公羊學引論》，蔣慶。瀋陽：遼寧教育出版社，1995 年。

11. 〈即事言理——春秋經表達手法初探〉，劉君祖。《中國文化月刊》51 期（1984 年），頁 7〜21。

12. 《春秋三傳及國語之綜合研究》，顧頡剛講授、劉起釪筆記。香港：中華書局，1986 年。

13. 〈春秋三傳性質研究及其義例方法之商榷〉，陳銘煌。臺灣大學中國文學研究所碩士論文，1991 年。

14. 《春秋三傳綜合研究》，浦衛忠。台北：文津出版社，1995 年。

15. 《春秋毛氏傳》（影文淵閣四庫全書本），毛奇齡。台北：臺灣商務印書館，1983 年。

16. 《春秋公羊通義》（影庚申補刊清經解卷 679～691），孔廣森。台北：復興書局，1961 年。

17. 《春秋五禮例宗》（影文淵閣四庫全書本），張大亨。台北：臺灣商務印書館，1983 年。

18. 《春秋比事》（影文淵閣四庫全書本），劉朔〔舊題宋輩〕。台北：臺灣商務印書館，1983 年。

19. 《春秋本義》（影文淵閣四庫全書本），程端學。台北：臺灣商務印書館，1983 年。

20. 《春秋史論集》，張以仁。台北：聯經出版事業公司，1990 年。

21. 《春秋考》（影文淵閣四庫全書本），葉夢得。台北：臺灣商務印書館，1983 年。

22. 〈春秋「見之於行事」在中國思想傳統裡的意義〉，張素卿。台北：臺灣大學、香港大學第二次學術研討會論文，1998 年。

23. 《春秋宋學發微》，宋鼎宗。台北：文史哲出版社，1986 年（增訂再版）。

24. 《春秋究遺》（影文淵閣四庫全書本），張酉。台北：臺灣商務印書館，1983 年。

25. 《春秋或問》（影文淵閣四庫全書本），程端學。台北：臺灣商務印書館，1983 年。

26. 《春秋事義全考》（影文淵閣四庫全書本），姜寶。台北：臺灣商務印書館，1983 年。

27. 《春秋要領》，程發軔。台北：東大圖書公司，1989 年。

28. 《春秋通訓》（影文淵閣四庫全書本），張大亨。台北：臺灣商務印書館，1983 年。

29. 《春秋通論》（姚際恆著作集），姚際恆。台北：中央研究院中國文哲研究所，1994 年。

30. 《春秋師說》（影康熙 19 年刻通志堂經解本），趙汸纂錄。台北：臺灣大通書局，1969 年。

31. 《春秋異文考》，陳新雄。台北：嘉新水泥公司文化基金會，1964 年。

32. 《春秋集傳詳說》（影康熙 19 年刻通志堂經解本），家鉉翁。台北：臺灣大通書局，1969 年。

33. 《春秋集傳纂例》（百部叢書集成影經苑本），陸淳集傳。台北：藝文印書館，1966～68 年。

34. 《春秋傳》（四部叢刊續編影宋刊本），胡安國。台北：臺灣商務印書館，1976

年（臺2版）。

35. 《春秋傳》（影康熙 19 年刻通志堂經解本），葉夢得。台北：臺灣大通書局，1969 年。又參影文淵閣四庫全書本，台北：臺灣商務印書館，1983 年。

36. 《春秋經筌》（影康熙 19 年刻通志堂經解本），趙鵬飛。台北：臺灣大通書局，1969 年。

37. 〈春秋經傳引得序〉，洪業。《洪業論學集》，頁 223～289。台北：明文書局，1982 年。

38. 《春秋穀梁經傳解釋》（影鈔唐敦煌寫本），佚名。羅振玉輯印《鳴沙石室佚書》，頁 23 上～33 下。

39. 《春秋繁露義證》（新編諸子集成本），董仲舒撰、蘇輿義證。北京：中華書局，1992 年。

40. 《春秋繁露注》（影清經解續編本），凌曙注。台北：藝文印書館，1965 年。

41. 《春秋釋》（影清經解續編本），黃式三。台北：藝文印書館，1965 年。

42. 《春秋纂言總例》（影文淵閣四庫全書本），吳澄。台北：臺灣商務印書館，1983 年。

43. 《春秋屬辭》（影康熙 19 年刻通志堂經解本），趙汸。台北：臺灣大通書局，1969 年。

44. 《春秋屬辭比事記》（影文淵閣四庫全書本），毛奇齡。台北：臺灣商務印書館，1983 年。

45. 《從公羊學論春秋的性質》（文史叢刊 28），阮芝生。台北：臺灣大學出版委員會，1969 年。

46. 〈從「興」的精神現象論《春秋》經傳的解釋學基礎〉，蔣年豐。《清華學報》新 22 卷 1 期（1992 年），頁 27～63。

47. 《清末的公羊思想》，孫春在。台北：臺灣商務印書館，1985 年。

48. 〈楊士勛及其穀梁傳疏相關舊說考辨〉，張寶三。《第二屆唐代文化研討會論文集》，頁 99～111。台北：第二屆唐代文化研討會，1994 年。

49. 《漢代春秋學研究》，馬勇。成都：四川人民，1992 年。

50. 《穀梁大義述》（影清經解續編本），柳興恩。台北：藝文印書館，1965 年。

51. 《穀梁注疏》（影清嘉慶 20 年南昌府學刊十三經注疏本），范甯注、楊士勛疏。台北：藝文印書館，1982 年。

52. 《穀梁范注發微》，王熙元。台北：嘉新水泥公司文化基金會，1975 年。

53. 《穀梁著述考徵》，王熙元。台北：廣東出版社，1974 年。

54. 《穀梁眞偽考》，張西堂撰、張銘洽整理。台北：明文書局，1994 年。

55. 《穀梁補注》（影清經解續編本），鍾文烝注。台北：藝文印書館，1965 年。

56. 《論春秋的屬辭比事》，林秀富。輔仁大學中國文學研究所碩士論文，1993 年。

57. 《春秋公羊傳の研究》，日原利國。東京：創文社，1976 年（初版 2 刷）。

58. 《春秋學の研究》，山田琢。東京：明德出版社，1987 年。

59. 《春秋學論考》，佐川修。東京：東方書店，1984 年（初版 2 刷）。

三

1. 《五經正義研究》，張寶三。臺灣大學中國文學研究所博士論文，1992 年。

2. 《中國經學史》，馬宗霍。台北：臺灣商務印書館，1986 年（臺 7 版）。

3. 《中國經學史的基礎》，徐復觀。台北：臺灣學生書局，1982 年。

4. 《中國經學史論文選集》上、下冊，林慶彰〔主編〕。台北：文史哲出版社，1992、1994 年。

5. 〈中國經學史講義（選刊）〉，周予同講授、許道勳筆記整理。《學術集林》卷八，頁 16～81。上海：上海遠東出版社，1996 年。

6. 《中國經學發展史論述（上）》，李威熊。台北：文史哲出版社，1988 年。

7. 《毛詩注疏》（影清嘉慶 20 年南昌府學刊十三經注疏本），，鄭玄箋、孔穎達等疏。台北：藝文印書館，1982 年。

8. 《毛詩訓詁研究》，馮浩菲。武昌：華中師範大學出版社，1988 年。

9. 《毛詩傳箋通釋》（十三經清人注疏本），馬瑞辰。北京：中華書局，1989 年。

10. 《四書賸言》（影庚申補刊清經解卷 184～189），毛奇齡。台北：復興書局，1961 年。

11. 《西漢經學與政治》，湯志鈞、華友根、承載、錢杭合撰。上海：上海古籍出版社，1994 年。

12. 《西漢經學源流》，王葆玹。台北：東大圖書公司，1994 年。

13. 《兩漢三國學案》，唐晏。北京：中華書局，1992 年。

14. 《兩漢經學史》，章權才。廣東：廣東人民出版社，1990 年。

15. 《尚書大傳》（影漢魏遺書鈔），王謨輯。台北：藝文印書館，1981 年。

16. 《尚書大傳》（四部叢刊初編影左海文集本），陳壽祺輯校。台北：臺灣商務印書館，1965 年。

17. 《周予同經學史論著選集》，周予同撰、朱維錚編。上海：上海人民出版社，1983 年。

18. 《周易注疏》（影清嘉慶 20 年南昌府學刊十三經注疏本），孔穎達等疏。台北：藝文印書館，1982 年。

19. 《京氏易傳》（四部叢刊初編影天一閣刊本），陸績注。台北：臺灣商務印書館，1965 年。

20. 《孟子正義》（十三經清人注疏本），趙岐注、焦循正義。北京：中華書局，1987 年。

21. 《孟子注疏》(影清嘉慶 20 年南昌府學刊十三經注疏本)，趙岐注、[題]孫奭疏。
    台北：藝文印書館，1982 年。

22. 《孟子集註》(影吳縣吳志忠校刊四書集註本)，朱熹注。台北：藝文印書館，
    1980 年。

23. 《唐抄本鄭氏注論語集成》，金谷治。東京：平凡社，1978 年。

24. 《唐抄本論語鄭氏注及其研究》，王素。北京：文物出版社，1991 年。

25. 〈從朱子孟子集註看中國學術史上的注疏傳統〉，黃俊傑。《儒學傳統與文化創
    新》，頁 43～73。台北：東大圖書公司，1986 年（再版）。

26. 《清代經部序跋選》，王達津〔主編〕。天津：天津古籍出版社，1991 年。

27. 《經今古文學問題新論》(中央研究院歷史語言研究所專刊之 79)，黃彰健。台
    北：中央研究院歷史語言研究所，1982 年。

28. 《經典釋文》(影抱經堂本)，陸德明撰、盧文弨校。台北：漢京文化事業公司，
    1980 年。

29. 《經典釋文序錄疏證》，吳承仕〔疏證〕。北京：中華書局，1984 年。

30. 《經典釋文彙校》，黃焯〔校〕。北京：中華書局，1983 年（第 1 版第 2 刷）。

31. 《經義考》(四部備要本)，朱彝尊〔編撰〕。台北：臺灣中華書局，1966 年。

32. 《經義雜記》(影武進臧氏拜經堂本)，臧琳。台北：藝文印書館，1981 年。

33. 《經學通論》，皮錫瑞。北京：中華書局，1985 年（第 1 版第 5 刷）。

34. 《經學通論》，葉國良、夏長樸、李隆獻〔編著〕。台北：國立空中大學，1996
    年。

35. 《經學教科書》，劉師培。寧武南氏校印劉申叔先生遺書本，1936 年。

36. 《經學歷史》，皮錫瑞撰、周予同注。北京：中華書局，1989 年（第 1 版第 4
    刷）。

37. 《經學導言》《經學抉原》(蒙文通文集第三卷)，蒙文通。成都：巴蜀書社，
    1995 年。

38. 〈經傳小辨（三題）〉，任銘善。《中華文史論叢》1962 年 1 輯，頁 71～80。

39. 《爾雅注疏》(影清嘉慶 20 年南昌府學刊十三經注疏本)，郭璞注、邢昺疏。
    台北：藝文印書館，1982 年。

40. 〈論孔子仁學中的正名思想〉蔡明田。《孔孟學報》48 期（1984 年），頁 1～26。

41. 〈論語正名與孔子的真理觀和語言哲學〉，陳啓雲。《中國哲學史》1993 年 4
    期，頁 77～93。

42. 《論語正義》(十三經清人注疏本)，何晏集解、劉寶楠正義。北京：中華書局，
    1992 年（第 1 版第 2 刷）。

43. 《論語注疏》(影清嘉慶 20 年南昌府學刊十三經注疏本)，何晏集解、邢昺疏。
    台北：藝文印書館，1982 年。

44. 《論語集註》（影吳縣吳志忠校刊四書集註本），朱熹注。台北：藝文印書館，1980 年。

45. 《論語集解義疏》（影文淵閣四庫全書本），何晏集解、皇侃義疏。台北：臺灣商務印書館，1983 年。

46. 《論語稽求篇》（影庚申補刊清經解卷 177～183），毛奇齡。台北：復興書局，1961 年。

47. 〈論語衛靈公篇「君子疾沒世而名不稱焉」探義〉，楊晉龍。《中國文學研究》8 期（1994 年），頁 65～98。

48. 《禮記注疏》（影清嘉慶 20 年南昌府學刊十三經注疏本），鄭玄注、孔穎達等疏。台北：藝文印書館，1982 年。

49. 《禮記章句》（船山全書本），王夫之注。長沙：嶽麓書社，1991 年。，

50. 《禮記集解》（十三經清人注疏本），孫希旦集解。北京：中華書局，1989 年。

51. 《禮記集說》（影康熙 19 年刻通志堂經解本），衛湜集說。台北：臺灣大通書局，1969 年。

52. 《禮記集說》（影嘉慶 9 年刻本），莊有可集說。台北：力行書局，1970 年。

53. 《韓詩外傳》（四部叢刊初編影明沈氏野竹齋校刻本），韓嬰。台北：臺灣商務印書館，1965 年。

54. 《魏晉南北朝隋唐經學史》，章權才。廣東：廣東人民出版社，1996 年。

四

1. 《三國志》，陳壽撰、裴松之注。北京：中華書局，1987 年（2 版 9 刷）。

2. 〈子犯和鐘的排次及補釋〉，張光遠。《故宮文物月刊》13 卷 6 期（1995 年），頁 118～23。

3. 〈也談子犯編鐘〉，裘錫圭。《故宮文物月刊》13 卷 5 期（1995 年），頁 106～17。

4. 《中古文學繫年》，陸侃如。北京：人民文學出版社，1985 年。

5. 《中國古籍善本書目（經部）》，中國古籍善本書目編輯委員會編。上海：上海古籍出版社，1986 年。

6. 《中國歷史文獻學》，張大可。西安：陝西人民教育出版社，1991 年。

7. 《中國歷史研究法》，梁啟超。上海：上海古籍出版社，1987 年。

8. 《日本研究經學論著目錄（1900～1992）》，林慶彰〔主編〕。台北：中央研究院中國文哲研究所，1993 年。

9. 《今本竹書紀年疏證》，王國維〔疏證〕。台北：世界書局，1977 年（再版）。

10. 《世襲社會及其解體——中國歷史上的春秋時代》，何懷宏。北京：三聯書店，1996 年。

11. 〈左氏春秋著錄書目研究〉，李一遂。《書目季刊》25 卷 3 期（1991 年），頁 94

～150。

12. 《古本竹書紀年輯校》，朱右曾輯錄、王國維校補。台北：世界書局，1977 年（再版）。

13. 《古本竹書紀年輯證》，方詩銘、王修齡。台北：華世出版社，1983 年（影印初版）。

14. 《史記會注考證》，司馬遷撰、裴駰集解、司馬貞索隱、張守節正義、瀧川龜太郎考證。日本：東方文化學院東京研究所，1933（昭和 8）年。

15. 《史記全本新注》，張大可。西安：三秦出版社，1990 年。

16. 《史記春秋十二諸侯史事輯證》，劉操南。天津：天津古籍出版社，1992 年。

17. 《史記斠證》，王叔岷。台北：中央研究院歷史語言研究所，1983 年。

18. 《史記漢書儒林列傳疏證》，黃慶萱。台北：嘉新水泥公司文化基金會，1966 年。

19. 《史通》（四部叢刊初編影明張鼎思覆校陸深本），劉知幾。台北：臺灣商務印書館，1965 年。

20. 《史通的歷史敘述理論》，彭雅玲。台北：文史哲出版社，1993 年。

21. 《史通新校注》，趙呂甫校注。重慶：重慶出版社，1990 年。

22. 《史通箋注》，張振珮注。貴陽：貴州人民出版社，1985 年。

23. 《史通釋評》，浦起龍釋、呂思勉評。台北：華世出版社，1981 年（新版 1 刷）。

24. 《史通理論體系研究》，趙俊。瀋陽：遼寧大學出版社，1990 年。

25. 《史傳通說——中西史學之比較》，汪榮祖。台北：聯經出版事業公司，1988 年。

26. 《四庫全書文集篇目分類索引》，四庫全書索引編纂小組主編。台北：臺灣商務印書館，1989 年。

27. 《四庫全書薈要總目》（影摛藻堂四庫全書薈要本），陸費墀〔編撰〕。台北：世界書局，1988 年。

28. 《四庫全書簡明目錄》（影文淵閣原鈔本），紀昀等撰。台北：臺灣商務印書館，1983 年。

29. 《四庫全書總目》（影武英殿刻本），紀昀等撰。台北：臺灣商務印書館，1983 年。

30. 《四庫提要敘講疏》，張舜徽。《舊學輯存》，頁 1643～1856。濟南：齊魯書社，1988 年。

31. 《四庫提要辨證》，余嘉錫。台北：藝文印書館，1965 年。

32. 《司馬遷所見書考》，金德建。上海：人民出版社，1963 年。

33. 《考信錄》（中國史學名著第四集第二冊），崔述。台北：世界書局，1979 年（3 版）。

34. 〈再論子犯編鐘〉，蔡哲茂。《故宮文物月刊》13 卷 6 期（1995 年），頁 124～35。

35. 《先秦史新探》，唐嘉弘。開封：河南大學出版社，1988 年。

36. 《先秦諸子繫年》（影 1956 年香港大學出版社增訂本），錢穆。北京：中華書局，1985 年。

37. 〈竹書紀年古本散佚及今本源流考〉，方詩銘。《紀念顧頡剛學術論文集》上冊，頁 915～29。成都：巴蜀書社，年 1990。

38. 《宋元理學家著述生卒年表》，麥仲貴。香港：新亞研究所，1968 年。

39. 《直齋書錄解題》（書目續編影武英殿聚珍本），陳振孫。台北：廣文書局，1968 年。

40. 《明清儒學家著述生卒年表》，麥仲貴。台北：臺灣學生局，1977 年。

41. 《采邑考》，侯志義。西北大學出版社，1989 年。

42. 《周代分封制度研究》，葛志毅。哈爾濱：黑龍江人民出版社，1992 年。

43. 《周代采邑制度研究》，呂文郁。台北：文津出版社，1992 年。

44. 《周代宗法制度史研究》，錢杭。上海：學林出版社，1991 年。

45. 《周代宗法制度研究》，錢宗范。桂林：廣西師範大學出版社，1989 年。

46. 《周代城邦》，杜正勝。台北：聯經出版業公司，1985 年（第 3 次印行）。

47. 〈帛書春秋事語與左傳的流傳〉，李學勤。《古籍整理研究學刊》1989 年 4 期，頁 1～6。

48. 〈帛書春秋事語與管子〉，駢宇騫。《文獻》1992 年 2 期，頁 153～661。

49. 〈故宮新藏春秋晉文稱霸「子犯和鐘」初釋〉，張光遠。《故宮文物月刊》13 卷 1 期（1995 年），頁 4～31。

50. 〈春秋列國國際法與近世國際法異同論〉，陶成章。《陶成章集》，湯志鈞編，頁 36～39。北京：中華書局，1986 年。

51. 〈春秋事語解題〉，張政烺。《文物》1977 年 1 期，頁 36～39。

52. 《春秋國際公法》，洪培鈞〔編著〕。台北：文史哲出版社，1975 年（台 1 版）。

53. 《春秋會盟政治》，劉伯驥。台北：中華叢書編審委員會，1977 年（再版）。

54. 〈春秋會盟與霸主政治的基礎〉，周伯戡。《史原》6 期（1975 年），頁 17～62。

55. 《南雷詩文集》（黃宗羲全集本），黃宗羲。浙江：浙江古籍出版社，1993 年。

56. 《後漢紀》，袁宏。台北：華正書局，1974 年。

57. 《後漢書集解》（影長沙王氏校刊本），范曄撰、李賢注、王先謙集解。台北：藝文印書館，1955～59 年。

58. 《晉文公復國定霸考》（文史叢刊 78），李隆獻。台北：台灣大學出版委員會，1988 年。

59. 《晉史蠡測——以兵制與人事為重心》，李隆獻。臺灣大學中國文學研究所博

士論文，1992 年。

60. 《晉書》，房玄齡等撰。北京：中華書局，1987 年（1 版 3 刷）。

61. 〈馬王堆漢墓出土帛書春秋事語釋文〉，馬王堆漢墓帛書整理小組。《文物》1977 年 1 期，頁 32～35。

62. 《郡齋讀書志》（四部叢刊續編影宋淳祐袁州刊本），晁公武。台北：臺灣商務印書館，1976 年（臺 2 版）。

63. 《乾嘉學術研究論著目錄（1900～1993）》，林慶彰〔主編〕。台北：中央研究院中國文哲研究所，1995 年。

64. 《國語》（影嘉慶庚申讀未見書齋重雕天聖明道本），韋昭注。台北：藝文印書館，1974 年（3 版）。

65. 《清代文集篇目分類索引》，王有三〔編〕。台北：臺聯國風出版社，1979 年（再版）。

66. 《清代史學與史家》，杜維運。台北：東大圖書公司，1984 年。

67. 《清代學者生卒及其著述表》，蕭一山。北平文史政治學院講稿，1931 年。

68. 《華陽國志》（影明慕宋嘉泰本），常璩撰、錢穀鈔校。台北：世界書局，1979 年（3 版）。

69. 《隋書》，魏徵等撰。北京：中華書局，1987 年（1 版 3 刷）。

70. 《楚史》，張正明。武漢：湖北教育出版社，1995 年。

71. 《新唐書》，歐陽修、宋祁等撰。北京：中華書局，1987 年（1 版 3 刷）。

72. 《經學研究論著目錄（1912～1987）》，林慶彰〔主編〕。台北：漢學研究中心，1989 年。

73. 《經學研究論著目錄（1988～1992）》，林慶彰〔主編〕。台北：漢學研究中心，1995 年。

74. 《漢紀》，荀悅。台北：華正書局，1974 年。

75. 《漢晉學術編年》《東晉學術編年》（影商務印書館 1935 年版），劉汝霖。上海：上海書店，1992 年。

76. 《漢書補注》（影長沙王氏校刊本），班固撰、顏師古注、王先謙補注。台北：藝文印書館，1955～59 年。

77. 《漢書藝文志通釋》，張舜徽。湖北：湖北教育出版社，1990 年。

78. 《漢書藝文志講疏》，顧實。上海：上海古籍出版社，1987 年。

79. 《漢藝文志考證》（影元後至三年慶元路儒學刊本《玉海》附錄），王應麟。台北：台灣華文書局，1964 年。

80. 〈劉向歆父子年譜〉，錢穆。《兩漢經學經古文平議》，頁 1～163。台北：東大圖書公司，1983 年（臺 3 版）。

81. 《劉知幾的實錄史學》，許冠三。香港：香港中文大學出版社，1983 年。

82. 《影印善本書目錄（1911～1984)》，北京圖書館善本組編。北京：中華書局，1992 年。

83. 《儀顧堂續跋》（書目續編本），陸心源。台北：廣文書局，1968 年。

84. 《魯國史》，郭克煜等撰。北京：人民出版社，1994 年。

85. 《歷史的理念》，柯林烏撰、陳明福中譯。台北：桂冠圖書公司，1992 年。參 *The Idea of History*.

86. 《魏書》，魏收等撰。北京：中華書局，1987 年（1 版 3 刷）。

87. 《舊唐書》，劉昫等撰。北京：中華書局，1987 年（1 版 3 刷）。

88. Collingwood, R. G.（1956）*The Idea of History*. New York: Oxford UP.

89. White, Hayden.（1987)*The Content of the Form: Narrative Discourse and Historical Representation*. Baltimore: Johns Hopkins UP.

90. ---.（1990）*Tropics of Discourse*. Baltimore: Johns Hopkins UP.

五

1. 《二程集》，程顥、程頤。台北：漢京文化事業公司，1983 年。

2. 《中國古典傳記論稿》，陳蘭村、張新科。西安：陝西人民教育出版社，1991 年。

3. 《中國政治思想史》（蕭公權全集之四），蕭公權。台北：聯經出版事業公司，1986 年（第 4 次印行）。

4. 《中國思想史論集（續篇)》，徐復觀。台北：時報文化出版公司，1985 年（初版 2 刷）。

5. 《中國哲學史（卷上)》（胡適學術文集），胡適。北京：中華書局，1991 年。

6. 《中國敘事學》，浦安迪〔講演〕。北京：北京大學出版社，1996 年。

7. 《中國傳記文學史》，韓兆琦〔主編〕。石家庄：河北教育出版社，1992 年。

8. 《中國語文學論集》，張以仁。台北：東昇出版事業公司，1981 年。

9. 《日知錄集釋》，顧炎武撰、黃汝成集釋。石家庄：花山文藝出版社，1991 年（1 版 2 刷）。

10. 〈文心雕龍史傳篇注譯〉，張素卿。《古今文選》新 842～843 期。台北：國語日報，1994 年 9 月 3、17 日。

11. 〈文心雕龍史傳篇疏證〉，金毓黻。《中華文史論叢》1979 年 1 輯，頁 209～67。上海：上海古籍出版社，1979 年。

12. 《文心雕龍注》，劉勰撰、范文瀾注。上海：開明書店，1936 年。

13. 《文心雕龍研究（重修增訂本)》，王更生。台北：文史哲出版社，1979 年（增訂 3 版）。

14. 《文心雕龍研究》，牟世金。北京：人民文學出版社，1995 年。

15. 《文心雕龍講疏》，王元化。上海：上海古籍出版社，1992 年。

16. 《文史通義校注》，章學誠撰、葉瑛校注。北京：中華書局，1994 年（第 1 版第 2 刷）。

17. 《文章正宗》（四部叢刊廣編影本），眞德秀〔選輯〕。台北：臺灣商務印書館，1981 年。

18. 《孔子家語》（影宋蜀本），王肅注。台北：臺灣中華書局，1985 年（臺 2 版）。

19. 《古代宗教與倫理》，陳來。北京：三聯書店，1996 年。

20. 《左盦集》，劉師培。寧武南氏校印劉申叔先生遺書本，1936 年。

21. 《左盦外集》，劉師培。寧武南氏校印劉申叔先生遺書本，1936 年。

22. 《平廬文存》（董作賓先生全集乙編第 7 冊），董作賓。台北：藝文印書館，1977 年。

23. 《世說新語校牋》，楊勇〔校牋〕。台北：正文書局，1976 年。

24. 《世說新語校箋》，徐震堮〔校箋〕。北京：中華書局，1991 年（第 1 版第 4 刷）。

25. 《世說新語箋疏（修訂本）》，劉義慶撰、劉孝標注、余嘉錫箋疏。上海：上海古籍出版社，1993 年。

26. 〈由「烝」、「報」等婚姻方式看社會制度的變遷〉（上）（下），顧頡剛〔遺著〕。《文史》14 輯，頁 1～29；及 15 輯，頁 1～25。北京：中華書局，1982 年。

27. 《白虎通義疏證》（新編諸子集成本），班固撰錄、陳立疏證。北京：中華書局，1994 年。

28. 《西京雜記》（四部叢刊正編影明嘉靖孔天胤刊本），葛洪〔舊題劉歆〕。台北：臺灣商務印書館，1979 年。

29. 《先秦兩漢儒家教育》，俞啓定。濟南：齊魯書社，1987 年。

30. 《朱子語類》，黎靖德編。北京：中華書局，1988 年（1 版 2 刷）。

31. 《朱文公文集》（四部叢刊正編影明嘉靖本），朱熹。台北：臺灣商務印書館，1979 年。

32. 《全唐文》，董誥等編。台北：匯文書局，1961 年。

33. 《全漢文》《全後漢文》，嚴可均輯。京都：中文出版社，1981 年（3 版）。

34. 《呂氏春秋校釋》，高誘注、陳奇猷校釋。上海：學林出版社，1990 年（初版 2 刷）。

35. 《形名學與敘事理論——結構主義的小說分析法》，高辛勇。台北：聯經出版事業公司，1987 年。

36. 《困學紀聞》，王應麟撰、翁元圻注。台北：世界書局，1984 年（3 版）。

37. 《兩漢思想史（第三卷）》，徐復觀。台北：臺灣學生書局，1984 年。

38. 《抱經堂文集》，盧文弨。北京：中華書局，1990 年。

39. 《東維子文集》（四部叢刊初編影鳴野山房舊鈔本），楊維楨。台北：臺灣商務印書館，1965 年。

40. 《東塾讀書記》（四部備要本），陳澧。台北：臺灣中華書局，1965 年（臺 1 版）。

41. 《法言義疏》（新編諸子集成本），李軌注、汪榮寶疏。北京：中華書局，1987 年。

42. 《孟學思想史（卷一）》，黃俊傑。台北：東大圖書公司，1991 年。

43. 《孟學思想史（卷二）》，黃俊傑。台北：中央研究院中國文哲研究所籌備處，1997 年。

44. 《後村先生大全集》（四部叢刊初編影賜硯堂鈔本），劉克莊。台北：臺灣商務印書館，1965 年。

45. 《段玉裁遺書》（影道光元年刊經韻樓叢書本），段玉裁。台北：大化書局，1986 年。

46. 《癸巳類稿》，俞正燮。台北：世界書局，1980 年（3 版）。

47. 《陔餘叢考》，趙翼。台北：世界書局，1960 年。

48. 《真理與方法──哲學詮釋學的基本特徵》，加達默爾著、洪漢鼎中譯。台北：時報文化出版公司，1993 年。參 *Truth and Method.*

49. 《訓詁學教程》，黃建中。湖北：荊楚書社，1988 年。，

50. 〈訓詁學與註釋學之比較〉，潘德榮。《場與有》3 輯，頁 79～102。北京：中國社會科學出版社，1996 年。

51. 《容齋隨筆》，洪邁。上海：上海古籍出版社，1978 年。

52. 〈荀子正名篇重要語言理論闡述〉，龍宇純。《文史哲學報》18 期（1969 年），頁 444～55。

53. 《梅園論學集》（戴靜山先生全集本），戴君仁。台北：戴靜山先生遺著編輯委員會，1980 年。

54. 《梅園論學續集》（戴靜山先生全集本），戴君仁。台北：戴靜山先生遺著編輯委員會，1980 年。

55. 《國故論衡》（章氏叢書影浙江圖書館校刊本），章炳麟。台北：世界書局，1958 年。

56. 《敘述學：敘事理論導論》，米克‧巴爾著、譚君強中譯。北京：中國社會科學出版社，1995 年。

57. 《敘事學》，胡亞敏。武昌：華中師範大學出版社，1994 年。

58. 《敘事學導論》，羅綱。昆明：雲南人民出版社，1994 年。

59. 〈敘事體作品的建構〉，德布林作著、孫龍生中譯。《布拉格學派及其他》，世界文論編輯委員會編，頁 209～36。北京：社會科學文獻出版社，1995 年。

60. 《章學誠遺書》（影劉氏嘉業堂本），章學誠。北京：文物出版社，1985 年。

61. 《莊子集釋》（新編諸子集成本），郭慶藩集釋。北京：中華書局，1993 年（1版6刷）。

62. 《習學記言》（影萃古齋鈔本），葉適。台北：中國子學名著集成編印基金會，1978 年。

63. 《習學記言》（影文淵閣四庫全書本），葉適。台北：臺灣商務印書館，1983 年。

64. 《楊伯峻治學論稿》，楊伯峻。長沙：岳麓書社，1992 年。

65. 《楊伯峻學術論文集》，楊伯峻。長沙：岳麓書社，1984 年。

66. 〈傳統轉化與傳統解釋學〉，徐葆耕。《中國文化》11 期（1995 年），頁 92～96。

67. 〈解釋學和中國的解釋學研究〉，李幼蒸。《結構與意義》，頁 149～62。台北：聯經出版事業公司，1994 年。

68. 《敦煌新出唐寫本提要》，劉師培。寧武南氏校印劉申叔先生遺書本，1936 年。

69. 《揅經室集》，阮元。北京：中華書局，1993 年。

70. 《新出青銅器研究》，李學勤。北京：文物出版社，1990 年。

71. 《新書》（四部叢刊初編影明正德長沙刊本），賈誼。台北：臺灣商務印書館，1965 年。

72. 《新語校注》（新編諸子集成本），陸賈撰、王利器校注。北京：中華書局，1986 年。

73. 《新論》（全後漢文卷 13～15），桓譚撰、嚴可均輯。京都：中文出版社，1981 年（3 版）。

74. 《詮釋學》，帕瑪著、嚴平中譯。台北：桂冠圖書公司，1992 年。參 *Hermenutics.*

75. 《當代敘事學》，華萊士‧馬丁著、伍曉明中譯。北京：北京大學出版社，1991 年。參 *Recent Theories of Narrative.*

76. 《鳴沙石室佚書》，羅振玉輯印。東方學會影印。。

77. 《管錐篇》（影 1979 年北京中華書局本），錢鍾書。台北：蘭馨室書齋（未著年月）。

78. 《說文解字注》（影經韻樓叢書本），許慎撰、段玉裁注。台北：漢京文化事業有限公司，1983 年。

79. 《漢語傳統語言學綱要》，韓崢嶸、姜聿華。長春：吉林大學出版社，1991 年。

80. 《潛研堂集》，錢大昕。上海：上海古籍出版社，1989 年。

81. 《墨子閒詁》（新編諸子集成本），孫詒讓。北京：中華書局，1986 年。

82. 〈論中國古代軸心時期的文明與原始傳統的關係〉，劉家和。《中國文化》8 期（1993 年），頁 60～64。

83. 《論衡校釋》（新編諸子集成本），王充撰、黃暉注。北京：中華書局，1995 年（1 版 2 刷）。

84. 《鄭志疏證》（影光緒己亥刊本），鄭小同編、袁鈞輯、皮錫瑞疏證。台北：世界書局，1982 年（再版）。

85. 《檢論》（章太炎全集本），章炳麟。上海：人民出版社，1984 年。

86. 《龍川文集》（百部叢書集成影金華叢書本），陳亮。台北：藝文印書館，1966～68 年。

87. 《鮚埼亭集》（四部叢刊初編影原刊本），全祖望。台北：商務印書館，1965 年。

88. 《韓昌黎詩繫年集釋》，錢仲聯集釋。上海：上海古籍出版社，1984 年。

89. 《韓非子集釋》，陳奇猷集釋。台北：莊嚴出版社，1984 年。

90. 《顏氏家訓集解》（新編諸子集成本），顏之推撰、王利器注撰。北京：中華書局，1993 年（增補本）。

91. 《繙經室學術文集》，楊向奎。濟南：齊魯書社，1989 年。

92. 《藝概》，劉熙載。北京：新華書店（未著年月）。，

93. 《曝書亭集》（四部叢刊初編影原刊本），朱彝尊。台北：臺灣商務印書館，1965 年。

94. 《鹽鐵論校注》（新編諸子集成本），王利器校注。北京：中華書局，1992 年。

95. 《(定本) 觀堂集林》，王國維。台北：世界書局，1983 年（5 版）。

96. 《中國古典解釋史 (魏晉篇)》，加賀榮治。東京：勁草書房，1988（第 1 版第 2 刷）。

97. Dilthey, Wilhelm.（1976）*Dilthey: Selected Writings*. Ed., trans. and intr. H. P. Rickman. Cambridge: Cambridge UP.

98. Gadamer, Hans-Georg.（1994）*Truth and Method*. 2nd rev. ed. Trans. Joel Weinsheimer and Donald G. Marshall. New York: Continuum.

99. Martin, Wallace.（1986）*Recent Theories of Narrative*. Ithaca: Cornell UP.

100. Palmer, Richard E.（1969）*Hermenutics: Interpretation Theory in Schleimacher, Dilthey, Heidegger, and Gadamer*. Evanston: Northwestern UP.

101. Plaks, Andrew H., ed.（1977）*Chinese Narrative: Critical and Theoretical Essays*. Princeton: Princeton UP.

102. Ricoeur, Paul.（1984）*Time and Narrative*. Vol. Ⅰ. Trans. Kathleen McLaughlin and David Pellauer. Chicago: U of Chicago P.

103. ---.（1985）*Time and Narrative*. Vol. Ⅱ. Trans. Kathleen McLaughlin and David Pellauer. Chicago: U of Chicago P.

104. ---.（1988）*Time and Narrative*. Vol. Ⅲ. Trans. Kathleen Blamey and David Pellauer. Chicago: U of Chicago P.

105. ---.（1991）*From Text to Action: Essays in Hermeneutics, Ⅱ*. Trans. Kathleen Blamey and John B. Thompson. Evanston: Northwestern UP.